U0110469

古典文獻研究輯刊

二九編

潘美月・杜潔祥 主編

第6冊

敦煌文獻校讀記（上）

蕭 旭 著

國家圖書館出版品預行編目資料

敦煌文獻校讀記（上）／蕭旭 著 -- 初版 -- 新北市：花木蘭文化事業有限公司，2019〔民 108〕

目 2+262 面；19×26 公分

（古典文獻研究輯刊 二九編；第 6 冊）

ISBN 978-986-485-945-0（精裝）

1. 敦煌學 2. 文獻學

011.08　　　108011997

古典文獻研究輯刊

二九編　第六冊　　ISBN：978-986-485-945-0

敦煌文獻校讀記（上）

作　　者　蕭 旭

主　　編　潘美月　杜潔祥

總 編 輯　杜潔祥

副總編輯　楊嘉樂

編　　輯　許郁翎、王筑、張雅淋　美術編輯　陳逸婷

出　　版　花木蘭文化事業有限公司

發 行 人　高小娟

聯絡地址　235 新北市中和區中安街七二號十三樓

電話：02-2923-1455／傳眞：02-2923-1452

網　　址　http://www.huamulan.tw 信箱 hml 810518@gmail.com

印　　刷　普羅文化出版廣告事業

初　　版　2019 年 9 月

全書字數　388850 字

定　　價　二九編 29 冊（精裝）新台幣 58,000 元　

敦煌文獻校讀記（上）

蕭旭 著

作者簡介

蕭旭，男，漢族，1965 年 10 月 14 日（農曆）出生，江蘇靖江市人。常州大學兼職教授，南京師範大學客座研究員。中國訓詁學會會員，中國敦煌吐魯番學會會員。

無學歷，無職稱，無師承。竊慕高郵之學，校讀群書自娛。出版學術專著《古書虛詞旁釋》、《群書校補》、《群書校補（續）》、《淮南子校補》、《韓非子校補》、《呂氏春秋校補》、《荀子校補》，560 萬字。在海內外學術期刊發表學術論文近 120 篇，都 200 萬字。

提　　要

敦煌寫本多俗字俗語詞的性質，決定了敦煌寫本的錄文、校注，無論是誰做的，都不能十分準確，誤錄、誤校、誤注、失校、失注隨處可見。前人的校錄工作，都有重新核對圖版重新審視的必要。《敦煌文獻校讀記》是我所讀一部分敦煌文獻的校讀札記。

目次

上冊

下　冊

一、敦煌寫卷《莊子》校補三篇

1. 敦煌寫卷 BD.14634《莊子・田子方篇》校補

BD.14634 收錄於《國家圖書館藏敦煌遺書》第 131 冊，國家圖書館出版社 2010 年版。此卷鈔錄《莊子・田子方篇》前半篇。朱季海、王叔岷曾據唐寫本校過《莊子》正文，寺岡龍含亦對郭注作過校記〔註 1〕，此補三氏所未及者。

（1）文侯曰：「然則夫子何故未當稱之？」

按：當，讀爲嘗，今本作「嘗」，皇甫謐《高士傳》卷中亦作「嘗」。

（2）清而容物

郭象注：「夫清者患於大潔，今清而容物，與天同也。」

按：清，各本及《高士傳》卷中同，《御覽》卷 507 引《高士傳》誤作「情」。大潔，《道藏》注疏本引郭注同，《說郛》卷 3 引亦同。寺岡龍含曰：「世德堂本同，北宋本、宋刻注疏本、纂圖互注本『大潔』作『大絜』，《釋文莊子音義》亦出『大絜』二字。」〔註 2〕《廣韻》：「潔，清也，經典用絜。」

〔註 1〕朱季海《莊子故言》，中華書局 1987 年版，第 95 頁。王叔岷《莊子校釋》卷 3，臺灣中央研究院歷史語言研究所專刊之二十六，1993 年第 2 版，第 52～55 頁。王叔岷《莊子校詮》，中華書局 2007 年版，第 768～782 頁。寺岡龍含《敦煌本郭象注〈莊子南華眞經〉校勘記》，福井漢文學會昭和三十六年（1961）版，第 213～233 頁。

〔註 2〕寺岡龍含《敦煌本郭象注〈莊子南華眞經〉校勘記》，第 214～215 頁。

(3) 始吾以聖知之言、仁義之行為至矣

按：知，讀爲智，《道藏》注疏本作「智」，《高士傳》卷中亦作「智」。《釋文》「知，音智。」

(4) 吾形解而不欲動，口鉗而不欲言

按：各本及《高士傳》卷中同，《御覽》卷 507 引《高士傳》二「欲」字分別誤作「敢」、「知」，「言」下又衍「語」字。

(5) 吾所學，真土梗耳，夫魏真為我累耳

郭象注：「非眞物也。」

按：寺岡龍含曰：「北宋本、宋刻注疏本、纂圖互注本、世德堂本『學』下有『者』字。」〔註 3〕王叔岷曰：「唐寫本無『者』字，《文選・劉孝標・廣絕交論》注引同。疏：『自覺所學，土人而已。』疑成本亦無『者』字。《釋文》本所出本『眞』作『直』，義較長。『直』、『眞』形近易譌。」〔註 4〕王氏又曰：「《釋文》本上『眞』作『直』，云：『直，本亦作眞，下句同。元嘉本此作眞，下句作直。司馬云：「土梗，土人也，遭雨則壞。」』茆泮林云：『《文選・劉孝標・廣絕交論》注引司馬云：「梗，土之榛梗也。」《一切經音義》卷 20 引作「土梗，土之。木梗，亦木人耳。土木相偶，謂以物象人形，皆曰偶耳。」』《御覽》卷 507 引《高士傳》亦無『者』字。直，猶乃也。《一切經音義》卷 80 引司馬注：『梗直土。』疑所引乃正文，『梗』字誤錯在『直』子（字）上耳。『眞』作『直』，則與《釋文》本同也。茆氏所稱《一切經音義》卷 20，乃《玄應音義》（見《慧琳音義》卷 33），『土之』本作『土人』。」〔註 5〕茆泮林所據蓋磧砂本《玄應音義》，誤作「土之」，高麗本作「土人」不誤。朱季海曰：「敦煌殘卷『直』作『眞』，與元嘉本合。惟下句『夫魏直爲我累耳』，『直』亦作『眞』，與元嘉本不合。今謂元嘉本是也，今本並作『直』，猶敦煌本並作『眞』，各誤一字。」〔註 6〕《文選》李善注引作「吾所以學，眞土梗耳」，《記

〔註 3〕寺岡龍含《敦煌本郭象注〈莊子南華眞經〉校勘記》，第 215 頁。

〔註 4〕王叔岷《莊子校釋》卷 3，第 52 頁。

〔註 5〕王叔岷《莊子校詮》，第 768 頁。

〔註 6〕朱季海《莊子故言》，第 95 頁。

纂淵海》卷161引作「所學者，眞土梗耳」〔註7〕。二句皆當作「直」字，「直」與「耳」呼應，直猶但也。鍾泰二字俱改作「直」〔註8〕，得之，而無說明。無「者」字者，省文耳，《高士傳》卷中「學」下亦有「者」字。《御覽》卷507引《高士傳》「我」作「居」。

（6）吾服汝也甚忘，汝服吾也亦忘

按：「亦忘」承上「甚忘」而言，當據今本作「亦甚忘」。唐寫本脫「甚」字。《淮南子・齊俗篇》、《論衡・自然篇》無二「甚」字，亦可。

（7）雖忘乎，吾有不忘者存

按：今本作「忘乎」下有「故吾」二字，唐寫本脫之。王叔岷曰：「唐寫本『有』上無『吾』字，文意不完整。《淮南子・齊俗篇》作『猶有不忘者存』，當從之。今本此文『猶』作『吾，即涉上『吾』字而誤。」〔註9〕王氏失檢唐寫卷，而校下「吾」作「猶」則得之。

（8）老聃新沐，方將被髮而干，慹然似非人

郭象注：「家泊之至。」

按：今本「干」作「乾」，「家」作「寂」。（a）「家」同「宗」，爲「寂」古字。「家泊」同「寂漠」。（b）朱駿聲曰：「干，叚借爲乾。《莊子》：『方將被髮而干。』《釋名・釋飮食》：『干飯，飯而暴乾之也。』」〔註10〕朱說是也，然今《莊子》各本皆作「乾」，朱氏未及見唐寫本，不知何以引作「干」。王叔岷曰：「《釋文》所出本『乾』作『干』，干與乾通，唐寫本亦作干。」〔註11〕是也。《後漢書・范冉傳》：「干飯寒水，飮食之物，勿有所下壙。」「干飯」即「乾飯」，《御覽》卷554引作「盂飲」，非是。晉・王羲之《初月帖》：「匈中淡悶干嘔轉劇。」宋人黃伯思《法帖刊誤》卷下：「淡，古淡液之淡。干，古干濕之干。今人以淡作痰，以干作乾，非也。」〔註12〕黃氏謂「以干作乾」非是，

〔註7〕《記纂淵海》據《北京圖書館古籍珍本叢刊》第71冊，書目文獻出版社1998年版，第671頁。四庫本在卷65。

〔註8〕鍾泰《莊子發微》，上海古籍出版社2002年版，第463頁。

〔註9〕王叔岷《莊子校釋》卷3，第54頁；其說又見《莊子校詮》，第776頁。

〔註10〕朱駿聲《說文通訓定聲》，武漢市古籍書店1983年版，第729頁。

〔註11〕王叔岷《莊子校釋》卷3，第54頁；其說又見《莊子校詮》，第777頁。

〔註12〕黃說又見《東觀餘論》卷上。

不知「乾」爲本字也。《水經注・河水》:「猶若人委干糒(糒)於地。」《御覽》卷 74 引《段國沙州記》作「乾糒」。陳・徐陵《長干寺眾食碑》:「升堂濟濟，無勞四輩之頻；高廩峨峨，恒有千食之糒。」「千」當作「干」,「干食之糒」即「乾糒」。馬敘倫曰:「干、乾並借爲暵，同淺喉音，《說文》曰:『暵，乾也。』」〔註 13〕直是多此一舉。(c)《釋文》:「慹，乃牒反，又丁立反。司馬云:『不動貌。』《說文》云 :『怖也。』」林希逸曰:「慹然，凝定而立之貌。」其說皆是也。字亦借「贄」爲之，《莊子・在宥篇》:「贄然立。」《釋文》引李頤曰:「贄，不動貌。」字或作蟄，《爾雅》:「蟄，靜也。」〔註 14〕

(9)郭象注:「無其身，而後外物去也。」

按:今本「身」上有「心」字。郭注乃解釋正文「先生形體掘若槁木，似遺物離人而立於獨也」,不當有「心」字，唐寫本是也。褚伯秀《南華眞經義海纂微》卷 63 誤作「身心」。

(10)吾遊於物之初

郭象注:「初未有而欻有，故遊於物之初。」

按:(a)「遊」下，《道藏》白文本、《道藏》注疏本、林希逸《莊子口義》卷 22、褚伯秀《南華眞經義海纂微》卷 64、王雱《南華眞經新傳》卷 11 並有「心」字。馬敘倫曰:「郭本無『心』字，蓋涉下文『心困焉而不能知』誤羨也。」〔註 15〕王叔岷曰:「道藏各本、覆宋本『遊』下並有『心』字，注:『故遊於物之初。』(『之』字據唐寫本補),是郭本原無『心』字。疏:『遊心物初。』蓋成本乃有『心』字也。各本有『心』字者，疑皆後人依成本所補。『遊於物之初』猶《山木篇》『浮游乎萬物之祖』也。」〔註 16〕寺岡龍含曰:「北宋本、纂圖互注本、世德堂本同，宋刻注疏本『遊』下有『心』字，據郭象注，則知無『心』字是也。」〔註 17〕諸說是也，《西昇經》卷下、《文始眞經言外旨》卷 3、《混元聖

〔註 13〕馬敘倫《莊子義證》卷 21，收入《民國叢書》第 5 編，(上海)商務印書館 1930 年版，第 5 頁。

〔註 14〕參見蕭旭《〈爾雅〉「蟄，靜也」疏證》。

〔註 15〕馬敘倫《莊子義證》卷 21，第 5 頁。

〔註 16〕王叔岷《莊子校釋》卷 3，第 55 頁；其說又見《莊子校詮》，第 778 頁。

〔註 17〕寺岡龍含《敦煌本郭象注〈莊子南華眞經〉校勘記》，第 228 頁。

紀》卷 6、《皇王大紀》卷 74 引作「吾遊於物之初」，《御覽》卷 395 引作「吾遊物之初」，亦皆無「心」字。（b）寺岡龍含曰：「世德堂本『欻』作『歘』，北宋本、宋刻注疏本、纂圖互注本作『欻』，《釋文莊子音義》出『而欻』二字。」〔註 18〕「歘」爲「欻」俗字。《說文》：「欻，有所吹起，讀若忽。」郭注「欻」即爲「忽」通借字。《廣韻》：「欻，暴起。」《玄應音義》卷 6、22、23 並引《蒼頡篇》：「欻，猝起也。」又卷 22、23 又云：「欻，忽也。」《文選・張衡・西京賦》：「神山崔嵬，欻從背見。」《類聚》卷 61、《韻補》卷 4「延」字條引「欻」作「歘」。薛綜注：「欻之言忽也。獸從東來，當觀樓前，背上忽然出神山崔巍也。」亦其例。

2. 李盛鐸舊藏敦煌殘卷《莊子・讓王篇》校補

李盛鐸舊藏敦煌殘卷《莊子・讓王篇》，今藏日本杏雨書屋，編號爲羽 19R，起於「顏闔對曰：此闔之家也」之「曰此」二字，迄於「屠羊說曰：夫三旌之位，吾知其貴於屠羊之肆也」之「屠羊說」三字〔註 19〕。茲依敦煌本作底本，缺文據今本補於方括號內，校以傳世各本。各本同者，統稱作「今本」；如有異文，則各自指出。凡虛字之異同有無而無關文義者，則不出校。

（1）〔故〕曰：「道之真以持身，其緒餘以〔為國家，其土苴〕以治天下。」

按：持，日本高山寺古鈔本同，今本作「治」。狩野直喜曰：「各本『持』作『治』。案成疏：『夫用眞道以持身者，必以國家爲殘餘之事。』《呂氏春秋・貴生篇》亦作『持身』。」〔註 20〕馬敘倫曰：「《呂氏春秋》『治』作『持』，持、治聲皆之類也。」〔註 21〕王叔岷曰：「古鈔卷子本『治』作『持』，舊鈔本《文選・江文通・雜體詩》注引同。《釋文》

〔註 18〕寺岡龍含《敦煌本郭象注〈莊子南華眞經〉校勘記》，第 228～229 頁。

〔註 19〕《敦煌秘笈》第 1 冊，杏雨書屋 2009 年 10 月出版，第 168 頁。

〔註 20〕狩野直喜《舊鈔卷子本〈莊子〉殘卷校勘記》，昭和七年東方文化學院排印本，第 63～64 頁。

〔註 21〕馬敘倫《莊子義證》卷 28，收入《民國叢書》第 5 編，（上海）商務印書館 1930 年版，本卷第 5 頁。

引王云：『聖人眞以持身。』疏：『夫用眞道以持身者。』是王、成本並作『持』，《呂氏春秋・貴生篇》亦作『持』。『治』與『持』通。」〔註22〕「治」是正字，「爲國家」之「爲」亦治也。《老子》第54章：「修之於身，其德乃眞。」此《莊子》所本，修亦治也。

（2）今之君子，多危身棄生以徇物

按：高山寺古鈔本「徇」作「殉」，今本同，《意林》卷2引亦同。狩野直喜曰：「各本『今』下有『世俗』二字，《呂氏春秋・貴生篇》亦同。」〔註23〕《呂氏春秋・貴生》有「世俗」二字，「徇」字則同敦煌本。高誘注：「徇，猶隨也。」成玄英疏：「殉，逐也。」「殉」、「徇」皆「㣧」俗字。敦煌本、古鈔本脫「世俗」二字。

（3）鄭子陽即命官遺之粟

按：今本「命」作「令」，《呂氏春秋・觀世》、《列子・說符》、《新序・節士》同。

（4）楚昭王失國，屠羊說走而從於王

按：今本下「王」上有「昭」字。王叔岷曰：「古鈔卷子本無『昭』字，《後漢書・蘇竟傳》注引同。疏：『有屠羊賤人名說，從王奔走。』疑成本亦無『昭』字，《白帖》卷14引無『於昭』二字。」〔註24〕王叔岷又曰：「《御覽》卷509引嵇康《高士傳》作『說往從王』。」〔註25〕《韓詩外傳》卷8作「昭王去國，國有屠羊說從行」。

（5）故不伏其誅

按：狩野直喜曰：「宋本以下『不』下有『敢』字，案據下文有者是。」〔註26〕敦煌本下文「故不敢當其賞」（今本同），文例同。《渚宮舊事》卷2亦脫「敢」字。《韓詩外傳》卷8作「故不伏〔其〕誅……故不受其賞」，無二「敢」字，亦可。

〔註22〕王叔岷《莊子校釋》卷5，臺灣中央研究院歷史語言研究所專刊之二十六，臺灣商務印書館1993年版，本卷第8頁。

〔註23〕狩野直喜《舊鈔卷子本〈莊子〉殘卷校勘記》，第64頁。

〔註24〕王叔岷《莊子校釋》卷5，本卷第10頁。

〔註25〕王叔岷《莊子校詮》卷5，中華書局2007年版，第1134頁。

〔註26〕狩野直喜《舊鈔卷子本〈莊子〉殘卷校勘記》，第65頁。

（6）子其為我延之以三旌之位

按：①高山寺古鈔本「其」作「綦」。俞樾曰：「『綦』字衍文，此昭王自與司馬子綦言，當稱『子』，不當稱『子綦』。」〔註 27〕于鬯曰：「綦，別本作『其』，是也。」〔註 28〕陶鴻慶曰：「『綦』當爲『其』，《古逸叢書》本不誤。」〔註 29〕錢穆從陶說〔註 30〕。狩野直喜曰：「世德堂本同，北宋本、宋刻《注疏》本『綦』作『其』。」〔註 31〕馬敘倫曰：「各本『其』作『綦』，《御覽》卷 828 引無『其』字。『其』字各本作『綦』，由讀者以上文作『子綦』妄改，或傳寫誤，益『糸』字於『其』下。」〔註 32〕楊樹達曰：「文本作『子其』，誤作『子綦』。」〔註 33〕鍾泰曰：「『其』各本皆誤作『綦』，宣穎《南華經解》作『其』，是也。」〔註 34〕阮毓崧說同鍾氏〔註 35〕。王叔岷曰：「古鈔卷子本、道藏王元澤《新傳》本、趙諫議本、元纂圖互注本、世德堂本『其』並作『綦』，蓋涉上『司馬子綦』而誤。俞樾謂『綦』字衍文，奚侗從其說，更舉《御覽》卷 828 所引爲證，不知『綦』乃『其』之誤也。」〔註 36〕諸家說當作「其」，是也，「其」是命令副詞。《古逸叢書》之八乃覆宋本，《續古逸叢書》之二《讓王篇》乃北宋刊本，皆作「其」字，與敦煌本同；劉辰翁《點校》本、道藏白文本、道藏郭象成玄英《注疏》本、道藏林希逸《口義》本、道藏陳景元《章句音義》本、

〔註 27〕俞樾《莊子平議》，收入《諸子平議》卷 19，上海書店 1988 年版，第 378 頁。

〔註 28〕于鬯《莊子校書》，收入《香草續校書》，中華書局 1963 年版，第 306 頁。下引于說同此。

〔註 29〕陶鴻慶《讀莊子札記》，收入《讀諸子札記》，浙江人民出版社 1998 年版，第 35 頁。

〔註 30〕錢穆《莊子纂箋》，臺灣東大圖書股份有限公司 1985 年版，第 241 頁。下引錢說同此。

〔註 31〕狩野直喜《舊鈔卷子本〈莊子〉殘卷校勘記》，第 66 頁。

〔註 32〕馬敘倫《莊子義證》卷 28，本卷第 6～7 頁。下引馬說同此。

〔註 33〕楊樹達《莊子拾遺》，收入《積微居讀書記》，上海古籍出版社 2006 年版，第 174 頁。

〔註 34〕鍾泰《莊子發微》，上海古籍出版社 2002 年版，第 675 頁。下引鍾說同此。

〔註 35〕阮毓崧《莊子集註》卷下之二，廣文書局 1972 年初版，第 460 頁。下引阮說同此。

〔註 36〕王叔岷《莊子校釋》卷 5，本卷第 11 頁。所引奚侗說見《莊子補注》卷 4，民國六年當塗奚氏排印本，本卷第 11 頁。

道藏褚伯秀《義海纂微》本、日本松崎慊堂舊藏室町寫本、韓國活字印《句解》本、羅勉道《循本》、陸西星《副墨》、焦竑《莊子翼》、陸樹芝《莊子雪》、胡文英《莊子獨見》、程以寧《注疏》本亦皆作「其」〔註 37〕。金刻呂惠卿《莊子義》本、道藏王雱《新傳》本誤作「綦」。馬氏、鍾氏謂「各本皆誤作綦」，則失檢。②《釋文》:「三旌，三公位也。司馬本作『三珪』云:『謂諸侯之三卿，皆執珪也。』」馬其昶採司馬彪說〔註 38〕。成玄英疏:「三旌，三公也。亦有作『珪』字者，謂三卿皆執珪，故謂三卿爲珪也。」林希逸注:「三旌，三公也。三公之車服，各有旌別，故曰三旌。」陸樹芝、宣穎用林說，阮毓崧又採宣說。于鬯曰:「『三旌之位』蓋即三柱國。或『旌』字即『柱』之誤，亦未可知。楚官有三柱國。司馬本作『三珪』，案執珪是楚爵，非楚官。」朱駿聲謂「旌」是「珪」誤字〔註 39〕。孫詒讓曰:「司馬彪本是也。楚爵以執珪爲最貴，故云『三珪』。《楚辭・大招》:『三圭重侯。』王注云:『三圭，謂公侯伯也。公執桓圭，侯執信圭，伯執躬圭，故言三圭也。』《戰國策・楚策》昭陽說楚貴爵爲『上執珪』，然則執珪蓋有上中下之異與?《韓詩外傳》載此事作『三公』，余知古《渚宮舊事》又作『三事』，義並通，而與楚爵制皆不合，恐非。」〔註 40〕錢穆從孫說。《外傳》見卷 8，《渚宮舊事》見卷 2〔註 41〕，《戰國策》見《齊策二》，朱季海說同孫氏，已訂作「《戰國策・齊二》」〔註 42〕。馬敘倫曰:「《御覽》卷 828 引『旌』作『珪』。《類聚》卷 83 引『旌』

〔註 37〕陸西星（長庚）《南華眞經副墨》卷 7，萬曆六年刊本。焦竑《莊子翼》卷 7，蔣氏愼脩書屋校印本。陸樹芝《莊子雪》卷下，嘉慶四年儒雅堂刊本，本卷第 55 頁。胡文英《莊子獨見》第二十八，乾隆十六年三多齋刊本，本篇第 5 頁。程以寧《南華眞經注疏》第二十八，嘉慶中刊道藏輯要本，本篇第 21 頁。下引陸說同此。

〔註 38〕馬其昶《莊子故》，黃山書社 1989 年版，第 224 頁。

〔註 39〕朱駿聲《說文通訓定聲》，武漢市古籍書店 1983 年版，第 853 頁。

〔註 40〕孫詒讓《莊子札迻》，收入《札迻》卷 5，中華書局 1989 年版，第 164～165 頁。

〔註 41〕孫氏所引《渚宮舊事》蓋據墨海金壺本、平津館叢書本（孫星衍校本）作「三事」，四庫本作「三公」；古鈔本作「三族」，旁注「旌」、「公」二字。鈔本《渚宮舊事》卷 2，收入《羅雪堂先生全集》初編第 16 冊《吉石盦叢書（續）》，臺灣大通書局 1968 年影印，第 6496 頁。

〔註 42〕朱季海《莊子故言》，中華書局 1987 年版，第 129～130 頁。

作『圭』〔註 43〕。《御覽》卷 806 引作『圭』。《呂氏春秋・異寶篇》:『荊國之法,得五員者,爵執圭。』《知分篇》:『荊王聞之,仕之執圭。』《淮南子・道應訓》作『荊爵以執圭』。亦『執圭』爲楚爵之證。」聞一多從孫詒讓、馬敘倫說校作「三珪」〔註 44〕。鍾泰曰:「三旌猶三命。一命而上,再命而大夫,三命而卿。三旌之位,卿位也。」王叔岷曰:「成疏、《釋文》云云。《釋文》引司馬本『三旌』作『三珪』,《類聚》卷 83、《白帖》卷 21、《御覽》卷 228、《韻府群玉》卷 3 引『旌』皆作『珪』,嵇康《高士傳》同。《御覽》卷 806 引作『圭』,並引司馬注云:『諸侯三卿皆執圭也。』圭,古文作『珪』。于氏疑『旌』爲『柱』之誤,可備一解。」〔註 45〕司馬彪、王逸、馬敘倫說是也,王叔岷失判。「公執桓圭,侯執信圭,伯執躬圭」云云見《周禮・春官・宗伯》,又《冬官・考工記》:「命圭九寸,謂之桓圭,公守之。命圭七寸,謂之信圭,侯守之。命圭七寸,謂之躬圭,伯守之。」皆足爲司馬彪說佐證。《職官分紀》卷 18、《錦繡萬花谷》後集卷 11、《合璧事類備要》後集卷 33 引作「三珪」,《御覽》卷 228 引作「〔三〕珪」。《白帖》卷 21 引司馬彪注作「諸侯三卿皆執三珪」。《御覽》卷 340、828、《記纂淵海》卷 95 引則誤作「三旌」〔註 46〕。劉禹錫《天論》:「當其賞,雖三旌之貴、萬鍾之錄(祿),處之,咸曰宜。」《封氏聞見記》卷 3 陳章甫上書:「屠羊隱名,楚王延以三旌之位。」《新唐書・李渤傳》渤上書:「昔屠羊說有言,位三旌、祿萬鍾,知貴於屠羊,然不可使吾君妄施彼賤賈也。」皆用《莊》典,是唐人所見本已有誤者。「三旌」是大夫以上之葬禮,見《周禮・春官・宗伯》「及葬,執蓋從車持旌」賈公彥疏。

〔註 43〕《類聚》卷 83 引作「珪」,馬氏失檢。

〔註 44〕聞一多《莊子章句》,收入《聞一多全集》卷 9,湖北人民出版社 1994 年版,第 286 頁。

〔註 45〕王叔岷《莊子校詮》卷 5,中華書局 2007 年版,第 1135～1136 頁。

〔註 46〕《記纂淵海》據宋本,四庫本在卷 53。

3. 中村不折藏敦煌寫卷《莊子・天運》、《知北遊》校補

Ⅰ. 引　言

中村不折藏敦煌寫卷《莊子》，存《天運》、《知北遊》二篇全文，劉文典、楊明照、王叔岷、于省吾、鍾泰、錢穆、朱季海都曾利用敦煌寫卷校理過《莊子》〔註 47〕。

但諸家所校，尚多遺漏，且有僅列異文而無按斷者，或按語未盡、未確者，茲或申證之，或補其所未及。諸家所校是者，則不復出。

茲依敦煌寫卷作底本，校以傳世各本。各本同者，統稱作「今本」；如有異文，則各自指出。凡虛字之異同有無而無關文義者，則不出校。

Ⅱ. 校　補

（一）中村不折藏《莊子・天運篇》校補

（1）郭象注：「不爭所而自伐謝者。」

按：「伐」當據今本作「代」。

（2）郭象注：「二者亦不能相為，各自爾耳。」

按：今本「亦」作「俱」，「耳」作「也」。

（3）孰隆弛是

劉文典曰：碧虛子校引江南李氏本「施」作「弛」。《道藏》本、唐寫本「施」並作「弛」，與李本合。（P396）

按：弛，今本作「施」，古通用。「弛」同「弛」。《釋文》：「施，音弛。」劉氏謂唐寫本作「弛」，則失檢。

〔註 47〕劉文典《莊子補正》，收入《劉文典全集（2）》，安徽大學出版社、雲南大學出版社 1999 年版。楊明照《莊子校證》，《燕京學報》第 21 期，1937 年版。王叔岷《莊子校釋》，臺灣中央研究院歷史語言研究所專刊之二十六，1993 年第 2 版。王叔岷《莊子校詮》，中華書局 2007 年版。于省吾《莊子新證》，收入《雙劍誃諸子新證》，上海書店 1999 年版。鍾泰《莊子發微》，上海古籍出版社 2002 年版。錢穆《莊子纂箋》，臺灣東大圖書股份有限公司 1985 年第 5 版。朱季海《莊子故言》，中華書局 1987 年版。朱季海但用以校《天運篇》，或未見《知北遊篇》膠片歟？

（4）風起北方，一西一東，在上仿偟

劉文典曰：《文選・石門新營所住四面高山迴溪石瀨修竹茂林詩》「躋險築幽居，披雲臥石門」李善注引「風起北方」上有「雲者」二字，李引此文以釋「披雲」之義，則所見本必有「雲者」二字，非妄增也。「在」舊作「有」，碧虛子校引張君房本作「在」，唐寫本同，今依張本改。（P397）

按：劉校「有」作「在」，是也。宋・褚伯秀《南華眞經義海纂微》卷44：「『有上』說之不通，碧虛照張氏校本作『在上』，陳詳道註亦然。」〔註48〕奚侗亦以作「在」爲是〔註49〕。羅勉道曰：「有，音又。」〔註50〕馬其昶、馬敘倫並引吳汝綸曰：「有，讀爲又。」〔註51〕其說皆非是。仿偟，今本作「彷徨」，《皇王大紀》作「徬徨」，並同。《文選・石壁精舍還湖中作》李善注引亦有「雲者」二字。「雲者」承上文「雲者爲雨乎，雨者爲雲乎」而來，「風起北方」上不當更有此二字，劉說非也。所起於北方者風也，而非雲。

（5）無咸袑曰

按：無，今本作「巫」。「無」、「巫」古音同，通借。《公羊傳・莊公三十二年》：「飲之無傫氏。」《釋文》：「無，本又作巫。」《周禮・職方氏》：「其山鎮曰醫無閭。」《漢書・地理志》顏注引「無」作「巫」。馬王堆帛書《式法・上朔》神名「無鈘」，程少軒謂即「巫咸」〔註52〕，其說可信。

（6）郭象注：「故郢雖見而逾遠冥，仁孝章而逾非至也。」

按：今本二「逾」字作「愈」，「章」作「彰」，古字通用。今本「冥」下有「山」字，「孝」下有「雖」字，「至」下「理」字，唐寫本並脫。

〔註48〕另參見王叔岷《莊子校釋》卷2，（臺灣）商務印書館1993年版，本卷第45頁。

〔註49〕奚侗《莊子補注》卷2，民國六年當塗奚氏排印本，本卷第18頁。

〔註50〕羅勉道《南華眞經循本》卷15，收入《續修四庫全書》第956冊，上海古籍出版社2002年版，第204頁。

〔註51〕馬其昶《莊子故》，黃山書社1989年版，第98頁。馬敘倫《莊子義證》卷14，收入《民國叢書》第5編，（上海）商務印書館1930年版，本卷第2頁。

〔註52〕程少軒《據清華四說馬王堆〈式法〉的「巫咸」》，復旦古文字網站2014年1月17日，http://www.gwz.fudan.edu.cn/forum/forum.php?mod=viewthread&tid=6992。

（7）豈且泰息而言孝乎哉

按：當據今本作「豈直太息而言仁孝乎哉」。豈直，猶今言哪只。朱季海只出校，而無按斷〔註 53〕。

（8）郭象注：「至富者，足而已，故餘天下之財者也。」

按：今本「足」上有「自」字，「餘」作「除」。今本是也。此乃釋正文「至富，國財并焉」之語，上文郭象注：「并者，除棄之謂也。」「并」即「姘」省借字〔註 54〕，《說文》：「姘，除也。」字亦借「屏」、「摒」、「併」、「拼」爲之〔註 55〕。故當作「除天下之財」。

（9）蕩蕩默默，乃不自得

劉文典曰：蕩蕩，《御覽》卷 392 引作「藹藹」，卷 565 引與今本同。（P402）

按：「藹藹」是形誤，唐寫本亦作「蕩蕩」，《類聚》卷 6、《記纂淵海》卷 78、《古今合璧事類備要》外集卷 10 引同。

（10）郭象注：「不自得，生忘之謂也。」

按：生，當據今本作「坐」。

（11）吾奏之以人，徽之以天，行以禮義，建以太清

劉文典曰：《釋文》：「徵，如字，古本多作徽。」《道藏》白文本、注疏本、唐寫本並作「徽」，與《釋文》古本合。（P402）

按：《四部叢刊》本即明世德堂本作「徵」，《御覽》卷 79、565 引同。《釋文》云：「徵，古本多作微。」日本藏天理本《釋文》「微」作「徽」〔註 56〕，《南華眞經義海纂微》卷 45、《莊子口義》卷 5、《南華眞經新傳》卷 8、《樂書》卷 17、86 亦作「徽」，趙諫議本、覆宋本同。楊明照曰：「微當作徽，字之誤也。唐寫本即作徽。《續古逸叢書》本不誤。」〔註 57〕《續古逸叢書》本即影宋本。朱季海曰：「此以琴爲喻，

〔註 53〕朱季海《莊子故言》，中華書局 1987 年版，第 65 頁。

〔註 54〕參見段玉裁《說文解字注》，上海古籍出版社 1981 年版，第 625 頁。又參見馬敘倫《莊子義證》卷 14，收入《民國叢書》第 5 編，（上海）商務印書館 1930 年版，本卷第 3 頁。

〔註 55〕參見蕭旭《敦煌寫卷〈王梵志詩〉校補》，收入《群書校補》，廣陵書社 2011 年版，第 1277～1278 頁。

〔註 56〕黃華珍《日藏宋本莊子音義》，上海古籍出版社 1996 年版，第 127 頁。

〔註 57〕楊明照《莊子校證》，《燕京學報》第 21 期，1937 年版，第 124 頁。

作徽是也。」〔註58〕林希逸注：「徽，猶琴徽也。」「微」、「徵」並爲「徽」形誤，成玄英疏：「奏，應也。徽，順也。」是所據本亦作「徽」。《御覽》卷79、565、《玉海》卷103引亦並誤作「徵」。《淮南子・主術篇》：「夫榮啓期一彈而孔子三日樂，感于和；鄒忌一徽而威王終夕悲，感于憂。」高誘注：「徽，鶩彈也。」《文選・文賦》：「猶絃幺而徽急，故雖和而不悲。」李善註引《淮南子》此文，又引許慎注：「鼓琴循絃謂之徽。」《文選・與滿公琰書》、《廣絕交論》、《弔魏武帝文》李善註、《原本玉篇殘卷》「徽」字條並引許慎注同。李周翰、呂延濟注並云：「徽，調也。」「徽」指琴徽，用爲動詞，義爲彈琴也。字或作緯，《楚辭・九歎》：「挾人箏而彈緯。」王逸注：「箏，小琴也。緯，張絃也。」《文選・笙賦》、《答東阿王書》李善註引並作「彈徽」，又《贈丁翼》、《箜篌引》、《七命》李善註引並作「彈徵」，《原本玉篇殘卷》「徽」字條引作「張徽」。「徵」爲「徽」形誤，與《莊子》誤同〔註59〕。馬敘倫曰：「徽借爲㧑，《說文》：『㧑，指麾也。今通作揮。』『徵』字形近而譌。」〔註60〕《說文》訓「指麾」之字作「攍」，馬書作「㧑」或「㧑」皆誤刻。然以「攍」爲本字非也。王叔岷曰：「徽，借爲揮。」〔註61〕鍾泰曰：「徵，成也。奏之在人，而非天則不能成也。《釋文》：『徵，古本多作徽。』徵、徽古亦通用。」〔註62〕亦皆非是。成疏「徽，順也」，徽無順義，成氏蓋讀爲娓，《說文》：「娓，順也。」《廣韻》：「娓，從也。」然訓順非其誼。

（12）郭象注：「以變化為常，則所謂常者無窮。」

按：當據今本刪「謂」字，此乃釋正文「所常無窮」之語。

（13）郭象注：「初聞無窮之變，不能待之以一，故懼然竦聽也。」

按：竦，今本作「悚」，同。

〔註58〕朱季海《莊子故言》，中華書局1987年版，第65頁。

〔註59〕參見蕭旭《淮南子校補》，花木蘭文化出版社2014年版，第190頁。

〔註60〕馬敘倫《莊子義證》卷14，收入《民國叢書》第5編，（上海）商務印書館1930年版，本卷第4頁。

〔註61〕王叔岷《莊子校詮》，中華書局2007年版，第511頁。

〔註62〕鍾泰《莊子發微》，上海古籍出版社2002年版，第317頁。

（14）儻然立於四虛之道

劉文典曰：《御覽》卷 392 引「道」作「通」。（P405）

按：「通」爲形誤。唐寫本亦作「道」。儻然，各本同，《御覽》卷 392 引作「矘然」。《釋文》：「儻，敕黨反，一音敞。」成玄英疏：「儻然，無心貌也。」《天地篇》：「以天下非之，失其所謂，儻然不受。」《釋文》：「儻，本亦作黨，司馬本作儻，同。」成玄英疏：「儻是無心之貌。」《集韻》：「儻，不動意。《莊子》：『儻然不受。』或作黨、儻。」《記纂淵海》卷 49 引作「倘然」。又「儻乎若行而失其道也。」《釋文》：「儻，司馬本作儻。」《六書故》卷 8 引作「倘乎」，釋爲「倏忽不可期也」。《山木篇》：「儻乎其怠疑。」宋褚伯秀本作「倘乎」。《田子方篇》：「文侯儻然，終日不言。」《釋文》：「儻然，司馬云：『失志貌。』」馬敘倫曰：「儻，借爲悵。」〔註 63〕馬說未是。《在宥篇》：「倘然止，贄然立。」《集韻》引李軌曰：「倘然，自失皃。」《則陽篇》：「客出，而君惝然若有亡也。」《釋文》：「惝，音敞，《字林》云：『惘也。』」又「惝，惝然，惘也，或作儻。」「儻」、「矘」、「儻」、「黨」、「惝」並同，其字源是「敞」，空大貌，故郭象以「弘敞」釋之。引申則爲失意貌。馬敘倫曰：「儻借爲敞，《說文》：『敞，平治高土，可以遠望也。』」〔註 64〕其說是也。字亦作憋、儻，《列子・湯問》：「憋然自失。」鍾泰曰：「儻然猶懺然。」〔註 65〕其說是，而尚未探本。「儻（憋）」即失志貌之專字。音衍爲雙音詞，則曰「敞悅」、「敞（惝）罔」、「惝（憋）怳」、「憋惘」、「儻慌」、「憋恍」、「儻恍」、「敞莌」。王叔岷引《御覽》卷 392 誤作「矘然」，至引《說文》：「矘，目無精直視也」釋之〔註 66〕，疏矣。

（15）郭象注：「弘弊無偏之謂也。」

按：弘弊，當據今本作「弘敞」。王延壽《桐柏廟碑》：「衢廷弘敞，宮廟嵩峻。」《急就篇》卷 1：「雍弘敞。」顏師古注：「雍，國名也。弘敞，

〔註 63〕馬敘倫《莊子義證》卷 21，收入《民國叢書》第 5 編，（上海）商務印書館 1930 年版，本卷第 2 頁。

〔註 64〕馬敘倫《莊子義證》卷 14，收入《民國叢書》第 5 編，（上海）商務印書館 1930 年版，本卷第 5 頁。

〔註 65〕鍾泰《莊子發微》，上海古籍出版社 2002 年版，第 319 頁。

〔註 66〕王叔岷《莊子校詮》，中華書局 2007 年版，第 515 頁。

言其大而高明也。」巴達木 203 號漢墓出土的《急就篇》亦誤作「敞」字〔註 67〕。字或作「弘惝」，《漢書・揚雄傳》《甘泉賦》：「正瀏濫以弘惝兮。」顏師古曰：「弘惝，高大也。」《文選》李善注引服虔曰：「惝，大貌也，音敞。」字又作「宏敞」，《類聚》卷 62 晉孫楚《韓王臺賦》：「乃至宮觀宏敞，增（層）臺隱天。」《初學記》卷 4 齊謝朓《爲皇太子侍光華殿曲水宴詩》：「高宴弘敞，禁林稠密。」《類聚》卷 4 引作「宏敞」。

（16）**郭象注：「夫形充空虛，無身者也。無身，故能委虵。任性，而悚懼之情怠也。」**

按：委虵，今本作「委蛇」。《釋文》：「蛇，以支反，又作施。」成玄英疏：「任性逶迤。」諸形並同，其同源詞至多〔註 68〕。「任性」上，當據今本補「委虵」二字，唐寫本脫重文符合。此乃釋正文「形充空虛，乃至委虵。女委虵，故怠」之語，故「委虵」二字當重。

（17）**郭象注：「隨物變也。」**

按：變也，《四部叢刊》等各本同，皆誤，惟《道藏》本、《南華眞經義海纂微》卷 45 作「變化」，當據訂正。

（18）**充滿天地，裹六極**

按：今本作「苞裹六極」。《釋文》：「苞，音包，本或作包。」《五經文字》卷中：「苞，經典或借爲包裹字。」《新語・道基》：「苞之以六合。」「六極」即「六合」，亦借爲「包」。唐寫本「裹」上當據補「苞」或「包」字。

（19）**盛以𥳑衍**

按：**𥳑**，當即「篋」俗字，今本作「篋」。《釋文》：「篋，本或作筐。」「筐」蓋形譌。

（20）**尸祝齋戒以將之**

按：齋，今本作「齊」，借字。《釋文》：「齊，側皆反，本亦作齋。」唐寫本與別本合。

〔註 67〕參見張傳官《吐魯番出土〈急就篇〉殘卷二種補釋》，《敦煌研究》2014 年第 4 期，第 68 頁。又參見張傳官《急就篇校理》，中華書局 2017 年版，第 90 頁。

〔註 68〕參見蕭旭《〈說文〉「委，委隨也」義疏》，收入《群書校補》，廣陵書社 2011 年版，第 1413～1418 頁。

（21）故三王五帝之禮儀法度，不矜於同，而矜於治

劉文典曰：《書鈔》卷 80、《類聚》卷 86、《初學記》卷 21、《御覽》卷 523、610、966、973 引「皇」並作「王」。「義」當爲「儀」之壞字，疏「禮樂威儀，不相沿襲」，是成所見本作「儀」。《御覽》卷 523、610 引並作「儀」，唐寫本亦作「儀」。下同。（P411）

按：今本「王」作「皇」，「儀」作「義」。「義」、「儀」古字通用。《初學記》卷 13、《事類賦注》卷 27 引作「王」。《書鈔》卷 80、《初學記》卷 13、21、《類聚》卷 38、86、《御覽》卷 610、966、973、《事類賦注》卷 27 引作「義」字〔註 69〕。當以作「義」爲是，劉說非也。《莊子·應帝王》：「君人者，以己出經式義度。」彼之「義度」，即此之「禮義法度」，以《莊》證《莊》，其決必矣。《荀子·性惡》：「然則禮義法度者，是生於聖人之僞，非故生於人之性也。」此尤其確證。

（22）其猶樝梨橘柚耶

劉文典曰：《御覽》卷 523 引「柤梨橘柚」下有「菓瓜之屬」四字。《御覽》引書多刪削，少增益，疑本作「柤梨橘柚果蓏之屬」，而今本敓之。《人間世篇》「夫柤梨橘柚果蓏之屬，實熟則剝」，可證《莊子》書每以「柤梨橘柚果蓏之屬」八字連用也。柤，《初學記》卷 21、《御覽》卷 610、966 引作「樝」。（P411～412）

按：樝，《世說新語·品藻》劉孝標注、《初學記》卷 13、21、《類聚》卷 86、《御覽》卷 610、966、《事類賦注》卷 27 引同〔註 70〕，今本作「柤」，《類聚》卷 38、《書鈔》卷 80 引作「楂」〔註 71〕，《御覽》卷 523、973、《記纂淵海》卷 55、《古今事文類聚》後集卷 27 引亦作「柤」，《證類本草》卷 23 引作「櫨」，《古今合璧事類備要》別集卷 45 引作「柤」。各書引俱無「菓瓜之屬」四字，《御覽》卷 523 引有者，乃引者據《人間世篇》而增，不得據補今本。「櫨」乃「樝」形譌，「柤」乃「相」形譌。「樝」、「柤」、「楂」並同，指山楂，字亦作查。「査」即「查」的俗譌字，正字下從「且」，字亦作「相」。以其果木多渣，故謂之「楂」。

〔註 69〕《書鈔》據孔本，陳本引作「儀」。

〔註 70〕《事類賦注》據《北京圖書館古籍珍本叢刊》本，四庫本引作「楂」，四庫本下文引《宋書》「樝父」亦作「楂父」。

〔註 71〕《類聚》據宋紹興刊本，四庫本引作「樝」。《書鈔》據陳本，孔本未引「樝梨」二字。

其語源是苴、沮，俗字作渣，《莊子·讓王》:「其土苴以治天下。」《釋文》:「苴，司馬云：『土苴，如糞草也。』李云：『土苴，糟魄也。』」《說文》:「揟，取水沮也。」「水沮」即指水中的渣滓。字亦作菹、柞、秨、醋、笮、苲、榨、醡、醋〔註72〕，各以所指而製字，而語源則一也。《本草綱目》卷30:「山樝味似樝子，故亦名樝。世俗皆作查字，誤矣。查音槎，乃水中浮木，與樝何關？」李氏未得「查」字語源，必以爲誤，則疏矣。

（23）其味相反，而皆可於口

劉文典曰:「可」下《御覽》卷966、969引並有「適」字。(P411)

按:《御覽》卷969引作「其味雖別，各適其口」，無「可」字，劉氏失檢。今本無「適」字，與唐寫本同，《世說新語·品藻》劉孝標注、《書鈔》卷80、《類聚》卷38、86、《初學記》卷13、21、《御覽》卷523、610、973、《事類賦注》卷27、《證類本草》卷23引並無「適」字。王叔岷曰:「疑一本『可』作『適』，寫者因並混入耳。」〔註73〕其說是也。

（24）故西施病心而矉其里

劉文典曰:《御覽》卷392、741引「矉」作「嚬」……成本字亦作「嚬」。(P412～413)

按:《釋文》引《通俗文》:「蹙頞曰矉。」頞指鼻莖。嚬、矉，並讀爲顰，《說文》:「顰，涉水顰蹙也。」馬敘倫曰:「矉借爲顰。成玄英疏曰：『既病心痛，嚬眉苦之。』則成本作嚬。嚬俗字。」〔註74〕《古今事文類聚》後集卷12、《錦繡萬花谷》後集卷15引正作「顰」。《至樂篇》:「髑髏深矉蹙頞曰。」《御覽》卷367引作「嚬」，亦用借字。字亦省作頻，《孟子·滕文公下》:「己頻顣曰。」于鬯引《說文》「矉，恨張目也」，謂「西施因病心而遷恨其里人，亦情事之所有」〔註75〕，妄說耳。

〔註72〕參見章太炎《膏蘭室札記》「菹薪」條，收入《章太炎全集（1）》，上海人民出版社1982年版，第54頁。
又參見蕭旭《敦煌寫卷〈碎金〉補箋》「湯滓滓」條、《「垃圾」考》，並收入《群書校補》，廣陵書社2011年版，第1322、1392頁。

〔註73〕王叔岷《莊子校釋》卷2，(臺灣)商務印書館1993年版，本卷第49頁。

〔註74〕馬敘倫《莊子義證》卷14，收入《民國叢書》第5編，(上海)商務印書館1930年版，本卷第8頁。

〔註75〕于鬯《莊子校書》，收入《香草續校書》，中華書局1963年版，第281～282頁。

（25）郭象注：「況夫禮儀，當其時而用之，則西施也；時過而不棄，則醜矣。」

按：今本「儀」作「義」，「矣」作「人也」。今本作「義」是。宋褚伯秀《南華眞經義海纂微》卷46引「時過」作「過時」。

（26）吾求之於五年而未得也

按：今本「五年」上有「度數」二字，唐寫本脫之。

（27）使道而可以告人，則人莫不告其弟兄

按：弟兄，今本作「兄弟」，《太平廣記》卷1引《神仙傳》同。

（28）食於苟簡之田

按：今本同，《御覽》卷824引誤作「荀簡」。《釋文》：「王云：『苟，且也。簡，略也。』司馬本簡作間，云：『分別也。』」「間」乃「簡」省借，司馬彪說誤。王叔岷曰：「簡、間古通，間亦略也。不當訓分別。」〔註76〕景宋本及道藏本《淮南子・要略》：「故節財薄葬，間服生焉。」《文選・夏侯常侍誄》李善注、《路史》卷22羅苹注引作「簡服」。

（29）郭象注：「遊而任其真采者也。」

按：今本作「遊而任之，則眞采也」。

（30）親擢者，不能與人柄

按：擢，今本作「權」。寫卷「木」、「扌」二旁每易混，當以「權」爲正。

（31）以闚其所休者

按：今本「休」上有「不」字，唐寫本脫之。

（32）唯偱大變無所湮者為能用之

按：偱，今本作「循」。寫卷「亻」、「彳」二旁每易混，當以「循」爲正。S.388《正名要錄》：「右本音雖同字義各別例：偱，從。」S.2056V《大漢三年楚將季布罵陣漢王羞耻群臣拔馬收軍詞文》：「卿與寡人同記著，抄名錄姓莫因偱。」〔註77〕二例「循」字亦從「亻」旁，與此同。

〔註76〕王叔岷《莊子校詮》，中華書局2007年版，第529頁。
〔註77〕此例轉錄自趙鑫曄未刊稿，謹此致謝。

（33）夫播糠眯目，則天地四方易位；蚊䖟噆膚，則通昔不寐矣

按：《鶡冠子・天權》：「故一蚋蠀（噆－噆）膚，不寐至旦；半糠入目，四方弗治。」〔註 78〕與《莊子》可互證。《釋文》：「蚊，音文，字亦作蟁。虻，音盲，字亦作䗈。昔，夜也。」王叔岷曰：「播，借爲簸。」〔註 79〕糠，《類聚》卷 97、《意林》卷 2、《御覽》卷 945 引同，今本作「穅」，同。䖟，《玄應音義》卷 17 引同，今本作「虻」，《文選・四子講德論》李善注、《類聚》卷 97、《慧琳音義》卷 51、前蜀杜光庭《道德眞經廣聖義》卷 3、《古今合璧事類備要》別集卷 94、《六書故》「嗛」字條引作「䗈」，《玄應音義》卷 24、《慧琳音義》卷 69、《希麟音義》卷 5、《御覽》卷 945、《古今事文類聚》後集卷 49 引作「蝱」。「䗈」正字，「虻」、「蝱」、「䖟」皆俗字。《慧琳音義》卷 99 引作「蟁蚉」，「蟁」、「蚉」皆同「蚊」，則下「蚉」當是「蝱（䗈）」之誤，《玉篇》、《集韻》「噆」字條引正作「蟁䗈」。寐，世德堂刊本作「寐」，四庫本作「寢」，《意林》卷 2 引亦作「寢」。「寐」即「寐」俗字，寫卷中多從「穴」頭，下從「心」旁，亦有從「扌」旁、「牛」旁者〔註 80〕。昔，今本同，《道藏》成疏本作「夕」，《意林》、《道德眞經廣聖義》引亦作「夕」，《慧琳音義》卷 99 引作「夜」，《類聚》、《御覽》、《記纂淵海》卷 100、《古今事文類聚》後集卷 49、《古今合璧事類備要》別集卷 94 引作「宵」。成玄英疏：「膚痛則徹宵不睡。」是成本或亦作「宵」。考《道藏》本《劉子・防慾》：「蚊蟲噆膚，則通宵失寐。」即本《莊子》，是古本亦有作「通宵」者。《御覽》有注：「噆，音匝。」本字爲嗛，《說文》：「嗛，嗍也。嗍，齧也。」〔註 81〕字亦作唼（色甲反）、咂、哑、啑、欶。《淮南子・俶眞篇》：「蚉蝱噆膚，而知不能平。」《御覽》卷 945 引作「蟁蝱噆膚，而性不能平」。亦本於《莊子》、《鶡冠子》。

（34）郭象注：「尚之以加其性故也。」

按：故也，今本作「故亂」。當作「故亂也」，唐寫本脫「亂」字。

〔註 78〕「蠀」當是「噆」別體，同「噆」。《埤雅》卷 11 引正作「噆」。

〔註 79〕王叔岷《莊子校詮》，中華書局 2007 年版，第 531 頁。

〔註 80〕參見黃征《敦煌俗字典》，上海教育出版社 2005 年版，第 270 頁。

〔註 81〕參見馬敘倫《莊子義證》卷 14，收入《民國叢書》第 5 編，（上海）商務印書館 1930 年版，本卷第 11 頁。

（35）郭象注：「風自動而依之，德自立而爭之，斯易持易斯之道也。」

按：今本「爭」作「秉」，「易斯」作「易行」，宋褚伯秀《南華眞經義海纂微》卷46引同，今本是也。

（36）夫鶴不日浴而白

劉文典曰：殘本《修文御覽》、《類聚》卷90、《御覽》卷916、《事類賦》卷18引「鵠」並作「鶴」，唐寫本同，與《釋文》一本合。《御覽》卷395引作「鵠」，與今本同。（P419）

按：鶴，前蜀杜光庭《道德眞經廣聖義》卷3、《白氏六帖事類集》卷20、29引亦同〔註82〕；今本作「鵠」，《意林》卷2引亦作「鵠」。《釋文》：「鵠，本又作鶴，同。」《爾雅翼》卷13：「古書又多言鵠，鵠即是鶴音之轉……蓋古之言鵠，不日浴而白，白即鶴也……以此知鶴之外，無別有所謂鵠也。」

（37）泉涸，魚相與處陸，相呴以〔濕〕，相濡以沫

按：「相呴以」下當據今本補「濕」字。呴，今本作「呴」，《大宗師篇》亦作「呴」，《文選・蜀都賦》劉淵林注、《白氏六帖事類集》卷29〔註83〕、《御覽》卷56、935、《事類賦注》卷29、《古今事文類聚》後集卷34、《呂氏家塾讀詩記》卷4、《五燈會元》卷20引作「煦」，《文選・廣絕交論》李善注、《御覽》卷486引作「呴」。「呴」、「呴」、「煦」並讀爲欨，《說文》：「欨，吹也。」謂吹以濕氣也。

（38）弟子問曰：「夫子見老聃，亦將何規哉？」

劉文典曰：《御覽》卷929引「將」作「得」。（P420）

按：「得」爲「將」形譌，各本並作「將」，《御覽》卷617、《困學紀聞》卷10引亦並作「將」。

（39）龍，合而成體，〔散〕而成章

按：今本「而成章」上有「散」字，唐寫本脫之。

〔註82〕《白孔六帖》分別在卷68、98。

〔註83〕《文選・蜀都賦》劉淵林注，《唐鈔文選集注彙存》卷8作「呴」。《白孔六帖》在卷98。

（40）雷聲而玄默

按：玄，今本作「淵」。《在宥篇》：「淵默而雷聲。」亦作「淵」。成玄英疏：「其默也類玄理之無聲。」是成本亦作「玄」，與唐寫本合。「淵默」與「雷聲」對舉，「淵」字是。朱季海指出「作『玄』，唐人爲李淵諱耳」〔註 84〕。

（41）夫三王五帝之治天下也不同，其係名一也

按：今本「名」上有「聲」字，唐寫本脫之。其，宋林希逸《莊子口義》卷 5 誤作「共」。

（42）民有為其親煞而民不非也

劉文典曰：服，各本作「殺」，形近而誤。注「親疏有降殺」〔註 85〕，疏「爲降殺之服，以別親疏」，是郭、成所見本字皆作「殺其服」。《天道篇》：「降殺之服」，可爲傍證。唐寫本作「服」，今據正。（P423）

按：今本「煞」作「殺」，其下有「其殺」二字，《路史》卷 22 同，唐寫本脫之。《釋文》：「殺其殺：並所戒反，降也。」是所見本亦作「殺」。劉氏失檢唐寫本，且其改字亦非也。林希逸注：「制服以其親之輕重爲降殺，故曰爲其親殺其殺。」殺，差等。上一「殺」用爲動詞，下一「殺」用爲名詞。所殺減者，當指事親之禮，非僅指衣服而言。王叔岷亦校「其殺」爲「其服」〔註 86〕。馬敘倫曰：「上殺字借爲差，下殺字借爲縗。」〔註 87〕皆失之。

（43）則又始有夭矣

按：又，當據今本作「人」。

（44）郭象注：「不能同故我，則心競於親疏，故不終其天年也。」

按：故我，當據今本作「彼我」。競，今本作「競」。S.388《正名要錄》：「**競**：正。**競**：通用。」

〔註 84〕朱季海《莊子故言》，中華書局 1987 年版，第 71 頁。

〔註 85〕「有」原誤作「者」，徑正。唐寫本亦作「有」字。

〔註 86〕王叔岷《莊子校詮》，中華書局 2007 年版，第 540 頁。

〔註 87〕馬敘倫《莊子義證》卷 14，收入《民國叢書》第 5 編，（上海）商務印書館 1930 年版，本卷第 14 頁。

(45) 郭象注:「但至之弊,遂至於此耳。」

按:今本「至」下有「理」字,唐寫本脫之。

(二) 中村不折藏《莊子・知北遊篇》校補

(1) 中言而忘其所欲言

按:今本「中」下有「欲」字,唐寫本脫之。

(2) 郭象注:「俱是物也,但為聚散。」

按:今本作「俱是聚也,俱是散也」。唐寫本義長。

(3) 吾問無為謂,無為謂不應我,非不應我,不知應我也

按:非不應我,當據今本作「非不我應」。下文「非不我告」,文例同。

(4) 今彼神明至精,與彼百化

劉文典曰:碧虛子校引劉得一本「今」作「合」。奚侗曰:「『今』當從劉本作『合』。」典按:劉本作「合」義較長。(P591~592)

按:宋陳景元(即碧虛子)《南華眞經章句餘事》作「合」,注:「見劉得一本,舊作『今』。」《莊子翼》卷 5 引褚伯秀《管見》亦作「合」。褚伯秀《南華眞經義海纂微》卷 66 則作「今」,注云:「劉得一本『合』,參之上文,於義爲優。」「今」字是,提示之辭。馬敘倫疑「今彼」二字爲衍文〔註 88〕,非是。

(5) 陰陽四時運行,各有其序

按:有,今本作「得」,《文選・贈尚書郎顧彥先》、《秋興賦》、《遊仙詩》、《南州桓公九井作》、《於安城答靈運》、《在懷縣作》李善注六引亦作「得」。

(6) 郭象注:「契然有刑則不神。」

按:今本「契」作「挈」,「刑」作「形」。此爲「油然不形而神」注語,反面言之也。《釋文》:「油,音由,謂無所給(恪)惜。」成玄英疏:「油然無係,不見形象,而神用無方。」林希逸注:「油然,生意也。」「油然」即「悠然」,無係之貌。契、挈,讀爲挈。《廣雅》:「挈,束也。」

〔註 88〕馬敘倫《莊子義證》卷 22,收入《民國叢書》第 5 編,(上海)商務印書館 1930 年版,本卷第 2 頁。

《玉篇》:「㨖,束縛也。」P.2011 王仁昫《刊謬補缺切韻》、蔣斧印本《唐韻殘卷》並云:「㨖,縛。」字亦作絜,《說文》:「係,絜束也。」契(挈)然,束縛之貌。林說非是。

(7)郭象注:「畜之而後得其本性之根,故不知其所以畜之。」

按:後,當據今本作「不」。

(8)攝汝私,一汝度,神將來含

劉文典曰:俞樾曰:「『一汝度』當作『正汝度』。《淮南子·道應篇》、《文子·道原篇》並作『正汝度』。」(P593)

按:一汝度,《淮南子》作「正女度」。含,當據今本作「舍」。私,當據今本作「知」,前蜀杜光庭《道德眞經廣聖義》卷23引同,《淮南子》、《文子》、《高士傳》卷上亦同。《人間世篇》:「夫狥耳目內通而外於心知,神將來舍,而況人乎?」此當作「知(智)」字之確證。「知」誤作「和」,復誤作「私」。成玄英疏:「收攝私心,令其平等,專一志度,令無放逸。」成氏所據本亦誤作「私」。

(9)郭象注:「夫身者非汝所能有也,塊然自有耳,有非汝所有也,而況無哉?」

劉文典曰:注「身非汝所有」,唐寫本「身」作「有」,與「無」字相對爲文,義較長。(P594)

按:劉說非是,正文云「汝身非汝有也,汝何得有夫道」,是當作「身」字之證。

(10)郭象注:「若身是汝有,則美惡生死,當制之由汝。今氣〔聚〕而生,汝不能禁也;氣散而死,汝不能止也。明其委結而自成耳,非汝有也。」

按:生死,今本作「死生」。「而生」上當據今本補「聚」字。

(11)故行不知所往,處不知所持,食不知所以

按:所以,《列子·天瑞》同,今本作「所味」。

(12)今日晏閑,敢問至道

按:閑,今本作「間」,借字。《釋文》:「間,音閑。」

（13）老聃曰：「汝齊誡，疏瀹而心，藻雪而精神，掊擊而知。」

按：今本「誡」作「戒」，「藻」作「澡」。「誡」、「藻」皆爲借字。

（14）郭象注：「故胎卵不能易種而生，明神器之不可為也。」

按：器，今本作「氣」。唐寫本用借字。

（15）其來無迹，其往無崖，無門無房，四達之遑遑

按：遑遑，今本作「皇皇」。注文同。章太炎曰：「皇皇者，堂皇也。」〔註 89〕即廣大貌。

（16）郭象注：「寄精神於八荒之表。」

按：荒，今本作「方」。

（17）郭象注：「與化皆行。」

按：皆，今本作「偕」。

（18）天不得不高，地不得不廣，日月不得不明，萬物不得不昌

按：明，今本作「行」。今本是，上文「耳目聰明」，以「明」合韻，此不當再作「明」字。

（19）巍巍乎其終則復始也

按：巍巍，《道藏》各本同，唐杜光庭《道德眞經廣聖義》卷 4 亦同，《釋文》本作「魏魏」。楊明照曰：「唐本是也。《古逸叢書》本、《道藏》本《南華眞經義海纂微》並作『巍』，與唐本合（依《說文》當以作『巍』爲是）。」〔註 90〕《古逸叢書》本即覆宋本。「魏」乃俗省字。

（20）中國有人焉，非陰非陽，處天地之間，值且為人，將反於宗

按：值，今本作「直」。成玄英疏：「言人所稟之道，非陰非陽，非柔非剛，非短非長，故絕四句，離百非也。處在天地之間，直置爲人，而無偏執。本亦作『值』字者，言處乎宇內，遇値爲人，曾無所係也。」唐寫本與成玄英所見一本相合。

〔註 89〕章太炎《莊子解故》，收入《章太炎全集（6）》，上海人民出版社 1986 年版，第 153 頁。

〔註 90〕楊明照《莊子校證》，《燕京學報》第 21 期，1937 年版，第 133～134 頁。

（21）郭象注：「敖然自放，所遇而安，了無功矣。」

按：矣，當從今本作「名」。

（22）自本觀之，生者，喑醷物也

劉文典曰：唐寫本「醷」作「噫」。（P599）

按：郭象注：「直聚氣也。」《釋文》：「喑，音蔭，郭音闇，李音飲，一音於感反。醷，於界反，郭於感反，李音意，一音他感反，李、郭皆云：『喑醷，聚氣貌。』」成玄英疏：「喑噫，氣聚也。」《集韻》：「喑，喑醷，聚氣皃，李軌說。」《類篇》作「喑噫」。成本作「噫」。唐寫本作「喑噫」者，「噫」是「喑」音借，音變則爲「醷（噫）」〔註 91〕，連文則曰「喑醷」、「喑噫」，古自有此例〔註 92〕。《庚桑楚篇》：「有生，黬也。」郭象注：「黬，直聚氣也。」「黬」音闇，當即此文「喑」字。奚侗曰：「黬即黶字之媘，借作點。」〔註 93〕「黶（黬、點）」的語源亦是「暗」。作「黬」者單言，作「喑醷（噫）」者複言。以《莊》證《莊》，斷無可疑，治《莊》諸家皆未達其誼。唐元稹《送崔侍御之嶺南》：「茅蒸連蟒氣，衣漬度梅黬。」舊注：「黬，乙減切，痕也，聚氣也。」「聚氣」者，謂氣聚而成的一個小黑點。「梅黬」即「黴（黴、霉）黯」，言霉黑色。喑、黬，皆黭借字，字亦作黯，《說文》：「黭，青黑也。」《集韻》：「黭、黯，深黑色，或從音。」《肘後備急方》卷 5 引姚方云：「熛疽者，肉中忽生一黭子，如豆粟，劇者如梅李大。」《備急千金要方》卷 68「黭子」作「點子」，《本草綱目》卷 19 引《千

〔註 91〕《老子》第 2 章：「音聲相和。」郭店簡、馬王堆帛書乙本同，帛書甲本「音」作「意」。《管子・內業》：「不可呼以聲，而可迎以音。」王念孫曰：「音即意字也。音與力、德、德、得爲韻，明是意之借字。下文云『音以先言，音然後形，形然後言』，兩『音』字亦讀爲意。前《心術篇》云：『意以先言，意然後形，形然後思，思然後知。』是其明證也。《說文》『意』從心音聲，音、意聲相近，故『意』字或通作『音』，《史記・淮陰侯傳》：『項王喑啞叱吒。』《漢書》作『意烏猝嗟』。喑之通作意，猶意之通作音矣。」《新序・善謀》作「噫噁叱咤」。《史》、《漢》二例，方以智亦曰：「音與意同聲也。」王念孫《管子雜志》，收入《讀書雜志》卷 8，中國書店 1985 年版，本卷第 22 頁。方以智《通雅》卷 2，收入《方以智全書》第 1 冊，上海古籍出版社 1988 年版，第 138 頁。

〔註 92〕「做」、「等」分別是「作」、「待」的變音字，連文則曰「做作」、「等待」，亦其例。另參見蕭旭《「嬰兒」考》，收入《群書校補（續）》，花木蘭文化出版社 2014 年版，第 2078～2079 頁。

〔註 93〕奚侗《莊子補注》卷 3，民國六年當塗奚氏排印本，本卷第 21 頁。

金方》作「黯子」。《巢氏諸病源候總論》卷 33：「㵱疽之狀，肉生小黯點，小者如粟豆，大者如梅李。」「黤」即同「黯」。吳承仕曰：「『醷』音於界反，李音意，皆如字讀。郭音於感反，一音他感反，以今韻校之，部居殊遠……『醷』從意聲，意從音聲，讀醷於界反，則噫、醷爲雙聲；讀醷他感反，則噫、醷爲疊韻。故『醷』字郭李音異而說義同，可知郭非改字矣。然《篇》《韻》『醷』字並不收『於感』、『他感』等切。」〔註 94〕黃侃曰：「『意』從音聲，『音』有舌音，故『意』聲亦有舌音。『噫醷』蓋即『闇黮』之異，《齊物論》有『黮闇』字，李注：『不明皃。』此讀『醷』爲『黮』，故有『他感』一音。若並從喉音讀，則『噫醷』猶言『壹壼』、『絪緼』耳，聚氣之訓由此也。」〔註 95〕黃氏前說精矣，而猶未盡；後說則非是。郭氏「醷」音於感反，則與「闇」同音，正與「黬」同。李氏音意，則直音，字亦作黓（黕），《玉篇》：「黓，深黑色。」《廣韻》：「黕，深黑。」亦是「噫（黬）」的音變。「醷」音於界反，則以「噫醷」即「黯（黤、晻）藹」。一音他感反，與「醓」音同，則以「噫醷」是「黤黕」、「黯黮」、「暗淡」等字的音轉〔註 96〕。林希逸曰：「噫醷，氣之不順者也。」楊慎曰：「噫醷：噫噶。蕭該《漢書音》。」楊慎又曰：「噫，噓氣也……又作醷，《莊子》：『生噫醷物也。』」〔註 97〕方以智曰：「噎噫，謂含怒而出氣也……《莊子》：『生者噫醷物也。』謂鬱悶於中之狀。『噎噫』與『噫醷』同意。」〔註 98〕羅勉道曰：「《禮記》注：『醷，梅漿也。』噫，久醞之也。漿

〔註 94〕吳承仕《莊子音義辨正》，收入《經籍舊音辨證》，中華書局 2008 年版，第 294～295 頁。

〔註 95〕黃侃《經籍舊音辨證箋識》，附於吳承仕《經籍舊音辨證》，中華書局 2008 年版，第 395 頁。龐光華曰：「『於界反』音，《莊子》此文分明以『噫醷』爲雙聲聯緜詞，都是影母，如讀透母就不是雙聲了。『醷』音『他感反』實際上是表明這裏的『醷』有異文作『黮』，而『噫黮』是疊韻聯緜詞，都是侵部字……我認爲《莊子》原文是『噫醷』，而不是『噫黮』。」龐光華《上古音及相關問題綜合研究——以複輔音聲母爲中心》，暨南大學出版社 2014 年版，第 306 頁。

〔註 96〕參見蕭旭《「暗淡」考》，收入《群書校補（續）》，花木蘭文化出版社 2014 年版，第 2397～2399 頁。

〔註 97〕楊慎《古音駢字》卷下、《轉注古音略》卷 4，分別收入景印文淵閣《四庫全書》第 228、239 冊，第 421、383 頁。

〔註 98〕方以智《通雅》卷 49，中國書店 1990 年影印康熙姚文燮浮山此藏軒刻本，第 595 頁。

雖久喑，能得幾時？」〔註 99〕林雲銘、陸樹芝、錢穆皆從其說〔註 100〕。胡文英曰：「喑醷，梅漿中所發之泡。」〔註 101〕惠士奇曰：「殹者，噫也。病者善噫，故人身有譩譆穴，在背下俠脊傍三寸所，厭之令病者呼譩譆。譩譆應手，言以手應之，病者作聲則止。譩一作醷，《莊子》曰：『生者喑醷物也。』」〔註 102〕汪繼培曰：「噫嗟、喑噁、意烏、噎噫、喑醷、喑噫，並聲近義同。」〔註 103〕朱駿聲曰：「喑，叚借爲罯。」〔註 104〕于鬯曰：「喑，蓋本作『湆』，形近寫誤，肉汁也。醷，梅漿也。」〔註 105〕奚侗曰：「醷，當作『噫』。《一切經音義》卷 15：『喑噫，大呼也。《說文》：「飽出息也。」』喑噫物，言有聲息之物。」〔註 106〕鍾泰曰：「喑，借爲醅。醅醷猶醞釀也。就造化本義言，曰絪緼；就取譬於酒言，曰醅醷，一也。」〔註 107〕馬敘倫曰：「『喑醷』當爲『喑歑』，『歑』今通作『飲』，傳寫殽誤。《儀禮・士虞禮》：『聲三，啓戶。』注：『聲者噫歆（歆）也。』是其例證。《說文》：『噫，飽出息也。歑，歠也。』喑歑，猶呼吸耳。『物』字疑羨。」〔註 108〕王叔岷曰：「奚侗云：『醷，當作噫。』疏：『喑噫，氣聚也。』是成本正作噫。」〔註 109〕皆未得其誼也。

（23）郭象注：「宜遇而過」

按：遇，當從今本作「過」。此釋正文「過之而不守」語也。

〔註 99〕羅勉道《南華眞經循本》卷 21，收入《續修四庫全書》第 956 冊，上海古籍出版社 2002 年版，第 238 頁。

〔註 100〕林雲銘《莊子因》卷 4，乾隆年間重刊本。陸樹芝《莊子雪》卷 4，嘉慶四年儒雅堂刊本。錢穆《莊子纂箋》，臺灣東大圖書股份有限公司 1985 年第 5 版，第 179 頁。

〔註 101〕胡文英《莊子獨見》卷 22，乾隆十六年三多齋刊本，本卷第 5 頁。

〔註 102〕惠士奇《禮說》卷 2，收入《叢書集成三編》第 24 冊，新文豐出版公司 1997 年版，第 271 頁。

〔註 103〕汪繼培《潛夫論箋》卷 4，中華書局 1985 年版，第 189 頁。

〔註 104〕朱駿聲《說文通訓定聲》，武漢市古籍書店 1983 年版，第 89 頁。

〔註 105〕于鬯《莊子校書》，收入《香草續校書》，中華書局 1963 年版，第 291 頁。

〔註 106〕奚侗《莊子補注》卷 3，民國六年當塗奚氏排印本，本卷第 15 頁。

〔註 107〕鍾泰《莊子發微》，上海古籍出版社 2002 年版，第 495～496 頁。

〔註 108〕馬敘倫《莊子義證》卷 22，收入《民國叢書》第 5 編，（上海）商務印書館 1930 年版，本卷第 6 頁。馬氏引「噫歆」誤作「噫歑」。

〔註 109〕王叔岷《莊子校釋》卷 3，（臺灣）商務印書館 1993 年版，本卷第 62 頁。

（24）注然勃然，莫不出焉；油然寥然，莫不入焉

按：寥，今本作「漻」。「注」疑當作「汪」，形之譌也。《道德指歸論·上德不德篇》：「或汪然漭汎而稱帝，或廓然昭昭而稱王。」「汪然」、「勃然」皆狀其盛貌。武延緒曰：「『注』疑當爲『沛』。」〔註110〕「注」、「沛」形聲俱遠，其說非是。「勃然」猶勃焉，興盛貌、興起貌。亦作「佛然」、「沛然」，《荀子·非十二子》：「佛然平世之俗起焉。」楊倞註：「佛，讀爲勃。勃然，興起貌。」《韓詩外傳》卷4作「沛然」，孛、沛同從宋得聲，古從弗從孛字多通用〔註111〕。字源是「孛」，本義指草木茂盛貌。《說文》：「孛，㟁也。《論語》：『色孛如也。』」又「㟁，草木㟁孛之皃。」今本《論語·鄉黨》作「勃如」。《繫傳》：「臣鍇曰：言人色勃然壯盛，似草木之茂也。」「孛如」即「孛然」，《釋名》：「孛星，星旁氣孛孛然也。」《御覽》卷7引《天文錄》：「芒氣四出曰孛，孛謂孛孛然也。」又作「悖然」，《韓詩外傳》卷3：「翟黃悖然作色。」又作「艴如」、「艴然」，《說文》：「艴，色艴如也。《論語》曰：『色艴如也。』」《孟子·公孫丑上》：「曾西艴然不悅。」趙岐注：「艴然，慍怒色也。」又作「怫然」，《戰國策·魏策四》：「秦王怫然怒。」敦煌寫卷P.2569《春秋後語》作「勃然」。又作「拂然」，《大戴禮記·文王官人》：「怒色拂然以侮。」又作「沸然」，《呂氏春秋·重言》：「艴然充盈。」《意林》卷2引作「沸然」。尹灣漢簡《神烏傳》：「亡鳥沸然而大怒。」虞萬里曰：「沸然，猶怫然、艴然。」〔註112〕音轉又作「忽然」〔註113〕，本書《天地篇》：「蕩蕩乎，忽然出，勃然動，而萬物從之乎。」「忽然」亦「勃然」，《莊子》分用之，其實一也。《吳越春秋·闔閭內傳》：「吳王忽然不悅。」敦煌寫卷北圖新0866《李陵變文》：「武帝聞之，忽然大怒。」〔註114〕草木四出曰孛，星旁芒氣四出亦曰孛，

〔註110〕武延緒《莊子札記》卷2，永年武氏壬申歲刊所好齋札記本（民國21年刊本），本卷第41頁。

〔註111〕參見張儒、劉毓慶《漢字通用聲素研究》，山西古籍出版社2002年版，第908～909頁。

〔註112〕虞萬里《尹灣漢簡〈神烏傳〉箋釋》，收入《訓詁論叢》第3輯，文史哲出版社1997年版，第842頁。

〔註113〕《越絕書·外傳記地傳》：「（句踐）杖物盧之矛。」《文選·吳都賦》劉淵林註、《書鈔》卷123、《御覽》卷353注、《玉海》卷151引「物」作「勃」。

〔註114〕參見蕭旭《李陵變文校補》，收入《群書校補》，廣陵書社2011年版，第1161頁。

怒色盛曰悖、艴、怫、沸、拂、忽，其義一也。《六書故》:「艴，拂於中而見於色也。」戴氏謂「拂於中」，則取違背義，其說非也。馬敘倫曰:「勃，借為鬻。」〔註 115〕其說亦非是。「鬻」為液體沸騰義，《說文》:「鬻，吹（炊）釜溢也。」（從《繫傳》本）今吳語音轉作「鋪」音〔註 116〕，俗作「潽」字。「鬻」為液體興起的專字，不當作為本字。

（25）郭象注:「死類不哀。」

按:類，當從今本作「物」。此釋正文「生物哀之」語也。

（26）解其天弢，墮其天袠

按:今本「弢」作「弢」，「袠」作「袠」，并同。

（27）紛乎菀乎

按:菀，今本作「宛」。奚侗曰:「宛，叚作緼。」〔註 117〕武延緒曰:「『宛』與『菀』與『苑』皆通，讀如緼，又讀若氳，亦與『蒀』通。《玉篇》:『芬（馧）蒀，盛貌。』《集韻》:『馧馧，香也。』又『菀』與『蘊』同。此言『紛宛』，即『紛緼』也，亦猶『芬蒀』也、『氤氳』也。注『變化煙煴』，『煙』讀因，猶言氤氳。」〔註 118〕武氏當時尚未見唐寫本，其說是矣。字亦作「氲氳」、「葐蘊」、「葐蒀」、「紛蘊」、「芬蒀」、「馩蒀」、「馩馧」、「馩馧」、「馚馧」、「棼緼」、「分氳」等形〔註 119〕。馬敘倫曰:「紛，借為熏，《說文》曰:『熏，火煙上出也。』宛，借為煴。《說文》曰:『煴，鬱煙也。』『熏煴』即『煙煴』、『氤氳』矣。」〔註 120〕馬氏得其義，而謂「紛」借為「熏」則非是。

〔註 115〕馬敘倫《莊子義證》卷 22，收入《民國叢書》第 5 編，（上海）商務印書館 1930 年版，本卷第 6 頁。

〔註 116〕參見段玉裁《說文解字注》，上海古籍出版社 1981 年版，第 113 頁。又參見朱駿聲《說文通訓定聲》，武漢市古籍書店 1983 年版，第 682 頁。

〔註 117〕奚侗《莊子補注》卷 3，民國六年當塗奚氏排印本，本卷第 16 頁。

〔註 118〕武延緒《莊子札記》卷 2，永年武氏壬申歲刊所好齋札記本（民國 21 年刊本），本卷第 41 頁。《玉篇》作「葐蒀」，武氏失檢。

〔註 119〕參見蕭旭《「轒輼」考》，收入《群書校補（續）》，花木蘭文化出版社 2014 年版，第 2411～2417 頁。

〔註 120〕馬敘倫《莊子義證》卷 22，收入《民國叢書》第 5 編，（上海）商務印書館 1930 年版，本卷第 7 頁。

（28）正獲之問於監市履豨也，每下愈況

按：今本「豨」作「狶」，同。

（29）大馬之捶鉤者，年八十矣，而不失鉤芒

按：王叔岷曰：「唐寫本『豪芒』作『鉤芒』，《淮南・道應篇》同。今本作『豪芒』，疑涉注『而無豪芒之差也』而誤。」〔註 121〕楊明照說同〔註 122〕，是也。劉殿爵曰：「鉤芒，字亦作『勾芒』，乃東方神名，於義無取。《莊子》作『豪芒』，是也。」〔註 123〕非是。

（30）郭象注：「拈捶鉤之輕重，而不失豪芒之差。」

按：今本「拈」作「玷」，「不失」作「無」。《釋文》：「捶，郭音丁果反，徐之累反，李之睡反。司馬、郭云：『捶者，玷捶鉤之輕重，而不失之豪芒也。』〔註 124〕或說云：『江東三魏之間，人皆謂鍛爲捶，音字亦同。郭失之。』今不從此說也。玷，丁恬反。」成玄英疏：「捶，打鍛也。鉤，腰帶也。大司馬家有工人，少而善鍛鉤，行年八十，而捶鉤彌巧，專性凝慮，故無豪芒之差失也。鉤，稱鉤權也，謂能拈捶鉤權，知斤兩之輕重，無豪芒之差失也。成玄英所見本作「拈」，與唐寫本相合。

（31）狶韋之囿，黃帝之囿

按：下「囿」，當據今本作「圃」。

（32）聖人處於不傷物

按：於，當據今本作「物」，《文選・幽憤詩》李善注引同。

（33）郭象注：「受性各有分。」

按：性，今本作「生」。唐寫本是。

〔註 121〕王叔岷《莊子校釋》卷 3，（臺灣）商務印書館 1993 年版，本卷第 65 頁。

〔註 122〕楊明照《莊子校證》，《燕京學報》第 21 期，1937 年版，第 134 頁。

〔註 123〕劉殿爵《讀淮南鴻烈札記》，香港《聯合書院學報》第 6 期，1967 年出版，第 168 頁。

〔註 124〕一本「玷捶鉤」誤作「玷捶鐵」，盧文弨據宋本校正。盧文弨《莊子音義中考證》，《經典釋文考證》，收入《叢書集成初編》第 1204 冊，（上海）商務印書館中華民國 24 年版，第 329 頁。

（34）夫務免乎人之所免，豈不亦悲哉

按：所免，當據今本作「所不免者」。上文「無知無能者，固人之所不免也」，此文承之。

Ⅲ. 結　語

《莊子》是中國先秦最重要的典籍之一，其書難治，還須學人通力合作，解決其疑難問題。日人中村不折所藏敦煌寫卷《莊子》是一重要寫本，自當著意重視。

（《中村不折藏敦煌寫卷〈莊子〉校補》與陳敏合作，發表於《東亞文獻研究》總第 18 輯，2016 年 12 月出版，第 91～112 頁。此爲修訂稿。）

二、敦煌文獻札記五篇

1. 敦煌文獻詞語雜考

前些時，友人給我張小豔《敦煌書儀語言研究》、《敦煌社會經濟文獻詞語論考》二書〔註 1〕。因奉讀張君二書一過，越數日而畢其役。張書所考論的詞語，有幾條我有些不同的意見，這裏寫出來，博雅君子，其賜正焉。

張小豔《敦煌社會經濟文獻詞語論考》第 183、214 頁說考釋詞語的方法有二：排比歸納和認字釋詞。這無疑是遺漏了最重要的演繹推理法。

（一）關於《敦煌書儀語言研究》

（1）**S.361《書儀鏡》:「季夏毒熱，惟位次郎動靜支豫，某諸弊少理。」**
S.329《書儀鏡》:「初寒，惟履休適，某乙疾弊少理，可以意量。」
張小豔謂「少理」與書儀文獻中「殊寡情理」、「殊無理賴」、「無復生賴」語境相近，「少理」即心情不好、情懷惡劣的意思。亦與魏晉文獻中「少賴」、「無賴」、「無復聊賴」、「無有生賴」相近。「賴」義爲依靠、寄託。「理」即情理、情懷。（第 60～62 頁）

按：S.329《書儀鏡》:「僕已疾弊，已無情理。」又「更遇正期，殊無理賴。」理，讀爲俚。《方言》卷 3：「俚，聊也。」《說文》:「俚，聊也。」《廣雅》:「俚，賴也。」段玉裁曰：「《方言》:『俚，聊也。』語之轉，字之假借耳。《漢書》曰：『其畫無俚之至。』『無俚』即今所謂『無賴』，

〔註 1〕張小豔《敦煌書儀語言研究》，商務印書館 2007 年版。張小豔《敦煌社會經濟文獻詞語論考》，上海人民出版社 2013 年版。

亦語之轉。古叚『理』爲之。《孟子》:『稽大不理於口。』趙注:『理，賴也。大不賴人之口。』」〔註2〕王念孫曰:「《漢書·季布欒布田叔傳贊》:『夫婢妾賤人，感槩而自殺，非能勇也，其畫無俚之至耳。』晉灼注云:『揚雄《方言》曰:「俚，聊也。」許愼曰:「賴也。」此謂其計畫無所聊賴，至於自殺耳。』《孟子·盡心篇》:『稽大不理於口。』趙岐注云:『理，賴也。』『理』與『俚』通。」〔註3〕《漢書》蘇林注:「俚，賴也。」同許愼說，今本《說文》作「俚，聊也」。《六書故》卷8:「俚，借爲無俚之俚，猶言無聊也。聊、俚、賴聲相通。」又卷10:「無聊之爲言猶曰無賴、無俚也。聊、俚、賴同聲。」方以智曰:「俚、聊、賴相通。」〔註4〕錢繹曰:「俚、賴、聊皆一聲之轉耳。」〔註5〕朱駿聲曰:「聊、俚、賴一聲之轉。」又「憀，叚借爲賴。《淮南·兵略》:『吏民不相憀。』按:與《國策》『民無所聊』、《漢書》『其畫無俚之至』同。賴、俚、聊、憀一聲之轉。」又「聊，叚借爲賴。聊、賴一聲之轉，或以憀以俚爲之。」〔註6〕「賴」古有「俚」音〔註7〕。單言曰「俚(理)」，複言則曰「理賴」、「聊賴」，亦作「憀賴」，《淮南子·兵略篇》許愼注:「憀，賴。」P.2011《刊謬補缺切韻·蕭韻》:「憀，無憀賴。」又《尤韻》:「憀，賴。」音轉之字合成一詞，古書習見，此是所謂的連綿詞的一大來源。「理」非情理、情懷之義，「殊寡情理」與諸語不同。

(2) S.2104V《雜寫》:「自到敦煌有多時，每無管領接括希。」

曾良解「接括」爲接會、交接、交往。張小豔謂曾說未中其的，因從葉貴良說，謂「接括」是「接話」形誤。(第72頁)

按:徐俊、項楚亦校「括」爲「話」〔註8〕。余舊說云:「接括，同『聐聒』、

〔註2〕段玉裁《說文解字注》，上海古籍出版社1981年版，第369頁。

〔註3〕王念孫《廣雅疏證》，收入徐復主編《廣雅詁林》，江蘇古籍出版社1992年版，第373頁。

〔註4〕方以智《通雅》卷1，收入《方以智全書》第1冊，上海古籍出版社1988年版，第100頁。

〔註5〕錢繹《方言箋疏》卷3，上海古籍出版社1984年版，第225頁。

〔註6〕朱駿聲《說文通訓定聲》，武漢市古籍書店1983年版，第187、259、277頁。

〔註7〕「賚」或作「理」、「釐」，「釐」或作「萊」，「賴」音轉作「厲」，「登來」音轉作「得利」，皆其比。

〔註8〕徐俊《敦煌詩集殘卷輯考》，中華書局2000年版，第866頁。項楚《敦煌詩

『咕咶』。」〔註 9〕字亦作「接聒」，宋・鄭獬《吳君墓誌銘》：「楚爲東南衝，舟車日叩境，接聒不得休息。」《韓子・顯學》：「千歲萬歲之聲括耳。」朱起鳳曰：「聒字作括，同音通叚」〔註 10〕。《抱朴子外篇・崇教》：「毀譽括厲於耳。」《般泥洹經》卷 2：「夫名霹靂，聲聒天地。」宋本「聒」作「括」。S.343V：「夫大雄一覺，吼法鼓而驚天；四智齊明，雷（擂）法螺而括地。」「雷（擂）」、「吼」當互易。此敦煌寫卷中用「括」爲「聒」之例。《慧琳音義》卷 62：「聒地：杜注《左傳》云：『聒，讙也。』《蒼頡篇》云：『聒，擾耳也。』《說文》：『讙語也。』」

（3）**《韓朋賦》：「朋今仕宦，且得勝途。」**

張小豔謂「勝途」是「勝悆」之誤，平安健康的意思。（第 95 頁）

按：此「勝途」不誤，猶言貴途，指仕宦顯貴之途。古詩《爲焦仲卿妻作》：「卿當日勝貴，吾獨向黃泉。」「勝」字義同。《通鑑》卷 112 胡三省注：「江東人士，其名位通顯，於時者率謂之佳勝、名勝。」

（4）**S.2200《新集吉凶書儀》：「今具空酒，輒敢諮邀。」S.5636《新集書儀》：「空酒壹酌，望垂檢校，即所望也。」**

周一良謂「空酒」即「寡酒」，不就菜肴而飲酒。董志翹謂「空酒」原爲「清酒」之義。張小豔謂「空酒」與「壹酌」並舉，「空」有單獨、僅僅之義，而「壹」謂專一，亦即單少。「空酒壹酌」猶言單酒薄酌。（第 135 頁）

按：「空」、「壹」不是並舉關係，周一良說是。《外臺秘要方》卷 22：「每食時，更以空酒漱去藥氣，然後喫食。」

（二）關於《敦煌社會經濟文獻詞語論考》

（1）**古人稱「頭盔」曰「鍪」，即因其形與漢代慣用的似釜而反脣的炊器「鍪」相像而得名。**

（第 189 頁）

按：此說恐源流倒置。「鍪」指頭盔者，特帽之一種而已，以鐵製作，故

歌導論》，巴蜀書社 2001 年出版，第 270 頁。

〔註 9〕蕭旭《〈敦煌詩集殘卷輯考〉補正》，收入《群書校補》，廣陵書社 2011 年版，第 887 頁。

〔註 10〕朱起鳳《辭通》卷 12，上海古籍出版社 1982 年版，第 1197 頁。

專字從金作「鍪」，字亦借「瞀」、「務」爲之。其語源是「冖」，孳乳作「冃」、「冃」、「冒」、「帽」，取覆蓋爲義。《殷周金文集成》2837載西周早期《大盂鼎》、又6015載《麥方尊》並有「冖、衣、市、舄」之語〔註11〕。吳大澂、劉心源釋「冖」爲「冕」。楊樹達曰：「『冕衣』不辭，疑『冖』爲『H』字，『H衣』即『褻衣』也。」秦永龍曰：「『冖』即《說文》訓『覆也』的『冖』字，當讀爲冒或冕。」〔註12〕黃盛璋曰：「『冖』即『帽』。」〔註13〕讀「冒（帽）」是，餘說皆誤。頭盔曰鍪，炊器曰鍪，皆以其功用或器形似冒（帽）而得名也。

（2）P.3833《王梵志詩》：「**自著紫臭翁（䘜），餘人赤羖䍽。**」

項楚曰：赤羖䍽，謂光板無罩面之黑山羊皮〔註14〕。

張小豔曰：「羖䍽」爲外來音譯詞，故可寫作「骨力」、「骨䍽」、「矞艻」等形……竊疑「羖䍽」爲記音字，其本字應是「軀軅」。《集韻》：「軀，軀軅，倮也。」「赤軀軅」又可寫作「赤骨力」、「赤骨律」、「赤骨立」等形，釋爲「赤裸裸」。（第229～231頁）

按：矞艻，所引見《天工開物》卷上「一種矞艻羊（番語）」，作者所據乃巴蜀書社1989年出版的《校注》本，萬有文庫本同，崇禎初刻本、世界書局本作「矞芀」，喜詠軒叢書本作「矞芍」，世界書局本有注：「陶本作『芍』。」《古今圖書集成·經濟彙編·食貨典》卷314引《天工開物》作「矞芍」。「芀（芍）」是「艻」形譌，方以智《物理小識》卷6亦誤作「矞芀」。其繫連諸字形皆是，「矞艻」確是「骨力」轉語，作者未舉證，補證如下：《史記·秦本紀》：「其玄孫曰中潏……生蜚廉。」《集解》引徐廣曰：「潏，一作滑。」《正義》：「中音仲，潏音決。宋衷注《世本》云：『仲滑生飛廉。』」《文選·辨命論》李善注引作「仲矞」。「潏（矞）」、「滑」音轉，《永樂大典》卷12148引《史記》誤作「中滴」。《莊子·至樂》：「滑介叔。」《釋文》：「滑，音骨，崔本作『潏』。」

〔註11〕《大盂鼎》、《麥方尊》，分別收入《殷周金文集成》第5、11冊，中華書局1985、1992年版，第240、196頁。

〔註12〕諸說並轉引自周寶宏《西周青銅重器銘文集釋》，天津古籍出版社2007年版，第314～319頁。

〔註13〕黃說轉引自周寶宏《近出商周金文字詞考釋（八則）》，《古文字研究》第29輯，中華書局2012年版，第261頁。承王寧檢示，謹致謝忱。

〔註14〕項楚《王梵志詩校注》，上海古籍出版社1991年版，第299頁。

《呂氏春秋・開春》:「昔王季歷葬於渦山之尾。」《論衡・死僞》作「滑山」,《戰國策・魏策二》作「楚山」。姚宏注引皇甫謐曰:「楚山,一名濇山。」孫蜀丞曰:「疑『渦』即『滑』字之譌,『楚山』其別名也……濇、滑音近。」〔註 15〕孫氏謂「濇、滑音近」是也,但「渦」、「滑」當是一字異體,而非譌字。此皆是其證。但說「羖䍽」是外來音譯詞,則無確證。「骨力」、「骨律」、「骨立」等又音轉作「骨鹿」、「骨碌」、「骨盧」、「骨魯」、「古魯」、「古鹿」、「角鹿」、「谷鹿」等形,皆「果蠃」轉語,狀圓形,又形容光禿貌。民國刊本《崇明縣志》卷 4:「赤骨律,俗謂赤膊也,見《朱子語錄》引北澗禪師偈曰:『無位眞人赤骨律。』」「赤骨律」指光禿禿貌,「赤羖䍽」同。夏羊名的專字,單稱曰「羖」,複稱曰「羖䍽」。《廣雅》:「羖羊犗曰羯。」秦穆公嘗以五羖之皮贖百里奚,號「五羖大夫」。《爾雅翼》卷 23:「羖爲角音,又爲古音……而音又通於牯,故《本草》『羖羊』條注稱牯羊。」「羖」俗字又作「羖」,「股」或作「胋」,是其比也。《玄應音義》卷 5 引《三蒼》:「羖䍽,亦名羯羊。」S.617《俗務要名林》:「羖䍽:上音古,下音歷。」蔣斧印本《唐韻殘卷》:「䍽,羖䍽。」羯羊,即犗羊,割去生殖器的公羊,名「羖䍽」者,蓋取義於光禿沒有生殖器。《集韻》:「羠,騬羊也。」「羠」同「犗」,騬之言倮也,亦謂其沒有生殖器。S.2615V《大部禁方》:「東來骨曆,西來羊孋。」P.3835 作「骨歷」,亦即「羖䍽」。羊曰羖(羖),牛曰牯,其義一也。《集韻》:「鼓,鼓瓑,鼓聲。」又「瓑,鼓瓑,鼓聲。」「鼓瓑」必與「鶻鷅」同源,言鼓聲渾圓而大也。

(3)S.2009:「竹柄大阿朵一柄……銀葉骨卓一個……胡桃根阿卓一個。」其中的「阿」為詞頭,「卓」、「朵」為同一詞語的不同語音記錄形式。「卓」有特立、突出的意思,「朵」亦有鼓出、突出的意思,口語詞中帶有圓鼓、突露特點的事物大抵皆可以「朵」稱之,如「耳朵」、「花朵」、「雲朵」等。故「阿朵」、「阿卓」都指一種兵器,即「骨朵」,也稱「骨卓」,其特點是有一大蒜或蒺藜形的頭綴於長棒的頂端,唐宋人以之為刑仗或儀仗,俗稱金瓜(自注:參曾良《敦煌文獻字義通釋》,1~2 頁。)。(第 241~242)

〔註 15〕孫人和(蜀丞)《論衡舉正》,上海古籍出版社 1990 年版,第 104 頁。

按：說「卓」、「朵」音轉是，但謂取義於特立、鼓出、突出則未得。且「朵」無鼓出、突出義，「耳朵」、「花朵」、「雲朵」亦不取鼓出義，當取下垂義。《說文》：「朵，樹木垂朵朵也。」《廣韻》：「朵，木上垂也。」「朵」俗字亦作「郺」。「骨朵」的名義有數說：《說郛》卷 85 引宋僧釋適之《金壺字考》：「骨朵：朵音都。」宋·宋祁《宋景文筆記》卷上：「關中人謂腹大者爲胍肞，上孤下都，俗因謂杖頭大者亦爲胍肞，後訛爲骨朵。」宋·趙彥衛《雲麓漫抄》卷 2：「宋景文非也。蓋檛字古作菍，常飾以骨，故曰骨菍。後世史文略去草而只書朵，又菍、朵音相近，訛而不返，今人尚有檛劍之稱，從可知矣。」宋·程大昌《演繁露》卷 12：「按字書篙、撾皆音竹瓜〔反〕，通作簻，簻又音徒果反，簻之變爲骨朵，正如而已爲爾，之乎爲諸之類也。然則謂撾爲骨朵，雖不雅馴，其來久也。」明·周祈《名義考》卷 12：「《演繁露》云云。此說亦非。《說文》：『檛，箠也。』本作筡，是筡與撾（檛）、簻一也。曰骨朵者，始製以木，從木曰檛；以竹，從竹曰簻曰筡，後以骨飾之曰骨筡。」當以宋祁說爲是，陶宗儀《輟耕錄》卷 1、方以智《通雅》卷 49 並從宋說。《集韻》：「肞，胍肞，大腹皃。一曰：椎之大者，故俗謂仗頭大爲胍肞。關中語訛爲胍檛。」錢大昕曰：「胍肞：音孤都。《廣韻》：『胍肞，大腹。』《類篇》：『胍肞，大腹皃。一云：椎之大者，故俗謂杖頭大爲胍肞。』（當是『骨朵』二字之聲譌）。今北方人謂花朵未開者曰胍肞。」〔註 16〕「骨朵」、「骨都」、「骨嘟」同源，亦皆「果蠃」、「果隋」之轉語〔註 17〕，它的中心詞義是「圓」。翟灝曰：「今凡納悶而氣脹於唇頬之間，俗誚之曰『觜胍肞』，元喬孟符曲作『觜骨都』。」〔註 18〕兵器名「骨朵」者，以杖頭安置有一圓形如大蒜之物也。亦倒言作「肞胍」，蔣斧印本《唐韻殘卷》：「肞，肞胍，腹大。」P.2011 王仁昫《刊謬補缺切韻》：「肞，肞胍，大腹。」《玉篇》：「胍，肞胍。」又「肞，肞胍，大腹也。」《集韻》：「胍，大腹肞胍。」

〔註 16〕錢大昕《恒言錄》卷 2，收入《錢大昕全集》第 8 冊，江蘇古籍出版社 1997 年版，第 74 頁。

〔註 17〕參見程瑤田《「果蠃」轉語記》，收入《安徽叢書》第 2 期，民國 22 年版；又收入《續修四庫全書》第 191 冊，上海古籍出版社 1995 年版，第 517～524 頁。

〔註 18〕翟灝《通俗編》卷 34，收入《續修四庫全書》第 194 冊，上海古籍出版社 2002 年版，第 614 頁。

（4）P.2032V《淨土寺食物等品入破曆・連麩麵破》:「麪貳斗伍升，窟上殍刺，僧食用。」又《麩破》:「麩四斗，窟上殍刺時，餵馬用。」袁德領指出:「殍刺」指刈割白刺，刺即白刺。所言是。《廣韻・旨韻》符鄙切:「殍，草木枯落也。」「殍」同「莩」，《廣韻・小韻》:「殍，餓死。莩，同上。」而「莩」實為「⿱艹𠬪」之形譌。《集韻・旨韻》部鄙切:「⿱艹𠬪，艸木枯落。」「⿱艹𠬪」又是「𠬪」的增旁俗字。《說文》:「𠬪，物落。讀若《詩》『摽有梅』。」段注:「毛曰:『摽，落也。』按:摽，擊也。《毛詩》『摽』字正『𠬪』之假借。」《廣韻・小韻》符少切:「摽，落也。《字統》云:『合作此⿱艹𠬪（𠬪）。』」從讀音看，「𠬪（⿱艹𠬪）」當音 biào，然上引「殍」、「莩」，卻音符鄙切或部鄙切（讀 bì），此存疑。「殍刺」為述賓結構，謂使刺柴落下，即將其刈割、斬伐，以清理窟巖。（第 266～267 頁）

按：圖版原文作「連麩麩破」，不作「麵破」。「窟上殍刺時餵馬用」作一句讀。《廣韻》:「殍，呼表切，餓死。莩，同上。」二字實是「⿰歹𠬪」、「⿱艹𠬪」形譌，從「𠬪」得聲，故音呼表切，承誤已久。讀符（部）鄙切訓艸木枯落者，必從「孚」得聲，《集韻》作「⿱艹𠬪」是「莩」形譌，各本皆誤，《類篇》承用已誤，確是《集韻》編者誤作「⿱艹𠬪」，趙振鐸《集韻校本》失校〔註 19〕。「𠬪（摽）」訓物落，是擊落，指擊打使之掉下來，恐難以引申出刈割、斬伐義。余疑「殍刺」的「殍」當作「⿰歹寽」，讀爲㓘。《廣雅》、《玉篇》並云:「㓘，削也。」蔣斧印本《唐韻殘卷》、P.3694V《箋注本切韻》、P.2011 王仁昫《刊謬補缺切韻》並云:「㓘，削㓘。」又考《廣韻》:「剶，㓘也。」《玉篇》:「剶，削也，去枝也。」是「㓘」有削去木枝之義。

（5）「收七」相對於「開七」而言，「收」謂「閉」，表示結束；「終七」與「初七」相對，「終」指終了、結束；惟「修七」之稱頗為費解，聯繫敦煌文獻中「修」常借作「收」來看，「修七」應即「收七」的方言記音。（第 313 頁）

按：「修」也可能是「終」形譌。敦煌文獻有二字互譌之例：S.1441V：「兄弟才藝過人，姊妹永修貞潔。」S.5593、S.5957、P.3765「修」作「終」。

〔註 19〕趙振鐸《集韻校本》，上海辭書出版社 2012 年版，第 671 頁。

P.2526：「願霧卷千殃，雲披百福；七珍具足，六度薰終。」黃征、吳偉校「終」爲「修」〔註 20〕，甚確，P.2341 正作「修」。

（6）泋，「濾」的方言俗字，指過濾。P.4640V：「支與酒戶陰加晟、張再集二人泋酒麁布壹匹。」注：于正安《敦煌曆文辭彙研究》第 102 頁謂「泋」與「濾」音同可通，可備一說。（第 452～453 頁）

按：泋，當讀爲漓，專字作醨。《說文》：「醨，薄酒也。」醨酒，指薄酒、劣酒，故與「麁布」連文。即使「泋」訓過濾，亦是「瀝」的同音借字，「嘹嚦」即「嘹唳」，音轉則作「勞利」〔註 21〕，此其例也。

（7）被頭，當作「轡頭」，指馬籠頭。P.2685：「大郎分：……鞍兩具，鐙壹具，被頭壹，剪刀壹……」（第 472 頁）

按：被，讀爲鞁。《玉篇》：「鞁，鞍上被。」「鞁」即「被」的分別字。

（8）P.3878：「伏以今月廿八日請皺胡祿麻一束，未蒙判憑，伏請處分。」S.4120：「土布三尺，二月八日躭（擔）佛人皺脚用。」P.4692：「其時南陽郡太守諸方（坊）諸曲出牓曉示，並及諸坊，各皺布鼓，擊（下殘）。」P.3645 作「各懸布鼓」，P.4051 作「各破布鼓」。作「破」，顯為「皺」的形近誤字。作「懸」，當是與「皺」意義相關的詞。「皺」指繫縛，他的本字，張鉉認為應是「縠」字，可從。「縠」為「急束、收緊」的意思。S.2071《切韻箋注》：「縠，急。」S.5731《時要字樣》：「縠，急。」急者，緊也。P.3906《字寶》：「揎縠緊：侯角反。」「揎」為「楦」的俗寫，同「楥」。縠亦緊也。《廣韻》、《玉篇》：「縠，急束也。」（第 534～537 頁）

按：P.3906《碎金》：「揎擊緊：侯角反。」S.6204 作「楦擊緊」，皆從「㱿」作「擊」，同「縠」。蔣斧印本《唐韻殘卷》亦云：「縠，急。」《廣韻》、《玉篇》加一「束」作「縠，急束也」。胡吉宣曰：「縠之言霍也，故爲疾急義。字從㱿，『㱿』字書云『外堅也』，故爲急束。縠猶緊束之也。《唐書‧索元禮傳》：『作鐵籠縠囚首，加以楔。』」〔註 22〕宋人加

〔註 20〕黃征、吳偉《敦煌願文集》，嶽麓書社 1995 年版，第 194 頁。

〔註 21〕參見方以智《通雅》卷 7，收入《方以智全書》第 1 冊，上海古籍出版社 1988 年版，第 284～285 頁。

〔註 22〕胡吉宣《玉篇校釋》，上海古籍出版社 1989 年版，第 5247 頁。

「束」字，作緊束解，已偏其本義。胡吉宣謂轂之言霍也，非是。轂（毄）之言㱿（确），《說文》：「确，磬石也。㱿，确或從㱿。」《玄應音義》卷 1 引《通俗文》：「物堅鞕（硬）謂之确。」字亦作塙，俗字作碻、確。《說文》：「塙，堅不可拔也。」《集韻》：「確，堅也，或作碻。」字亦作㱿（㱿、殼），《集韻》：「殼，堅固也。」字亦作愨，《淮南子・時則篇》：「誠信以必，堅愨以固。」「轂」訓急者，當指皮急，皮革收緊、收縮。土石堅硬謂之㱿，皮甲堅硬謂之殼，意志堅強謂之愨，皮革收緊謂之轂，其義一也。所列三例「皷」確是「繫縛」之義，有可能是「皷」的誤寫，「皷」是「結」的借字或改換義符的俗字，與《玉篇》「皷，黑皷也」作「皮黑」義的「皷」是同形異字。「結」作「皷」者，特指以皮革結繫之。敦煌寫卷中「告」、「吉」常互譌。P.2058《碎金》：「乾皷皷：口角反。」P.2717 同，P.3906《碎金》作「乾皷皷」，就是顯例。S.0778：「可笑世間人，癡多黠者少。」「黠」即「黠」。P.2642：「巍巍負川嶽之姿，洁洁蘊江河之量。」「洁」即「浩」。敦研 099：「爾時世尊因藥王菩薩吉八万大士。」「吉」即「告」。Φ096《雙恩記》：「不𥿮冤酬（讎）。」S.0548V：「前生與殿下𥿮良緣，賤妾如今豈敢專？」「𥿮」即「結」。皆是其例。

2. 敦煌寫卷中的人名解詁（四則）

東漢許慎作《說文解字》，首創利用古人名與字意義相關的聯繫來印證其字義。清人王引之作《春秋名字解詁》〔註 23〕，是第一部有關人名的訓詁專著，覃研邃密。其後此學不絕如縷，王萱齡《周秦名字解故補》〔註 24〕，胡元玉《駁〈春秋名字解詁〉》〔註 25〕，張澍《春秋時人名字釋》〔註 26〕，陶方

〔註 23〕王引之《春秋名字解詁》，收入《經義述聞》卷 22～23，江蘇古籍出版社 1985 年版，第 524～571 頁。

〔註 24〕王萱齡《周秦名字解故補》，收入《叢書集成續編》第 20 冊，上海書店 1994 版，第 577～580 頁。

〔註 25〕胡元玉《駁〈春秋名字解詁〉》，收入《續修四庫全書》第 128 冊，上海古籍出版社 2002 年版，第 444～456 頁。

〔註 26〕張澍《春秋時人名字釋》，《養素堂文集》卷 32，收入《續修四庫全書》第 1507 冊，第 99～110 頁。

琦《〈春秋名字解詁〉補誼》〔註 27〕，俞樾《〈春秋名字解詁〉補義》、《莊子人名考》、《楚辭人名考》〔註 28〕，洪恩波《聖門名字纂詁》〔註 29〕，黃侃《〈春秋名字解詁〉補誼》〔註 30〕，劉盼遂《〈春秋名字解詁〉補證》〔註 31〕，郭沫若《彝銘名字解詁》〔註 32〕，于省吾《〈春秋名字解詁〉商誼》〔註 33〕，吳靜安《〈春秋名字解詁〉補》〔註 34〕，吉常宏、吉發涵《古人名字解詁》〔註 35〕，都是此類著作。周法高彙集眾說，間附己見，編成《周秦名字解詁彙釋》、《周秦名字解詁彙釋補編》〔註 36〕，甚便利用。

茲選取敦煌寫卷中的四則人名作解詁，以爲續貂云耳。正統文獻中的人物取名文雅，有名有字，名、字大多相應，有考察其關聯的線索，而寫卷中大多用俗名，無字，有其特殊性。

（一）粉堆、粉塠、粉搥、糞堆、糞塠、坌堆

P.3379 有「令狐粉堆」、「張粉堆」，S.8516E2 有「張粉堆」，Дx.2149 有「梁粉堆」、「薛粉堆」、「唐粉堆」，P.3145 有「傅粉塠」，P.3234V 有「唐粉塠」、「張粉堆」，P.2842P1 有「樊粉搥（塠）」，S.1776 有「李粉塠」，P.2161P6 有「王糞塠」，P.3249V 有「曹糞塠」、「米糞塠」，P.4992 有「段糞堆」，P.2894V3 有「星坋（坌）堆」。吐魯番出土唐代文書有「樊糞塠」〔註 37〕。「搥」是

〔註 27〕陶方琦《〈春秋名字解詁〉補誼》，《漢孳室文鈔》卷 1，收入《叢書集成續編》第 15 冊，新文豐出版公司 1988 年印行，第 95～102 頁。

〔註 28〕俞樾《〈春秋名字解詁〉補義》，收入《續修四庫全書》第 128 冊，第 417～433 頁。俞樾《莊子人名考》、《楚辭人名考》，收入《俞樓雜纂》卷 29～30，《春在堂全書》，清光緒二十三年重訂石印本。

〔註 29〕洪恩波《聖門名字纂詁》，光緒刻本。

〔註 30〕黃侃《〈春秋名字解詁〉補誼》，收入《黃侃論學雜著》，中華書局 1964 年版，第 402～409 頁。

〔註 31〕劉盼遂《〈春秋名字解詁〉補證》，收入《劉盼遂文集》，北京師範大學出版社 2002 年版，第 488～499 頁。

〔註 32〕郭沫若《彝銘名字解詁》，收入《金文叢考》，收入《金文叢考》，人民出版社 1954 年版，第 108～125 頁。

〔註 33〕于省吾《〈春秋名字解詁〉商誼》，《考古社刊》1936 年第 5 期，第 271～279 頁。

〔註 34〕吳靜安《〈春秋名字解詁〉補》，南京市教師進修學院 1957 年油印本。

〔註 35〕吉常宏、吉發涵《古人名字解詁》，語文出版社 2003 年版。

〔註 36〕周法高《周秦名字解詁彙釋》、《周秦名字解詁彙釋補編》，中華叢書編審委員會 1958、1964 年印行。

〔註 37〕參見李方、王素《吐魯番出土文書人名地名索引》，文物出版社 1996 年版，

「塠」形訛，「塠」同「堆」；「坋」同「坌」。S.388《正名要錄》：「堆、塠：右字形雖別，音義是同。古而典者居上，今而要者居下。」

高啓安說「粉塠（堆）」是「糞堆」的通假或異寫，並說不知「糞堆」是指糞便還是一堆肥料〔註 38〕。沙梅眞說「粉塠（堆）」與「糞堆」取義不同，「糞堆」是賤名或是抄寫者的筆誤、惡搞；「粉」取其本義塗抹、修飾，「粉堆」並非賤名而是寄託了父母長輩美好願望的香名、美名〔註 39〕。高啓安說「粉塠（堆）」是「糞堆」通假是也，但却不知「糞」字之義。沙梅眞說不通，「粉」如取修飾義，則與「堆」字不屬。

敦煌寫卷中有人名作「擖搔」，如 P.3070V、P.3418V 有「宋擖搔」，P.3234V 有「康擖搔」、「安擖搔」，P.3379 有「楊擖搔」，P.3418V、P.5032 有「張擖搔」，P.3418V 有「氾擖搔」、「石擖搔」，S.1477V 有「劉擖搔」，S.2894V3 有「白擖搔」，S.5073 有「李擖搔」，S.4060、Дx.2954 有「索擖搔」，P.3391V 有「畫擖搔」等等。黃征曰：「P.5032《渠人轉帖》有人名曰『張擖搔』者，則是以『擖搔』之『遺棄』義爲取名之本意。」〔註 40〕古音曷、盍相通，盍、奄亦相通。P.3906《碎金》：「棄擖搔：罨跛。」《廣韻》「搕」、「罨」並音烏合反，《碎金》擖音罨，以「擖」爲「搕」字也。《白帖》卷 12「罨靸被」條引鄭愚津《陽門詩》：「象牀塵埃罨靸被。」注：「上在華清日，罨颯公主嘗與上晨聽，按新水調愛，主起晚，遽自眞珠被而出。及寇至，倉惶隨駕出宮，後不之省。及上歸南宮，一旦入此中，而當時罨畫之被，宛然塵積矣。」「罨靸」、「罨颯」即「擖搔」。《廣韻》：「搕，烏合反，搕搔，糞也。」又「搔，私盍切，搕搔，糞也，又才盍切。」是「擖搔」即「搕搔」也。P.3649V 有人名「竇飀颳」，S.542V 有人名「匼颳」（凡二見），「飀（匼）颳」亦即「搕搔」，訓糞也，糞是糞掃、掃除義，不是指糞便。《說文》：「糞，棄除也。」《廣雅》：「糞，除也。」字亦作坌，《說文》：「坌，埽除也。」「坌」與「糞」音義全同。俗字作攢，《玉篇》：「攢，埽除也。」古音糞、分相轉，故字亦作粉、坌（坋）。S.361V：「含禮（盒裏）〔殘〕莊（妝）糞。」〔註 41〕「糞」即

第 266 頁。

〔註 38〕高啓安《唐宋時期敦煌人名探析》，《敦煌研究》1997 年第 4 期，第 126 頁。

〔註 39〕沙梅眞《「粉堆」人名研究及 S.4505V 的年代考證》，《社會科學家》2010 年第 1 期，第 37～38 頁。

〔註 40〕黃征《敦煌俗字典》，上海教育出版社 2005 年版，第 346 頁。

〔註 41〕此卷抄二遍，據另一處補存「殘」字。

「粉」字。除穢曰糞，所除之穢亦曰糞。「搕𢶍」即糞掃義。《可洪音義》卷 1：「糞（糞）掃：搕𢶍也。」吐魯番出土唐代文書有僧人名「糞掃」〔註 42〕，與名「𢷾𢶍」、「𩗫（𠪷）颾」取義正同。「粉塠（堆）」、「坌堆」就是「糞堆」，亦即「搕𢶍堆」，猶今言垃圾堆，吳方言、江淮方言稱作灰堆。S.395：「阿孃不忍見兒血，擎將寫（瀉）卻糞堆傍。」《大慧普覺禪師宗門武庫》卷 1：「已颺在搕𢶍堆上了也。」亦稱作「糞掃堆」、「坌掃堆」，《續傳燈錄》卷 34：「糞掃堆頭重添搕𢶍。」《大慧普覺禪師語錄》卷 2：「糞掃堆上更添搕𢶍。」《虛堂和尚語錄》卷 9：「坌掃堆頭更加搕𢶍。」字或作「壒撒堆」，元好問《送窮詩》：「煎餅虛抛壒撒堆。」

其較早字形作「攋𢶍」，「攋」俗訛字作「𢷾」，因而訛作「𢷾𢶍」，又音轉作「搕𢶍」、「𩗫颾」，而音隨形變矣。P.2011 王仁昫《刊謬補缺切韻》：「𢶍，攋𢶍，和雜。」蔣斧印本《唐韻殘卷》：「攋，攋𢶍，破壞。𢶍字才盍反。」《集韻》：「𢶍，攋𢶍，和攪也。」也譌省作「揭搽」，蔣斧印本《唐韻殘卷》：「搽，揭搽，和雜。」「攋𢶍」作名詞用，指和雜之廢棄物、穢雜之物。音轉又作「邋遢」、「垃圾」〔註 43〕，後世人名「邋遢」者，本此。《大覺禪師語錄》卷中：「垃圾上重添垃圾。」「垃圾」即「攋𢶍」。梁同書曰：「元遺山《送窮詩》：『煎餅虛抛壒撒堆。』三字爲庸豎常談，即今『搕𢶍』、『垃圾』字，言穢雜不淨也。」〔註 44〕「攋𢶍」的更早字形作「拉颯」、「拉雜」〔註 45〕。

「粉（糞）塠」、「𢷾𢶍」亦可單用作名字，S.5632 有「唐粉子」，S.11552 有「氾粉子」，Дx.12012 有「王粉子」，BD9325 有「郭糞子」，Дx.1277V 有「囗糞子」，皆「粉（糞）」字單用而加詞尾「子」。P.2680V 有「張𢷾子」。吐魯番出土唐代文書有「豐塠」、「楊塠」、「周塠」、「舉塠」〔註 46〕，加詞尾「子」則有「康塠子」、「張塠子」、「和塠子」、「胜塠子」〔註 47〕，重言則有「張塠

〔註 42〕參見李方、王素《吐魯番出土文書人名地名索引》，第 416 頁。

〔註 43〕「圾」本讀蘇合切，音颯、𢶍，俗訛讀爲 jī。

〔註 44〕梁同書《直語補證》，收入《叢書集成續編》第 20 冊，上海書店 1994 年版，第 926 頁。

〔註 45〕參見蕭旭《「垃圾」考》，收入《群書校補》，廣陵書社 2011 年版，第 1383～1392 頁。

〔註 46〕參見李方、王素《吐魯番出土文書人名地名索引》，文物出版社 1996 年版，第 133、280、380、383 頁。

〔註 47〕參見李方、王素《吐魯番出土文書人名地名索引》，第 16、84、160、373 頁。

塠」、「趙塠塠」、「田塠塠」、「周塠塠」〔註48〕。

（二）骨侖、骨論、骨崙、㖼崙

P.2842V 有「申骨侖」，P.2738V4 有「韓骨論」，S.542V 有「骨論」，P.3249V 有「石骨崙」、「任骨崙」，P.3384 有「朱骨崙」，P.3418V 有「張骨崙」、「氾骨崙」、「李骨崙」，P.5003、P.5016 有「洛骨崙」，S.2041 有「氾骨崙」，S.2214 有「任骨崙」、「秦骨崙」，Дx.1408 有「孫骨崙」，S.0274 有「郭㖼崙」，伯希和藏語文獻 1088 號有「口骨崙」。諸字形都是「崑崙」音轉，吐魯番出土唐代文書有人名「康崑崙」〔註49〕。

羅振玉藏敦煌本《文殊問疾》第一卷：「獅子、骨崙前後引，翻身卻坐寶蓮花。」〔註50〕陳寅恪曰：「予讀此品演義，至『獅子、骨崙前後引』之句，初不得其解。後檢義淨《南海寄歸內法傳》卷 4《西方學法章》自注云：『然而骨崙速利，尚能總讀梵經。』及義淨《大唐西域求法高僧傳》下《貞固傳》附載其弟子孟懷業事云：『至佛逝國，解骨崙語。』據此，則『骨崙』即『崑崙』之異譯，自無待言。考《太平廣記》卷 340 引《通幽錄》云：『（盧頊）夜夢一老人騎大獅子，獅子如文殊所乘，毛彩奮迅，不可視。旁有二崑崙奴操轡。』然則文殊之騎獅子固有崑崙奴二人，以爲侍從，與所謂『獅子骨崙前後引』之事情略同，而『骨崙』二字之確詁，於此可推得也。」〔註51〕蔣禮鴻採陳說，並引《慧琳音義》卷 81：「崑崙語：上音昆，下音論，時俗語便，亦曰『骨論』。」以證「骨論」即「崑崙」轉語〔註52〕。陳說是也，而猶未探其語源。「骨論」、「骨崙」、「㖼崙」是「囫圇」的轉語，亦作「鶻圇」、「鶻淪」、「鶻崙」、「鶻倫」、「鶻論」，又轉作「昆侖」、「崐崘」、「混淪」、「渾淪」等形，取渾然不開通之義〔註53〕。又音轉作「堀倫」，《慧琳音義》卷 81：「堀倫：上群鬱反。即『崑崙』語訛轉也。」

〔註48〕參見李方、王素《吐魯番出土文書人名地名索引》，第 84、303、340、380 頁。

〔註49〕李方、王素《吐魯番出土文書人名地名索引》，文物出版社 1996 年版，第 11 頁。

〔註50〕敦煌本《文殊問疾》第一卷，收入《敦煌零拾》，《佛曲三種》其二，上虞羅氏 1924 年印行，第 7 頁。

〔註51〕陳寅恪《敦煌本〈維摩詰經問疾品演義〉書後》，收入《金明館叢稿二編》，三聯書店 2001 年版，第 353 頁。

〔註52〕蔣禮鴻《敦煌變文字義通釋》，收入《蔣禮鴻集》卷 1，浙江教育出版社 2001 年版，第 61～62 頁。

〔註53〕參見蕭旭《淮南子校補》，花木蘭文化出版社 2014 年版，第 522～523 頁。

「崑崙」是疊韻連語，時人有以雙聲疊韻詞取名的習慣，吐魯番出土唐代文書有人名「康鹿獨」〔註 54〕，又 72TAM150:45 有人名「曹摩羅」〔註 55〕，亦其例。

（三）午子、仵子

P.3691 有「范午子」，P.2716V 有「劉仵子」，P.2415＋P.2869 有「鄧仵子」，S.8924 有「王仵」。「仵」同「午」。「午子」作人名，自古而然。《古文苑》卷 2 宋玉《笛賦》:「命嚴春，使午子。」《說苑・尊賢》有「賈午子」。

古人多以「午」取名，睡虎地秦簡《日書甲種》:「盜者：子，鼠也。盜者兌（銳）口……多〔名〕鼠、鼷、孔、午、郢。」包山簡 92 有「陳午」，簡 184 有「湯午」，簡 191 有「宋午」;《左傳・襄公三年》有「祁午」，《史記・張耳陳餘傳》有「趙午」，《漢書・東方朔傳》有人名「陳午」，《後漢書・吳漢傳》有「高午」。秦印中有「丁午」、「張午」、「焦午」、「和午」、「曹午」、「莊午」等人名，劉釗指出古人常以干支字來取人名〔註 56〕。我還想提出另一個可能的解釋：古音「午」、「吾」、「牙」相通，取「午」爲名，即古代人名「伯牙」、「狄牙」（一作「易牙」）、「鮑叔牙」、「東郭牙」、「秦牙」、「董梧」、「肩吾」、「方吾子」、「徐吾」、「李吾」之比，「午（吾、牙）」猶言「伢兒」、「娃兒」，與《史記》、《漢書》中「葛嬰」、「竇嬰」以「嬰」爲名字，其義一也〔註 57〕。故「午（仵）」下可加「子」字作複語「午子」。又可重言作「仵仵」，莫高窟第 205 窟《題記》有人名「程仵仵」。

（四）兒、兒子、小兒、小兒子、兒兒

P.3391V 有「宗兒」，P.4720 有「曹兒子」，P.2680V 有「董小兒」，S.1845 有「氾小兒子」、「陰小兒」。吐魯番出土唐代文書有人名「王兒兒」、「石兒」、「季兒」、「豐兒」、「麥兒」、「馬兒」、「屈兒」、「陳兒子」〔註 58〕。「兒」、「兒

〔註 54〕參見李方、王素《吐魯番出土文書人名地名索引》，第 8 頁。「鹿獨」也倒言作「獨鹿」，其同源詞甚多，皆「果贏」之轉語，其中心詞義是「圓轉」，參見蕭旭《「鹿車」名義考》，收入《群書校補（續）》，花木蘭文化出版社 2014 年版，第 2127～2133 頁。

〔註 55〕「摩羅」當是「䃺䃯」、「懡㦬」、「[illegible]䃯」、「磨攞」、「麼攞」、「縻攞」、「磨羅」、「沒羅」、「魔羅」、「[illegible]」的異寫。

〔註 56〕劉釗《關於秦印姓名的初步考察》，收入《書馨集——出土文獻與古文字論集》，上海古籍出版社 2013 年版，第 248～250 頁。

〔註 57〕參見蕭旭《「嬰兒」語源考》，收入《群書校補（續）》，第 2065～2083 頁。

〔註 58〕參見李方、王素《吐魯番出土文書人名地名索引》，第 51、60、124、133、234、

子」、「小兒」、「兒兒」作人名，「兒」即「倪」，古音與「吾」、「牙」同。兒子，猶今言伢子。宋人作「犽」字，《集韻》:「犽，吳人謂赤子曰㹢犽。」又「㹢，㹢犽，赤子。」皆「牙」之俗分別字形〔註 59〕。吐魯番出土唐代文書有人名「張伯兒」〔註 60〕，伯兒即伯牙，猶今言大伢子、大娃兒。

3. 英藏敦煌寫卷校詁

截至 2018 年，郝春文主編《英藏敦煌社會歷史文獻釋錄》已經出版了 15 卷，是目前錄文較爲精善的版本，可以供學者一般性的參考使用。但敦煌寫本多俗字俗語詞的性質，決定了敦煌寫本的錄文、校注不能十分準確。其書誤錄、誤校、誤注、失校、失注之處時時有之，亟須訂補，以便學者更好地利用。

郝春文主編《釋錄》第 1～4 卷，我另有專文作全面的校補。這裏只就《釋錄》第 5～15 卷中的部分疑難的校勘、訓詁問題作些探索〔註 61〕。

（1）S.1147 **《結壇散食迴向發願文》:「莊盈五穀，霜⿸疒亘不損於田苗；圈滿群昌，六畜無災於牧廡。」**（5 / 137，表示第 5 卷第 137 頁，下文仿此。）

校勘記：⿸疒亘，甲本同，《敦煌願文集》釋作「疸」，《敦煌佛學·佛事篇》釋作「夜」，誤。（5 / 142）

按：甲本指 S.3427，二卷確實都作「⿸疒亘」。S.5589 同文作「⿸疒亘」。S.5957:「上方首羅大將，掃蝗軍不犯疆場；下界大海龍王，卷風雹不施霜⿸疒亘。」S.4245:「三農秀實，民歌來暮之秋；霜⿸疒亘無期，誓絕生蝗之患。」則是「⿸疒呈」字。然「⿸疒亘」或「⿸疒呈」皆未合文義。檢 P.3149:「使龍王雨主，九夏⿸疒亘無傷苗；海聖風神，三秋霜無損穀。」P.3269:「使龍王雨主，九夏⿸疒亘無傷禾；海聖風神，三秋霜無損穀。」S.2144V:「憂（夏）⿸疒亘秋霜，不霑境內。」則「霜」指三秋之霜，「⿸疒亘」指九夏之⿸疒亘。夏⿸疒亘須龍王下雨才能消滅，當是指夏天炎熱乾旱的天氣。S.1438V「熱風損

366、382、374 頁。

〔註 59〕參見蕭旭《「嬰兒」語源考》，第 2065～2083 頁。

〔註 60〕參見李方、王素《吐魯番出土文書人名地名索引》，第 75 頁。

〔註 61〕郝春文主編《英藏敦煌社會歷史文獻釋錄》卷 5～15，社會科學文獻出版社分別於 2006、2009、2010、2012～2017 年出版。

苗」，又「季夏毒熱」，此「疸」指熱風之確證。趙家楝謂 P.3149、P.3269 的字形當作「疸」，讀爲燀，爲「炎熱」義，何晏《景福殿賦》：「冬不淒寒，夏無炎燀。」〔註 62〕趙說是也。P.3693《箋注本切韻》：「燀，燒。」《後漢書・泗水王歙傳》李賢注引《字林》：「燀，灼也。」《漢書・敘傳》顏師古注：「燀，熾也。」謂火氣灼熱。字亦作炟，《六書故》：「炟，火氣赫脅也。」字亦作癉，《素問・瘧論篇》有「癉瘧」，楊上素注：「癉，熱也。」癉瘧謂熱氣發於肺部之病。《漢書・嚴助傳》：「南方暑溼，近夏癉熱。」顏師古曰：「癉，黃病。」王念孫曰：「訓癉爲黃病，則『癉熱』二字義不相屬，顏說非也。今案：癉者，盛也。字通作僤，又作憚……《呂氏春秋・重己篇》：『衣不燀熱。』高注曰：『燀讀曰亶。亶，厚也。』義與『癉熱』亦相近，癉熱即盛熱。言南方暑溼之地，近夏則盛熱也。」〔註 63〕顏注固非，高誘、王念孫說亦未安。「燀熱」、「癉熱」同，同義複詞，猶言炎熱。再檢 BD5298：「夏焞秋霜，不占境內。」「焞」即「焞」字，是「疸」形誤。

（2）S.1440《治道集》卷 4：「鄭國多盜，聚人於雚蒲之澤。」（6 / 207）

校勘記：聚，甲本同，《左傳》作「取」。雚蒲，甲本同，《左傳》作「萑苻」。澤，甲本、《左傳》作「澤」。（6 / 214）

按：聚人，《御覽》卷 499 引《左傳》同今本作「取人」，《文選・齊安陸昭王碑文》李善注引作「聚人」，宋本《類聚》卷 52 引作「聚」，《御覽》卷 622 引作「聚大（人）」。杜預解作「劫人」。王引之曰：「劫人而取其財，不得謂之取人。取，讀爲聚。人即盜也。謂群盜皆聚於澤中。」〔註 64〕「澤」是「澤」形譌。雚蒲，《文選》注、《類聚》及《御覽》二引同。惠棟曰：「唐石經初刻作『雚蒲』，後改『萑苻』。案《韓非子・內儲說》引此事作『雚』。《詩・小弁》曰『萑葦淠淠』，《韓詩》作『雚』（《外傳》），古字通也。」〔註 65〕陳樹華曰：「惠氏云云。樹

〔註 62〕趙家棟《敦煌文獻疑難字詞研究》，南京師範大學 2011 年博士學位論文，第 10～11 頁。

〔註 63〕王念孫《漢書雜志》，收入《讀書雜志》卷 6，中國書店 1985 年版，本卷第 10～11 頁。

〔註 64〕王引之《經義述聞》卷 19，江蘇古籍出版社 1985 年版，第 464 頁。

〔註 65〕惠棟《春秋左傳補註》卷 5，收入《叢書集成新編》第 109 冊，新文豐出版公司 1985 年版，第 323 頁。

華案：石經此句『雚』字二口稍磨去，下『興徒兵以攻雚苻之盜』雚字二口尚明白。《水經注》引作『雚蒲』（廿二卷）李善注沈休文《齊故安陸昭王碑文》引《傳》同。」〔註 66〕洪亮吉竊陳樹華說，作「今考《水經注》引作『萑蒲』，《文選》注同」〔註 67〕。《水經注》作「萑蒲」，陳樹華失檢，洪亮吉雖訂其說，卻又忘了《文選》注不作「萑蒲」。《左傳釋文》：「萑，音丸。苻，音蒲，又如字。」校宋本《韓子·內儲說上》：「鄭少年相率爲盜，處於雚澤。」道藏本作「灌澤」。「苻」、「蒲」同音通借。《說文》：「雚，小爵也。」與「蒲」不相屬。「雚」是「萑」形譌，「萑」本作「雈」，因而形誤作「雚」。惠棟說「雚、萑古字通」，非是。舊讀音丸，或又作「灌」，皆涉「雚」而誤。《詩·小弁》：「萑葦淠淠。」《說文》：「雈，薍也。」雈（萑）是荻類植物，也稱作蒹，與葦相類，故「萑葦」連文。《左傳》「萑蒲」即「萑葦」。《法苑珠林》卷 32 引《韓詩外傳》孔子曰：「老韮爲雚，老蒲爲葦。」乃以釋《詩》「萑葦」，「雚」當作「萑」。萑蒲之澤，猶言蘆葦之澤。唐寫卷亦不可盡據也。

（3）**S.1494《雜抄》：「若向色中無質（滯）礙，何時遠離得神通。」**（7 / 150）

校勘記：質，當作「滯」，據文義改，「質」爲「滯」之借字。（7 / 154）

按：質，讀作躓、疐，俗字作躓。《說文》：「疐，礙不行也。」又「躓，跲也。《詩》曰：『載躓其尾。』」今《詩·狼跋》作「疐」，毛傳：「疐，跲也。」P.2011 王仁昫《刊謬補缺切韻》：「躓，礙。」又「跲，躓礙。」「疐」、「躓」二字音義全同，「躓礙」同義連文。《莊子·山木》郭象注：「形倨，躓礙之謂。」《六度集經》卷 6：「往覩小兒說經故事，初無躓礙。」《佛說鴦掘摩經》：「聽經常以時，是故無躓礙。」《玄應音義》卷 4：「躓礙：古文懫、躓二形，今作疐，同。《通俗文》：『事不利曰躓，限至曰礙。』」字亦作「躓閡」，《三國志·毋丘儉傳》裴松之注引文欽《與郭淮書》：「狼狽躓閡，無復他計。」字亦作「躓硋」，《宋書·袁淑傳》《禦虜議》：「表裏躓硋，後先介逼。」字亦作「窒礙」、「窒

〔註 66〕陳樹華《春秋經傳集解考正》卷 24，收入《續修四庫全書》第 143 冊，上海古籍出版社 2002 年版，第 370～371 頁。

〔註 67〕洪亮吉《春秋左傳詁》卷 17，中華書局 1987 年版，第 747 頁。

㝵」，S.1246：「一切諸法，無所窒㝵。」「疐」從叀得聲，字亦省作「叀礙」，揚雄《酒箴》：「一旦叀礙，爲甍所轠。」

（4）S.1815《百行章》：「在官之法，謹卓小心，共尊風化，奉法治人。」（8／77）

按：謹卓，S.1920同。卓，讀作孎，《廣韻》、《集韻》二字同音竹角切。《說文》：「孎，謹也。」《慧琳音義》卷15：「孎，謹孎也。」又卷36《蘇婆呼經》卷下《音義》引《蒼頡篇》：「謹孎，善貌。」《廣韻》：「孎，謹孎。」《可洪音義》卷 9：「謹孎：音卓。」《蘇婆呼童子請問經》卷下：「即便損害，當須謹卓。」經文作「謹卓」，慧琳改作正字「謹孎」。《續高僧傳》卷24：「門人散住諸寺者，咸謹卓正行，不墜遺風。」《俱舍論記》卷22：「若未淳熟，數修加行，謹卓身心。恐心聚，故不減十。恐心散，故不增十。」唐・佚名《殷審續造石浮圖記》：「右識性沖融，行惟謹卓，心常不染。」宋・晏殊《答中丞兄家書》：「大段聽人言語，謹卓不曾出入。」宋・劉攽《追封高密郡王制》：「具官某賦性惇篤，治身謹卓。」皆作借字。字或作娖、躖，《史記・張丞相傳》：「娖娖廉謹。」《索隱》：「娖，音側角反，小顏云：『持整之貌。』」《漢書》「娖」作「躖」。《漢語大詞典》引劉攽文，解云「謹卓，謹愼卓特」〔註68〕，其說「卓特」非是。

（5）S.1920《百行章》：「冬溫夏青（清），委其冷熱。」（8／225）

校勘記：青，甲本同，當作「清」，據文義及乙、丙、戊本改。《敦煌寫本〈百行章〉校釋》據《禮記》校作「凊」，《敦煌寫本〈百行章〉校釋補正》認爲「清」、「凊」二字古義通用，尤以「凊」字義勝，「凊」即今「清涼」之謂也。（8／247～248）

按：甲、乙、丙、戊本分別指S.3491、P.3306、S.5540、P.3176。校錄者採胡平生「清涼」之說，以今律古耳。當以「凊」爲正字，讀去聲。《說文》：「凊，寒也。」寫卷「冷熱」正可作「溫凊」釋語。《禮記・曲禮上》：「凡爲人子之禮，冬溫而夏凊，昏定而晨省。」《文選・上蕭太傅固辭奪禮啓》李善注、《慧琳音義》卷45、《慧琳音義》卷76、《通典》卷68、《御覽》卷26、《御覽》卷412引同，宋刊《纂圖互註》本作「清」。

〔註68〕《漢語大詞典》（縮印本），漢語大詞典出版社1997年版，第6673頁。

《釋文》:「凊,七性反,字從冫,冰冷也。本或作水旁,非也。」《墨子・辭過》:「冬則不輕而溫,夏則不輕而凊。」《治要》卷 34 引同,足與《禮記》互證。《廣韻》:「凊,溫凊。」蔣斧印本《唐韻殘卷》字頭原卷僅殘存左側「冫」旁,然可定其字必是「凊」無疑。《金樓子・著書篇》《上忠臣傳表》:「是以冬溫夏凊,盡事親之節。」《類聚》卷 20、《初學記》卷 17 引同。明顯都是語出《禮記》。此皆作「凊」字之確證。考《新語・慎微》:「曾子孝於父母,昏定晨省,調寒溫,適輕重。」正以「寒」字解「凊」,此自是秦漢人舊說,不可易也。《禮記》別本作「清」,則是借字。唐文宗《荊千載及妻秦氏合祔墓誌》:「冬溫夏凊,色養無難。」S.1380《應機抄》引《典言》:「孝子之養父母,必須冬溫夏凊,寒暑不失其宜;昏定晨省,朝夕不離其側。」S.2832:「孝子等恨不久居左右,有闕溫凊。」亦是其例。

(6)S.2049V《酒賦》:「酒熏(醺)花色赤翩翩,面上紫光疑(凝)灄(欇)灄(欇)。」(9/105)

校勘記:疑,當作「凝」,據 P.2555、P.2633 改。灄灄,當作「欇欇」,據 P.2555、P.2633 改,「灄」爲「欇」之借字。(9/130)

按:失校 P.4993,校語稍有失誤,以「欇欇」爲本字,亦未知其何說。疑,P.2544 同,P.2633、P.4993 作「凝」,P.2555 作「凝」。灄灄,P.2544 同,P.2555、P.2633、P.4993 作「聶聶」。徐俊但校異文〔註 69〕,無說。任半塘引龍晦說校作「歙歙」,引《集韻》:「歙,歙歙,氣動貌。」張錫厚從其說〔註 70〕。當以「攝攝」爲本字,搖動皃,「欇欇」是樹木搖動皃的分別字,「歙歙」是氣動皃的分別字。蔣斧印本《唐韻殘卷》:「聶,樹葉動皃。」《爾雅》:「楓,欇欇。」《釋文》:「欇,又作聶,又作聶,並同。」王念孫曰:「欇欇,動皃也。欇之言攝也。《韓子・外儲說右篇》曰:『搖木者一一攝其葉,則勞而不徧,左右拊其本而葉徧搖矣。』攝與搖皆動也。楓之言風也。《廣雅》曰:『風,動也。』楓木厚葉弱枝而善動,故謂之楓,又謂之欇欇。《史記・司馬

〔註 69〕徐俊《敦煌詩集殘卷輯考》,中華書局 2000 年版,第 735 頁。P.4993 作「聶聶」,徐氏誤校作「聶聶」。

〔註 70〕任半塘《敦煌歌辭總編》,上海古籍出版社 1987 年版,第 1772 頁。張錫厚《全敦煌詩》,作家出版社 2006 年版,第 2437 頁。

相如傳》《索隱》引舍人注曰：『楓爲樹，厚葉弱莖，天風則鳴，故曰欇欇。』《說文》『欇』作『桑』，云：『楓木也，厚葉弱枝，善搖，一名桑桑（今本脫一桑字，據邢疏及《韻會》所引補）。又曰：『桑，木葉搖皃。』（今本『皃』字訛作『白也』二字。徐鍇曰：『謂木遇風而翻見葉背，背多白，故曰搖白也。』此不得其解而強爲之辭。段氏注亦誤。《廣韻》：『桑，樹葉動皃。』義本《說文》，今據改。）是楓與欇欇，皆以動名之也。」〔註 71〕字亦省作「聶聶」，《素問・平人氣象論篇》：「平肺脈來厭厭聶聶如落榆莢，曰肺平。」〔註 72〕王冰注引張仲景曰：「春脈聶聶如吹榆莢者，名曰數。」清人莫文泉曰：「依義當作『㯎㯎桑桑』。《廣韻》：『㯎，葉動貌。桑，樹葉動貌。』」〔註 73〕《脈經》卷 8：「皮水之爲病，四肢腫，水氣在皮膚中，四肢聶聶動者，防己、茯苓湯主之。」《諸病源候總論》卷 21：「但四支皮膚虛腫聶聶而動者，名水分也。」又作「囁囁」，S.202《傷寒論・辨脉》：「囁囁如吹榆莢，名曰數。」木動曰欇、攝，氣動曰歙，目動曰矙（《廣韻》，字亦作映、睫、瞸），口動曰囁（《唐韻殘卷》），肉動曰䐑（《集韻》），耳前動曰䫀顳（《玉篇》），其義一也。躡之訓蹈、登，當取足動之義，《釋名》：「躡，懾也，登其上使懾服也。」一本「懾」作「攝」。徐復申證劉氏「懾服」之說〔註 74〕，蓋未得其語源。

（7）S.2056V《捉季布傳文》：「其時周氏文（聞）宣敕，由（猶）如大石陌心珍（鎮）。」（9／323）

按：馮沅君曰：「『陌心珍』不可解。疑『陌』爲『拍』之誤，『拍』與『拍』同，意爲打擊。」〔註 75〕蔣禮鴻曰：「『陌心』就是當心，沒有疑義。『珍』是動詞，疑是『鎮』的同音假借字。」〔註 76〕黃征從蔣說，又

〔註 71〕王念孫說轉引自王引之《經義述聞》卷 28，江蘇古籍出版社 1985 年版，第 667～668 頁。

〔註 72〕《脈經》卷 3、《太素》卷 15、《備急千金要方》卷 54 同。

〔註 73〕莫文泉《研經言》卷 2《釋散》，清光緒月河莫氏刻本；又重訂曹氏醫學大成本，第 29 頁。

〔註 74〕徐復《〈釋名・釋釋姿容〉補疏》，收入《徐復語言文字學論稿》，江蘇教育出版社 1995 年版，第 42～43 頁。

〔註 75〕馮沅君《〈季布罵陣詞文〉補校》，收入《馮沅君古典文學論文集》，山東人民出版社 1980 年版，第 317 頁。

〔註 76〕蔣禮鴻《敦煌變文字義通釋》附錄《變文字義待質錄》，中華書局 1960 年版，

補舉《樂府詩集・襄陽樂》「江陵三千三，西塞陌中央」爲證〔註 77〕。啓功曰：「『陌』是『驀』的借字，『驀』又是『貓』的假借字；『珍』是『鎮』的借字。」〔註 78〕周掌勝說「陌」指田間小路〔註 79〕。敦煌寫卷《十二時》：「若非尖刃陌心穿，即是長槍胸上劉。」任中敏曰：「陌，正對之意。《季布歌》云云。」〔註 80〕項楚曰：「『陌心』即當心。《敦煌歌辭總編》卷 6《十二時》『若非尖刃陌心穿，即是長槍胸上劉。』『珍』疑當作『鎮』，重壓之義。按『陌』亦作『驀』。」〔註 81〕項楚明顯是剽竊的蔣禮鴻、任中敏說〔註 82〕，僅補充了「陌亦作驀」的材料。張次青曰：「《十二時》『陌』作正對之意解非。『陌』當爲刀名，即『露陌』、『露拍』、『陌刀』之簡稱……『尖刃陌』當連讀，『尖刃』乃『陌』之定語耳。至於『猶如大石陌心珍』之陌，也不當作『正對』解，當作『石脈』。陌、脈同音，陌借爲脈耳。依句意當爲：猶如大的石脈心上珍貴視之也。」〔註 83〕啓功說「陌」是「貓」借字，無據，亦不知其究作何解。周掌勝、張次青說不通，完全錯誤。馮沅君說亦不洽。任、蔣說可通，但未說明訓詁理據。陌，讀作敀，俗作迫，逼迫也。S.4642：「時序遷陌，儀（俄）經中祥。」陌亦讀作迫。遷迫，猶言推逼。P.2542「夫稟形質者，無不迫於遷訛（化）」，即作「迫」字。

（8）S.2072《琱玉集》引《同賢記》：「寡人光（先）於世（勢），干木光（先）於德。」（10／223）

校勘記：光，當作「先」；世，當作「勢」，《敦煌類書》據《高士傳》校改。（10／244）

第 143 頁；又上海古籍出版社 1982 年版，第 397 頁。

〔註 77〕黃征、張涌泉《敦煌變文校注》，中華書局 1997 年版，第 109 頁。

〔註 78〕趙仁珪、萬光治、張廷銀編《啓功講學錄》，1979 年 5 月 17 日所講，北京師範大學出版社 2004 年版，第 27 頁。

〔註 79〕周掌勝《漢語大詞典論稿》，吉林人民出版社 2006 年版，第 147 頁。

〔註 80〕任二北《敦煌曲初探》，上海文藝聯合出版社 1955 年版，第 358 頁。又任中敏《敦煌曲研究》，鳳凰出版社 2013 年版，第 430 頁。

〔註 81〕項楚《敦煌變文選注》，巴蜀書社 1990 年版，第 162 頁；又中華書局 2006 年版，第 212 頁。「陌亦作驀」是新版增補。

〔註 82〕關於項楚有學術剽竊嫌疑的問題，我另有專文《項楚學術剽竊嫌疑舉證》。

〔註 83〕張次青《敦煌曲校臆補》，收入《詞學研究論文集（1949～1979 年）》，上海古籍出版社 1982 年版，第 121 頁。

按：王三慶據《高士傳》及《史記正義》引《高士傳》改「光」作「先」，「世」作「勢」〔註 84〕，王說得失各半，校錄者不能辨也。《呂氏春秋・期賢》：「段干木光乎德，寡人光乎地。」《新序・雜事五》同。《淮南子・修務篇》：「段干木光於德，寡人光於勢。」光，讀作桄，字亦作橫、廣，猶言充滿、充盈。《爾雅》：「桄，充也。」郭璞注：「充盛也。」郝懿行曰：「桄者，《說文》云：『充也。』通作光。《釋文》：『桄，孫作光。』《書》『光被四表』，傳云：『光、充。』本《爾雅》爲訓也。《淮南・修務篇》云云，亦以光爲充也。光之爲言廣也。廣、光聲同，廣、充義近。」〔註 85〕桂馥亦引《淮南子》以證《說文》〔註 86〕。《禮記・樂記》鄭玄注：「橫，充也。」《鹽鐵論・貧富》：「魏文侯軾段干木之閭，非以其有勢也……以其富於仁充於德也。」正作「充」字。馬敘倫、馮振、劉文典謂《呂氏》兩「光」字與「廣」通〔註 87〕，未能探本。《高士傳》二「先」字是「光」形譌，《史記・魏世家》《正義》引已誤。《淮南子》、《高士傳》作「勢」字是，「勢」音誤作「世」，「世」形誤作「也」，「也」字不通，因又改作「地」字。《文選・魏都賦》劉淵林注引《呂氏》正作「勢」，其字不誤。《書鈔》卷 34、《治要》卷 42、《御覽》卷 474 引《新序》同今本作「地」，蓋唐代已誤矣。

（9）S.2072《琱玉集》引《同賢記》：「司馬康諫曰。」（10 / 223）

按：王三慶沒有校正〔註 88〕，校錄者此卷多承襲其說，也失校。司馬康，《呂氏春秋・期賢》作「司馬唐」，《文選・魏都賦》劉淵林注、《文選・四子講德論》李善注引《呂氏》作「司馬康」，《淮南子・修務篇》、《通鑑外紀》卷 10 作「司馬庾」，今本《新序・雜事五》作「司馬唐且」。《淮南子》高誘注：「庾，秦大夫也，或作唐。」《戰國策・韓策二》有秦人「司馬康」，《史記・韓世家》作「司馬庚」，《集解》引徐廣曰：「庚，一作唐。」畢沅曰：「《古今人表》有『司馬庾』，與魏文侯相接。《淮南》正作『庾』，注云：『秦大夫，或作唐。』」梁玉繩曰：「《新序》

〔註 84〕王三慶《敦煌類書》，麗文文化事業股份有限公司 1993 年版，第 697 頁。

〔註 85〕郝懿行《爾雅義疏》，上海古籍出版社 1983 年版，第 379～380 頁。

〔註 86〕桂馥《說文解字義證》，齊魯書社 1987 年版，第 515 頁。

〔註 87〕三說皆轉引自陳奇猷《呂氏春秋新校釋》，上海古籍出版社 2002 年版，第 1460 頁。

〔註 88〕王三慶《敦煌類書》，麗文文化事業股份有限公司 1993 年版，第 697 頁。

五作『唐且』，誤加『且』字。《文選・魏都賦》注引《呂》作『司馬康』，恐譌。考《戰國・韓策》，秦有司馬康，《史記・韓世家》作『司馬庚』，徐廣云：『一作唐。』形聲俱相近。然康在秦昭、韓襄之世，上距庾諫秦攻魏文侯時幾百年，疑是二人。徐作『唐』，亦非。」盧文弨曰：「《新序》『司馬唐且』，『且』字乃後人誤加也。唐且是魏人。此秦者，非其人也。」〔註 89〕三氏說俱是也，《後漢書・郭太傳》李賢注引《新序》正無「且」字。「康」、「唐」都是「庾」形訛，與《韓策》秦人「司馬康」非一人。

（10）S.2122《太上妙法本相經廣說普眾舍品第廿一》：「蜂蛆不螫。」（11 / 96）

按：P.2389 同。「蜂蛆」不辭。疑當乙作「蜂不蛆螫」，「蛆」當作「蛆」，蛆亦螫也。海山仙館叢書本《玄應音義》卷 5：「蛆螫：知殊反，下書亦反，又音呼各反。《廣雅》：『蛆，痛也。』《說文》：『螫，蟲行毒也。』」又卷 10：「蛆螫：知列反，下式亦反。《字林》：『蛆，螫也。』《說文》：『螫，蟲行毒也。』」又卷 13：「蛆螫：子余反。《字書》：『蛆，螫也。』《廣雅》：『蛆，痛也。』下尸亦反，《說文》：『蟲行毒也。』」又卷 22：「蛆螫：知列反。下舒亦反，關西行此音，又呼各反，山東行此音。蛆，東西通語。《說文》皆蟲行毒也。《廣雅》：『蛆，痛也。』」字皆誤作「蛆」，《慧琳音義》卷 49、48 分別用《玄應音義》卷 10、22 說，皆承其誤矣。《慧琳音義》卷 45：「蛆螫：上展列反。《博雅》云：『蛆亦螫也。』《廣雅》：『蛆，痛也。』或作『蜇』。《古今正字》『從蟲，旦聲也。』下聲隻反。《說文》：『蟲行毒也。』」這是慧琳對《玄應音義》卷 5 新作的《菩薩投身餓虎起塔因緣經音義》，此卷不誤，可據訂正〔註 90〕。高麗藏本《玄應音義》卷 22 亦作「蛆」不誤。考此字《玄應音義》卷 13 讀子余反，正是誤以爲其字從且作「蛆」〔註 91〕，故

〔註 89〕三說皆轉引自陳奇猷《呂氏春秋新校釋》，上海古籍出版社 2002 年版，第 1461 頁。

〔註 90〕徐時儀《一切經音義三種校本合刊》已據文義改《玄應音義》卷 5、10、13 作「**蛆**」字，上海古籍出版社 2008 年版，第 127、218、289 頁。黃仁瑄《大唐眾經音義校注》全同徐說，而不注明，中華書局 2018 年版，第 235、399、507 頁。

〔註 91〕P.2011 王仁昫《刊謬補缺切韻》「苴」音子余反，《廣韻》「且」音子余切。

有此音；卷 5 讀知殊反，又其音變；高麗藏本等版本「子余反」、「知殊反」作「知列反」；《玄應音義》卷 10、22 讀知列反，是「折」字音，古音旦、折相轉，故蔣斧印本《唐韻殘卷》、《慧琳音義》卷 45、《玉篇》、《集韻》「蛆」字異體又作「蜇」〔註 92〕。P.2609《俗務要名林·竹部》:「笪，之熱反。」又《雜畜部》:「靼，之列反。」《玄應音義》卷 22:「蛆，知列反。」亦都是「折」的讀音。P.2578《開蒙要訓》「鞱靼（靼）」注直音「登折」〔註 93〕。《廣韻》、《集韻》「靼」字異體或作「靳」。今本《廣雅》作:「蛆，痛也。」王念孫曰:「蛆者，《玉篇》:『蜇，陟列切，蟲螫也，又作蛆。』《眾經音義》卷 10 引《字林》云:『蛆，螫也。』《僖二十二年左傳》《正義》引《通俗文》云:『蠍毒傷人曰蛆。』《列子·楊朱篇》:『蜇於口，慘於腹。』張湛注云:『慘蜇，痛也。』」〔註 94〕《左傳·僖公二十二年》《正義》亦云:「蛆，張列反，字或作蜇。」P.3906《碎金》:「蜂蜇人：知列反。」《可洪音義》卷 12:「蜂蛆：上音峯，下音哲。」尤足證《玄應音義》卷 22 讀知列反，當從旦作「蛆」，即「蜇」字。《玄應音義》卷 19:「蛆蠚：知列反，下火各反。《字林》皆蟲行毒也。《通俗文》:『蟲傷人曰蛆。』經文作蜇，非體也。」《慧琳音義》卷 56 同。「蛆」音知列反，又是「蜇」異體字，亦是「蛆」形訛。《慧琳音義》卷 51「所蜇」條、「蠍蜇」條、卷 62「欲蜇」條謂「蜇」亦作「蛆」；又卷 66:「蛆螫：上展列反。《考聲》云:『蛆，毒蟲螫也。』《廣雅》云:『蛆，痛也。』《文字集略》作蜇，亦云『痛也』。《古今正字》從虫且聲。」「蛆」都是「蛆」形訛。蛆之言怛，故訓痛也。古音折、制亦音轉，故「怛」古字又作「悊」〔註 95〕。蛆音轉亦作蠆，《玄應音義》卷 7:「蠆蝲：他達反，下勒達反。經文作『蛆蠟』，非字體也。」「蛆」是「蠆」異體字。王念孫曰：「蠆之言蛆。」〔註 96〕王氏說其音轉，亦是矣。鄭知同《說文逸字附

〔註 92〕《玉篇》、《廣韻》「蛆」誤作「蛆」。

〔註 93〕P.2487、P.3610《開蒙要訓》「靼」作「靼」，但均是無注音本。S.705、S.1308、S.5431、P.3054 亦誤作「靼」，P.3875A 又誤作「靼」。

〔註 94〕王念孫《廣雅疏證》，收入徐復主編《廣雅詁林》，江蘇古籍出版社 1992 年版，第 128～129 頁。王氏引《字林》作「蛆」，已徑訂其字。

〔註 95〕《漢書·王吉傳》引《詩·匪風》「怛」作「悊」。

〔註 96〕王念孫《廣雅疏證》，收入徐復主編《廣雅詁林》，江蘇古籍出版社 1992 年版，

錄》「蛆」字條云：「《一切經音義》卷 22 云：『《說文》：蛆、螫皆蟲行毒。』按：《說文》止有『螫』。元（玄）應於『蛆螫』字屢云《字林》『皆蟲行毒』，此誤以《字林》爲《說文》。」〔註 97〕鄭氏不知其字有誤也。

（11）S.2165《箴偈銘抄・先青峰和上辭親偈》：「恰似群豬戀青廁，亦如眾鳥遇稀膠。」（11／248）

按：①青，張涌泉讀作圊，字亦作清。張氏引《說文》「廁，清也」，又引《釋名》「厠，或曰圊，至穢之處，宜常修治使潔清也」〔註 98〕，項楚說略同〔註 99〕。其說是也，「清」是其語源。《玄應音義》卷 15、《慧琳音義》卷 58、《御覽》卷 186 引《釋名》「圊」作「清」。②原卷「稀」作「⿰米希」。S.2169：「如猴愛[illegible]膠，五處皆纏縛。」張小豔曰：「[illegible]，S.5181 作『[illegible]』，皆爲『⿰米希』的手寫。從文意看，疑『⿰米希』爲『黐』的俗寫。『如猴愛⿰米希膠，五處皆纏縛』乃佛經常用之典故，源出《雜阿含經》卷 24：『或復有山，人獸共居。於猨猴行處，獵師以黐膠塗其草上，有黠猨猴遠避而去。愚癡猨猴不能遠避，以手小觸，即膠其手；復以二手欲解求脫，即膠二手；以足求解，復膠其足；以口齧草，輒復膠口。五處同膠，聯卷臥地。獵師既至，即以杖貫，擔負而去。』《慧琳音義》卷 31：『黐膠，上恥知反，《考聲》云：「黐膠，擣雜木皮煎之爲膠，可以捕鳥也。」《博雅》云：「黐，黏也。」《說文》從黍離聲。經文作䅻，誤也。』P.2717《字寶》：『[illegible]膠，丑知反。』又『[illegible]鳥兒，丑知反。』從字形看，『[illegible]』爲『黐』的俗寫訛變。『[illegible]』則由『[illegible]』進一步簡省而來。既然『[illegible]』可省米作『[illegible]』，自然也可省禾作『䅻』。『䅻』或又換聲符作『粚』，《集韻》：『黐，《博雅》：「黏也。」或作粚。』『⿰米希』也當由『䅻』換聲符而來。其所從聲符『離』與『希』，在《廣韻》中，前者音呂支切，來紐支韻；後者讀香衣切，曉紐微韻，二者韻近，可得

第 935 頁。又見王念孫《讀書雜志》卷 16《餘編上》，中國書店 1985 年版，本卷第 21 頁。

〔註 97〕鄭知同《說文逸字附錄・〈一切經音義〉》，收入《續修四庫全書》第 223 冊，上海古籍出版社 2002 年版，第 393 頁。

〔註 98〕張涌泉《陳祚龍校錄敦煌子失誤例釋》，《學術集林》卷 6，上海遠東出版社 1995 年版，第 307～308 頁。

〔註 99〕項楚《敦煌詩歌導論》，巴蜀書社 2001 年版，第 138 頁。

相換。『黐』寫作『粷』，亦見於敦煌禪宗文獻，如S.2165《箴偈銘抄》。」〔註100〕王慧敏亦疑「粷」是「黐」換旁俗字〔註101〕。張、王說得其義，但未得其字，「離」與「希」韻部雖近，但聲母遠隔，且張氏亦不曾舉出相通之例證，故「粷」不是「黐」俗寫字。「粷」當是「𪎭」改易聲符的異體字，古音希、斤一聲之轉。《初學記》卷1引《纂要》：「日初出曰旭，日昕曰晞。」此是聲訓。《墨子·耕柱》：「譬若築牆然，能築者築，能實壤者實壤，能欣者欣，然後牆成也。」王引之曰：「欣，當讀爲睎。《說文》曰：『睎，望也。』睎字從希得聲，古音在脂部；欣字從斤得聲，古音在諄部。諄部之音多與脂部相通，故從斤之字亦與從希之字相通。《說文》曰：『昕，從日斤聲，讀若希。』《左傳》『曹公子欣時』，《漢書·古今人表》作『郗時』。是其證也。」〔註102〕王氏所引《左傳》見《成公十三年》。《古今人表》顏師古注：「即曹欣時也。」《玄應音義》卷25：「脪，又作痛、疔二形，同。」P.3906《碎金》：「瘡脪腫：希近反。」《廣韻》「痛」或作「疔」、「脓」，《集韻》「脪」、「脓」、「痂」、「痛」、「疔」五字同。並其音轉之證。《廣雅》：「𪎭、𪍴、䵒，黏也。」P.2011王仁昫《刊謬補缺切韻》：「𪎭，黏皃。」王念孫指出「𪎭」與「堇」、「謹」、「墐」聲近義同（胡吉宣說同，當本王氏），「䵒」、「黏」、「𪍴」一聲之轉〔註103〕，皆是也，但未溝通二者的關係。其實古音斤、尼相轉〔註104〕，尼、日、女亦相轉，「𪎭」與「昵（䵒）」、「䵒」、「𪍴」亦是聲轉。「𪎭」與「黐」同義，故「黐膠」即「黏膠」，「黏膠」音轉則作「𪎭膠」，又音轉作「粷膠」。

〔註100〕張小豔《敦煌佛經疑難字詞輯釋》，《中國訓詁學報》第2輯，商務印書館2013年版，第169～170頁。又發佈於復旦古文字網2014年9月19日。

〔註101〕王慧敏《〈英藏敦煌社會歷史文獻釋錄〉第十、十一卷補正》，河北大學2017年碩士論文，第43頁。

〔註102〕王引之說轉引自王念孫《讀書雜志》卷9，中國書店1985年版，本卷第110頁。

〔註103〕王念孫《廣雅疏證》，收入徐復主編《廣雅詁林》，江蘇古籍出版社1992年版，第291頁。胡吉宣《玉篇校釋》，上海古籍出版社1989年版，第2912頁。

〔註104〕舉證如下：《小爾雅》：「尼，近也。」《說文》：「尼，從後近之也。」皆音轉爲訓。帛書《周易》：「夕沂若。」又《二三子問》、《衷》「沂」作「泥」。帛書《周易》：「襦（需）于沂」，王弼本作「泥」，楚簡本作「坭」。《爾雅》郭璞注引《尸子》：「悅尼而來遠。」《釋文》：「尼，本亦作昵，同。」《韓子·難三》、《說苑·政理》、《家語·辨政》「尼」作「近」。《禮記·孔子閒居》：「敢問何詩近之？」上博簡（二）《民之父母》簡8「近」作「迡」。

（12）S.2575V《讚檢校法律文》:「鈐鍣則霞隙不通。」（12 / 396）

按：霞，讀作瑕。《漢書・揚雄傳》《解嘲》:「窒隙蹈瑕，而無所詘也。」瑕、隙同義對舉，合言則曰「瑕隙」。《慧琳音義》卷 60「瑕隙」條引顧野王曰:「瑕亦隙也。」《玉篇》:「釁，瑕隙也。」《文選・勸進表》:「狡寇窺窬，伺國瑕隙。」李善注:「毛萇《詩傳》曰:『瑕，猶過也。』隙，間隙。」

（13）S.2615V《大部禁方》:「嘴犍欹，顋尵椃。」（13 / 106）

按：①犍，讀為蹇。欹，讀為踦（㞆）。《說文》:「蹇，跛也。」《國語・魯語下》:「踦跂畢行。」韋昭注:「踦跂，跰蹇也。」《廣雅》:「踦，蹇也。」《廣韻》:「踦，腳跛。」又「㞆，跛也。」《集韻》:「㞆，蹇也。」複言曰「踦蹇」、「蹇踦」，宋・王珪《謝賜生日表二十二道》:「伏念臣生而踦蹇，學至陋迂。」胡文定《謝宮觀表》:「伏念臣資禀冥頑，生平踦蹇。」朝鮮李奎報（1169～1241）《嘲折足鐺》:「嗟爾本何由，致此大蹇踦。」「犍欹」即「蹇踦」，本狀足跛行，寫卷用以狀嘴歪斜。俗字作「言言」，專指嘴脣皮急歪斜。P.3906《碎金》:「人言言：丑偃、魚偃二反。」《玉篇》:「言，言言，脣急貌。」《廣韻》:「言，言言，脣急貌。」也倒作「言言」，P.2011 王仁昫《刊謬補缺切韻》:「言，語偃反。言言，唇急。陸生載此『言言』二字，列於《切韻》，事不稽古，便涉字祆，留不削除，庶覽者鋻（鑒）詳其謬。」②「尵椃」不辭。所謂「尵」字，原卷 S.2615V 圖版作「[illegible]」，P.3835 作「[illegible]」，都當錄作「邈」。「邈椃」是唐人俗語詞，疊韻連語，醜陋貌。P.3906《碎金》:「人[illegible]椃：音莫，丑角反。」又卷首白侍郎《寄盧協律》:「曉眉歌得白居易，邈椃盧郎更敢尋。」「貌」字或作「皃」，故此詞也省寫作「䫌椃」，P.2539《天地陰陽交歡大樂賦》:「眉毛乃逼側如陰森，精神則瞢瞪而[illegible]椃。」「[illegible]」即「䫌」，亦作「䚂」。《集韻》:「䚂，民堅切，邪行。」《類篇》同，讀音「民堅切」當誤，疑《集韻》編者誤認聲符「皃」作「𦤎」的讀音，《類篇》又承其誤〔註 105〕。又重言作「邈邈逴逴」，

〔註 105〕張涌泉認為「䚂」是「𧺆」訛俗字，「民堅切」是「彌田切」之訛，「彌田切」又是「彌由切」之訛。楊寶忠認同張氏「䚂」是「𧺆」訛俗字的說法，但認為「民堅切」是「武田切」轉易，乃「亡申反」一音輾轉而誤者，「䚂」字音耀，乃「𧺆」字之變。余不從此二說。楊寶忠《論隱性疑難俗字》，《河北大

P.3468《第四驅儺二首》:「田舍之鬼,邈邈逴逴。」音轉亦作「魑魈」、「貌哨」,P.2717《碎金》:「人魑魈:音皃,色皃反。」S.778 王梵志《吾富有錢時》:「邂逅蹔時貧,看吾即貌哨。」

(14)Дx.1366V+S.2729V《太史雜占曆》:「報導七八月,呂(旅)麥競頭生。」(14/159)

校勘記:呂,甲、乙本同,當作「旅」,據文義改,「呂」爲「旅」之借字。(14/183)

按:甲、乙本分別指 P.3288、P.2610。校錄者未解釋「旅」字何義。呂,讀作秜,字亦作旅、穭,指不種而野生者,乃「秜」音轉字。《說文》:「秜,稻今年落,來年自生,謂之秜。」S.617《俗務要名林》:「穭,苗自生,音呂。」自生稻曰穭,自生麥亦曰穭。《新唐書·代宗本紀》:「是夏,盩厔穭麥生。」自生豆亦曰穭,《玄應音義》卷 8:「逋生:補胡反,宜作穭,謂田中不種自生禾豆者爲穭生也。」《慧琳音義》卷 66:「穭豆:《埤蒼》云:『穭,苗自生也。』《文字典說》云:『不種自生也。』」《後漢書·獻帝紀》:「尚書郎以下,自出采稆。」李賢注:「稆,音呂。《埤蒼》曰:『穭,自生也。』『稆』與『穭』同。」《御覽》卷 486 引作「穭」。此不知是什麼自生之物。

(15)S.2899V《麥粟入破抄》:「又還獨厥鎶鑑價粟肆碩伍斗。」(14/367)

按:鎶鑑,在敦煌寫卷中也作「阿藍」、「鈳鑑」、「錒鑑」。王啓濤曰:「『鎶鑑』即『鈳鑑』,也就是『阿鑑』(『阿』僅僅是名詞前綴),又寫作『阿藍』。考《說文》:『鑑,大盆也。』所以『鎶鑑』其實就是大盆。既是飲用、浴用之具,又是排洪之具。附帶說明的是,《玉篇》:『鈳,鈳鏻,小釜也。』這是作者囿於『鈳』的文字外形而強做的訓釋,雖然意義有些沾邊,但既舉不出語言使用實例,又沒有溝通『鈳』與『阿』的關係,故不可取。」〔註 106〕張小豔曰:「童丕認爲『鎶鑑』就是『鏡子』〔註 107〕。池田温在介紹『鎶鑑』時,用『金屬鏡子』進行括注說

學學報》2013 年第 3 期,第 9～10 頁。

〔註 106〕王啓濤《吐魯番出土文書詞語新考(三)》,《新疆師範大學學報》2009 年第 1 期,第 80 頁。

〔註 107〕原注:〔法〕童丕著,余欣、陳建偉譯《敦煌的借貸:中國中古時代的物質生

明〔註 108〕。杜朝暉指出『獨厥錒鑑』即指突厥特產的鐵製農具，『錒鑑』或即是坎土曼，其語源是維語的 kətmən。『錒』字或是 kə 的對音字，也或是『柯』的借音字，表示坎土曼的長柄。而坎土曼體寬刃薄，多數呈圓形，因使用頻繁而光亮如鏡，故以『鑑』命名〔註 109〕。又或以爲『錒』字其他字書不載，疑爲『戈』的形聲俗字，而其後的『鑑』則或當讀作『劍』〔註 110〕。……『錒鑑』與『阿藍』、『鈳鑑』、『鉚鑑』等屬同詞異寫，乃時人常用的一種鐵製農具。形制小巧輕便，長七寸，重壹斤貳兩五，有柄，末端綴有團錘。因從伊州突厥一帶傳入，價值昂貴……具體的語源及得名之由，恐須從突厥語來探求，此存疑。」〔註 111〕朱笛曰：「時人將域外傳入的帶柄鏡稱爲『錒鑑』，用以區別傳統的具鈕鏡。錒鑑，一作『柯鑑』。柯，柄也。鑑，即鑒，鏡之別稱。」〔註 112〕①「鈳（阿、鉚、錒）」即「鬲」改易聲符的異體字，俗亦作鬲、鬲。《說文》：「鬲，秦名土釜曰鬲，讀若過。」又「鬴，鍑屬。釜，鬴或從金，父聲。」字又作鑹，P.2011 王仁昫《刊謬補缺切韻》：「鬲，亦鑹。」俗亦作鍋、堝、鈛、融，《玄應音義》卷 1：「鍋，又作鬲，同，古和反。」又卷 2 說同。《慧琳音義》卷 100：「土堝：古禾反。土釜是也。」《集韻》：「鍋，鍋鑹，溫器，或作鈛、融。」疊韻複合詞則曰「鍋鑹」，即「果蠃」、「果蠃」轉語，狀其物小而圓。疊韻複合詞又轉作「銼鑹」、「鏃鑹」，《說文》：「銼，鍑也。」又「鍑，釜大口者。」又「鑹，銼鑹也。」《急就篇》卷 2 顏師古註：「鍪者，小釜類，即今所謂鍋也，亦曰鏃鑹。」歌部轉作魚部，故又作「鎢錥」。《廣雅》：「鎢錥謂之銼鑹。」王念孫曰：「《說文》：『銼鑹，鍑也。』《眾經音義》卷 16 引《聲類》云：『銼鑹。小釜也。』《御覽》引《纂文》云：『秦人

活與社會》，第 140 頁。此書法文版爲 1995 年，中文譯本爲 2003 年。

〔註 108〕原注：池田温《麻札塔格出土盛唐寺院支出簿小考》，《段文傑敦煌研究五十年紀念文集》，世界圖書出版公司 1996 年，第 210、221 頁

〔註 109〕原注：杜朝暉《敦煌文獻名物研究》，浙江大學 2006 年博士學位論文，第 96 頁；又同名專著，中華書局 2011 年，第 153～155 頁。

〔註 110〕原注：參張涌泉主編《經部》第 8 冊第 4248 頁校記〔四八〕。

〔註 111〕張小豔《敦煌社會經濟文獻詞語論考》，上海人民出版社 2013 年版，第 242～245 頁。

〔註 112〕朱笛《敦煌寫本「錒鑑」初探》，《中國國家博物館館刊》2015 年第 4 期，第 93～94 頁。

以鈷鏻爲銼鑹。』（引者按：見卷 757）案：物形之小而圓者，謂之銼鑹。單言之則曰銼。」〔註 113〕單言銼者，見 P.2011 王仁昫《刊謬補缺切韻》：「銼，小釜。」上古魚部又轉陽部，故又作「鎢鏻」，《玄應音義》卷 13、《御覽》卷 757 并引《埤蒼》：「鎢鏻，小釜也。」也作「鈳（鈳）鏻」、「鎑鏻」、「鈷鏻」、「鈷鉧」、「鈷鏌」，P.2011 王仁昫《刊謬補缺切韻》：「鈳，鈳鏻。」又「鈷，鈷鏻。」又「銼，蜀呼鈷鏻。」蔣斧印本《唐韻殘卷》：「銼，蜀呼鈷鏻。」《玄應音義》卷 14：「禁滿：溫器也。尋撿文字所無，未詳何出，此應外國語耳。或『鎑鏻』訛也。鎑言古盍反，鏻音莫朗反。」《集韻》：「鎑，鎑鏻，溫器。」又「鈳、鈳：鈳鏻，釜屬，或從阿。」②「藍」、「鑑」是「鑑」借字。《說文》：「鑑，大盆也。」指大口瓦器。字亦作泔、濫，馬王堆帛書《明君》「鐘鼎壺泔」，《呂氏春秋．節喪》「泔」作「濫」，都是「鑑」借字〔註 114〕。甘聲、監聲都是見母談部，古音通。《說文》「籃」的古字作「𠪚」，今隸定作「𠪚」，其下部的「目」是「甘」譌變，朱駿聲指出「從广，苷聲」〔註 115〕，徐在國從古文字字形對朱說作過疏證〔註 116〕，可以信從。「鑑」俗字亦作坩、甌，土器、瓦器。黃生說「俗『坩』字，當即『弇』之轉聲」〔註 117〕，非是。「坩（甌）」可用作炊器，字或省作甘，《玄應音義》卷 2：「甘鍋：古和反。《方言》：『秦云土釜也。』字體從鬲，干聲，今皆作鍋。」《太清經天師口訣》：「訖將一甕器密合其上，經宿成泥，甘堝消之。」《集韻》：「堝，甘堝，液金器。」「甘堝」即「坩堝」。「鍋鑑」是「坩鍋」的倒語，以其是金屬製品，故改從金旁作「鍋鑑」耳。③「獨厥」不是「突厥」轉語，以「鍋鑑」爲突厥語，失之逾遠。「獨」是「禿」音轉。「厥」之言屈，猶言短也。P.2917「鍋鑑壹柄」，可知此物有柄。寫卷「獨厥鍋鑑」，指短柄鐵鍋。④P.3391《雜集時用要字》：「使用物：鍋鑑、鏉、鍬钁、鏌構（耩）。」「鏉」

〔註 113〕王念孫《廣雅疏證》，收入徐復主編《廣雅詁林》，江蘇古籍出版社 1992 年版，第 553 頁。

〔註 114〕參見《馬王堆漢墓帛書〔壹〕》整理者說，文物出版社 1980 年版，第 37 頁。

〔註 115〕朱駿聲《說文通訓定聲》，武漢市古籍書店 1983 年版，第 133 頁。

〔註 116〕徐在國《試說〈說文〉「籃」字古文》，《古文字研究》第 26 輯，中華書局 2006 年版，第 496～498 頁。

〔註 117〕黃生、黃承吉《字詁義府合按》，中華書局 1954 年版，第 17 頁。

也作「鏊」，是製作燒餅的鍋。「鏂鑑」、「鏉」都是炊器類，「鍬钁」、「鋘耩」都是農具類。大谷 5808 號「周祝子納修軍營鏂鑑壹口」，「鏂鑑」的量詞是「口」；OR.8211/969-72《唐于闐某寺支用簿》：「出錢陸百柒拾伍文，買鏂鑑一具，三百文；酒一石，價三百七十五文，西莊狀請營農及供來往徵催公客要用。」「鏂鑑」與「酒」都是請客用物，皆足證「鏂鑑」是鍋類，非農具也。⑤童丕、池田溫、朱笛說「鏂鑑」是鏡子，是惑於「鑑」字而望文生義。張涌泉讀「鏂鑑」爲「戈劍」，則是亂說通借，不諳古音。王啓濤說「鏂鑑」是盆子，也是惑於「鑑」字而望文生義；至其斥《玉篇》「鈳鏻」的訓釋無據，沒有用例，則是拘於字形，不知文獻中常常寫作音轉字「鈷鏻」或「鈷鉧」、「鈷鏌」。張小豔、杜朝暉說「鏂鑑」指鐵製農具，則是惑於寫卷中「鏂鑑」常與農具類器物並列；王啓濤又說「鏂鑑」也用作排洪之具，亦是這個緣故。

（16）S.3008《太上業報因緣經卷第一》：「見有炎石逼身，七孔流血者。」（15 / 5）

校勘記：炎，底本作「磧」，係涉下文「石」而成之類化俗字，甲本作「硤」。（15 / 7）

按：甲本指道藏本《業報經》卷 1。校錄者妄改作「炎石」，與下文「見有身在火山」犯複。《太上靈寶朝天謝罪大懺》卷 1、《太上靈寶十方應號天尊懺》卷 10、《上洞玄靈寶三塗五苦拔度生死妙經》、《太上慈悲九幽拔罪懺》卷 8 都有「硤石逼身」語，《上清靈寶大法》卷 37、64 有「硤石地獄」。文獻中「硤石」是地名，非其誼。「磧」是「剡」的分別字，特指銳利之石。《說文》：「剡，銳利也。」又「𢧀，䜮䜮（𢧀𢧀）銳意也。」〔註 118〕又「孅，銳細也。」又「纖，細也。」《說文》「銳」、「蔵」、「𠝹」條並云「銳」籀文作「𠝹」。《廣雅》：「鏩、剡、銳、銛，利也。」又「剡、鑯，銳也。」𢧀、剡、鏩、鑯、孅、籤、銳（𠝹）、銛並一音之轉，俗作會意字「尖」。「磧石」即「剡石」，亦即「尖石」。《世說新語・棲逸》劉孝標注引《阮裕別傳》「裕居會稽剡山，志存肥遁。」《高僧傳》卷 4 有「剡石城」，城以山得名，山名剡

〔註 118〕《玉篇》、《集韻》引「䜮䜮」作「𢧀𢧀」，是也。

山，以多剡石也。佛經中有「尖石地獄」，見東晉譯經《佛說觀佛三昧海經》卷 5、梁代譯經《慈悲道場懺法》卷 9。S.2073《廬山遠公話》：「母喫熱飯，不異鑊湯煮身；母喫冷物，恰如寒冰地獄。母若食飽，由（猶）如夾石之中；母若饑時，生受倒懸之苦。」「夾石」與「鑊湯」、「寒冰」、「倒懸」都是地獄名。「夾」是「剡」脫誤。剡，刺也，與「尖」義合。道藏諸本作「硤石」，《法華經玄贊要集》卷 7 作「狹石地獄」，「硤」、「狹」又「夾」增旁俗字。

4. S.3227V+S.6208《雜集時要用字》箋證

周祖謨《敦煌唐本字書敘錄》最早把 S.3227V 與 S.6208 綴合，稱作《某氏字書殘卷》〔註 119〕。張金泉等《敦煌音義匯考》、鄭阿財等《敦煌蒙書研究》二書把綴合卷定名作《雜集時要用字》，作了錄文，前者還作了校記〔註 120〕。陳璟慧把 S.3227V 定名作《俗務要名林》，亦對該卷作了錄文〔註 121〕。張涌泉在參考各家說法的基礎上，重新作錄文並作校記〔註 122〕。郝春文主編的《英藏敦煌社會歷史文獻釋錄（第十五卷）》參考二張著作，錄文有所改進，但《校勘記》多承襲二張說〔註 123〕，無甚發明。這二卷中出現的名物詞，有的其他敦煌寫卷未見，還須作進一步的研究。茲依郝春文《釋錄》爲底本作補箋，隨文標示頁碼，以便覆按。

（1）S.3227V《石器部》：「碾（？）磚。」（P368）

校勘記：碾，《敦煌經部文獻合集》釋作「砥」。（P373）

〔註 119〕周祖謨《敦煌唐本字書敘錄》，收入《敦煌語言文學研究》，北京大學出版社 1988 年版，第 48～49 頁；又收入《周祖謨學術論著自選集》，北京師範學院出版社 1993 年版，第 430 頁；又收入項楚、張涌泉主編《中國敦煌學百年文庫・語言文學卷（二）》，甘肅文化出版社 1999 年版，第 120 頁。

〔註 120〕張金泉、許建平《敦煌音義匯考》，杭州大學出版社 1996 年版，第 781～789 頁。鄭阿財、朱鳳玉《敦煌蒙書研究》，甘肅教育出版社 2002 年版，第 99～102 頁。

〔註 121〕陳璟慧《敦煌寫本〈俗務要名林〉研究》，杭州大學 1997 年碩士論文，第 46～48 頁。

〔註 122〕張涌泉《敦煌經部文獻合集》第 8 冊，中華書局 2008 年版，第 4148～4165 頁。

〔註 123〕郝春文主編《英藏敦煌社會歷史文獻釋錄（第十五卷）》，社會科學文獻出版社 2017 年版，第 368～375 頁。

按：張金泉（1996：783）無說。張涌泉錄作「砙」，符合圖版字形。張涌泉（2008：4154）曰：「『砙』字字書不載，俟再考。」「砙」疑是「甓」改易聲符的異體字。《方言》卷 2 郭璞注：「鎃，劈歷。」是指「鎃」音劈歷之劈。《玄應音義》卷 14：「劈，古文鎃、㼠二形，同。」《慧琳音義》卷 59 同。《汗簡》卷中引《義雲切韻》「劈」或作「㼠」，又卷下「鎃」同「劈」。皆是其比。「磚」是「甎」俗字，亦作「塼」。「甓」是「甓」異體字，《莊子・知北遊》《釋文》：「瓦甓：本又作甓。」甓亦甎也，《玉篇》：「甓，甎也。」《慧琳音義》卷 55 引《考聲》：「甎，甓也。」合言則曰「塼甓」、「甎甓」、「磚甓」，《文選・祭古冢文》：「得古塚上，無封域，不用塼甓。」《梁書・劉歊傳》：「埳足容棺，不須塼甓，不勞封樹。」《隋唐嘉話》卷上：「掘得一塚，無甎甓。」《唐會要》卷 100：「其羅城構以磚甓。」倒言則曰「甓磚」，元・劉將孫《安湖書院題辭》：「甓磚撤而閣道掀，俎豆亡而綿蕞陋。」元《麗水縣廟學碑陰記》：「板榦砥礎，瓴瓦甓磚。」

（2）S.3227V《石器部》：「㱙礧。」（P368）

按：張金泉（1996：783）無說。張涌泉（2008：4154）曰：「『㱙』字字書釋『㱙硍貌』（山勢陡峭重疊貌），此與『礨』字連用，疑別爲一字。」「礧」是從高處推下的石頭。《集韻》引《埤倉》：「礧，推石自高而下也。」又指出字亦作「壘、礌、雷、檑」。《玄應音義》卷 17 引《韻集》：「礧，謂以石投物也。」「㱙」即「投」分別字。「㱙礧」指投擲之石。

（3）S.3227V《靴器部》：「接鞦。」（P368）

按：張金泉（1996：783）疑「接鞦」爲《吐魯番出土文書》所見的「接靿」之誤，張涌泉（2008：4155）指出吐魯番出土文書原卷也作「接鞦」，又說：「『接鞦』蓋指靴筒或襪筒之屬。《酉陽雜俎》卷 1『熟線綾接鞦』，正用『接鞦』一詞。」張涌泉說是也。P.3391《雜集時用要字》有「接拗」。《倭名類聚抄》卷 12：「接鞦：《唐樂令》云：『承天樂舞，四人，紫綾袍，紫接鞦。』《唐韻》於教反，此間云『接腰』。」亦其確證。S.5514《雜集時用要字》亦出「鞦」字，注音「一帛反」。蔣斧印本《唐韻殘卷》：「鞦，韡鞦。」《廣韻》：「鞦，靴鞦。」又「鞥，吳人靴靿曰鞰。」《集韻》:「靿，曲也，俗謂靴鞾曰靿。」又「鞰，吳人謂韈靿曰鞰。」又「鞾、韂、鞾：韈靿。或從邕，亦作鞾。」《法苑珠林》卷56《音義》:「韈，有靿履也。」此上「靿」指靴筒。鞾（鞰、韂、鞾）之言擁也，靿之言腰也，作名詞用，故指靴筒。Дx.2822《雜集時用要字・衣物部》有「韈靿」，此「靿」指韈筒。靿字亦作袎，《集韻》:「褯、褞：襪袎，吳俗語。」又「袎，襪頸。」歐陽修《六一居士詩話》引陶穀詩：「尖簷帽子卑凡廝，短靿靴兒末厥兵。」魏泰《臨漢隱居詩話》引「靿」作「袎」。

（4）S.3227V《農器部》:「鐮鈠。」（P368）

按：張金泉（1996：783）、張涌泉（2008：4156）無說。趙家棟說「鈠」同「芟」，芟亦鐮也〔註124〕，其說是也。「鐮」也作「鎌」。《說文》:「芟，刈草也。」用以刈草的農具也稱作芟。《國語・齊語》:「耒耜枷芟。」韋昭注：「枷，柫也，所以擊草（禾）也。芟，大鎌，所以芟草也。」《管子・小匡》誤作「穀芨」，王紹蘭曰：「芟本刈草之稱，用鐮芟草，因即呼鐮為芟，猶下文刈亦芟草之稱，用鐮刈草，因又呼鐮為刈耳。」〔註125〕《周禮・地官・稻人》:「以涉揚其芟作田。」鄭玄注引鄭司農曰：「故得行其田中，舉其芟鉤也。」孫詒讓曰：「《國語》韋注云云。芟鉤即謂鉤鎌，所以迫地芟草。」〔註126〕《通鑑》卷252:「蜀民數千人爭操芟刀、白棓以助官軍。」胡三省注：「芟刀，農家所以芟草。」桂馥曰：「刈器曰芟刀。」〔註127〕音轉又作釤，《玄應音義》卷4、19並云：「芟，經文作釤，大鎌也。」P.3694《箋注本切韻》:「釤，大鐮。」P.2011 王仁昫《刊謬補缺切韻》同。《玄應音義》卷15引《字書》:「釤，大鎌也。」蔣斧印本《唐韻殘卷》、《玉篇》、《廣韻》、《集韻》並同。複言則曰「鐮芟」。又曰「鐮釤」，P.2624盧相公《詠廿四氣詩》:「杏麥修鐮釤，鋤笊豎棘籬。」倒言則曰「釤鎌」，《抱朴子外篇・逸民》:「推黃鉞以適釤鎌之持。」

〔註124〕此趙君與我QQ討論時所說。

〔註125〕王紹蘭《管子說》，轉引自郭沫若等《管子集校》，科學出版社1956年版，第321頁。

〔註126〕孫詒讓《周禮正義》卷30，中華書局1987年版，第1190頁。

〔註127〕桂馥《札樸》卷9，中華書局1992年版，第388頁。

（5）S.3227V《農器部》:「冶場。」（P368）

按：張金泉（1996：783）、張涌泉（2008：4156）無說。此屬《農器部》，無關乎冶，「冶」當是「治」形譌。「治場」指打穀之場。

（6）S.3227V《農器部》:「拓撲。」（P368）

按：張金泉（1996：783）、張涌泉（2008：4156）無說。「拓」同「拍」，與「搏」一聲之轉，擊打也。「拓撲」當指打穀的農具。

（7）S.3227V《車部》:「逆靻。」（P369）

校勘記：靻，當作「靼」，據 P.2609 改。（P373）

按：校錄者實襲自張涌泉說。張氏（2008：4156）云：「『靼』字底卷本作『靻』，茲徑錄正。S.617《俗務要名林》:『靻，懸鐙皮，之列反，亦逆靻。』『靻』亦爲『靼』字俗寫（標目字 P.2609 正作『靼』）。《廣韻》:『靼，柔革也，又之列切。』」張說又襲自其博士生杜朝暉說，杜氏曰:「『靼』爲懸掛馬鐙所用之皮。S.617《俗務要名林》:『靻，懸鐙皮，之列反，亦逆靻。』又稱『逆靻』，除上引《俗務要名林》例外，另如 S.3227V 亦其例。不過『靻』實又是『靼』的俗訛字，俗書從旦、從且不分，《正字通》:『靻，靼字之訛。』《說文》:『靼，柔革也。』」〔註 128〕「逆」字原卷作「逹」，S.617《俗務要名林》同。焦浩指出「『逹』是『達』的訛字或簡寫、俗寫體。『靻』是『靼』的訛字。『達靼』即『韃靼』。」〔註 129〕其說可取。「逹」當是「達」俗字「逹」形譌。「達靼」疊韻連語，亦作「韃靼」，乃「靺鞨」、「頛顯」音譌。P.2717《碎金》:「肥頛顯：音末葛。」P.2011 王仁昫《刊謬補缺切韻》、P.3694V《箋注本切韻》、蔣斧印本《唐韻殘卷》并云:「頛，頛顯，健。」「達靼」入《車部》蓋誤。P.2609《俗務要名林》:「靼，懸鐙皮，之列反。」「之列反」是「折」字音，古音與「旦」元、月對轉，故《廣韻》、《集韻》「靼」字異體或作「靳」〔註 130〕，蔣斧印本《唐韻殘卷》、《慧琳音義》卷 45、《集韻》「蛆」異體或作「蜇」〔註 131〕，P.2578《開蒙

〔註 128〕杜朝暉《敦煌文獻名物研究》，浙江大學 2006 年博士學位論文，第 193 頁；又中華書局 2011 年版，第 332～333 頁。

〔註 129〕焦浩《元刊雜劇〈雙赴夢〉〔天下樂〕曲校勘研究》，《中國語文》2016 年第 5 期，第 610 頁。

〔註 130〕《鉅宋廣韻》「靼」誤作「靻」。

〔註 131〕《玉篇》、《廣韻》「**蛆**」誤作「蛆」。

要訓》「鐙韃（靼）」注直音「登折」〔註 132〕。

（8）S.3227V《鞍轡部》:「鞽瓦。」（P369）

按：張金泉（1996：784）、張涌泉（2008：4157）無說。鞽之言橋，指鞍鞽，馬鞍拱起者。S.610《啓顏錄》:「何因偷我驢鞌橋將作下頷？」「鞌橋」即「鞍鞽」。《太平廣記》卷 257 引《抒情詩》薛能嘲趙璘曰：「不知元在鞍鞽裏，將謂空馱席帽歸。」也倒作「橋鞍」，《書鈔》卷 126 引《魏百官名》:「紫菆（茸）題頭高橋鞍一具。」〔註 133〕「鞽瓦」即「鞍瓦」，P.2567V「鞍瓦七具」。也作「桉瓦」，S.542V「造革桉瓦」。《集韻・月韻》:「𩋙，魚厥切，鞍瓦。」《類篇》同。「瓦」疑是「月」形譌，月之言抈，折也。馬鞍名鞍月者，言其拗折之形也。字亦作「鞍𩋙」，《龍龕手鑒》:「𩋙，音月，鞍𩋙。」皆明確其音爲魚厥切、音月。桂馥曰：「鞍上曰𩋙（音拗）。」〔註 134〕音拗蓋方音之變。《玄應音義》卷 8：「羱羝：《廣志》作『羦』，同。《字林》:『野羊也。其角堪爲鞍月、小榼也，出西方，似吳羊而大角也。』」《急就篇》卷 3 顏師古註「鞍月」作「鞌橋」，《重修政和證類本草》卷 17 作「鞍橋」。

（9）S.3227V《鞍轡部》:「鄣泥。拔塵。」（P369）

按：張金泉（1996：784）無說。張涌泉（2008：4157）曰：「『拔塵』不知何義。P.3697《捉季布傳文》:『一自結交如管鮑，宿素情深舊拔塵。』《敦煌變文校注》校爲『跋塵』，可備一說。」《捉季布傳文》之「拔塵」指小兒聚沙之戲，與此卷無涉。拔，讀作拂，與「蔽」亦一聲之轉。「拔塵」蓋亦是「鄣泥」之類。

（10）S.3227V《舍屋部》:「篣籬。」（P369）

按：張金泉（1996：784）、張涌泉（2008：4158）無說。《根本說一切有部毘奈耶藥事》卷 8：「爲當如稻畦大，不得共篣籬、碾輪車、牛篋、篣箕、頻螺果、劫畢他果耶？」《希麟音義》卷 8：「篣籬：上步光反。《字

〔註 132〕上引杜朝暉《敦煌文獻名物研究》已舉此例。P.2487、P.3610《開蒙要訓》「韃」作「靼」，但均是無注音本。S.705、S.1308、S.5431、P.3054 亦誤作「韃」，P.3875A 又誤作「鞋」。

〔註 133〕《初學記》卷 22、《御覽》卷 358 引「菆」作「茸」。

〔註 134〕桂馥《札樸》卷 9，中華書局 1992 年版，第 390 頁。

林》云：『蒡箕也，似箕而小，以竹爲之。』下音離，《韻略》云：『笊籬。』笊音側教反。」唐・韓鄂《四時纂要》卷2《春令》引《方山廚錄》：「去皮於箻籬中，磨涎投百沸湯中，當成一塊，取出批爲炙臠，雜乳腐爲罨，炙素食，尤珍，入臛用，亦得。」「箻籬」是「箻筐、笊籬」合稱，二種竹器。P.3391《雜集時用要字》：「箻籬，簸箕，箻筐。」「箻」當是「箻」形譌。唐・姚汝能《安祿山事迹》卷上：「又賜……銀絲織成箻筐、銀織笊籬各一。」《舊唐書・安祿山傳》：「以金銀爲箻筐、笊籬等。」《長安志》卷 8 引《譚賓錄》作「傍（箻）筐、笊籬」。S.617《俗務要名林》「抓欐」，即「笊籬」。

（11）S.3227V《花釵部》：「

 頭花。」（P370）

校勘記：

，《敦煌經部文獻合集》釋作「櫳」，誤。（P374）

按：原卷確作「

」。張涌泉（2008：4159）曰：「『櫳』疑當讀作『攏』，收束之意。」張氏以今律古，不知「

」是古字。《說文》：「

，兼有也。讀若聾。」俗作籠、攏。《玉篇》：「

，馬

頭。」S.617《俗務要名林》：「

頭：上落各（冬）反。」P.2613《咸通十四年正月四日沙州某寺就庫交割常住什物色目》：「剉碓、

頭壹。」

（12）S.6208《飲食部》：「乳餉。」（P370）

按：張金泉（1996：788）、張涌泉（2008：4161）無說。乳餉，S.5671、S.8649 作「飢餉」，P.2880、P.3745V、S.1366、上圖 110V 作「餶餉」，P.2040V 作「餶俞」，都是「餢飳」、「麩麰」、「麩麴」音轉，餅類食品〔註 135〕。

（13）S.6208《飲食部》：「灌易。」（P371）

按：張金泉（1996：788）無說。張涌泉（2008：4161）曰：「『灌易』費解，俟再考。」原卷「易」作「昜」，是「腸」字省文。寫卷「灌腸」與上條「肉纁腸」是一類。《齊民要術・炙法》有「灌腸法」，不錄。

（14）S.6208《飲食部》：「蓽撥。」（P370）

按：《慧琳音義》卷 60：「蓽茇，上音必，蕃語，西國藥名也。本出波斯及婆羅門國，形如桑椹，緊細且長，味極辛辣。」《本草綱目》卷 14：「蓽

〔註 135〕參見蕭旭《麵食「餺飥」、「餢飳」、「蠍餅」名義考》。

撥，當作『蓽茇』，出《南方草木狀》，番語也。陳藏器《本草》作『畢勃』，《扶南傳》作『逼撥』，《大明會典》作『畢蕟』。」張涌泉（2008：4162）曰：「《證類本草》卷9：『蓽撥，味辛，大溫無毒，主溫中下氣……生波斯國，此藥叢生，莖葉似蒟醬子，緊細，味辛烈於蒟醬。』又作『蓽茇』，P.2609《俗務要名林》：『蓽茇，上卑栗反，下補割反。』『蓽撥』、『蓽茇』蓋譯音之異，《匯考》謂『撥』是『茇』之借，不確。」「蓽撥（茇）」雖是域外引進的植物，但其名非譯音詞，慧琳說是番語，非是。把自己不知道的語源都歸爲譯音，是語言研究中危險的做法。鄧廷楨曰：「雙聲疊韻字通乎聲則明……蔽芾，木皃也，疊韻也。聲之轉爲『賁孛』，其于泉也則爲『觱沸』，又爲『滭沸』；其于火也爲『熚爩』，其于風也爲『觱發』，又爲『滭泼』（引者按：當作『滭冹』）。」〔註136〕鄧說是也，諸詞並同源，下文詳爲之疏證。①《說文》：「沸，畢沸，濫泉。」蔣斧印本《唐韻殘卷》：「滭，滭沸，水皃。」《廣韻》：「滭，滭沸，泉出皃。」《詩·瞻卬》：「觱沸檻泉。」毛傳：「觱沸，泉出皃。」《說文》「濫」字條引作「鬢沸」。「觱」當作「觱」，是「鬢」省譌。《史記·司馬相如傳》《上林賦》：「滭浡滵汨。」《索隱》引司馬彪曰：「滭沸，盛貌。」《漢書》、《文選》作「滭弗」。《文選·劇秦美新》：「滭浡沕潏，川流海渟。」五臣本作「滭渤」。②《說文》：「熚，熚爩，火皃。」小徐本作「熚炥」。《說文》：「爩，熚爩，火皃。」又「炥，火皃。」「爩」同「炥」，《集韻》：「爩、㶇、炥：《說文》：『熚爩也。』或省，亦作炥。」《玉篇》：「熚，熚炥，火皃。」《廣韻》：「㶇，熚㶇，鬼火。《說文》作『爩』。」「㶇」是「㶇」形譌，即「爩」省文。③《說文》：「滭，風寒也。」又「冹，一之日滭冹。」《詩·七月》：「一之日觱發。」毛傳：「觱發，風寒也。」《抱朴子外篇·博喻》：「蒿麥冬生，無解畢發之肅殺。」④《文選·上林賦》：「吐芳揚烈，郁郁菲菲，眾香發越，肸蠁布寫，晻薆咇茀。」《漢書》同，《史記》「咇茀」作「苾勃」。李善注：「郭璞曰：『香氣盛馝馞也。』『馝馞』、『咇茀』音義同。咇，步必切。茀，音勃。」呂延濟注：「晻薆咇茀，言香氣盛也。」《集韻》：「馞，《博雅》：『馝馞，香也。』通作茀。」《金剛頂一

〔註136〕鄧廷楨《雙硯齋筆記》卷3，光緒丙申本，本卷第25頁。

字頂輪王瑜伽一切時處念誦成佛儀軌》:「福感并變化,嬋娟花馝馞。」⑤《說文》:「苝,艸木苝孛之皃。」又「孛,苝也。」《詩・甘棠》:「蔽芾甘棠。」毛傳:「蔽芾,小皃。」「小皃」謂枝刺繁密。朱熹曰:「蔽芾,盛貌。」水盛貌曰「畢沸」、「滭沸」、「滭弗」、「滭浡」、「觱沸」、「觱發」,火盛皃曰「熚炥」、「熚爩」,風寒皃曰「滭冹」、「觱發」、「畢發」,艸木盛皃曰「苝孛」、「蔽芾」,香盛皃曰「馝馞」、「咇茀」、「苾勃」,其義一也。然則此物命名爲「蓽撥(茇)」,雙聲疊韻連語,以此物味極辛辣,故其名取義於辛辣之味外發,非番語也。

(15)S.6208《果子部》:「茨(茦)蘺。」(P371)

按:原卷「茨」作「茨」。張金泉(1996:789)校作「茦」。張涌泉(2008:4163)曰:「字書有『茨』字而無『茨』,《匯考》校作『茦』當是。但『茦』字古書未見有與『蘺』字連用者,『蘺』又與果子無涉,疑『蘺』字有誤。」既入《果部》,則「蘺」當是「梨」借音字,字亦作「梸」。「茨」是「茨」增筆俗字。「茨梨」即「刺梨」,也即「金櫻子」,其物果實似梨,又多刺,故名。《證類本草》卷12:「金櫻子……是今之刺梨子,形似榅桲而小,色黃,有刺,花白,在處有之。」《紹陶錄》卷下:「金櫻子,花白,葉青,實黃,如山梔而多刺……又號刺梨。」《貴州通志》卷 15:「刺梨:野生,榦如蒺藜,花如荼蘼,實如小石榴,有刺,味酸,取其汁入蜜,熬之可爲膏。」茨、刺一聲之轉。

(16)S.6208《席部》:「蕛子。」(P371)

校勘記:蕛,底本原寫作「茀」,《敦煌經部文獻合集》認爲係「椰」的換旁俗字。(P375)

按:張金泉(1996:789)無說。張涌泉(2008:4163～4164)曰:「『茀』字《集韻》以爲同『蕛』,釋『茅穗』,文中則應爲『椰』的換旁俗字。《慧琳音義》卷35:『椰子果:木果名也,廣州多有,葉堪爲席,甚耎。皮堪爲索……經從草作茀,非也。』則此處所謂『茀子』,即指椰子葉所做之席也。」「椰子果」乃南方之樹,非敦煌所有,以其葉作席的「椰席」〔註 137〕,當非此卷所謂之「茀子」。《廣雅》:「蕛,茅穗也。」王

〔註 137〕《隋書・南蠻林邑傳》:「俗皆徒跣,以幅巾纏身,冬月衣袍,婦人椎髻,施椰葉席。」《國清百錄》卷 1:「施檳榔二千子,節子一百枚,茀席一領。」

念孫曰：「茅穗，茅秀也。『蒤』與『荼』同。蘇頌《本草圖經》云：『茅春生，苗布地如針，夏生白花茸茸然。』即所謂荼矣。古者用荼以爲席箸。《士喪禮記》云：『茵箸用荼。』鄭注云：『荼，茅秀也。』」〔註 138〕茅秀即茅之花，可以作席。「茵箸用荼」出《儀禮·既夕》，王氏失檢。茵，即席也。《董子·求雨》「以茅爲席」，《宋書·禮志四》「藉以茅席」，此以茅作席之明證。《說文》：「茅，菅也。」《山海經·南山經》、《西山經》「白菅爲席」，《說苑·辨物》「以菅爲席」，《初學記》卷 25 引《漢舊儀》「白菅席」，李賀《箜篌引》「牀有菅席」，亦其確證。

（17）S.6208《布部》：「猗（掩）巾。」（P371）

校勘記：猗，當作「掩」，據文義改。（P375）

按：張金泉（1996：789）無說。張涌泉（2008：4164）曰：「『猗』字其他字書不載，俟再考。」「猗」是「掩」俗字。校錄者說「據文義改」，不知其「掩巾」文義云何？掩，讀作幓，男子束髮的頭巾。《方言》卷 4：「幓，幧頭也，自關而西秦晉之郊曰絡頭，南楚江湘之閒曰帞頭，自河以北趙魏之閒曰幧頭，或謂之帑，或謂之幓。」《釋名》：「綃頭……齊人謂之幓，言幓斂髮使上從也。」「綃頭」即「幧頭」音轉，亦即「幓頭」。幓之言掩也，取收斂頭髮爲義。《說文》：「掩，斂也。」

（18）S.6208《布部》：「紫緆。」（P371）

校勘記：緆，《敦煌經部文獻合集》疑係「𦽂」之換旁俗字。（P375）

按：張金泉（1996：789）無說。張涌泉（2008：4164）曰：「『緆』疑爲『𦽂』的換旁俗字。《廣韻》：『𦽂，𦽂布。』」張說是也，而尚未盡。蔣斧印本《唐韻殘卷》：「𦽂，𦽂布。」《玉篇》同。《集韻》：「𦽂，艸名，可作布。」「紫」當作「𢂑」。「𢂑𦽂」謂𢂑布、𦽂布，是二者合稱。S.617《俗務要名林》：「𢂑布：上音私。𦽂布：上土蠟反。」是其確證也。《集韻》：「𢂑，《埤倉》：『布名。』或作𢁉。」S.5584《開蒙要訓》：「麻葛口𢂑。」𢂑亦作貲，《說文》：「緰，緰貲，布也。」《玉篇殘卷》引「貲」作「𢂑」。字亦省作「此」，《潛夫論·浮侈》：「飾襪必緰此。」汪繼培引王先生曰：「『此』當作『𢂑』。《急就篇》：『服

〔註 138〕王念孫《廣雅疏證》，收入徐復主編《廣雅詁林》，江蘇古籍出版社 1992 年版，第 874 頁。

瑣綸帛與繒連。』」〔註 139〕

（19）S.6208《酒部》:「醹酒。」（P371）

按:《集韻》:「醹，一宿酒也。」《增韻》同。醹之言暴，卒也，謂造之一夜而熟的卒成之酒。

（20）S.6208《酒部》:「醔漉。」（P371）

按:張金泉（1996：789）、張涌泉（2008：4165）無說。醔亦漉也，過濾。P.2609《俗務要名林》:「醔，楚流反。漉，音祿。」S.617《俗務要名林》:「醔（此字殘存上左『禾』），口口具，楚流反。漉，漉酒，音祿。」醔亦作醙，《玉篇》:「醙，出酒。」指過濾而出酒也。字亦作篘、茜，蔣斧印本《唐韻殘卷》:「縮，又篘酒。」縮、篘一聲之轉。《西京雜記》卷 4 引鄒陽《酒賦》:「醪醴既成，綠瓷既啓，且筐且漉，載茜載齊。庶民以爲歡，君子以爲禮。」此據正覺樓叢書本、關中叢書本、龍谿精舍叢書本，明嘉靖本、漢魏叢書本、津逮秘書本、學津討原本、古今逸史本、四庫本「茜」作「篘」。筐是盛飯之器，古以筐濾酒。《詩·伐木》「釃酒有藇」，毛傳:「以筐曰釃，以藪曰湑。」《玄應音義》卷 16 引《韻英》:「以筐漉酒曰釃。」《初學記》卷 26 引「齊」作「濟」，猶言擠也，專字作䶒，亦過濾義。《廣雅》:「䶒，盪也。」《玄應音義》卷 15、18、22、25 引「盪」作「漉」，字同。王念孫曰:「『䶒』與『泲』同，亦通作齊。鄒陽《酒賦》云:『且筐且漉，載茜載齊。』䶒之言擠也。《玉篇》:『䶒，手出其汁也。』《廣韻》云:『手搦酒也。』」〔註 140〕《酒賦》「且筐且漉，載茜載齊」都是說過濾酒。字亦作篘（䇺）、篗，《初學記》卷 26 引鄒陽《酒賦》「篘」作「篘」。《集韻》:「篘，漉取酒也，或作篘、篗、醙。」P.2011 王仁昫《刊謬補缺切韻》:「䇺（篘），䇺（篘）酒，或作醔。」《廣韻》:「篘，酒篘（當乙作「篘酒」）。醔，上同。」

〔註 139〕汪繼培、彭鐸《潛夫論箋校正》卷 3，中華書局 1985 年版，第 133 頁。王先生指王宗炎，《潛夫論箋校正》卷 1《讚學篇》汪繼培引王先生宗炎曰:「『明』下有脱字，當與『幽讚』對。」因以知之。

〔註 140〕王念孫《廣雅疏證》，收入徐復主編《廣雅詁林》，江蘇古籍出版社 1992 年版，第 177 頁。

（21）S.6208《酒部》:「壓醩。」(P371)

按：張涌泉（2008：4165）曰：「『醩』同『糟』。」張說非是，「醩」不是酒糟。S.617《俗務要名林》:「押，柙（押）酒，烏甲反。柞槽，柙（押）酒具，〔上側〕嫁反，下音曹。」「押」同「壓」。「柞」同「笮」，亦作「榨」、「醡」。「醩」同「槽」，是柞槽的專字。「壓醩」即是「押槽」，亦即「笮槽」，壓酒（指濾酒）的器具。《玄應音義》卷 9「如笮」條、卷 21「壓笮」條、卷 22「被笮」條並云：「案：笮猶壓也，今謂以槽笮出汁也。」可證「槽」字是也。

5. S.617《俗務要名林》疏證（九則）

敦煌寫卷中有 4 卷《俗務要名林》，卷號分別是 S.617、P.2609、P.5001、P.5579，是日常事務中重要詞語分類彙編的字書。前人的研究大多專注於寫本的校錄，偶有關注方音及詞語考釋者，尚待深入。

《俗務要名林》中有一些不見於其他文獻的獨特的名物詞，茲據 S.617，摘錄數條作疏證。

（一）「綐補綐也」疏證

S.617《俗務要名林・女工部》:「綐：補綐也，徒會反。」又「綴：連綴也，貞銳反。」又「納：補納，奴答反。」

張小豔曰：「《廣韻・泰韻》杜外切：『綐，细紬。』歷代字典辭書中都未載其有『補綐』義。竊疑『綐』乃『鞔』的換旁俗寫。義類上，『綐』歸屬女工部，其前後的字大都有『縫補』義，如『補、綴、絎、緶、紭、繵、納、紩』等字，且多從糸旁。受其影響，『鞔』也隨之換旁作『綐』。《廣雅》:『鞔，補也。』王念孫《疏證》:『《爾雅・釋草》引《字苑》云：「鞔，苴履底著之，言相丁著也。」《釋言》云：「著，納也。」』《廣韻・泰韻》杜外切：『鞔，補鞔。』」〔註 141〕

按：張說是也，但猶未盡。張氏既未明其語源，也未溝通聲音。又所引王念孫《疏證》，其原文是：「鞔者，《玉篇》:『鞔，履具飾也。』《廣韻》云：『補鞔也。』《爾雅・釋草》《釋文》引《字苑》云：『鞔，苴履底。』著之言

〔註 141〕張小豔《敦煌寫本〈俗務要名林〉字詞箋釋（一）》，《語言研究集刊》第 5 輯，上海辭書出版社 2008 年版，第 308 頁。

相丁著也。《釋言》云：『著，納也。』……《眾經音義》卷 2 引《廣雅》：『著，補也。』今本脫『著』字。」〔註 142〕《廣韻》「鞔，補鞔」，亦是王念孫所引證。蔣斧印本《唐韻殘卷》：「鞔，補鞔。」此又《廣韻》所本。張氏引《爾雅》，脫《釋文》二字，《字苑》是《釋文》所引，《爾雅》怎麼會引晉代葛洪的《字苑》？「著之言相丁著也」當作一句讀，是王念孫解釋「著」字的話，不是《字苑》之文，「著之言」以下的文字不當徵引。張氏未明其誼，亦失其讀。

S.617《俗務要名林・女工部》下文有「纓：綴絮，於謹反」，檢 S.610《雜集時用要字》有「針線，補綴，縫綻，纓綐」諸詞，「纓綐」亦是縫補義，正可相互印證。《要名林》、《時用要字》之「綐」，與《廣韻》「綐，細紬」之「綐」是同形異字〔註 143〕。「綐」訓細紬，其語源是「銳」，取精細爲義〔註 144〕。

《要名林》「綐」、「綴」、「納」是一聲之轉，記錄的是同一字的不同變音，是上古音遺存。敦煌寫卷中「綐」又是「纔」的俗訛字〔註 145〕，此是同形異字。

縫補義的本字是「叕」，後分化字作「綴」。《說文》：「叕，綴聯也。象形。」又「綴，合箸也。」《廣雅》：「綴，連也。」《廣韻》：「綴，連補也。」字亦作「裰」，《廣韻》：「裰，補裰破衣。」「補裰」即「補綴」。《集韻》：「裰，補也。」

上古音叕、兌相通。《說文》：「餟，小餟也。」此是聲訓。《爾雅》：「肉曰脫之。」邢昺疏引李巡曰：「肉去其骨曰脫。」《說文》：「腏，挑取骨閒肉也。」P.2011 王仁昫《刊謬補缺切韻》：「脫，肉去骨。」「脫」當是「腏」異體字。《淮南子・道應篇》：「白公勝慮亂，罷朝而立，到杖策，錣上貫頤，血流至地而弗知也。」許慎注：「策，馬捶，端有針以刺馬，謂之錣。」《韓子・喻老》「錣」作「銳」，《御覽》卷 368 引《韓子》作「錣」。《釋名》：「〔棳〕，棳儒也，梁上短柱也。棳儒猶侏儒，短，故以名之也。」〔註 146〕《爾雅》：「宋廇謂之梁，其上楹謂之梲。」《集韻》：「梲，梁上楹謂之梲，通作棳。」《廣

〔註 142〕王念孫《廣雅疏證》，收入徐復主編《廣雅詁林》，江蘇古籍出版社 1992 年版，第 324 頁。《字苑》作「鞔」，蓋王氏訂作「鞔」，又易作「鞔」。

〔註 143〕《玉篇殘卷》引《聲類》、《永樂大典》卷 15143 引陸法言《廣韻》是宋本《廣韻》所本。

〔註 144〕參見胡吉宣《玉篇校釋》，上海古籍出版社 1989 年版，第 5435 頁。

〔註 145〕參見張涌泉《敦煌俗字研究》，上海教育出版社 2015 年第 2 版，第 166 頁。

〔註 146〕「棳」字據《營造法式》卷 1 引補。

雅》:「劂,傷也。」《集韻》:「刓,削也。」《廣雅》:「刿,削也。」據《說文》,「劂」是「銳」籀文。銳(劂、刓)、刿當是一聲之轉。《說文》:「㜃,短面也。」《廣韻》:「㜃,面短皃。」《集韻》:「顈,頭短。」又「㜃,面短皃。」又「頞,頞頢,小頭,一曰面短皃。」諸字當是一字異體(《說文》「頢」作「䫘」,從昏得聲,即從𠬪省聲,亦是頞聲轉)。《玄應音義》卷 20:「啜嘗:經文作『餟』,祭名也,『餟』非此義也。」此為《舊雜譬喻經》卷 2《音義》,經文「輒愛惜之,不敢餟嘗」,宋本「餟」作「啜」。P.4500《齋法清淨經》:「此人於先嘗餟者,亦五百萬世受諸苦。」又「於先安置屏處藏蓋,實莫嘗餟。」〔註 147〕上文「於先嘗此食者,都是殘食」,「嘗」是單言,「嘗餟」則是同義複詞,《佛說護淨經》卷 1 作「於先嘗啜此食」,可證「嘗餟」即是「嘗啜」。「餟」是「啜(歠、歡、歠)」音轉借字,亦嘗也,俗又作「唲」,玄應改作正字,而未達通假。《瑜伽師地論》卷 23:「所謂飡噉咀嚼吞咽嘗啜飲等。」宋本等「啜」作「吮」;《可洪音義》卷 11 所見本「啜」作「唲」,云:「嘗唲:才兗、徐兗、食尹三反,嗽也,舐也。」可洪所見本作「唲」字不誤,但據其音、義,可洪誤認「唲」作「吮」字。《六度集經》卷 6:「以鐵錞刺其咽,飲其血,食其肉,吮其髓。」《可洪音義》卷 6 所見本作「唲其」,云:「唲其:上慈兖、徐兖二反,正作吮。」「吮」必是「唲」形譌,可洪說誤。《新修絫音引證群籍玉篇》、《改併五音類聚四聲篇海》、《校訂音釋五侯鯖字海》、《新校經史海篇直音》並曰:「唲,山劣、式芮二切,小飲也,又嘗也。」《正字通》:「唲,俗『歠』字。《說文》作『啜』,舊註:『嘗也。』義同『歠』。」此字《玉篇》作「啐」,云:「山劣、山芮二切,小飲也。」其字必從「兌」得聲,故《龍龕手鑑》謂「唲」同「啐」,改易聲符耳。《說文》:「嚵,小啐也。」《類篇》:「潩,飲也,一曰唲也。」釋語「啐」、「唲」亦是嘗義。黃侃謂「歠」、「啐」、「潩」、「吮」、「酳」五字同文〔註 148〕,「吮」必是「唲」形譌,黃氏筆誤,或整理者誤錄,斷可知也。楊寶忠曰:「『唲』即『啐』之聲旁變易字……張自烈謂『唲』為『歠』之俗字,不可信。」〔註 149〕其前說是,後說誤,張說可信。《山海經・東山經》:「泿

〔註 147〕P.3295、S.4548a、S.5646c、羽 216 同,BD14804 上句「餟」作「飯」,下句「餟」作「銳」。「銳」是「餟」形譌,「飯」是「飲」形譌。

〔註 148〕黃侃《說文同文》,收入《說文箋識》,中華書局 2006 年版,第 58、79、107 頁。第 79 頁「酳」誤作「酌」。

〔註 149〕楊寶忠《疑難字考釋與研究》,中華書局 2005 年版,第 146 頁。

水……其中多箴魚，其狀如儵，其喙如箴。」《玉篇残卷》「鱵」字條引作「鱵魚」，即「鱵魚」。《御覽》卷 939 引作「葴魚」，又引《南越記》：「長針魚，口四寸。」「葴」是「箴」俗字。《御覽》卷 940 引《臨海異物志》：「銅哾魚，長五寸，似儵魚。」《吳郡志》卷 29：「針口魚，口有細骨半寸許，其形如針。」《本草綱目》卷 44 謂「鱵魚」即「銅哾魚」，是也。「哾」當是「錣」記音字，《玉篇》、《廣韻》並曰：「錣，針也。」此魚其喙如箴，故改其形符從口。其語源是「銳」，《說文》訓芒，故引申指針。此上皆其音轉之證。故「叕（綴）」音轉亦作「裞」、「鞔」。縫補者是布帛，故字從糸作「裞」；縫補者是皮革，故字從革作「鞔」，其義一也。附帶說一下，《廣雅》：「鞔，補也。」王念孫曰：「《廣韻》：『鞔，鞔履也。』又云：『絻，連也。』『絻』與『鞔』同。」〔註 150〕此「鞔（絻）」的語源是「幔」、「縵」，取覆蓋爲義，字形字義與「裞（鞔）」雖近，而來源不同。

上古音叕、內相通。上文所引《淮南子・道應篇》及《韓子・喻老》，段玉裁曰：「『錣』與『笍』音義皆同。」〔註 151〕朱駿聲曰：「笍，字亦作錣。」〔註 152〕楊樹達曰：「此『銳』字假爲『笍』。《說文》：『笍，羊車騶箠也，箸箴其耑，長半分。』字又作錣，故《淮南》作『錣』。笍、銳、錣古音並同，故得通用。」〔註 153〕《淮南子・原道篇》：「勁策利錣。」〔註 154〕高誘注：「策，箠也。錣，箠末之箴也。錣讀『焫燭』之焫。」王念孫曰：「《說文》：『笍，羊車騶箠也。箸箴其耑，長半分。』字或作錣，《玉篇》：『錣，針也。』《道應篇》注云云。錣之言銳也，其末銳也……焫音如劣反，聲與『錣』相近，故曰『錣讀焫燭之焫』。《秦策》『秦且燒焫獲君之國』，《史記・張儀傳》作『燒掇』，是其例也。」〔註 155〕《集韻》：「笍，或作錣。」又「錣，策耑有鐵，或作鋭。」此上皆其音轉之證。故「叕（綴）」音轉亦作「納」、「衲」，亦省作

〔註 150〕王念孫《廣雅疏證》，收入徐復主編《廣雅詁林》，江蘇古籍出版社 1992 年版，第 324 頁。

〔註 151〕段玉裁《說文解字注》，上海古籍出版社 1981 年版，第 196 頁。

〔註 152〕朱駿聲《說文通訓定聲》，武漢市古籍書店 1983 年版，第 593 頁。

〔註 153〕楊樹達《積微居讀書記・韓非子（續）》，《北平北海圖書館月刊》第 2 卷第 2 號，1929 年出版，第 119 頁。

〔註 154〕景宋本、道藏本、漢魏叢書本、明刻本「錣」誤作「鍛」，「焫」誤作「炳」，王念孫據劉績本校作「錣」、「焫」。

〔註 155〕王念孫《淮南子雜志》，收入《讀書雜志》卷 12，中國書店 1985 年版，本卷第 57 頁。

「內」。《廣雅》又云：「紩、著，納也。」又「衲，補也。」〔註156〕王念孫曰：「《釋言》云：『紩，納也。』『納』與『衲』通，亦作『內』。今俗語猶謂破布相連處爲『衲頭』。《論衡・程材篇》云：『納縷之工，不能織錦。』《漢書・路温舒傳》：『上奏畏卻，則鍛練而周內之。』周內，謂密補其罅隙也。晉灼注以『內』爲『致之法中』，失之。」〔註157〕王說皆是也，惜乎未溝通「衲」、「鞔」的語音聯繫。

上古音兌、內亦相通。《說文》：「蕍，艸之小者。𠟙，古文銳字，讀若芮。」《說文》：「芮，芮芮，艸生皃。」《繫傳》：「芮芮，細皃，若言蚊蚋也。」桂馥曰：「『蕍』或作『葆』。《方言》：『葆，小也。凡草生而初達謂之葆。』注云：『鋒萌始出。葆，音銳。』」王筠從桂說，又云：「芮，小皃，似是一字兩體。」〔註158〕黃侃曰：「『芮』同『蕍』（蕍讀芮）。」〔註159〕諸說皆是。P.2011王仁昫《刊謬補缺切韻》：「葆，艸生狀。」「葆」即「銳」分別字，「芮」是「銳」借音字。小蟲曰蚋，小草曰芮，其義一也。段玉裁曰：「『芮芮』與『茙茙』雙聲，柔細之皃。」〔註160〕張舜徽從段說，又申之云：「下文：『茸，艸茸茸皃。』與『芮』雙聲，一語之轉也。」〔註161〕「茸」同「茙」。馬敘倫曰：「『芮』爲『茁』之聲同脂類轉注字。」〔註162〕三說皆非是。

上古音叕、出亦相通。《易・繫辭下》「掘地爲臼」，馬王堆帛書本「掘」作「掇」。《家語・問玉》：「其終則詘然。」《禮記・聘義》同，《荀子・法行》「詘」作「輟」，楊倞注引《禮記》作「屈」。惙音轉作怞，蝃音轉作蚍，趰（蹳、逫）音轉作趉（趨、跙），皆其證。故「綴」音轉亦作「絀」，《史記・趙世家》「卻冠秫絀」，《集解》引徐廣曰：「《戰國策》作『秫縫』，絀亦縫紩之別名也。」《戰國策》見《趙策二》。張舜徽曰：「凡訓絀爲縫者，乃借絀

〔註156〕蔣斧印本《唐韻殘卷》引《廣雅》「衲」誤從示作「𥙗」。

〔註157〕王念孫《廣雅疏證》，收入徐復主編《廣雅詁林》，江蘇古籍出版社1992年版，第324頁。

〔註158〕桂馥《說文解字義證》，齊魯書社1987年版，第84頁。所引《方言》見卷2。王筠《說文解字句讀》，中華書局1988年版，第29頁。

〔註159〕黃侃《說文同文》，收入《說文箋識》，中華書局2006年版，第3頁。

〔註160〕段玉裁《說文解字注》，上海古籍出版社1981年版，第39頁。

〔註161〕張舜徽《說文解字約注》卷2，華中師範大學出版社2009年版，第202頁。

〔註162〕馬敘倫《說文解字六書疏證》卷2，上海書店1985年版，本卷第100頁。

爲綴也。」〔註 163〕其說至確。上古音出、內亦相通〔註 164〕，故「絀」亦是「納」轉語。

（二）「銳，折本」疏證

S.617《俗務要名林・市部》:「銳：析（折）本，盈綴反。」

張涌泉曰:「注文『析』慶谷校作『折』，按乙卷正作『折』形，茲據校。但『銳』字釋『折本』他書未見，存疑。」〔註 165〕郝春文徑錄作「折本」〔註 166〕，高天霞錄作「析（折）本」〔註 167〕。乙卷指 P.2609。

按：P.2609 注文殘存「折、盈」二字。慶谷校作「折本」，是也。上條云:「贏：得利。」此條是反義。折，減損，音同「蝕」，俗語「損兵折將」是其例。折本，猶言虧本、賠本。《荀子・修身》:「良賈不爲折閱不市。」楊倞註:「折，損也。閱，賣也。謂損所閱賣之物價也。」《淮南子・齊俗篇》:「工無苦事，商無折貨。」《文子・下德》同。《漢書・食貨志》:「用其本賈取之，毋令折錢。」翟灝曰:「今商賈以虧其本價爲折。」〔註 168〕金少英曰:「折錢猶今云賠本也。」〔註 169〕楊雄《蜀都賦》:「彼不折貨，我罔之械。」《易林・咸之蠱》:「登高傷軸，上阪棄粟。販鹽不利，市賈折閱。」諸文「折」皆虧損義。寫卷「折本」是較早用例。周祈《名義考》卷 8:「折，音舌。折閱猶俗謂折本也。」今吳語尚讀「折本」之折音舌。《朱子語類》卷 26：「不可於上面計較，云我不當得貧賤，有汲汲求去之心，譬如人作折本經紀相似。」王有光《吳下諺聯》卷 2:「千賣萬賣，折本不賣。若謂虧短本價，決不出賣……物價低昂不一，有時倍長，若急售不得價，即是折本。」〔註 170〕寫卷「銳」即「折」方音之轉，皆月部字，「折」讀音同「舌」，轉入禪母，

〔註 163〕張舜徽《說文解字約注》，華中師範大學出版社 2009 年版，第 3196 頁。

〔註 164〕參見張儒、劉毓慶《漢字通用聲素研究》，山西古籍出版社 2002 年版，第 981～982 頁。

〔註 165〕張涌泉《敦煌經部文獻合集》第 7 冊，中華書局 2008 年版，第 3664 頁。

〔註 166〕郝春文主編《英藏敦煌社會歷史文獻釋錄（第三卷）》，社會科學文獻出版社 2003 年版，第 372 頁。

〔註 167〕高天霞《敦煌寫本〈俗務要名林〉語言文字研究》，中西書局、上海辭書出版社 2018 年版，第 289 頁。

〔註 168〕翟灝《通俗編》卷 23，收入《續修四庫全書》第 194 冊，上海古籍出版社 2002 年版，第 511 頁。

〔註 169〕金少英《〈漢書・食貨志〉集釋》，中華書局 1986 年版，第 293 頁。

〔註 170〕王有光《吳下諺聯》卷 2，清嘉慶刻同治十二年民國補刻本。

可轉讀喻母的「銳」音。「誓」從折聲，讀若折，P.2011 王仁昫《刊謬補缺切韻》、《廣韻》「誓」與「銳」同音以芮切，《集韻》同音俞芮切，亦轉讀喻母音，是其比也。

（三）「稹豆」疏證

S.617《俗務要名林・菜蔬部》：「稹豆：蘺上豆。止（上）土（北）顯反。」

張金泉等曰：「『稹』是『穆』之訛。《廣韻・先韻》：『穆，籬上豆也。又北典切。』注『止』，『也』之訛。注『土』，『北』之訛。」〔註 171〕郝春文等從其說，校「稹」作「稨」〔註 172〕。

張涌泉曰：「稹，《匯考》校作『穆』，不必。注文『蘺上豆』，乙卷作『籬上豆也』，『蘺』爲『籬』的俗字。又『止土顯反』慶谷校作『上北顯反』，可從。《匯考》以『止』爲『也』字之訛，屬上讀，似不確。《集韻・先韻》卑眠切：『穆，籬上豆……亦作稨、稹。』『穆』字《廣韻・銑韻》又有北典切一讀，與『北顯反』同音。」〔註 173〕乙卷指 P.2609。

高天霞曰：「《廣韻・先韻》：『穆，布賢切，籬上豆也。』又《銑韻》：『穆，北典切，豆名。穆，同上。』《集韻・先韻》：『穆、穆、稨、稹：卑綿切，籬上豆。』又《銑韻》：『穆、藊、穆、豍，補典切，豆名。』是『稹』字有平、上二音，其義爲籬上豆，《要名林》『稹』字取上聲讀。『稹豆』文獻多作『扁豆』、『藊豆』二形……記錄『籬上豆』的字之所以體無定形、音有平上二讀者，乃命名理據不同而形、音稍別也。將『籬上豆』寫作『穆、穆』者，大約取義於此豆種於籬邊，故字與『邊』字一樣從『臱』得聲，讀平聲。寫作『稨』、『藊』者，取義於豆莢形扁，故字從『扁』，讀上聲。『穆』爲正體，『稹』爲或體。然『稹』的本音本義與『卑綿（引者按：當作『眠』字）切，籬上豆』無涉。《說文》：『稹，種概也。』『稹』字如何發展出『穆』的音義而與『穆』構成正俗字關係的？這個問題仍有待進一步考證。」〔註 174〕

〔註 171〕張金泉、許建平《敦煌音義匯考》，杭州大學出版社 1996 年版，第 673 頁。

〔註 172〕郝春文主編《英藏敦煌社會歷史文獻釋錄（第三卷）》，社會科學文獻出版社 2003 年版，第 383 頁。

〔註 173〕張涌泉《敦煌經部文獻合集》第 7 冊，中華書局 2008 年版，第 3668～3669 頁。

〔註 174〕高天霞《敦煌寫本〈俗務要名林〉語言文字研究》，中西書局、上海辭書出版社 2018 年版，第 244～245 頁。《廣韻》原文切音「布賢」作「布玄」，《集韻》原文切音「卑綿」作「卑眠」。

按：寫卷注音「土」，原卷是「方」，略有缺損，《玉篇》：「穆，博眠切，籬上豆，又方顯切。」正有「方顯切」一音。P.2609 注音作「北顯反」。張金泉、高天霞疑「稹」有誤，非是。高天霞說其名義，隔於古音。

張涌泉據《集韻》說「稹」字不誤，是也。P.2609 字頭亦作「稹」字（其下部略有殘損）。P.2011 王仁昫《刊謬補缺切韻》：「稹，布玄反，籬上豆，又北蝙反。」字形與寫卷 S.617、P.2609 同。從眞得聲的字，如「顚（傎、顛）」、「瘨」、「巔」、「滇」、「驔」、「蹎」、「趚」、「槙」、「厧」、「塡」、「闐」、「磌」、「嗔」、「搷」、「瞋」、「鷏」、「瞋」等，《廣韻》、《集韻》也收入先韻，與「邊」聲字和「扁」聲字同部；又從眞得聲的字，如「瑱」、「塡」、「瘨」，《集韻》也收入銑韻，故「稹」字與「穆、穇、稨、藊」構成異體字，先韻、眞韻可以通轉，音理無礙。此「稹」與《說文》「稹，種概也」的「稹」是同形異字，沒有關係。

古音臱、扁相通，《莊子·天道》「輪扁」，《漢書·古今人表》「扁」作「邊」。S.617《俗務要名林·虫部》：「蝙蝠：上音邊。」「孏媥」音轉作「孏傻」〔註 175〕。「蹁蹮」音轉作「邊鮮」、「蹥跣」、「籩躚」〔註 176〕。《爾雅·釋鳥》《釋文》：「蝙，音邊。」《方言》卷 5 郭璞注：「甂，音邊。」《廣韻》：「猵，又音邊。」《集韻》「邊」與「甂」、「萹」、「牑」、「編」、「蝙」、「稨」等字同音卑眠切。《倭名類聚抄》卷 17 引《辨色立成》：「藊豆，籬上豆也。」注：「藊，音邊，又比（北）顯反。」古音卑、扁、臱亦相通，「匾匲」音轉作「椑榹」、「卑虒」、「卑匲」、「卑遞」、「卑遞」、「崥嵉」〔註 177〕。《集韻》「蜱」與「蹁」、「籩（傻）」同音蒲眠切。故韻書「稹」、「穆（穇）」、「稨（藊）」、「蜱」諸字互爲異體，古音遞相轉也。《集韻》「蜱豆」與《廣雅》作「豌豆」異名的「蜱豆」是同形異字〔註 178〕。

還有一種可能，「稹」是「稧」形譌。俗寫「眞」、「冥」相混，《左傳·

〔註 175〕參見戴震《方言疏證》卷 12，收入《戴震全集（5）》，清華大學出版社 1997 年版，第 2445 頁。

〔註 176〕參見蕭旭《〈說文〉「𩞈姗」疏證》，收入《群書校補（續）》，花木蘭文化出版社 2014 年版，第 1860～1861 頁。

〔註 177〕參見蕭旭《「匾匲」考》，收入《群書校補（續）》，花木蘭文化出版社 2014 年版，第 2408 頁。

〔註 178〕方以智分作二種「蜱豆」，是也。胡吉宣則混二者爲一，非是。方以智《通雅》卷 44，收入《方以智全書》第 1 冊，上海古籍出版社 1988 年版，第 1320 頁。胡吉宣《玉篇校釋》，上海古籍出版社 1989 年版，第 2950 頁。

定公四年》《釋文》:「冥,本或作『寘』。」《可洪音義》卷 8:「癡寶:音冥。」又卷 21:「長寘,正作『冥』也。」徐陵《陳公九錫文》:「鞠旅於滇池之南,揚旌於桂嶺之北。」《南史·陳武帝本紀》「滇」作「溟」〔註 179〕。《法苑珠林》卷 70 引《冤魂志》:「仰頭瞑目。」元、明本「瞑」作「瞋」,《御覽》卷 366 引王隱《晉書》、《晉書·王敦傳》同。景宋本《淮南子·泰族篇》:「眞性命之情。」道藏本同,明刻本「眞」作「冥」。《古文苑》卷 12 班固《車騎將軍竇北征頌》:「疆獦崝嵮。」章樵注:「嵮,一作『塓』。」《管子·小問》:「桓公不說,瞑目而視。」王念孫曰:「『瞑目』當爲『瞋目』,隸書二形相似而誤(《莊子·秋水篇》:『瞋目而不見丘山。』『瞋』本或作『瞑』。《韓子·守道篇》:『瞋目切齒傾耳。』《淮南·道應篇》:『佽非教然瞋目,攘臂拔劍。』今本『瞋』字並譌作『瞑』)。」〔註 180〕王氏所引《管子》,宋刊本作「瞋目」。所引《莊子》,道藏本《南華眞經注疏》、褚伯秀《南華眞經義海纂微》、林希逸《南華眞經口義》正作「瞋目」,《意林》卷 2 引同,《文選·演連珠》李善注引作「瞑目」。所引《淮南子》,道藏本、明刊本、漢魏叢書本、四庫本作「瞑目」,景宋本作「瞋目」。都是其相混之例。古音冥、臱相通,《集韻》「冥」聲字與「臱」、「寡」、「矏」、「櫋」、「顯」同音民堅切。但字書沒有「稘」字,這種可能性不大。

「稹豆」,S.4534《新修本草》甲本殘卷引《名醫別錄》有「藊豆」,今作「扁豆」,至其名義,李時珍《本草綱目》卷 24:「藊,本作扁,莢形扁也。」方以智曰:「蜱豆,匾豆也,或作藊。」〔註 181〕胡吉宣曰:「扁豆,莢形扁平也……字亦作蜱,蜱之言卑下也。字又作藊,音邊。藊乃偏也,因又作穆,穆之言邊生也。」〔註 182〕高天霞二說,與胡吉宣說合。「扁豆」當得名於豆莢之形扁平,李時珍說是。此豆多蔓延籬垣而生,故稱作「籬上豆」、「沿籬豆」(俗音又轉作「扊扅豆」)。作「蜱」作「穆」,乃字音之轉移,非取義有不同也。

〔註 179〕此上四例,承趙家棟博士檢示,謹誌謝忱!

〔註 180〕王念孫《管子雜志》,收入《讀書雜志》卷 8,中國書店 1985 年版,本卷第 28 頁。其說又見《淮南子雜志》,卷 14 第 23 頁。此例承龔元華博士檢示,謹誌謝忱!

〔註 181〕方以智《通雅》卷 44,收入《方以智全書》第 1 冊,上海古籍出版社 1988 年版,第 1320 頁。

〔註 182〕胡吉宣《玉篇校釋》,上海古籍出版社 1989 年版,第 2950 頁。

（四）「餅餤」疏證

S.617《俗務要名林・飲食部》：「餅餤：下音淡。」

高天霞曰：「《龍龕手鏡》：『餤，徒濫反，相飲也。《玉篇》又餅餤。』『餅餤』的寫法與《要名林》同。『餅餤』文獻多寫作『餅餤』，指的是一種用薄餅卷以其他食材然後橫切成段的點心。」〔註 183〕

高說未探其語源。段玉裁說「凡訓詁必考其源流得失者」〔註 184〕，高書全未措意於此。又所引《龍龕》「餤，相飲也」，《集韻》、《類篇》同，《廣韻》「飲」作「飯」字。方成珪《考正》但列異文，而未判斷正誤，趙振鐸一承方說〔註 185〕。此字蔣斧印本《唐韻殘卷》作「飤（飤）」，P.2011 王仁昫《刊謬補缺切韻》作「飰」，「飰」是「飤」俗譌字，「飤」是會意兼形聲字，從食得聲，會意爲以食與人，俗作「飼」字。「飲」、「飯」都是「飤」形譌。「飤」俗譌作「飰」，因又譌作「飰」，即「飯」之俗字。《五音集韻》釋語作「胡飯」，二字均誤。訓相飤的「餤」是「啗」、「啖」借音字，《說文》：「啗，食也。」《慧琳音義》卷 15 引《韻英》：「餧，飲牛也。」又引《考聲》：「啗，以食飲人也。」二「飲」亦是「飤」形譌〔註 186〕，《玄應音義》卷 15 引《廣雅》：「餧，飤也。」（今本《廣雅》「飤」作「食」。）又卷 20 引《三蒼》：「餧，飤也。」正作「飤」字。

唐・段公路《北户錄》卷 2：「顏之推云：『今內國餢飳，以油蘇煮之，江南謂蒸餅爲餢飳。』未知何者合古餤？《國語》云：『主孟啗我。』《字林》曰：『餤，肴也，音大濫反。』之推又云：『今內國猶言餅餤。』及按《方言》，江南有鹿筋餤及臛之類。」所引顏之推說不見《家訓》，當出《證俗音》〔註 187〕，字作「餅餤」，正與《要名林》同。方以智曰：「蓋唐進士有紅綾

〔註 183〕高天霞《敦煌寫本〈俗務要名林〉語言文字研究》，中西書局、上海辭書出版社 2018 年版，第 253 頁。

〔註 184〕段玉裁《說文解字注》「琫」字注，上海古籍出版社 1981 年版，第 14 頁。

〔註 185〕方成珪《集韻考正》，收入《續修四庫全書》第 253 冊，上海古籍出版社 2002 年版，第 321 頁。趙振鐸《集韻校本》（下），上海辭書出版社 2012 年版，第 816 頁。

〔註 186〕徐時儀《一切經音義三種校本合刊》並失校，上海古籍出版社 2008 年版，第 754、768 頁。

〔註 187〕任大椿輯佚《證俗音》，據《北户錄》上文龜圖註輯錄「䴵[illegible]，内國呼爲糫餅，亦呼寒具」，而失輯此條。任大椿《小學鉤沉》卷 16，收入《續修四庫全書》第 201 冊，第 727 頁。

餅餤。顧遯園載南唐烈祖受禪，有鷺鷥餤、駝蹄餤、瓏璁餤、子母饅飳，即饅頭。『餤』非《毛詩》之餤，蓋與『餡』通。」〔註 188〕段公路引《國語》「主孟啗我」，非其誼；引《字林》「腅，肴也」，是也。方以智說「餤」即俗「餡」字，亦得之。《初學記》卷 26、《御覽》卷 863 引《說文》：「肴，雜肉也。」今本作「肴，啖也」，「啖」同「腅」。《廣雅》：「肴、腅，肉也。」今本《玉篇》：「腅，肴也。」「腅（餤）」指食物的內餡。

（五）「飣餖」疏證

S.617《俗務要名林·聚會部》：「飣餖：上丁定反，下丁豆反。」

高天霞曰：「『飣餖』又作『飣飳』，或易序爲『餖飣』、『飳飣』，或單用作『飣』，可以是名詞，也可以是動詞。用作名詞時，『飣餖』最初指在宴席上陳列出的供看不供吃的看食，後來泛指陳列出的食物；用作動詞時指將食品陳列於器皿中擺出來，又可引申爲堆砌。高國藩說：『「餖」爲「設」之誤。「飣」是一種只陳列而不食用的堆疊於器皿中的菜蔬果品。』對於『飣』的解釋無誤，但將『餖飣』視爲『設飣』則大誤。」〔註 189〕

高天霞駁高國藩說，是也，陳敏早指出「《敦煌民俗學》認爲『餖』乃『設』之誤，非」〔註 190〕。但高說皮傅，仍未得語源。

飣之言奠也、停也，置放義。《說文》：「奠，置祭也。」《釋名》：「喪祭曰奠。奠，停也，言停久也。」引申爲泛指放置，《廣雅》：「奠，置也。」《儀禮·士冠禮》鄭玄注：「奠，停也。」《玄應音義》卷 19：「雜飣：丁定反。江南呼飣食爲飣餖。經文作奠，徒見反。奠，置也，獻也。餖音豆。」此爲《佛本行集經》卷 12《音義》，經文作「羹臛雜奠」，所用是正字，玄應改作通用字。蔣斧印本《唐韻殘卷》：「飣，貯食，又作奠。」故宮博物院舊藏王仁昫《刊謬補缺切韻》同，P.2011 王仁昫《刊謬補缺切韻》、故宮博物院舊藏裴務齊正字本《刊謬補缺切韻》「奠」作「簨」。「簨」是「奠」增旁俗字〔註 191〕。可知「飣」的語源是「奠」字無疑。

〔註 188〕方以智《通雅》卷 39，收入《方以智全書》第 1 冊，上海古籍出版社 1988 年版，第 1186 頁。

〔註 189〕高天霞《敦煌寫本〈俗務要名林〉語言文字研究》，中西書局、上海辭書出版社 2018 年版，第 254～255 頁。

〔註 190〕陳敏《〈俗務要名林〉與〈雜集時用要字〉研究管窺》，廈門大學 2009 年碩士論文。

〔註 191〕此字與《新修絫音引證群籍玉篇》、《字彙》作竹名的「簨」是同形異字。

餖之言逗也，《說文》:「逗，止也。」《玉篇》:「逗，留也，住也。遛，逗遛不行。」字亦作投（豉），亦置放、投置義。《文選・長笛賦》:「察度於句投。」李善注：「《說文》曰：『逗，止也。』『投』與『逗』古字通。投，句之所止也。」《孫子・九地》:「投之亡地然後存。」《漢書・韓信傳》引同，《史記・淮陰侯列傳》「投」作「置」。

蔣斧印本《唐韻殘卷》「訂」字條引《字林》:「訂，逗留也。」《廣韻》「訂」字條引「留」作「遛」。「訂」字本訓平議，其訓逗遛者，亦是「停」的借字，朱駿聲說是「訂」別義〔註 192〕，則是不明本字。「逗留（遛）」是同義連文，留止義。「飣餖」猶言「訂逗」也。置放食品義的專字則易其形符作「飣餖（餖）」，後出分別字也。所置放的食品也稱作「飣餖」，名、動相因。因是同義連文，故又可倒其詞序。

（六）「傷隸」疏證

S.617《俗務要名林・聚會部》:「傷隸：不事生業。上士（土）盍反，下郭（郎）韋（帝）反。」

張涌泉曰：「注文『士』、『郭韋』三字據乙卷校（『士』、『郭』二字慶谷校，《匯考》校同，『韋』字慶谷徑錄作『帝』）。」〔註 193〕郝春文等從《匯考》說，「韋」徑錄作「帝」〔註 194〕。據乙卷 P.2609 校正 S.617 注音誤字，無疑是正確的。

高天霞曰：「《廣韻・盍韻》:『傷，傷隸，亦傷儞，儜劣。』《龍龕手鏡》:『傷，他盍反，傷隸，寧（引者按：《龍龕》作『儜』）劣也。又傷儑，不謹皃。儑，五盍反，傷儑，不著事也。』從釋義看，『傷隸』與『傷儞』、『儜劣』、『傷儑』詞義接近。……『傷隸』指的是庸劣不務生業之人。今吳語有『傷皮』一詞，其義為『流氓、無賴漢』，顯然與《要名林》之『傷隸』也是一脈相承的。」〔註 195〕

〔註 192〕朱駿聲《說文通訓定聲》，武漢市古籍書店 1983 年版，第 868 頁。

〔註 193〕張涌泉《敦煌經部文獻合集》第 7 冊，中華書局 2008 年版，第 3677 頁。《匯考》說見張金泉、許建平《敦煌音義匯考》，杭州大學出版社 1996 年版，第 677 頁。

〔註 194〕郝春文主編《英藏敦煌社會歷史文獻釋錄（第三卷）》，社會科學文獻出版社 2003 年版，第 385 頁。

〔註 195〕高天霞《敦煌寫本〈俗務要名林〉語言文字研究》，中西書局、上海辭書出版社 2018 年版，第 257 頁。

按：「傝㒐」之「傝」，P.2011 王仁昫《刊謬補缺切韻》音他紺切，《集韻》同，又音託盍切。蔣斧印本《唐韻殘卷》：「㒐，傝㒐，不謹。私盍反。」又「㒐，傝㒐，不著事，五盍反。」又「傝，傝隸。亦傝䢇（㒓），儜劣。又傝㒐，不謹皃。」「傝㒐」即是「傝㒐」異寫，是「邋遢」轉語〔註 196〕，《廣韻》：「遢，邋遢，不謹事。」今吳語有「沒傝㒐頭」之語〔註 197〕，謂其不謹於事，做事情不認眞，即韻書所釋「不謹事」、「不著事」，不是指不務生業。錢大昕曰：「傝㒐：上吐盍切，下私盍切，疊韻字。《廣韻》：『傝㒐，不謹皃。』今吳人以不謹爲沒傝㒐。《博雅》：『傝㒐，惡也。』（《類篇》引）」〔註 198〕「傝㒓」亦作「闒茸」、「搨茸」、「毾㲪」、「闒茸」、「闒㒓」、「闒冗」、「沓冗」、「傝冗」、「踏冗」、「蹋冗」、「塌冗」等形，倒言爲「茸闒」，謂其猥賤低劣，無所作爲也〔註 199〕。「傝㒐」與「傝㒓」語源不同，故韻書用「亦」或「又」區別其音義。

寫卷之「傝」，讀作闒，低劣。《晉書・羊曼傳》羊曼任達頹縱，稱爲「䵬（一作『黯』）伯」，「䵬（黯）」亦「闒」借字〔註 200〕。

寫卷之「隸」，原卷作「隸」，注音「郎帝反」，確是「隸」俗字。當是「隸」記音字，俗作肆、肆。舊訓「肆」爲緩甚多〔註 201〕，即放縱、懈怠、鬆懈義。本字作𢖍，音轉又作怠。《說文》：「𢖍，肆也。」《廣雅》：「懈、𢖍、紿，緩也。」《集韻》「𢖍」音待戴切，訓同《廣雅》。王念孫曰：「《說文》：『𢖍，肆也。』《小爾雅》云：『肆，緩也。』《墨子・非儒篇》『立命而怠事』，《晏子春秋・外篇》『怠』作『逮』。『逮』即『𢖍』字也。『紿』與『怠』同。」〔註 202〕「𢖍」與「懈、紿（怠）」同訓緩，其義相同。字

〔註 196〕參見蕭旭《「垃圾」考》，《中國語學研究・開篇》第 28 卷，2009 年 4 月日本好文出版，第 192～195 頁；又收入《群書校補》，廣陵書社 2011 年版，第 1383～1392 頁。

〔註 197〕《無明慧經禪師語錄》卷 1：「黃面老人沒傝㒐，悲願示生四月八。」《無異元來禪師廣錄》卷 1：「惟有東村一箇沒傝㒐漢，髼頭垢面。」

〔註 198〕錢大昕《恒言錄》卷 2，收入《錢大昕全集》第 8 冊，江蘇古籍出版社 1997 年版，第 72 頁。

〔註 199〕參見蕭旭《〈玉篇〉「䵬」字音義考》，《中國文字研究》第 18 輯，2013 年出版，第 144～148 頁；又收入《群書校補（續）》，花木蘭文化出版社 2014 年版，第 1903～1909 頁。

〔註 200〕參見蕭旭《〈玉篇〉「䵬」字音義考》。

〔註 201〕參見《故訓匯纂》，商務印書館 2003 年版，第 1844 頁。

〔註 202〕王念孫《廣雅疏證》，收入徐復主編《廣雅詁林》，江蘇古籍出版社 1992 年版，

亦作逮，《墨子・雜守》：「唯弇逮。」孫詒讓曰：「唯弇逮，亦當作『無厭逮』，『逮』、『怠』通，《號令篇》作『無厭建』。」〔註 203〕《號令篇》「建」亦「逮」形誤，彼篇孫氏曰：「建讀爲券，聲近字通。又《雜守篇》作『唯弇逮』，則疑『建』即『逮』之形誤。『逮』與『怠』音近古通。《非儒篇》『立命而怠事』，《晏子春秋・外篇》『怠』作『建』。二義並通，未知孰是？」〔註 204〕其後說是。

漢・蔡邕《再讓高陽侯印綬符策》：「況臣螻蟻，無功德而散怠茸闒，何以居之？」「傝隸」即「茸闒散怠」之誼也，言低劣而散怠，不事產業。

（七）「⿰虫朿䗈」疏證

S.617《俗務要名林・蟲部》：「⿰虫朿䗈：上千歷反，下音覓。」

張涌泉曰：「『⿰虫朿』字甲三、乙卷皆作『⿰虫束』，俗寫『朿』、『束』不分，茲據慶谷、《匯考》校錄正。《集韻・錫韻》：『⿱刺虫，蟲名。《博雅》：「⿱刺虫䗈，蜸也。」或省（作⿰虫朿）。』『⿱刺虫』、『⿰虫朿』一字之異，其字皆從『朿』得聲，《漢語大字典》收訛形『⿰虫束』而不收『⿰虫朿』，大誤。」〔註 205〕

按：①張氏說當從「朿」作「⿰虫朿」，是也，但何以當從「朿」，其理據未明，仍有必要考證。P.2011 王仁昫《刊謬補缺切韻》：「⿰虫束，⿰虫束䗈。」又「䗈，⿰虫束䗈。」「⿰虫束」均誤從「束」。《廣韻・錫韻》：「⿰虫朿，⿰虫朿䗈。」一本「⿰虫朿」誤作「⿰虫束」。又「䗈，⿰虫束䗈，蟲名。」各本皆誤。《集韻・錫韻》：「⿱刺虫、**⿰虫朿**：蟲名。《博雅》：『⿱刺虫䗈，蜸也。』或省。」一本「「⿱刺虫」誤作「**⿱剌虫**」。又《昔韻》：「⿱刺虫，蟲名。《廣雅》：『⿱刺虫䗈，蜸也。』」一本「⿱刺虫」誤作「**⿱剌虫**」。又《錫韻》：「䗈，蟲名。《博雅》：『⿱刺虫䗈，蜸也。』」一本「⿱刺虫」誤作「**⿱剌虫**」。《玄應音義》卷 6：「守宮：此在壁者也。江南名蝘蜓，山東謂之⿰虫束䗈，陝以西名爲壁宮。在草者曰蜥蜴蜥。東方朔言『非守宮即蜥蜴』，是也。⿰虫束，此亦反。」《慧琳音義》卷 27、窺基《妙法蓮華經玄贊》卷 6 同。《玄應音義》卷 11：「蜥蜴：

第 134 頁。所引《晏子春秋・外篇》，各本誤作「建」，王氏徑正作「逮」。孫星衍亦曰：「『建』或『逮』訛，逮亦爲怠假音與（歟）？」孫詒讓謂「建」讀爲券，解作厭倦，非是。孫星衍《晏子春秋音義》，收入《諸子百家叢書》，上海古籍出版社 1989 年影印浙江書局本，第 108 頁。孫詒讓《札迻》卷 4，中華書局 1989 年版，第 124 頁。

〔註 203〕孫詒讓《墨子閒詁》，中華書局 2001 年版，第 624 頁。

〔註 204〕孫詒讓《墨子閒詁》，中華書局 2001 年版，第 612 頁。

〔註 205〕張涌泉《敦煌經部文獻合集》第 7 冊，中華書局 2008 年版，第 3690 頁。

斯歷反，下音亦。山東名蝀蜴，陝以西名辟宮，在草者曰蜴蜥也。蝀音七賜反。蜴音覓。」蔣禮鴻曰：「『蝀』皆當作『蝀』。《集韻・寘韻》『螆、蠓、蠀、蛔、蝀、蠄，七賜切。』七賜切與《玄應》同，而其字作『蝀』，從朿不從東，足證『蝀』當作『蝀』。」〔註206〕蔣說亦是也，此字《廣韻》、《集韻》收入《錫韻》，與「析」同音，古音朿、析相通〔註207〕，皆錫部字，清母、心母相轉。此字自當從「朿」作「蝀」。②《玄應音義》謂「蜥蜴」一名「蝀蜴」，「蝀」即「蜥」音轉。《方言》卷8：「守宮，秦晉西夏謂之守宮，或謂之蠦蝘，或謂之蜇易，其在澤中者謂之易蜴（郭璞注：『蜴，音析。』）。」《漢書・東方朔傳》顏師古注、《通鑑》卷216胡三省注、《爾雅翼》卷32、《本草綱目》卷43引「易蜴」作「蜥蜴」；《埤雅》卷11、《證類本草》卷21引「蜇易」作「刺易」，「易蜴」作「易蜥」。《北戶錄》卷1：「蛤蚧……其族則守宮、刺蜴（龜圖注：「《搜神記》謂之『刺蜴』。」）、蝘蜓（龜圖注：「《證俗音》云『山東謂之蝀（蝀）蜴』，音七賜、名敵；陝以西謂之壁宮。『蝀（蝀）蜴』字見《韻集》。」）。」〔註208〕所引《搜神記》見卷10〔註209〕，《御覽》卷741引作「刺蜴」，又卷946引作「蜥蜴」。汪紹楹謂「刺蜴」當作「蜥蜴」〔註210〕，未達音轉也。③「蝀蜴」、「螫蜴」爲蟲名，有二物，一是蝔，即蟑螂，《廣雅》：「螫蜴，蝔也。」另一爲蜥蜴，即壁虎、守宮，上引《搜神記》、《玄應音義》及《北戶錄》是也。古音析、易相通，皆錫部字，心母、喻母相轉。《後漢書・西羌傳》：「賜支者，《禹貢》所謂『析支』者也。」《晏子春秋・內篇諫下》「死者離易」，《治要》卷33引「易」作「析」。《詩・正月》「胡爲虺蜴」，《釋文》：「蜴，字又作蜥。」《說文》「虺」字條引「蜴」作「蜥」。《詩・賓之初筵》《釋文》：「錫，音析。」《周禮・地官・司徒》《釋文》：「晳，音錫。」《史記・高祖本紀》《索隱》：「析，鄒誕生音錫。」《文選・南都賦》李善注：「析，音錫。」《古文苑》卷4揚雄《蜀都賦》「其布則細都弱折」，「折」當爲「析」形誤，「弱析」即《淮南子・齊俗篇》之

〔註206〕蔣禮鴻《玄應〈一切經音義〉校錄》，收入《蔣禮鴻集》卷3，浙江教育出版社2001年版，第173頁。

〔註207〕參見蕭旭《馬王堆帛書〈老子〉校補》。

〔註208〕此據叢書集成初編本，「刺」不誤，「**蝀**」誤作「**蝀**」；十萬卷樓叢書本、四庫本「刺」、「**蝀**」誤作「刺」、「**蝀**」。

〔註209〕別本或誤作「刺蜴」、「刺蜴」。

〔註210〕干寶《搜神記》（汪紹楹校注）卷10，中華書局1979年版，第124頁。

「弱緆」。單言曰「蜥」，亦曰「蜴」，衍音作雙音詞則曰「蜥蜴」、「蜇易」、「易蜴」、「易蜥」，又音轉作「刺蜴」、「刺易」。至於其名義，《說文》:「易，蜥易，蝘蜓，守宮也。象形。」又「蜥，蜥易也。」又「蝘，在壁曰蝘蜓，在艸曰蜥易。」許氏但言「易」是象形字，未說其義。《埤雅》卷 11:「一曰蜥易，日十二時變色，故曰易也。舊說蜥易嘔雹，蓋龍善變，蜥易善易。」陸氏指出「易」是變易義。李海霞曰:「蜥蜴，即『析易』，尾會離析，色會變易。析，剖分。易，變化。」〔註 211〕其說不知「蜥」、「蜴」一聲之轉，強生分別。④陸佃說「易」取變易義，與漢代人舊說不同。寫卷「蝀」音千歷反，即是「蜴」音變，《五經文字》卷下「緆」音千歷反，是其比。蝀之言睗，《說文》:「睗，目疾視也。」蟁之言眽（硯），《說文》:「硯，衺視也。」又「眽，目財（邪）視也。」〔註 212〕二字音義並同。「蝀蟁」狀其蟲爬行時邪視皃，因以爲名。《漢書·東方朔傳》說「蜥蜴」云:「又有足，跂跂脈脈，善緣壁，是非守宮即蜥蜴。」「跂跂」當讀作「窺窺」、「闚闚」，小視皃，竊視皃；亦作「規規」、「瞡瞡」。「脈脈」同「硯硯」、「眽眽」，目邪視皃。「跂跂脈脈」即《荀子》「莫莫瞡瞡」、《潛夫論》「脈脈規規」也。《方言》卷 2「鋠摫」爲裁製、斲破之義，取義於視。木工裁木爲器，固以瞄準爲要事。「鋠摫」亦即「跂脈」、「莫瞡」、「脈規」也〔註 213〕。「蝀蟁」也音轉倒言作「瞔睗」、「瞑睗」，《古文苑》卷 6 王延壽《王孫賦》:「豁盱闐以瑣醓，眙晼睃而瞔睗。」章樵注:「瞔，音覔。睗，音錫。」〔註 214〕《初學記》卷 29 引作「瞑睗」。又音轉作「脈瘍」，《說文》:「瘍，脈瘍也。」又音轉作「脈蜴」、「眽蜴」，《方言》卷 10:「眠娗、脈蜴（郭璞注:『蜴，音析。』）、賜施、茭媞、譠謾、愕忚，皆欺謾之語也。楚郢以南、東揚之郊通語也（郭璞注:『六者亦中國相輕易蚩弄之言也。』）。」《集韻》:「眽，眽蜴，欺慢也，楚人語。」錢繹指出「脈蜴」即《王孫賦》「瞔睗」〔註 215〕，其訓欺謾者，蓋謂邪視而輕慢於人，「賜施」亦輕慢義。錢繹說「賜施」亦「脈蜴」之轉

〔註 211〕李海霞《漢語動物命名考釋》，巴蜀書社 2005 年版，第 313～314 頁。

〔註 212〕《廣韻》引《說文》「財」作「邪」。

〔註 213〕參見蕭旭《〈方言〉「鋠摫」疏證》。

〔註 214〕此據宋刊本，守山閣叢書本「睗」誤作「賜」，「錫」誤作「鍚」。

〔註 215〕錢繹《方言箋疏》卷 10，上海古籍出版社 1984 年版，第 592 頁。錢氏引「瞔睗」誤作「脈睗」。

〔註 216〕，則非是。戴震曰：「『脈蜴』當即『𧦝摘』，語之轉耳。《釋名》云：『𧦝摘，猶譎摘也。』錢繹、朱駿聲說略同〔註 217〕。三氏說非是，《方言》卷 10：「謫，過也。南楚以南，凡相非議人謂之謫，或謂之𧦝。」「𧦝」同「脈」，見《說文》。「𧦝摘」即「𧦝謫」，責怒義，與「脈蜴」不同。摘之言謫（讁）也，𧦝之言脈也。《釋名》：「𧦝摘，猶譎摘也，如醫別人𧦝，知疾之意，見事者之稱也。」劉說顯然是望文生訓。丁惟汾曰：「𧦝古音讀末，爲『罵』之雙聲音轉。」〔註 218〕丁說亦非是。《文選·射雉賦》：「亦有目不步體，邪眺旁剔，靡聞而驚，無見自鷩。」徐爰注：「視瞻不正，常驚惕也。鷩亦從脈，《方言》云：『脈，俗謂黠爲鬼脈。』〔註 219〕言雉性驚鬼黠。」李善注：「《說文》曰：『惕，驚也。』『剔』與「惕」古字通。」呂延濟注：「目邪望，足旁剔也。」二氏說誤。李周翰注：「鷩，猶疑也。此多驚疑之雉也。」朱駿聲曰：「剔，叚借睗。注『與惕通』，非。」胡紹煐說同朱氏〔註 220〕。此文「剔」、「鷩」即「脈蜴」分言，狀雉邪視驚視驚疑之態。鳥邪視之專字從鳥作鸅、鷩、鸋，馬驚視之專字從馬作騯〔註 221〕。又音轉作「趪趤」，《集韻》：「趪，趪趤，狂走皃。」又「趤，趪趤，狂走。」此義亦得之於驚視。

⑤壁虎取名「蝀蜆」、「蝘蜆」者既如上論，蟑螂亦得此名者，要不妨重名，取義相同，而所指不同耳。劍曰「獨鹿」，小罟曰「罜麗」，亦是取義相同，而所指不同，是其比也。《爾雅》「山櫐」、「奚相」同名「諸慮」，「蝍蛆」、「茨」同名「蒺藜」，亦是二物同名之例。《爾雅》蜩名「蟧蠬」（《說文》作「蟧鹿」），

〔註 216〕錢繹《方言箋疏》卷 10，上海古籍出版社 1984 年版，第 592 頁。

〔註 217〕戴震《方言疏證》卷 10，收入《戴震全集（5）》，清華大學出版社 1997 年版，第 2426 頁。錢繹《方言箋疏》卷 10，上海古籍出版社 1984 年版，第 579、592 頁。朱駿聲《說文通訓定聲》「瘍」字條注，武漢市古籍書店 1983 年版，第 531 頁。

〔註 218〕丁惟汾《方言音釋》卷 10，齊魯書社 1985 年版，第 180 頁。

〔註 219〕引者按：此《方言》郭璞注，非正文。卷 10 郭璞注：「今名黠爲鬼𧦝。」又卷 1：「自關而東，趙魏之閒謂之黠，或謂之鬼。」郭璞注：「言鬼眎（𧦝）也。」從戴震校「眎」作「脉（𧦝）」。戴震《方言疏證》卷 1，收入《戴震全集（5）》，清華大學出版社 1997 年版，第 2305 頁。

〔註 220〕朱駿聲《說文通訓定聲》「鬄」字條注，武漢市古籍書店 1983 年版，第 532 頁。胡紹煐《文選箋證》卷 11，黃山書社 2007 年版，第 306 頁。

〔註 221〕《古今注》卷中：「驢爲牡，馬爲牝，則生騾。馬爲牡，驢爲牝，則生〔騰〕驁。」（「騰」字據《御覽》卷 901 引補）此「驁」是「驀」借音字，「騰驁」取義於騰躍。

蟼螽名「螇蚸」，《釋文》：「蚸，或作蚗（蚻）〔註 222〕，郭音歷。」「螇蠊」、「螇歷」一聲之轉〔註 223〕，亦是其例。⑥附帶考證一下「菥蓂」的名義：蔣斧印本《唐韻殘卷》：「菥，菥蓂，大薺。蓂音覓。出《邇（爾）疋（雅）》。」《玉篇》：「蓂，又音覔，菥蓂，大薺。」《本草綱目》卷 27：「菥蓂：音錫覔。」李時珍謂其名「不可解」，又引吳普《本草》指出一名「析目」，一名「榮目」。「菥蓂」與「蝀蟆」音近，但取義不同。菥之言晰也，俗作晰，目明義，用作動詞。蓂之言冥也，目不明也。《神農本草經》：「析蓂子，味辛，微溫。主明目……一名蔑析。」「蔑析」即「析蓂」轉語。此物《本草綱目》謂利肝明目，主治明目，「菥蓂」當取義於使冥目明亮之義，故一名「析目」，又名「榮目」也。

（八）「竹篪」疏證

S.617《俗務要名林·竹部》：「笪，竹篪也，之熱反。」

張涌泉曰：「注文『竹篪』乙卷作『竹笓』，茲據校，慶谷校，《匯考》校同。」〔註 224〕郝春文等從《匯考》說〔註 225〕。乙卷指 P.2609。

高天霞曰：「『笪』指的是粗竹席。《玉篇》：『笪，粗籧篨也。』《說文》：『籧，籧篨，粗竹席也。』注文中的『篪』是一種竹子的名稱，《玉篇》：『篪，竹名。』故用『篪』來釋『笪』不妥當。慶谷壽信認爲『篪』當是『笓』字之訛，甚是。『笓』指用竹柳荊條等編製的席子類的障礙物，《集韻》：『篘，笓篘，織竹爲障也。』又『笪』《廣韻》『多旱』、『得按』、『當割』三切，無一能與《要名林》此處之『之熱反』相合者，故頗疑『笪』讀『之熱反』爲方音。《方言》郭璞注曰：『似蘧蒢直文而粗，江東呼笪，音靼。』《廣韻·薛韻》『靼，旨熱切』，與《要名林》此處『之熱反』讀音正合。」〔註 226〕

〔註 222〕黃侃說「蚗」是「蚻」形訛。汪芸石著、黃侃評《爾雅正名》，《制言》第 19 期，1936 年版，本文第 99 頁；又《黃侃手批〈爾雅正名〉》，武漢大學出版社 1986 年版，第 107 頁。

〔註 223〕參見劉師培《爾雅蟲名今釋》，收入《劉申叔遺書》，江蘇古籍出版社 1997 年版，第 452 頁。黃侃亦謂「『螇蚸』與『螇鹿』異物同名」，出處同上注。

〔註 224〕張涌泉《敦煌經部文獻合集》第 7 冊，中華書局 2008 年版，第 3697 頁。《匯考》說見張金泉、許建平《敦煌音義匯考》，杭州大學出版社 1996 年版，第 687 頁。

〔註 225〕郝春文主編《英藏敦煌社會歷史文獻釋錄（第三卷）》，社會科學文獻出版社 2003 年版，第 389 頁。

〔註 226〕高天霞《敦煌寫本〈俗務要名林〉語言文字研究》，中西書局、上海辭書出版社 2018 年版，第 258 頁。

按：《莊子・駢拇》《釋文》：「折，之熱反。」《廣韻》：「折，旨熱切。」笪從旦得聲，古音旦、折相轉，故「笪」轉讀之熱反、旨熱反。P.2609《俗務要名林・雜畜部》：「䩞，之列反。」《玄應音義》卷22：「蛆，知列反。」亦都是「折」的讀音，與「之熱反」讀音同。蔣斧印本《唐韻殘卷》、《慧琳音義》卷45、《集韻》「蛆」字異體又作「蜇」。《廣韻》、《集韻》「䩞」字異體或作「靳」。P.2578《開蒙要訓》「�䩞（䩞）」注直音「登折」〔註227〕。《可洪音義》卷12：「蜂蛆：下音哲。」〔註228〕原卷字形作「笪」，張涌泉等錄作「笪」，是也。張金泉等《匯考》誤作「笪」，郝氏亦承其誤。字形從「且」之字不得有「之熱反」的讀音。

「笪」訓竹席，其異體字也改易聲符從折作「箁」、「菥」，此尚未見有人溝通。《方言》卷5：「簟，宋魏之間謂之笙（郭璞注：『今江東通言笙。』），或謂之籧苗，自關而西謂之簟，或謂之菥（郭璞注：『今云菥篾篷也。』），其粗者謂之籧篨，自關而東或謂之蓋掞。」又「筕篖（郭璞注：『似籧篨，直文而粗，江東呼笪，音䩞。』），自關而東周洛楚魏之間謂之倚佯，自關而西謂之筕篖，南楚之外謂之篖。」蔣斧印本《唐韻殘卷》、《廣韻》「箁」字條引《方言》「菥」作「箁」。《廣雅》：「笙、箁，席也。」《玉篇》：「筕，筕篖，竹笪。笪，麤籧篨也。」王念孫曰：「箁之言曲折也……籧笛，猶拳曲，語之轉也。簟可卷，故有『籧笛』之名。關西謂之箁，亦此義也。」〔註229〕王說「箁」得義於卷曲，其說未必然也。「笪」本訓竹箬、竹皮，錢繹曰：「箬謂之笪，蓋筕篖以箬爲之，因以爲名也。」〔註230〕斯則得之。以竹箬製成的席子，也稱作「筍席」。《書・顧命》：「牖間南嚮，敷重篾席……西夾南嚮，敷重筍席。」孔傳：「筍，蒻（篛－箬）竹。」《禮記・禮器》孔疏引《顧命》鄭玄注：「筍，析竹青皮也。」《集韻》：「筍，弱（篛－箬）竹，可爲席。」「筍」同「笋」，皆「筠」字音轉，《說文》：「筠，竹皮也。」「箁」是「笪」異體字，得義於竹皮。

高天霞引《集韻》「筣，笓筣，織竹爲障也」說之，非是。「筣」同「籬」。

〔註227〕P.2487、P.3610《開蒙要訓》「䩞」作「䩞」，但均是無注音本。S.705、S.1308、S.5431、P.3054亦誤作「䩞」，P.3875A又誤作「䩞」。

〔註228〕此例承趙家棟博士檢示，謹誌謝忱！

〔註229〕王念孫《廣雅疏證》，收入徐復主編《廣雅詁林》，江蘇古籍出版社1992年版，第657～658頁。

〔註230〕錢繹《方言箋疏》卷5，上海古籍出版社1984年版，第346～347頁。

「笓箣」亦作「芘莉」、「笓籬」，也倒言作「梨芘」、「箣笓」、「藜芘」，是竹或荊條編製的籬障，即藩籬。《廣韻》：「芘，梨芘，荊藩。」《集韻》：「箣，箣笓，織荊。」又「莉，一曰芘莉，織荊障。」《三國志・裴潛傳》裴松之注引《魏略》：「妻子貧乏，織藜芘以自供。」《御覽》卷 766 引作「箣笓」。《御覽》卷 766 引傅咸《劾事》：「令史張濟案行城東，見有新立屋間箣笓障二十丈，推問是少府夏侯俊所作，請免俊官。」《通典》卷 152 記載守城器具有「笓籬」。皆非「笸」字之誼。

P.2609「筂」作「笓」，當據此卷校正。寫卷「笸，竹筂也」者，古音此、責相通〔註 231〕，「筂」是「簀」借音字。《說文》：「簀，牀棧也。」《資治通鑑釋文》卷 30：「竹簀，竹棧也。」此是聲訓，簀、棧一聲之轉。《廣韻》：「簀，牀簀。」指牀上的竹墊。《爾雅》：「簀謂之笫。」郭璞注：「牀版。」《說文》：「笫，牀簀也。」此是聲訓，笫、簀一聲之轉〔註 232〕。王念孫曰：「笫之言齊也，編竹木爲之均齊平正，故謂之笫。聲轉爲簀，簀之言嫧也，凡言嫧者皆齊平之意。聲又轉爲棧，棧亦齊平之意。」〔註 233〕黃侃曰：「『簀』同『笫』。」〔註 234〕其爲席名，皆取平正爲義，「簟」亦然。《釋名》：「簟，簟（覃）也，布之簟簟（覃覃）然平正也。」〔註 235〕字亦作茨，《儀禮・既夕》：「設牀笫。」鄭玄注：「古文笫爲茨。」古音責、朿相通，責、次相通〔註 236〕，此、次相通〔註 237〕，次、朿亦相通〔註 238〕。又此、戔古音亦通，《公羊傳・哀公四年》：「揜其上而柴其下。」《周禮・媒氏》、《喪祝》鄭玄注引「柴」並作「棧」。《論衡・別通》：「亡國之社，屋其上柴其下。」《類聚》卷 39 引「柴」作「棧」。《賈子・淮難》「通棧奇之徒」，《漢書・賈誼傳》作「柴奇」。

〔註 231〕《說文》：「𦬨，積也。」此是聲訓。相通之例另外參見張儒、劉毓慶《漢字通用聲素研究》，山西古籍出版社 2002 年版，第 510 頁。

〔註 232〕「秭」異體或作「積」，是其例。

〔註 233〕王念孫《廣雅疏證》，收入徐復主編《廣雅詁林》，江蘇古籍出版社 1992 年版，第 677 頁。

〔註 234〕黃侃《說文同文》，收入《說文箋識》，中華書局 2006 年版，第 29 頁。

〔註 235〕《類聚》卷 69 引作「簟，〔覃〕也，布之覃然正平也。」

〔註 236〕相通之例參見張儒、劉毓慶《漢字通用聲素研究》，山西古籍出版社 2002 年版，第 510 頁。

〔註 237〕「𡄿（喊）咨」、「感恣」、「感咨」音轉亦作「踧𧿨」，是其例。相通之例另外參見張儒、劉毓慶《漢字通用聲素研究》，山西古籍出版社 2002 年版，第 512 頁。

〔註 238〕「趀」異體或作「趑」、「趦」、「跌」，是其例。

《韓詩外傳》卷 10：「駑馬柴車，可得而乘也。」《御覽》卷 428 引《新序》作「棧車」。盧文弨、李貽德、章太炎謂「棧」與「柴」通〔註 239〕。又生、戔古音亦通，《詩・東門之墠》「有踐家室」，《御覽》卷 964、《事類賦注》卷 27、《詩攷》引《韓詩》「踐」作「靖」，《類聚》卷 87、《白氏六帖事類集》卷 30 引《韓詩》作「靜」。《釋名》：「棧，靖也。」靜、靖古通，「靜」可看作雙聲符字。「靖」從青得聲，青從生得聲。上引《方言》卷 5「簟，宋魏之間謂之笙」、《廣雅》「笙，席也」，「笙」也是「棧」的音轉記音字。《文選・吳都賦》：「桃笙象簟，韜於筒中。」劉淵林注：「桃笙，桃枝簟也，吳人謂簟爲笙。」劉說與郭璞注「今江東通言笙」相合，「笙」蓋方言音變，「桃」謂桃枝竹，竹名。王念孫曰：「笙者，精細之名。」〔註 240〕其說恐亦未然也。故寫卷中的「筅」與「簀」、「笫」、「茨」、「棧」、「笙」都是古音遞相轉也，與《玉篇》作竹名的「筅」是同形異字。「竹筅」即「竹簀」、「竹棧」，也就是指竹席。

（九）「髀靫」疏證

S.617《俗務要名林・戎仗部》：「髀靫：上傍禮反，下楚加反。」

高天霞曰：「《說文》曰：『髀，股也。』《玉篇》曰：『靫，箭室也。』顯然『髀靫』連言不辭。《廣韻》：『鞴，鞴靫，盛箭室。薄故切。』又『靫，鞴靫，盛箭室。鞴音步。』『髀靫』當校作『鞴靫』。讀音上，『鞴』音薄故切，並紐遇攝；《要名林》『髀，傍禮反』，並紐蟹攝，二者韻攝不同。不過『髀』字《廣韻》還有『卑履切』一音，唇音止攝；『鞴』字《廣韻》恰好也有唇音止攝的『平秘切』。」〔註 241〕

按：高說「髀靫」即「鞴靫」，是也，但不煩改字，且高氏亦未得其語源。《全唐詩》卷 162 李白《北風行》：「別時提劍救邊去，遺此虎紋金鞞靫。」注：「鞞靫，一作『髀釵』。」《樂府詩集》卷 65 作「髀釵」。「髀釵」、「鞞靫」即寫卷之「髀靫」，可證寫卷不誤，不得謂之不辭。俗音「鞴」讀作「避」，

〔註 239〕盧文弨《賈誼新書》校本卷 2、4，收入《諸子百家叢書》，上海古籍出版社 1989 年影印浙江書局本，第 17、34 頁。李貽德《春秋賈服注輯述》卷 16，收入《皇清經解續編》卷 772，上海書店 1988 年版，第 3 冊，第 1022 頁。章太炎《太炎文錄》卷 1《「賓柴」說》，收入《章太炎全集》（4），上海人民出版社 1985 年版，第 34 頁。

〔註 240〕王念孫《廣雅疏證》，收入徐復主編《廣雅詁林》，江蘇古籍出版社 1992 年版，第 657 頁。

〔註 241〕高天霞《敦煌寫本〈俗務要名林〉語言文字研究》，中西書局、上海辭書出版社 2018 年版，第 259 頁。

古音卑、辟相通，故「鞴」俗音轉讀作傍禮反。寫卷記音作「髀」字，與《說文》「髀，股也」是同形異字，沒有關係。

《集韻》「靫」字條引《埤倉》:「鞴靫，箭室。」蔣斧印本《唐韻殘卷》:「鞴，薄故反，鞴靫，盛箭也室（當乙作『室也』)。」倒言則作「靫鞴」,《廣雅》:「靫鞴，矢藏也。」「鞴靫」之「鞴」，俗音讀薄故切，音步，故又作「步靫」、「步叉」,「步」是同音記字〔註 242〕。《續漢書・輿服志》劉昭注引《通俗文》:「箭箙謂之步叉。」《玄應音義》卷 11、《御覽》卷 350 引作「步靫」。《釋名》:「步叉，人所帶，以箭叉其中也。」《初學記》卷 22、《書鈔》卷 126、《玄應音義》卷 15、《御覽》卷 350 引同，《慧琳音義》卷 58 引作「步靫」。蘇輿曰：「『步叉』即『鞴靫』……步、鞴一聲之轉，靫即叉之俗體。」〔註 243〕

「鞴」亦作「韛」，實即是「箙」〔註 244〕，古音同。蔣斧印本《唐韻殘卷》:「鞴，房六反，韋囊，步靫。」《廣韻》、《集韻》同，其音「房六反」，正是「箙」讀音。《集韻》:「箙，或作韛。」是「鞴（韛)」即「箙」也。《說文》:「箙，弩矢箙也。」《方言》卷 9:「所以藏箭弩謂之箙。」郭璞注：「盛弩箭器也，《外傳》曰：『檿弧箕箙。』」《文選・擬古詩》李善注、《後漢書・董卓傳》李賢注引《方言》並作「服」；郭氏所引《外傳》,《周禮・考工記》鄭玄注、《書鈔》卷 126 引同，今《鄭語》亦作「服」。桂馥曰：「箙、鞴聲相近，經典通作『服』。」〔註 245〕錢繹曰：「『韛』即『鞴』之異文，並與『箙』同，曹憲音備，失之。韛、步、箙，並聲之轉。」〔註 246〕「箙」是「服」增旁字，言弓矢之衣服也。《周禮・春官・巾車》鄭玄注：「服，讀爲箙。小箙，刀劍短兵之衣。」《御覽》卷 347 引《方言》:「弓藏謂之韇。」〔註 247〕注：「韇，音獨，箭衣也。」是「箙（服)」爲弓箭之衣服也。「箙」本用竹木或草製作，故從竹旁；後易以獸皮、魚皮製作，故從革旁或韋旁，讀音亦變，作「鞴」或「韛」字。「籣」亦盛弩矢之器，字或作「韊」、「襴」，是其

〔註 242〕《御覽》卷 833 引《武昌記》:「(顏）茂因廢水冶，以人鼓排，謂之步冶。」「步」、「排」皆「鞴」記音字，指風箱，即下引《廣韻》之「韋囊」。

〔註 243〕蘇說轉引自畢沅、王先謙《釋名疏證補》，中華書局 2008 年版，第 235 頁。

〔註 244〕相通之例參見張儒、劉毓慶《漢字通用聲素研究》，山西古籍出版社 2002 年版，第 6 頁。

〔註 245〕桂馥《說文解字義證》，齊魯書社 1987 年版，第 389 頁。

〔註 246〕錢繹《方言箋疏》卷 9，上海古籍出版社 1984 年版，第 530 頁。

〔註 247〕今本《方言》卷 9「韇」作「皾」。

比也。王筠曰：「人之服所以掩形，則凡藏物之器得『服』音也。」〔註 248〕朱駿聲曰：「箙者實亦衣服之轉注，箙後出字。」〔註 249〕王、朱說是矣。《釋名》：「(箭）其受之器，以皮曰箙，謂柔服用之也。」《御覽》卷 350 引同，《初學記》卷 22 引末句作「柔服之義也」。劉成國以「柔服」說之，非是，徐復已指出劉說不貼切，而從朱駿聲說〔註 250〕。

「鞴靫」謂以箭矢叉於箭箙之中，《釋名》說是也。用作名詞，所叉之箭箙，亦謂之「鞴靫」也。

《說文》：「鞞，刀室也。」又「削，鞞也。」《方言》卷 9：「劍削，自河而北燕趙之閒謂之室，自關而東或謂之廓，或謂之削，自關而西謂之韓。」刀室謂之鞞，劍室謂之韓，箭室亦謂之鞞，其義一也。段玉裁曰：「鞞之言裨也，刀室所以裨護刀者。」〔註 251〕王念孫曰：「鞞之言屏藏也，亦刀劍削之通名。」〔註 252〕二說皆通，卑、屏、蔽皆一聲之轉。余則謂「鞞」亦「服」之轉語。

〔註 248〕王筠《說文解字句讀》「琫」字注，中華書局 1988 年版，第 13 頁。

〔註 249〕朱駿聲《說文通訓定聲》，武漢市古籍書店 1983 年版，第 223 頁。

〔註 250〕徐復《〈釋名〉補疏下篇》，收入《徐復語言文字學晚稿》，江蘇教育出版社 2007 年版，第 77 頁。

〔註 251〕段玉裁《說文解字注》「琫」字注，上海古籍出版社 1981 年版，第 14 頁。

〔註 252〕王念孫《廣雅疏證》，收入徐復主編《廣雅詁林》，江蘇古籍出版社 1992 年版，第 665 頁。

三、《英藏敦煌社會歷史文獻釋錄》校讀記（前十五卷）

截至 2018 年，郝春文主編《英藏敦煌社會歷史文獻釋錄》已經出版了 15 卷，是目前錄文較爲精善的版本，可以供學者一般性的參考使用。但敦煌寫本多俗字俗語詞的性質，決定了敦煌寫本的錄文、校注不能十分準確。其書誤錄、誤校、誤注、失校、失注之處時時有之，亟須訂補，以便學者更好地利用。

1. 《英藏敦煌社會歷史文獻釋錄（第一卷）》校讀記

郝春文主編《英藏敦煌社會歷史文獻釋錄（第一卷）》，科學出版社 2001 年版。修訂版由社會科學文獻出版社 2018 年出版，並增收了部分文書，吸收了學術界十多年來的新成果。茲據修訂版作底本。

（1）S.19V《好住娘讚》:「好住娘，下到高山清（青）草離（裏）。」（1 / 57，表示第 1 卷第 57 頁，以下仿此）

校勘記：離，乙、丙、己、庚本作「利」，當作「裏」，據甲、丁、戊本改，「離」、「利」均爲「裏」之借字。（1 / 60）

按:甲、乙、丙、丁、戊、己、庚本分別指 P.2919V、S.1497、S.5892、S.4634V、P.2713、BD8174、BD6318。《校勘記》說「利」、「離」是「裏」借字，是也。BD0017V:「法炬暗而更輝，佛日利而還朗。」BD7824V3:「脫塔，則迎身（新）送故；印佛，乃救（九）橫利身。」二例黃征讀利作離〔註 1〕，S.6417 正作「九横離身」。S.264V《付法傳》「一分與波毗舍利子」，《付法藏因緣傳》卷 2「利」作「離」。BD5394：「魔王隊仗利天宮。」P.3079 同，利讀爲離〔註 2〕。又「流利」或作「流離」。此利、離相通之證。S.427「眾生在俗雖（須）眼裏」，BD7310「裏」作「利」。BD6132V2：「狀若空利之分星，似天邊之補（布）月。」S.6417：「壯（狀）若空利之分星，一似披蓮如用（而涌）出。」黃征讀利作裏〔註 3〕，P.2058V、P.2588、P.3282V、P.3497、P.3545、S.4506、Дx.0350+Дx.0728+Дx.0989+Дx.6797 正作「裏」。S.427「眾生稟性惟求利」，BD7310「利」作「里」。此利、裏相通之證。S.382「超出裏人天」，S.3096 同，P.3645、S.447、S.5569、S.6109「裏」作「離」。S.427「遠離六賊及六塵」，BD7310「離」作「里」。此裏、離相通之證。

（2）S.78《語對》引《搜神記》：「後漢楊公，字雍伯，洛陽人也。少繪買為業。」（1 / 155）

校勘記：繪買，甲、乙本作「儈賣」。（1 / 167）

按：甲、乙二本分別指 P.2524、S.2588。王三慶僅記其異文〔註 4〕，《校勘記》承其說耳，皆未判定是非。今本《搜神記》卷 11 作「儈賣」，《御覽》卷 479、828 引同；《太平廣記》卷 292 引《孝德傳》作「傭賣」。作「儈賣」是，《御覽》卷 828 歸入「駔儈」條下，可知必是「儈」字。金・王朋壽《類林雜說》卷 7 引《漢書》作「賣鱠」，尤誤。儈賣，指買賣雙方的介紹人。《廣韻》：「儈，會合市人也。《晉令》：『儈賣者，皆當著巾，白帖額，言所儈賣及姓名，一足白履，一足黑履。』」《御覽》卷 828 亦引《晉令》：「儈賣者，皆當着巾，白帖額，題所儈賣者及姓名，一足着白履，一足着黑履。」

（3）S.78V《縣令書儀》：「才高夢筆，詞掞天。」（1 / 181）

校勘記：《敦煌表狀箋啓書儀輯校》認爲此句有脫文，疑於「詞」後補一「超」字。（1 / 187）

〔註 1〕黃征、吳偉《敦煌願文集》，嶽麓書社 1995 年版，第 266、625 頁。

〔註 2〕參見王重民等《敦煌變文集》，人民文學出版社 1957 年版，第 621 頁。

〔註 3〕黃征、吳偉《敦煌願文集》，嶽麓書社 1995 年版，第 308、707 頁。

〔註 4〕王三慶《敦煌本古類書〈語對〉研究》，文史哲出版社 1985 年版，第 256 頁；又王三慶《敦煌類書・校箋篇》，麗文文化事業股份有限公司 1993 年版，第 815 頁。

按：「夢筆」用江淹典。梁・庾肩吾《侍宴宣猷堂應令》：「副君德將聖，陳王才掞天。」P.2524《語對》「掞天、擲地」條注：「掞，音豔也。司馬相如字長卿，蜀人也。作《子虛賦》，楊德（得）意誦之，帝聞，召之，故云掞天也。」

（4）S.86《淳化二年四月廿八日為馬醜女迴施疏》：「葬日臨曠（壙）焚尸，兩處共錄（綠）獨織裙壹腰，紫綾子衫子、白絹衫子共兩事。」（1／250）

校勘記：錄，當作「綠」，《敦煌社會經濟文獻眞跡釋錄》據文義校改。（1／252）

按：讀錄爲綠，非是。黃征指出「錄獨」即「鹿獨」、「落拓」〔註 5〕，前說是，後說非也。「鹿獨」是疊韻連語，也作「鹿蜀」，倒言則作「獨鹿」、「獨祿」、「獨漉」。織裙取名「錄獨」，名義待考。

（5）S.126《父母恩重讚》：「弟（第）四血入腹中煎，一日二升不婁餐。」（1／356）

校勘記：婁，甲本同，《敦煌歌辭總編》校改作「屢」，按「婁」同「屢」，不煩校改。《〈英藏敦煌社會歷史文獻釋錄・S.126〉補校》認爲「婁」係「屢」之古字，《英國國家圖書館藏敦煌遺書》「條記目錄」校改作「漏」，誤。（1／358）

按：甲本指 S.2204。徐復曰：「唐時俗語稱『多』爲『婁』，所以『不多』也叫『不婁』。《大目乾連冥間救母變文》：『爲憶慈親長（腸）欲斷，前路不婁行即到。』按《集韻》：『㜢，多也，朗口切。』與『婁』同音。『㜢』是『婁』的增旁字。《韓擒虎話本》：『我把些子兵士，似一斤之肉，入在虎齖（牙），不螻咬嚼，博（嚩）喫之間，並乃傾盡。』『不螻咬嚼』就是『不多咬嚼』。」〔註 6〕蔣禮鴻說同徐復，當即本於其說，又指出字亦作「嘍」〔註 7〕。徐、蔣說皆是也，而猶未盡。字亦作摟，P.2952《十二時》：「但教十年冬夏讀，不摟變作一官人？」

〔註 5〕黃征《敦煌語言文字學研究》，甘肅教育出版社 2002 年版，第 30 頁。

〔註 6〕徐復《敦煌變文詞語研究》，《中國語文》1961 年第 8 期；收入《語言文字學叢稿》，江蘇古籍出版社 1990 年版，第 225～226 頁。

〔註 7〕蔣禮鴻《敦煌變文字義通釋》，收入《蔣禮鴻集》卷 1，浙江教育出版社 2001 年版，第 384 頁。

蔣冀騁讀摟爲夠〔註 8〕。「婁（數、嘍、螻、摟）」即是「够（夠）」音轉，古音句、婁相通〔註 9〕。又音轉作寇，王念孫曰：「《玉篇》：『夠，苦候切，多也。』《廣韻》同。《方言》：『凡物晠而多謂之寇。』寇與夠聲近義同。《文選・魏都賦》：『繁富夥夠。』李善注引《廣雅》：『夠，多也。』」〔註 10〕錢繹、章太炎說同〔註 11〕。任半塘曰：「『婁』乃『屢』形之省，多也。『屢』與『呂』同音，『呂』形似『多』。」〔註 12〕任氏解作「多」，得其義，而以爲「屢」省形，則未得其字，又謂「呂」、「多」形似，尤爲大誤。項楚取蔣禮鴻說駁任氏〔註 13〕，而未知蔣說乃本於徐復。葉貴良曰：「此「婁」亦爲「屢」的古字。」〔註 14〕此則是剿襲任半塘誤說。項楚等說「『婁』是明顯的方言俗語」〔註 15〕，而未加論證，未知怎麼明顯就是方言俗語。

（6）S.133V《秋胡小說》：「**自從封為宰想（相），有孝有忠，李（勒）金石，威名播起於萬里，其顏獨秀，才德居標。**」（1／376）

校勘記：李，當作「勒」，《〈秋胡變文〉校注拾補》據文義校改，「李」爲「勒」之借字，《敦煌變文校注》校改作「比干」，《敦煌變文選注》（增訂本）認爲此句有脫誤。（1／386）

按：黃征等曰：「『李金石』義不可通，『李』當爲『比干』之誤。起，原卷作『起』，疑當作『超』。」〔註 16〕竇懷永等徑錄作「超」，又採「李」爲「比干」之說〔註 17〕。項楚曰：「『李金石』有脫誤。」〔註 18〕王繼

〔註 8〕蔣冀騁《敦煌文獻研究》，湖南師範大學出版社 2005 年版，第 210 頁。

〔註 9〕相通之例參見張儒、劉毓慶《漢字通用聲素研究》，山西古籍出版社 2002 年版，第 153 頁。馬王堆帛書《陽陽五行》甲篇「蜀寠」，帛書又一殘片作「蜀窬」，北大漢簡作「獨寠」，亦其證。

〔註 10〕王念孫《廣雅疏證》，收入徐復主編《廣雅詁林》，江蘇古籍出版社 1992 年版，第 244 頁。

〔註 11〕錢繹《方言箋疏》，上海古籍出版社 1984 年版，第 92 頁。章太炎《新方言》卷 2，收入《章太炎全集（7）》，上海人民出版社 1999 年版，第 24 頁。

〔註 12〕任半塘《敦煌歌辭總編》，上海古籍出版社 2006 年版，第 770 頁。

〔註 13〕項楚《敦煌歌辭總編匡補》，巴蜀書社 2000 年版，第 76 頁。

〔註 14〕葉貴良《敦煌道經寫本與詞匯研究》，巴蜀書社 2007 年版，第 432 頁。

〔註 15〕項楚、張子開、譚偉、何劍平《唐代白話詩派研究》，巴蜀書社 2005 年版，第 709 頁。

〔註 16〕黃征、張涌泉《敦煌變文校注》，中華書局 1997 年版，第 240 頁。

〔註 17〕竇懷永、張涌泉《敦煌小說合集》，浙江文藝出版社 2010 年版，第 386、391 頁。

如曰：「疑『李』字讀爲勒。『李金石』可能即是勒石之意，『金』字連類而及。『起於萬里』似宜作一讀，『起』通『豈』。意謂勒於金石，威名遠播，豈止萬里。」〔註19〕劉敬林曰：「李，通『理』，疑爲『勒』字誤。理治也，紀也。『起』當爲『越』形近訛誤字，『播越』義爲傳揚。」〔註20〕劉氏後來又修正作：「『李』是『勒』字的記音字。」〔註21〕《校勘記》所取即其修正意見。我舊說云：「『起』即『扟』之借音字，《說文》：『扟，開也。』播扟，猶言播揚。」〔註22〕張涌泉等曰：「李金石，《選注》謂有脫誤；《校議》、《校注》以『李』爲『比于』二字之誤，可備一說。張新武（1990）稱『李爲厲之聲誤』，連上讀作『有孝有忠李（厲）金石』，王繼如（1998甲／1999）『疑李字讀爲勒。「李金石」可能即是勒石之意，「金」字連類而及』，似皆不可從。作『超』近是。『播超』謂播揚超越。」〔註23〕李，讀作利。「利」下脫「於」字。「金石」典出《書·說命上》：「爰立作相。王置諸其左右，命之曰：『朝夕納誨，以輔台德。若金，用汝作礪。若濟巨川，用汝作舟楫。若歲大旱，用汝作霖雨。啓乃心，沃朕心。』」寫卷言秋胡作宰相，有孝有忠，其輔佐之功，如同金石磨礪之益也。「播」下之字，當隸定作「起」，讀爲迄，至也。

（7）S.133V《秋胡小說》：「其樹赴（覆）地婆娑。」（1／377）

校勘記：赴，當作「覆」，《敦煌變文校注》據文義校改，「赴」爲「覆」之借字，《敦煌變文集》校改作「拂」。（1／387）

〔註18〕項楚《敦煌變文選注》，巴蜀書社1989年版，第292頁；又中華書局2006年版，第381頁。

〔註19〕王繼如《〈秋胡變文〉校釋補正》，《敦煌吐魯番研究》第3卷，北京大學出版社1998年版，第94頁。又王繼如《敦煌通讀字研究芻議》，《文史》2003年第2輯；又收入《訓詁問學叢稿》，江蘇古籍出版社2001年版，第246頁。本文引用據後一篇論文。

〔註20〕劉敬林《〈英藏敦煌社會歷史文獻釋錄〉（第一卷）補校》，《敦煌研究》2004年第2期，第102頁。

〔註21〕曹小雲、劉敬林《〈秋胡變文〉校注拾補》，《古籍整理研究學刊》2008年第6期，第26頁。

〔註22〕蕭旭《敦煌變文校補（一）》，收入《群書校補》，廣陵書社2011年版，第1176頁。

〔註23〕《敦煌變文全集》課題組（張涌泉執筆）《〈秋胡小說〉校注》，《中國俗文化研究》第13輯，四川大學出版社2017年版，第16頁。

按：赴，潘重規從王重民等校作「拂」〔註 24〕。黃征等曰：「赴，原錄校作『拂』，未確。赴應讀作覆。『覆地』爲俗語詞，義即滿地、遍地。」〔註 25〕竇懷永等、張涌泉等校作「覆」〔註 26〕。麥耘說「赴」是「覆」音近替代〔註 27〕，當是剿襲黃征等說而補充音理解釋。赴讀作覆可備一通，S.1163「路蓮（魯連）覆海」，P.2564 同，P.2774、P.2981V、P.3797、S.4920、S.5655、S.6243「覆」作「赴」。亦可讀作撲，「撲地」亦是中古俗語詞，遍地義。S.2832：「燕飛入戶，鶯聲滿林；嫩草半茸，花落撲地。」也作「攢地」，《方言》卷 3：「攢，盡也，南楚凡物盡生者曰攢生。」郭璞注：「今種物皆生云攢地生也。」又「攢，聚也，楚謂之攢。」

（8）S.133V《失名類書》：「白布纏根樹旒旐。」（1 / 391）

校勘記：根，《敦煌類書》釋作「棺」，誤。（1 / 395）

按：《晉書・文苑傳・顧愷之》同，《世說新語・排調》「根」作「棺」，「樹」作「豎」。《渚宮舊事》卷 5 作「棺」、「樹」二字〔註 28〕。錢大昕、周家祿失校〔註 29〕，吳士鑒、劉承幹但列異文，未作按斷〔註 30〕。作「棺」字是，「根」是「棺」草書形誤。

（9）S.133V《失名類書》：「稍（矛）頭斬火劍頭炊。」（1 / 391）

校勘記：稍，《敦煌類書》釋作「指」，當作「矛」，《敦煌類書》據相關文獻校改。（1 / 395）

〔註 24〕王重民等《敦煌變文集》，人民文學出版社 1957 年版，第 157 頁。潘重規《敦煌變文集新書》，文津出版社有限公司 1994 年初版，第 984 頁。

〔註 25〕黃征、張涌泉《敦煌變文校注》，中華書局 1997 年版，第 241 頁。

〔註 26〕竇懷永、張涌泉《敦煌小說合集》，浙江文藝出版社 2010 年版，第 386 頁。《敦煌變文全集》課題組（張涌泉執筆）《〈秋胡小說〉校注》，《中國俗文化研究》第 13 輯，四川大學出版社 2017 年版，第 16 頁。

〔註 27〕麥耘《音韻學概論》，江蘇教育出版社 2009 年版，第 171 頁。

〔註 28〕此據鈔本、墨海金壺本同，平津館叢書本「樹」誤作「附」。鈔本《渚宮舊事》，收入《羅雪堂先生全集》初編第 16 冊《吉石盦叢書（續）》，臺灣大通書局 1968 年影印，第 6582 頁。下同。

〔註 29〕錢大昕《廿二史考異》卷 22，上海古籍出版社 2004 年版，第 383 頁。周家祿《晉書校勘記》卷 4，收入《續修四庫全書》第 274 冊，上海古籍出版社 2002 年版，第 838 頁。

〔註 30〕吳士鑒、劉承幹《晉書斠注》卷 92，收入《續修四庫全書》第 277 冊，第 178 頁。

按：《世說新語・排調》作「矛頭淅米劍頭炊」，《記纂淵海》卷 63 引同，《渚宮舊事》卷 5 亦同〔註 31〕；宋本《世說》作「浙米」，《御覽》卷 390、740、《事文類聚》別集卷 20 引同；《晉書・文苑傳・顧愷之》作「折米」。「浙」是「淅」形訛，《淮南子・兵略篇》：「百姓開門而待之，淅米而儲之。」許慎注：「淅，漬也。」《書抄》卷 113、《御覽》卷 271 引亦誤作「浙米」，是其比也。「折」是「淅」脫誤，《三國志・王朗傳》裴松之注引《魏略》：「太祖請同會，啁朗曰：『不能效君昔在會稽折秔（粳）米飯也。』朗仰而歎曰：『宜適難值！』太祖問：『云何？』朗曰：『如朗昔者未可折而折，如明公今日可折而不折也。』」《類聚》卷 25、《書抄》卷 144、《初學記》卷 26、《御覽》卷 850 引同，亦是其比也。此卷「斬」當作「析」，又「淅」省形字。「火」當作「米」。「稍」指長矛，不煩改字。

（10）**S.133V《失名類書》：「師曠吹律，識南〔風〕不競。」**（1 / 392）

校勘記：風，《敦煌類書》據文義校補。（1 / 395）

按：下句，《類聚》卷 44、《御覽》卷 519、577 引《蔡琰別傳》作「識南風之不競」，《事類賦注》卷 11 引無「不」字，《琱玉集》卷 12 引作「〔識〕南風不竟」；《白氏六帖事類集》卷 6、《樂書》卷 141 亦無「不」字，《白氏六帖事類集》卷 18 作「知南風不競」，皆未言出處。《爾雅》：「競，強也。」競、強一聲之轉。《類聚》卷 5 引王褒《上新定鐘表》：「師曠吹律，知晉楚之衰亡。」「不競」即「衰亡」義。典出《左傳・襄公十八年》：「師曠曰：『不害。吾驟歌北風，又歌南風。南風不競，多死聲，楚必無功。』」杜預注：「歌者吹律以詠八風，南風音微，故曰不競也。」王三慶失考〔註 32〕。

（11）**S.133V《失名類書》：「萬獸長其裏。」**（1 / 392）

按：「長」當據下文作「集」，《琱玉集》卷 12 引《古傳》二處皆作「集」字。

（12）**S.133V《失名類書》：「任永君，武陽人。」**（1 / 393）

按：王三慶曰：「任永君，或作『任永』，《後漢書》疑『君』字乃涉下文

〔註 31〕鈔本《渚宮舊事》作「折來」，旁改作「淅米」。

〔註 32〕王三慶《敦煌類書・校箋篇》，麗文文化事業股份有限公司 1993 年版，第 715 頁。

『及』字，形近而訛誤。本事見《後漢書・獨行列傳》：『是時犍爲任永（君）〔及〕業同郡馮信，並好學博古。』」〔註 33〕王說本於中華書局點校本《後漢書校勘記》：「殿本『君』作『及』。《校補》謂作『及』非。今按：永字君業，《范書》名與字常並舉，故《校補》云然。然下云『同郡馮信』，信字季誠，何不與『任永君及業』同例，作『馮信季誠』？且馮信廣漢郪人，與李業同郡，足證『君』當作『及』，《校補》說非也。」〔註 34〕《校勘記》說是也。《御覽》卷 743 引《益部耆舊傳》：「公孫述僭號，徵犍爲任永君，許以大位。」《白氏六帖事類集》卷 9「任永君、馮信」條云：「並好學，公孫述徵不就，皆託青盲。及述誅而目明。」二書「君」字亦衍。別本《後漢書》作「君」字者，乃涉任永字君業而誤，不是與「及」形近而訛，王說非是。「業」指李業，與馮信是同郡人，故云「任永及業同郡馮信」。

（13）S.170《失名道經》：「延㨢人命。」（1 / 427）

按：「㨢」爲「挺」俗字。S.328《伍子胥變文》：「相貌希奇，精神㨢特。」P.2820：「一室㨢騏驎之狀。」P.3494：「珪璋㨢秀，標逸氣於百成（城）。」皆爲「挺」俗字。《可洪音義》卷 23：「奇㨢：特頂反，正作挺。」又「㨢特：徒頂反，正作挺。」二字亦俗「挺」字。《呂氏春秋・仲夏》：「挺重囚。」高誘注：「挺，緩也。」延㨢，猶言延長。《龍龕手鑑》：「㨗，俗。捷，正，疾葉（葉）反。」「捷」即「捷」，「㨗」即「㨢」，「㨢」是「捷」形訛字，此另一字。

（14）S.170《失名道經》：「鬲（隔）戾瞋怒。」（1 / 427）

校勘記：鬲，當作「隔」，據文義校改，「鬲」爲「隔」之借字。（1 / 428）

按：「鬲戾」是道家語。《洞玄靈寶玉籙簡文三元威儀自然眞經》：「詣師威儀，當與同學，共相教度，勿得娟（嫉）妬鬲戾，爭竟稱己。」《老君變化無極經》：「不得鬲戾娟（嫉）妬情，貪淫愛色沒汝形。」《廣弘明集》卷 9 引周・甄鸞《笑道論》：「玄子曰：『不鬲戾，得度世。不嫉姤，世可度。』」《辯正論》卷 8 同。也作「隔戾」、「蔦戾」，《太上老君經律》卷 39：「不得妄言綺語，隔戾嫉妒。」《太上老君大存思

〔註 33〕王三慶《敦煌類書・校箋篇》，麗文文化事業股份有限公司 1993 年版，第 716 頁。
〔註 34〕《後漢書》，中華書局 1965 年版，第 2698 頁。

圖注訣》：「秉正治邪，和釋鬲戾。」《雲笈七籤》卷 43 作「隔戾」。《慧琳音義》卷 97：「鬲戾：《說文》：『隔，障也，從𨸏鬲聲。』《考聲》云：『正作鬲。』」又音轉作「擊戾」，猶言違忤也。《說文》：「䙐，從衣鬲聲，讀若擊。」又「瑴（瑴），從玉㱿聲，讀若鬲。」又「虩，從虎㱿聲，讀若隔。」《文選·長楊賦》：「拮隔鳴球。」五臣本「拮隔」作「戞擊」，《揚子雲集》卷 5 同，與《書·益稷》合，李善注引韋昭曰：「古文隔爲擊。」《史記·賈生列傳》《弔屈原賦》：「搖增翮逝而去之。」《集解》引徐廣曰：「一云『遙增擊』也。」《漢書》「翮」作「擊」。《爾雅釋文》：「槃，本亦作檕，樊本作槅。」皆其音轉之證。《荀子·修身》：「行而俯項，非擊戾也。」《淮南子·主術篇》：「文武備具，動靜中儀，舉動廢置，曲得其宜，無所擊戾，無不畢宜也。」又音轉作「㦸㑪」、「契綟」，倒言則作「㑪㦸」、「戾契」〔註 35〕。

（15）S.202《傷寒論辨脈法》：「汗蛩（漐）蛩（漐）自出，明日解矣。」（1 / 500）

校勘記：蛩蛩，當作「漐漐」，《敦煌醫藥文獻眞跡釋錄》據文義校改，《敦煌古醫籍考釋》、《敦煌醫藥文獻輯校》釋作「濈濈」，雖義可通而字誤。按「漐漐」似先誤作其同音字「縶縶」，又被抄作其異體字「𦀉𦀉」，最後被訛作「蛩蛩」。（1 / 508）

按：《校勘記》謂「蛩蛩」是「𦀉𦀉」形譌，即「漐漐」音誤，是也；但謂與傳世本作「濈濈」不同，則猶隔於古音，且未得其正字。黃征早指出「蛩」即是「𦀉」〔註 36〕。沈澍農曰：「『蛩』當是『𦀉』的形譌，『𦀉𦀉』與『漐漐』音近義通，皆狀汗出貌，與之同源的還有『濈濈』、『蟄蟄』、『輒輒』、『戢戢』和『集集』，集聲、執聲、咠聲之字多有聚合之義，『蟄蟄』亦會聚貌。『漐』或是『蟄』的後起區別字。」〔註 37〕張小豔在沈說基礎上，指出：「『𦀉』異體作『縶』……《玉篇》：『濈，汗出也。』《廣韻》：『漐，汗出貌。』表汗出義時，敦煌本《傷寒論》皆用『𦀉（縶）』表示。在汗出義上，『縶』爲借字，『漐』爲後起本字。『濈』與『漐』屬同源詞。『漐』不可能是『蟄』的後起區別字。」

〔註 35〕參見蕭旭《荀子校補》，花木蘭文化出版社 2016 年版，第 62 頁。

〔註 36〕黃征《敦煌俗字典》，上海教育出版社 2005 年版，第 554 頁。

〔註 37〕沈澍農《中醫古籍用字研究》，學苑出版社 2007 年版，第 178～179、311 頁。

〔註 38〕沈、張也未得本字。本卷上文云「濈然而汗出」，今本《傷寒論・辨脈法》同，「濈然」即「濈濈」。「濈」是「湒」分別字，《說文》：「湒，雨下也。」字音轉亦作漐，《金匱要略・嘔吐噦下利病脈證治》：「遍身漐漐微似有汗者。」「漐漐」與「濈濈」都是「湒湒」音變分別字。《廣雅》：「湒湒，雨也。」

（16）S.223《天王文》：「息苦盡元，普共成佛。」（1 / 574）

校勘記：息，甲、丙本同，戊本作「昔」。「昔」爲「息」之借字。元，甲、丙本作「願」，戊本作「原」，「愿」、「原」均爲「元」之借字。（1 / 578）

按：甲、丙、戊本分別指 S.453、P.2701、P.3540。《校勘記》蓋據黃征說，黃氏謂「元」是本字，解作「本」〔註 39〕，是也。「元」謂本源，字亦作原、源，「盡源」、「盡原」是佛經常用詞，言窮盡其本源。S.5640：「然後三千剎土，九百群生；咸歸般若之妙原，盡躡無爲之聖道。」Дx.0981+Дx.1311+Дx.5741+Дx.5808V：「然後上通有頂，傍括無邊，賴此勝姻（因），俱登覺路。般口（若）盡源，仍請清眾莊嚴齋主，一切普誦。」P.2820：「伏願碧琉璃水，逍遙般若之源；色究竟天，解脫履菩提之路。」《法華經義記》卷 4：「然五濁眾生反流盡源之時，要藉如來言教。」皆其確證。CH.IOL.77：「宿息塵榮。」P.2341（凡二見）、S.343「息」作「昔」，讀息爲昔，可證二字同音通借也。

（17）S.236《禮懺文》：「光（廣）以（於）無邊界，無邊無量作佛是（事）。」（1 / 593）

校勘記：光，乙本同，當作「光」，據甲、丙、丁本改，「光」爲「廣」之借字。以，乙本同，丁本作「意」，當作「於」，據甲、丙本改，「以」、「意」均爲「於」之借字。（1 / 593～594）

按：甲、乙、丙、丁本分別指 S.5562、S.5651、P.3842、P.3826，失校中村不折藏燉煌本 173 號、BD8479V、S.5633b、S.6206、S.6981V 等本。二句，中村本同，S.5651 作「光以無邊界，無邊無量作佛事」，P.3842、S.5562、S.6206、BD8479V 作「廣於無邊界，無邊無量作佛事」，S.5633b

〔註 38〕張小豔《〈敦煌醫藥文獻眞跡釋錄〉校讀記》，《敦煌吐魯番研究》第 17 卷，2017 年版，第 10 頁。

〔註 39〕黃征、吳偉《敦煌願文集》，嶽麓書社 1995 年版，第 618 頁。

作「廣於無邊界，無邊無亮作佛事」，P.3826 作「廣意無邊界，〔無邊〕無量作佛〔事〕」，S.6981V 殘存「廣囗囗邊界，無邊無量作佛事」（其中「廣」字殘存大半，尚可辨識）。亮，讀爲量。《佛說觀佛三昧海經》卷 10：「廣於無邊界，無邊作佛事。」宋本下「無邊」作「無量」，當作「無邊無量」或「無量無邊」，二本各脫二字。《諸經要集》卷 1：「廣於無邊界，無邊無量作佛事。」《圓覺經道場修證儀》卷 3：「廣於無邊界，無量無邊作佛事。」

（18）S.236《禮懺文》：「種種莊嚴，頂敬（髻）無量無邊，日月光明，願力莊嚴。」（1 / 588）

校勘記：頂，丙、丁本同，甲、乙本作「經」，誤。敬，乙本同，甲本作「已」，當作「髻」，據丙、丁本改。（1 / 595）

按：頂敬，S.1473V、BD8479V 亦作「頂髻」，《五千五百佛名神咒除障滅罪經》卷 1、《佛說十二佛名神咒校量功德除障滅罪經》卷 1、《集諸經禮懺儀》卷 1、《法苑珠林》卷 20 並同，S.6206、中村本作「敬敬」。此句《佛說稱讚如來功德神咒經》卷 1 作「頂上肉髻妙相無邊」。「已」當作「己」。經，讀爲頂，《說文》「桱」或作「㓝」。敬、己，並讀爲髻。P.2578《開蒙要訓》「髻」注直音敬。「經己」、「經敬」、「頂敬」皆「頂髻」音轉。作「敬敬」則是誤書。「頂有肉髻」是佛第三十二相，見《梵摩渝經》卷 1。

（19）Дx.1962+Дx.2052《金真玉光八景飛經》：「流光億（奕）億（奕），耀煥太空，日月俠（遐）照，五晨翼靈。」（1 / 606）

校勘記：俠，甲本同，當作「遐」，據文義改，「俠」爲「遐」之借字。（1 / 625）

按：「俠」不當讀作遐。「俠」同「夾」，言日月俠持其旁而照耀之也。《上清僊府瓊林經》引《靈寶經》：「日月俠乎左右，飛仙翼軒。」《上清高上玉晨鳳臺曲素上經》：「日月俠映，七元迴靈，三晨齊景，玄光洞明。」《太上飛行九晨玉經》：「日月俠映，三光飭形。」《上清華晨三奔玉訣》：「日月俠衛，龍虎翼輪。」《太上洞玄靈寶諸天內音自然玉字》卷 3：「日月俠乎左右，飛仙翼其華軒。」《元始無量度人上品妙經》卷 4：「日月俠於左右，飛仙翼其華軒。」「俠」字並同，道書稱「左日右月」，即所謂「俠日月」也。五晨，即「五辰」，指五星。

（20）P.2728《金真玉光八景飛經》：「流緬千劫，得妙忘旋。」（1 / 607）

校勘記：旋，甲本作「璇」，「旋」同「璇」。（1 / 625）

按：甲本指道藏本，仍作「旋」，不作「璇」。旋，讀作還。

（21）P.2728《金真玉光八景飛經》：「蕭蕭太霞之上，放浪無崖之外。」（1 / 607）

校勘記：太，甲本作「非太」，誤。無，甲本作「於無」。崖，甲本作「涯」。（1 / 626）

按：道藏本作「蕭蕭非太霞之上，放浪於無涯之外」，「非」字不誤，當讀爲飛。

（22）P.2728《金真玉光八景飛經》：「下治兆身泥丸官中。」（1 / 611）

按：原卷「官」作「宮」，道藏本同。

（23）S.238《金真玉光八景飛經》：「夫有金骨玉名，紫字上清，得備招靈致真攝魔之符……」（1 / 622）

校勘記：備，甲本作「佩」。（1 / 638）

按：備，讀爲佩，不煩舉證。

（24）S.289《報慈母十恩德》：「弟五乳飽（哺）養育恩，臺（擡）舉近三年。」（1 / 735）

校勘記：飽，戊、己、壬本同，甲本作「抱」，乙、丙、丁本作「胞」，當作「哺」，據文義改。（1 / 742）

按：甲、乙、丙、丁、戊、己、壬本分別指 S.5564、S.5591、S.5601、S.5687、P.2843、P.3411、BD9366，失校 S.6981V。飽，S.6981V 亦作「抱」。項楚曰：「『飽』當作『哺』，唐五代西北方言中，『飽』和『哺』音同，因而相混。《父母恩重難報經》『十恩德』之目，第五正是『哺乳養育恩』，可證本首『飽』應作『哺』也。」〔註 40〕當以「抱」爲本字，「乳抱」亦是唐人語詞，S.2583V《齋抄文》「斷脹（腸）泣血，惟思乳抱之恩」，是其例也。S.2204《父母恩重讚》「弟六乳哺恩最難」，彼自作「乳哺」。臺，P.2843、P.3411、S.4438V、S.5601、S.6981V、BD9366

〔註 40〕項楚《敦煌歌辭總編匡補》，巴蜀書社 2000 年版，第 72～73 頁。

同，S.5591 作「擡」，S.5687 作「檯」。「擡」爲本字。「擡舉」是唐人俗語詞，同義連文。《玄應音義》卷 77 引《通俗文》：「舉振謂之擡也。」引申之，「臺（擡）舉」是「照顧、撫養」義〔註 41〕。

（25）S.289《當身勇猛無敵等詩稿》：「隴上曾經拔劍，何（河）邊須（幾）度彎弓。」（1／750）

校勘記：須，當作「幾」，《敦煌歌辭總編》據文義校改，《敦煌詩集殘卷輯考》校改作「數」。（1／751）

按：須，徐俊讀爲數，是也，不得通「幾」。數度，幾度也。

（26）S.298《太上靈寶洞玄滅度五鍊生尸經》：「魂飛魄碭（颺），尸形無寧。」（1／762）

校勘記：碭，甲本同，當作「颺」，據乙本改，「碭」爲「颺」之借字。（1／767）

按：甲、乙本分別指 P.2865、道藏本《靈寶鍊度五仙安靈鎮神黄繒章法》。碭，讀爲宕，字亦作蕩，遊蕩也。《呂氏春秋・仲秋紀》：「咸若狂魄。」高誘注：「咸，皆。魄飛蕩若狂人。」此「碭」字不誤之確證。道藏本自作「颺」字，道藏本《赤松子章曆》：「魂飛魄揚，尸形匪寧。」《太上慈悲道場消災九幽懺》卷 8：「魂魄飛颺，依憑無所。」亦同。

2.《英藏敦煌社會歷史文獻釋錄（第二卷）》校讀記

郝春文主編《英藏敦煌社會歷史文獻釋錄（第二卷）》，社會科學文獻出版社 2003 年版。

（1）S.328《伍子胥變文》：「厲逢天暗，雲陰靉靆。」（2／20）

按：王重民等曰：「『屬』原作『厲』，據丁卷改。」潘重規、項楚、黄征等並從其說〔註 42〕。丁卷指 P.2794V。原卷「靆」作「霼」，P.2794V 作

〔註 41〕參見蔣禮鴻《敦煌變文字義通釋》，收入《蔣禮鴻集》卷 1，浙江教育出版社 2001 年版，第 204～205 頁。

〔註 42〕王重民等《敦煌變文集》，人民文學出版社 1957 年版，第 30 頁。潘重規《敦煌變文集新書》，文津出版社有限公司 1994 年初版，第 865 頁。黄征、張涌泉《敦煌變文校注》，中華書局 1997 年版，第 47 頁。項楚《敦煌變文選注》，中華書局 2006 年版，第 74 頁。

「鏈」。王重民、潘重規、項楚都忠實於原卷作「𨫼」，郝春文及黃征等錄作「鏈」，而不作校記，不妥。「𨫼」乃「鏈」改易聲符的別字。「厲」字不當改，P.2794V 不可據。厲，讀爲連。《禮記・祭法》「厲山氏」，《史記・五帝本紀》《正義》引《帝王世紀》作「連山氏」。變文言連續遇到陰天。

（2）S.328《伍子胥變文》：「鐵綺（騎）磊落已（以）爭奔，勇夫生寧（獰）而競透。」（2/24）

按：生寧，王重民等校作「猙獰」。徐震堮曰：「『生寧』即『生獰』，唐人有此語，李賀《猛虎行》：『乳孫哺子，教得生獰。』不煩改。』」蔣禮鴻曰：「『生寧』即『生獰』，狠悍不馴的意思。『生』是『生熟』的『生』，有粗野、強狠、不易馴伏的意思。」黃征等引諸說，云：「『生』亦作『狌』。呂岩《漁父詞》：『龍飛踴，虎狌獰。』故『生獰』當爲聯綿詞。」〔註43〕蔣說「生」是「生熟」之「生」非是。其餘諸說皆是，然猶未盡。「生寧」、「生獰」、「狌獰」皆「猙獰」轉語，又轉作「傖儜」、「傖髩」，面醜惡貌，引申之，則有粗野、強狠、勇猛義。草亂曰「箏藍」、「箏薴」，髮亂曰「鬇鬡」、「鬇鬤」，其義相因。又轉作「崝嶸」、「崝嵤」、「崢嶸」、「崢嶒」、「崢嵤」，山高峻貌。古音爭、青相轉，「青」從生得聲。本卷 S.328 下文：「戰卒驍雄如虎豹，鐵騎生寧眞似龍。」「生寧」亦兇猛義。黃征等曰：「原校作『猙獰』，不確。」〔註44〕黃說非是。項楚曰：「兩處『生寧』，《變文集》都校作『猙獰』，其實不必。『生寧』就是『生獰』，乃唐人習語（例略）。」〔註45〕項說乃剽竊徐震堮說〔註46〕，又不知音轉之理。

（3）S.328《伍子胥變文》：「吳國大相，國之垓首。」（2/24）

按：項楚曰：「『垓』當作『階』，指官階。」黃征等曰：「項楚云云，釋義是，然校字未確。『垓』本有『級次』義。又按《說文》：『陔，階次也。』是『垓』或爲『陔』借字。」〔註47〕黃說未會通。「垓」有級次義，

〔註43〕黃征、張涌泉《敦煌變文校注》，中華書局 1997 年版，第 51 頁。
〔註44〕黃征、張涌泉《敦煌變文校注》，中華書局 1997 年版，第 56 頁。
〔註45〕項楚《敦煌變文語辭札記》，《四川大學學報》1981 年第 2 期，第 53 頁。
〔註46〕徐震堮說見《敦煌變文集校記補正》，《華東師大學報》1958 年第 1 期，第 33 頁。
〔註47〕黃征、張涌泉《敦煌變文校注》，中華書局 1997 年版，第 58 頁。

朱駿聲指出即「陔」借字〔註 48〕。陔、階一聲之轉，字亦作堦。《說文》「陔，階次也」，是聲訓。

（4）S.329《書儀鏡》:「**增悵係。**」（2 / 45）

按：本卷下文「悵悕增多」，又「未聞多悵係」，又「久絕知聞，悵係增積」，又「相見未期，增多悵係」。係，係戀、牽掛。悵係，猶言悵戀。本卷下文「係戀殊增」，又「未問但係深荒戀」。S.361：「伏增馳係。」S.329 常作「伏增馳戀」。S.361「不嗣德音，無捨傾係」，又「但增悲係」，又「但積悲係」，諸「係」字亦此義。S.766「殊增悵戀」，義同。S.766「伏增馳結」，又「馳戀但深」，P.3691、S.5636、S.5593「戀」作「結」，結亦係戀也。S.1438V「但增馳戀」，原卷「戀」字旁注「係」字。吐魯番文書 67TAM78:27《唐殘書牘》:「惟增悲結，謹言疏不俱。」又 2004TAM396:14《唐開元七年洪奕家書》:「比不奉海（誨），夙夜皇（惶）悚，惟增戀結。」

（5）S.329《書儀鏡》:「**限以逕（遙）阻，披冀未期。**」（2 / 45）

按：本卷下文：「草草間未期披賀，因使不具。」又「僕弊務迫屑，披集未期。」期，讀爲亟，疾也。本卷下文「草草間未即披展」，又「未即披會」，又「未即披謝」，即亦疾也，用作副詞，猶言當即、立即。本卷下文「公務草草，未及拜賀」，「及」亦謂及時。

（6）S.329《書儀鏡》:「**朝夕微寒，惟所履珍適。**」（2 / 45）

按：本卷下文「惟公動靜珍適」。適，和適、和悅。《玄應音義》卷 6：「適其：《三蒼》:『適，悅也。』謂稱適耳。」白居易《代王佖答吐蕃北道節度論贊勃藏書》:「初秋尙熱，惟所履珍和。」文例相同。本卷下文：「朝夕微寒，惟履休適。」又「曉夕微寒，惟所履清適。」「適」亦同。

（7）S.329《書儀鏡》:「**僕與此人，生平闊奉，不敦輕觸。**」（2 / 45～46）

按：「敦」當作「敢」。

（8）S.329《書儀鏡》:「**限守弊務，迫屑可量。**」（2 / 46）

按：本卷下文「屬以農務迫屑」，又「僕弊務迫屑，披集未期」，又「僕馳

〔註 48〕朱駿聲《說文通訓定聲》，武漢市古籍書店 1983 年版，第 196 頁。

屑，異常煎迫」，又「僕驅屑，可以意量」，又「僕王事驅碌」。張小豔曰：「『驅』、『馳』皆謂疾行，『迫』指急促，其義相通。『屑』與之義近，猶言勞碌。《廣雅》：『屑，勞也。』」〔註49〕屑訓勞碌者，指動作迫切，屑之言切也。《說文》：「屑，動作切切也。」也是聲訓，《廣韻》釋文作「動作屑屑」。《說文》：「齘，讀若切。」《爾雅釋文》：「切，本或作髓，同，千結反。」皆屑、切音轉之證。「迫屑」即「迫切」，猶言緊迫，是唐人俗語詞。陳子昂《唐水衡監丞李府君墓誌銘》：「雖吏道迫屑，而遐情眇然。呂溫《祭陸給事文》：「某非出處，迫屑無餘。」呂溫《韋公神道碑銘》：「會守遠郡，歲月差池，作吏迫屑，文字殆廢。」皆其例。

（9）S.329《書儀鏡》：「即此足下宅上清帖，諸不改常，無逮慮也。」（2 / 46）

按：龔澤軍指出原卷「帖」作「怗」，「清怗」上有「且得」二字，「清怗」義即安寧〔註50〕。原卷「逮」作「逯」。逯，讀為婁，多也。

（10）S.329《書儀鏡》：「使至枉問，慰院良深。」（2 / 49）

按：院，讀為詋。《說文》：「詋，慰也。」《集韻》引「慰」作「尉」。P.2011王仁昫《刊謬補缺切韻》：「詋，尉。」段玉裁曰：「詋者，以善言案其心，如火申繒然。詋、尉雙聲。」〔註51〕字亦作諉，《玉篇殘卷》引《說文》作「諉，慰〔也〕」。《集韻》：「諉，慰也。」慰院，猶言安慰，唐宋人俗語詞。字亦作「慰浣」，P.3715《類書》：「專使特枉榮示，慰浣瞻馳。」又「使至，遠貶緘封，慰浣勤結。」歐陽修《與曾宣靖公》：「伏承德履甚休，可勝慰浣。」蘇軾《與孫子發》：「專人來辱書，承近日尊體佳勝，蒙許就辟，慰浣深矣。」例多不勝枚舉。倒言則作「浣慰」，歐陽修《與焦殿丞》：「自相別，無日不奉思，急足辱書，深所浣慰。」《淨土往生傳》卷上：「吾等之懷，不勝浣慰。」《漢語大詞典》解「浣」作「滌除（愁、悶等），寬解」〔註52〕。龍榆生曰：「浣慰，

〔註49〕張小豔《敦煌書儀語言研究》，商務印書館2007年版，第274頁。

〔註50〕龔澤軍《〈英藏敦煌社會歷史文獻釋錄〉（第二卷）補校》，《燕趙學術》2011年秋之卷，第48頁。

〔註51〕段玉裁《說文解字注》，上海古籍出版社1981年版，第100頁。

〔註52〕《漢語大詞典》（縮印本），漢語大詞典出版社1997年版，第3276頁。

如浣濯清潔，而心慰悅也。」〔註 53〕張小豔曰：「『慰浣』言收到來信，心中思慕之情得到安慰，猶如久旱逢甘雨般欣慰無比。『慰浣』義同『慰沃』。」〔註 54〕皆非是。

（11）S.329《書儀鏡》：「願不棄麤體，見垂檢領。」（2 / 50）

按：原卷「體」作「体」。張小豔曰：「『体』與『麄』同義連用，指粗劣、笨拙，中古多借『笨』表示。P.2011 王仁昫《刊謬補缺切韻》：『体，盆本反，麄皃。』《廣韻》：『体，麤貌，又劣也。』」〔註 55〕張說是也。P.3906《碎金》：「人体倲：疋問反。」〔註 56〕《集韻》：「体，部本切，儜劣也。」字亦作体，《集韻》：「体，部本切，性不惠（慧）。」「麤体」即「粗笨」。《宋書・王微傳》《報何偃書》：「小兒時尤麤笨，無好。」毛奇齡《越語肯綮錄》：「或以『体』字爲『體』字，便寫之字，不知音蒲本切，即粗疎庸劣之稱，今方言『粗体』、『呆体』俱是也。」「笨」的本義是竹裏，「麤笨」、「愚笨」的「笨」，當另有本字。明・李實《蜀語》：「笨，竹裏，故從竹。《晉》、《宋書》以爲人之粗率字，於義不通，當以体、体從人或從心爲是。」黃生曰：「楊用修譏晦菴目孔明爲盆，引《晉書》『笨伯』字正之。鄭侯升《稗言》謂《晉書》亦誤，以『笨』乃竹中青，而謂當作『体』。然『体』乃《篇海》俗增之字，古書所無，何足刊前人之謬耶？余考此字宜從艸作『苯』，《廣韻》：『苯蕁（布衮、祖本二切），艸叢生也。』叢生則與秀拔相反，以此思之，則『苯』之義可知矣。」〔註 57〕黃侃曰：「笨伯，借爲体（《說文》無『体』字）。」〔註 58〕黃侃又曰：「人椎鈍謂之笨伯，見《抱朴子》，其字當作『顛』（大醜皃）。」〔註 59〕黃生說是「苯」字牽強。「体」、「体」是後出本字，「顛」當非本字，李、鄭及二黃氏說

〔註 53〕龍榆生《古今名人書牘選》，上海古籍出版社 2016 年版，第 152 頁。

〔註 54〕張小豔《敦煌書儀語言研究》，商務印書館 2007 年版，第 123 頁。

〔註 55〕張小豔《敦煌書儀語言研究》，商務印書館 2007 年版，第 286 頁。

〔註 56〕郝春文主編《英藏敦煌社會歷史文獻釋錄（第 3 卷）》「体」亦誤錄作「體」，社會科學文獻出版社 2003 年版，第 422 頁。

〔註 57〕黃生《字詁》，收入《字詁義府合按》，中華書局 1954 年版，第 53 頁。

〔註 58〕黃侃《說文段注小箋》，收入《說文箋識》，中華書局 2006 年版，第 186 頁。

〔註 59〕黃侃《字通》、《說文解字斠詮箋識》，並收入《說文箋識》，中華書局 2006 年版，第 121、377 頁。

皆不足取。《晉書・羊曼傳》:「豫章太守史疇以大肥爲笨伯，散騎郎高平張嶷以狡妄爲猾伯。」〔註60〕史疇以大肥爲笨伯，「笨」即「肥」字音轉，肥者矗拙，多愚鈍，因而「笨」字引申有愚笨義。翟灝曰:「体、笨、体三字皆從大從十，而不從本。」〔註61〕其說亦誤，「笨」、「体」音盆本反、部本反，正當從「本」得聲，何取於「夲」土刀反之音乎？

（12）S.329《書儀鏡》:「某乙有限，不日拜慰。」(2 / 50)

按:「日」當作「由」。本卷下文「某乙有限，不由奔慰」，又「驅馳有限，未由拜奉」，又「某乙限以諸務，不由造慰」，又「各限王事，拜賀未由」，又「限以所守，未由拜奉」，都是其證。不由，猶言無由。本卷下文「限以驅碌，披賀未從」，「未從」亦同義。

（13）S.329《書儀鏡》:「某使至，奉某月日誨，但增嘉躍。」(2 / 51)

按:「嘉」當作「喜」。本卷上文有「聞問喜躍倍深」語。

（14）S.329《書儀鏡》:「某乙介理養失冥，忽染疴纏。」(2 / 51)

校勘記:《敦煌寫本書儀研究》疑「養」上脫三字。(2 / 76)

按:原卷「疴」作「痾」。龔元華指出所謂「冥」字原卷是「宜」俗寫〔註62〕。此卷無脫文。介，讀爲蓋，表示推測語氣。理養，猶言將養。本卷上文「將理乖道」，下文「將理乖方」，又「拙自將理」，將猶養也，「理養」即「將理」。

（15）S.329《書儀鏡》:「緹幕灰飛，王律司節。」(2 / 52)

按:「王」當作「玉」。《後漢書・律曆志》:「候氣之法，爲室三重，戶閉，塗釁必周，密佈緹縵。室中以木爲案，每律各一，內庳外高，從其方位，加律其上，以葭莩灰抑其內端，案曆而候之，氣至者灰去。其爲氣所動者其灰散，人及風所動者其灰聚。殿中候，用玉律十二。」

〔註60〕《御覽》卷378引《晉中興書》「笨」誤作「大」。

〔註61〕翟灝《通俗編》卷15，收入《續修四庫全書》第194冊，上海古籍出版社2002年版，第424頁。

〔註62〕龔元華《英藏敦煌俗字字形誤釋考校舉例》，《中國語文》2014年第5期，第446頁。余原文發表時謂「冥」是「宜」形訛，後承龔元華指示他早有相近的說法，今改引作龔說。

（16）S.329《書儀鏡》：「專裹望不至遲遲，幸也。」（2 / 53）

按：裹，圖版作「禡」，當錄作「禡」。禡，讀爲弔。弔望，慰問看望。龔元華則謂「禡」是「鶴」形誤〔註 63〕。

（17）S.329《書儀鏡》：「惟叫摧絕，割利實深。」（2 / 54）

按：利，讀作剺，亦割也。字亦作梨、剓、剺、鑗、剆、劚、蠡、劙、劚。

（18）S.329《書儀鏡》：「身事灌落不名，有幸得遇將軍。」（2 / 55）

按：灌，圖版作「灌」。「灌落」不辭，「灌」當是「濩」誤書。《慧琳音義》卷 91 引《考聲》：「濩落者，水大貌也。」又卷 85：「濩落，寬曠無涯際也。」濩落，空曠貌，引申則爲空虛失意貌。《希麟音義》卷 10：「濩落：《廣雅》云：『濩落，寬廣無涯濟（際）也。』《字書》云：『殞濩，落薄（拓）失志貌也。』」所引《廣雅》不知所出，《集韻》：「獲，隕獲，困迫失志皃，通作穫。」與所引《字書》相近。《舊唐書・高適列傳》：「（高）適少濩落，不事生業，家貧，客於梁、宋，以求丐取給。」亦用其引申義。音轉則作「瓠落」、「廓落」「郭落」，《集韻》：「瓠，瓠落，廓落也。《莊子》：『瓠落無所容。』梁簡文帝讀。」《莊子》出《逍遙遊》，《御覽》卷 762、《演繁露》卷 15、《永樂大典》卷 2259 引作「濩落」，《御覽》卷 979 引作「廓落」。郝懿行曰：「瓠落，廓落也。」〔註 64〕《類聚》卷 48 引梁・陸倕《遷吏部郎啓》：「臣器均濩落，材同擁腫。」顯然用《莊子》典，字亦作「濩落」。《釋名》：「郭，廓也，廓落在城外也。」又「槨，廓也，廓落在表之言也。」《類聚》卷 25 引《典略》：「魏文帝嘗賜劉楨郭落帶。」《御覽》卷 696 引作「廓落」。《水經注・伊水》：「伊水東北過郭落山。」又音轉作「昦落」，《史記・律書》：「弧者，言萬物之昦落，且就死也。」方以智曰：「《莊子》『濩落』，《史記》『昦落』，『昦』與『濩』通。《爾雅》『檴落』則木名。」〔註 65〕「檴落」是同源詞。胡文英曰：「昦音活。昦落，搖動也。」〔註 66〕

〔註 63〕龔元華《英藏敦煌社會歷史文獻釋文語言文字研究》，廣西大學 2012 年碩士學位論文，第 50 頁。

〔註 64〕郝懿行《證俗文》卷 17，收入《郝懿行集》第 3 冊，齊魯書社 2010 年版，第 2605 頁。

〔註 65〕方以智《通雅》卷 7，收入《方以智全書》第 1 冊，上海古籍出版社 1988 年版，第 287 頁。

〔註 66〕胡文英《吳下方言考》卷 10，收入《續修四庫全書》第 195 冊，上海古籍出

胡說非是。又音轉作「豁落」，S.238《金眞玉光八景飛經》：「豁落張天羅，放威擲流鈴。」

（19）S.329《書儀鏡》：「公動止勝悆。」（2 / 56）

按：本卷下文「五郎動止勝途」，又「惟履勝悆」。張小豔曰：「『途』當爲『悆』的形近誤字。P.3637《書儀鏡》：『次姑康途。』句中『途』，P.3849、P.5039 皆作『悆』。『悆』義爲安寧、康泰，《龍龕手鏡》：『悆，悅也，安也，豫也。』」〔註 67〕張說是也，但途讀作悆，不必以爲誤字。《說文》：「悆，《周書》曰：『有疾不悆。』喜也。」「悆」自是本字，引《龍龕》，則無以溯其源。字亦作豫，《說文》所引《周書》，今《書・金縢》：「既克商二年，王有疾弗豫。」孔傳：「武王有疾，不悅豫。」清華簡（一）《金縢》「豫」作「㾏」。本卷下文：「伏惟太守二弟動止勝豫。」S.361《書儀鏡》：「丈人丈母尊體動止康豫。」S.1438V：「伏惟論兄動靜康愈。」「愈」亦借字。

（20）S.329《書儀鏡》：「此之一切，實為善代。」（2 / 57）

按：「切」當作「功」，「善」當作「蓋」。「蓋」俗作「盖」，形近誤作「善」。本卷下文「蓋代功高，苦（古）之莫有」，又「此之一舉，曠古未聞，皆足下深謀，功高蓋代」，又「功高蓋代，尅捷還京」，又「蓋代功高，故（古）之莫有」。

（21）S.329《書儀鏡》：「但益勤誕詠也。」（2 / 58）

按：「誕詠」不辭，「誕」當作「延」，「勤」字衍文。本卷下文「益延詠也」。P.3637《書儀鏡》：「但增延詠。」又「執別雖近，延詠已深。」「延詠」是寫卷《書儀》常用語，不備舉證。韋應物《西澗種柳》：「延詠留佳賞，山水變夕曛。」

（22）S.329《書儀鏡》：「此之一舉，倍百鹽功。」（2 / 59）

按：鹽，圖版作「[illegible]」，俗字。倍百鹽功，蓋謂戰利所得是鹽稅的百倍。

（23）S.343《齋儀》：「辰（晨）昏不假（斷）於諸承，旦暮無虧於口口。」（2 / 131）

版社 2002 年版，第 87 頁。

〔註 67〕張小豔《敦煌書儀語言研究》，商務印書館 2007 年版，第 274 頁。

按：黄征曰：「假，當作『段』，爲『斷』的同音借字。」〔註68〕其說非是。趙鑫曄曰：「『旦暮無虧於口口』可據P.3699、P.3518V補作『旦暮無虧於參問』。假，P.3518V同，P.3699作『綴』，通『輟』。」並引拙說云：「《爾雅》：『假、輟，已也。』假、輟同義，故《爾雅》同訓爲『已』。」〔註69〕Дx.1309＋Дx.1310+Дx.1316＋Дx.2969+Дx.3016＋Дx.3024＋Дx.3153＋Дx.3159作「（上殘）不闕於諮承，旦慕（暮）無虧於參問」，闕讀爲缺，亦缺失、廢止義。P.2058：「軌範不失於晨昏，知禮靡虧於奉事。」失亦缺也。句末脫字亦可補「禮節」，S.1523V「晨昏唯諾，無虧於禮節」，是其證也。S.3914：「供養三時，梵唄無暇。」P.2854：「於是經開貝葉，課念不暇於時須；佛禮金仙，唱懺無虧於漏滴。」「不暇」、「無暇」亦是不廢止義，暇讀作假，足證此卷「假」非誤字。

（24）S.343《齋儀》：「**福事既圓，威眾斯集。**」（2／131）

按：威，黄征錄作「咸」，校作「盛」〔註70〕。圖版作「[illegible]」，黄征錄文是也。然「咸眾」不辭，改作「盛眾」亦未見辭例。P.2915作「福事既圓，眾善斯集」。S.4625：「福事已圓，眾善遐集。」〔註71〕Дx.1309＋Дx.1310+Дx.1316＋Дx.2969+Дx.3016＋Дx.3024＋Дx.3153＋Дx.3159殘存「福事既圓眾」五字。「咸眾」當是「眾善」誤書。「眾」是形容詞而不是名詞，所集者是「善」而不是「眾」。斯，盡也，皆也。

（25）S.343《齋儀》：「**疾苦纏眠，火風不適。**」（2／132）

按：眠，原卷作「[illegible]」，黄征以爲是「眠」字，讀爲綿〔註72〕。「[illegible]」當是「眠」累增偏旁的俗字，讀爲綿是也。《詩・常武》：「緜緜翼翼。」《釋文》：「緜，如字，《韓詩》作『民民』，同。」又《載芟》：「緜緜其麃。」《釋文》：「緜緜，如字，《韓詩》作『民民』。」此其音轉之證。S.4537：「病臥纏綿，起居輕利。」P.2807、P.2915：「痛苦纏綿，起居輕利。」

〔註68〕黄征、吳偉《敦煌願文集》，嶽麓書社1995年版，第2頁。
〔註69〕趙鑫曄《敦煌佛教願文研究》，南京師範大學2009年博士論文，第170頁。
〔註70〕黄征、吳偉《敦煌願文集》，嶽麓書社1995年版，第3頁。
〔註71〕Дx.6070有同文，脱「善」字。
〔註72〕黄征《敦煌俗字典》「眠」、「纏」條，上海教育出版社2005年版，第273、42頁。

《起世經》卷 4：「病苦所侵，纏綿困篤。」正作「纏綿」。《葉衣觀自在菩薩經》卷 1：「疾病纏眠，寢食不安。」宋本等「眠」作「綿」。《圓覺經道場修證儀》卷 9：「恩愛纏眠難棄捨。」亦用借字。

（26）**S.343《齋儀》：「即使十方事垂，慈悲願而護持；三世如來，賜醍醐之妙藥。」**（2 / 133）

按：上二句，黃征校作「即使十方〔善〕事，垂悲願而護持」。刪「慈」字是，補「善」字誤。趙鑫曄據 P.2854、P.2631 同文校作「即使十方〔大〕事（士），垂悲願而護持」，原卷脫「大」字，「慈」字涉「悲」而衍〔註 73〕。趙說是也，P.2226V：「惟願十方大士，乘（垂）悲願而護持；三世如來，施醍醐之妙藥。」亦是其證。「乘」是「垂」形譌。賜，P.2854、P.2631 同，P.2226V「施」是「賜」音借。《撰集百緣經》卷 1：「長者跪白王言：『施我無畏，敢有所道。』」《大方便佛報恩經》卷 7：「爾時獵師即前白王：『唯願大王賜我無畏，當以上事向大王說。』」二文文例相同，施亦讀爲賜。S.2630《唐太宗入冥記》：「賜卿無畏，平身祗對朕。」亦其證。

（27）**S.343《齋儀》：「惟亡妣乃母儀秀發，佳訓流芳。」**（2 / 134）

按：P.2915 同。「佳」當作「閨」。S.4642：「母儀秀發，閨訓流芳。」是其確證。P.3173：「伏惟我國母天公主清眞宿駐，閨訓流方（芳）。」P.2058：「亡母乃貞容美德，閨訓自天。」亦其旁證。S.6417：「母儀騰秀，珪訓流方（芳）。」「珪」亦借字。

（28）**S.343《齋儀》：「至孝等攀號擗踴，茹（荼）毒酸辛。」**（2 / 134）

按：P.2915 同文「茹」正作「荼」。S.5957：「攀號荼毒，痛結五情；念泣凡（几）延（筵），悲纏六府。」又「門人荼毒，淚雙樹之悲；俗眷攀號，傷鶴林之痛。」

（29）**S.343《齋儀》：「形同（雖）女質，志操丈夫節，世希之有也。」**（2 / 134）

〔註 73〕趙鑫曄《敦煌佛教願文研究》，南京師範大學 2009 年博士論文，第 171 頁。龔澤軍《〈英藏敦煌社會歷史文獻釋錄〉（第二卷）補校》說同，《燕趙學術》2011 年秋之卷，第 49 頁。

校勘記：同，疑當作「雖」，據文義改。《敦煌佛學・佛事篇》徑釋作「雖」。（2／144）

按：校「同」作「雖」，殊爲無據。黃征「節」字屬下句，校作「即」〔註74〕，其說是也，而猶未盡。「希之」當乙作「之希」。Дx.0169+Дx.0170+Дx.2632V：「形同女質，志參丈夫，即代之稀有也。」P.2443V：「形同女質，志操丈夫，即一大之稀有也」，「一」是衍文，「大」讀作「代」。即世、即代，猶言當代。《降魔變文》：「善幾策於胸衿，洞時機於即代。」項楚曰：「即代，當代。」〔註75〕P.2915：「刑（形）同女質，志操丈夫，口世奇希，古今未有。」脫字必是「即」無疑。「操」當作「摻」，讀作參，並也，齊也，亦同也。《法苑珠林》卷48：「志參清潔，如玉如冰。」《續高僧傳》卷23同，「參」是「操」誤。

（30）S.343《齋儀》：「父心切切，母意惶惶，睹喜（栖）處以增悲，對嬌車而灑淚。」（2／134）

按：校「喜」爲「栖」，非是。黃征校作「嬉」，是也。S.1177：「花台蓮宮，承因遊喜。」黃征亦校「喜」作「嬉」〔註76〕。Φ263V+Φ326V：「或因戲喜，趁兔奔狐。」亦其例。「嬉」是「娭」俗字，《說文》：「娭，戲也。」《廣雅》：「嬉，戲也。」「嬉處」又作「戲處」，S.4992：「遂使父心切切，母意惶惶。看戲處以增悲，睹搖車而掩泣。」S.5637同。P.2058：「金支切切，睹戲處以增悲；合郡惶惶，對靈車如（而）灑淚。」Дx.1200：「遂使父心切切，看戲處以增悲；（下殘）而掩泣。」

（31）S.343《齋儀》：「冥冥去識，知詣何方？寂寂幽魂，聚生何路？」（2／135）

按：聚，讀作趣，黃征亦失校〔註77〕。同句P.2058、S.4992、S.5637都作「趣」。

（32）S.343《齋儀》：「慈林定秀，將覺樹而蘭芳；惠炬楊暉，澄桂輪而含影。」（2／135）

〔註74〕黃征、吳偉《敦煌願文集》，嶽麓書社1995年版，第9頁。
〔註75〕項楚《敦煌變文選注》，中華書局2006年版，第655頁。
〔註76〕黃征、吳偉《敦煌願文集》，嶽麓書社1995年版，第9、916頁。
〔註77〕黃征、吳偉《敦煌願文集》，嶽麓書社1995年版，第9頁。

按：黃征校作：「慈（詞）林定（挺）秀，將覺樹而蘭（聯）芳；惠（慧）炬楊暉（楊暉），澄桂輪而含（合）影。」〔註 78〕黃校「含」作「合」誤，其餘皆是。此卷本於 P.2883 唐・義淨《金光明最勝王經序》：「詞林挺秀，將覺樹而連芳；慧炬揚暉，澄桂輪而含影。」S.462 義淨《大唐中興三藏聖教序》同。蘭，讀爲連。《說文》「瀾」或作「漣」。《釋名》：「瀾，連也，波體轉流相及連也。」《淮南子・天文篇》：「至於連石。」高誘注：「連讀『腐爛』之爛也。」《初學記》卷 1、《御覽》卷 3、《續博物志》卷 3 引並有注：「連，音爛。」「班蘭」、「班爛」音轉作「斑連」，「讕哰」音轉作「謰謱」。皆其音轉之證。

（33）S.343《齋儀》：「成（誠）梵宇之降棟樑，法門之龍象。」（2 / 135）

按：黃征刪「降」字〔註 79〕，是也。P.2883、S.462 正無「降」字，又「成」作「誠」。P.2449V：「寔桑門之重鎭，爲梵宇之棟樑。」文例亦同。

（34）S.343《齋儀》：「亦合久居住世，表慈緇徒；何圖敢（感）化有終，是乎生滅。」（2 / 135）

按：住，讀爲濁，黃征亦失校〔註 80〕。P.2044V：「將爲（謂）久居濁世，誘化群情；何圖緣盡西歸，掩（奄）從圖塔。」文例相同。是，讀爲示，黃征亦失校〔註 81〕。S.6417：「竊聞諸行無常，四流因如（而）奔浪；是生滅法，六〔趣〕所以沉淪。」黃征校「是」作「示」〔註 82〕，是也，S.5957「是」作「視」，亦是借字。P.4062「何乃感應無方，示同生滅」，正作「示」字。

（35）S.343《齋儀》：「門人荼毒，同傷悲之憂；俗眷攀號，共切鶴林之痛。」（2 / 135）

校勘記：同傷悲之憂，據下文此句應補一字。（2 / 144）

按：黃征於「同」下補「增」〔註 83〕字。S.5957：「門人荼毒，淚雙樹之悲；

〔註 78〕黃征、吳偉《敦煌願文集》，嶽麓書社 1995 年版，第 10 頁。
〔註 79〕黃征、吳偉《敦煌願文集》，嶽麓書社 1995 年版，第 11 頁。
〔註 80〕黃征、吳偉《敦煌願文集》，嶽麓書社 1995 年版，第 10 頁。
〔註 81〕黃征、吳偉《敦煌願文集》，嶽麓書社 1995 年版，第 10 頁。
〔註 82〕黃征、吳偉《敦煌願文集》，嶽麓書社 1995 年版，第 11 頁。
〔註 83〕黃征、吳偉《敦煌願文集》，嶽麓書社 1995 年版，第 11 頁。

俗眷攀號，傷鶴林之痛。」〔註 84〕未可據校此文。黃氏補「增」，近是。《貞元新定釋教目錄》卷 14：「倍增霜露之悲，深積鶴林之痛。」

（36）S.343《齋儀》：「九（久）隔尊顏，机（几）筵希設。」（2 / 136）

按：校作「几」是也，但原卷「机」作「杌」。黃征校「杌」作「凡」〔註 85〕，非是。「希」當作「布」，黃征亦失校〔註 86〕。《廣雅》：「設、布，施也。」「布設」同義連文，亦作「敷設」。S.2832：「故得家家烈（列）饌，處處敷延（筵）。」P.2044V：「敷授視之高座，設萍藻之盛筵。」

（37）S.343《齋儀》：「闕（厥）今此會茹（荼）毒咸（銜）悲意者。」（2 / 137）

按：「茹」讀如字，含也。P.2237V：「厥今坐端齋主、至孝等銜悲茹毒者。」Дx.6057V：「（上殘）會含悲茹毒（下殘）願者。」

（38）S.343《齋儀》：「夫坼昏網，爍煩何（河），萬類開覺而發心者，佛。」（2 / 137）

按：「煩河」不辭，黃征校作「煩疴」〔註 87〕，是也。P.4062：「醫王潛佑，煩疴頓解。」

（39）S.343《齋儀》：「然後霑有識，備無艮，賴芳因，登正覺。」（2 / 138）

按：黃征校「艮」作「垠」〔註 88〕，是也。備，讀作被，及也，黃征亦失校。P.2807：「然後霑有識，被無涯；賴芳因，成覺道。」《大唐西域記》卷 10：「慈霑有識，惠及無邊。」「無垠」義同「無涯」、「無邊」。S.1164V：「榮名克昌，美譽霞（遐）備。」備亦讀作被。

（40）S.343《齋儀》：「憂（悠）遊常樂之階，永舉（攀）無生之境。」（2 / 139）

校勘記：舉，當作「攀」，《敦煌願文集》據文義校改。（2 / 145）

〔註 84〕P.3084+P.3765 同；Φ263+Φ326 亦同，惟「荼」誤作「蔡」；S.6417 凡二見亦同，惟「樹」誤作「垂」，又一處「痛」下衍「切」字。

〔註 85〕黃征、吳偉《敦煌願文集》，嶽麓書社 1995 年版，第 11 頁。

〔註 86〕黃征、吳偉《敦煌願文集》，嶽麓書社 1995 年版，第 10 頁。

〔註 87〕黃征、吳偉《敦煌願文集》，嶽麓書社 1995 年版，第 14 頁。

〔註 88〕黃征、吳偉《敦煌願文集》，嶽麓書社 1995 年版，第 14 頁。

按：Дx.10319 殘存「憂遊常樂之階永舉」八字，字亦作「舉」。舉，當讀作居、處。

（41）S.343《齋儀》：「意樹開七覺之花，身田含八解之果。」（2 / 139）

按：「果」當是「水」誤書。S.4081：「惟願八解之水，澡心鏡而澄明；七覺之花，莊高樹而揚彩。」正作「水」字。P.3566：「惟願禪池八水，連渏海而澄蘭（瀾）；覺樹七花，影心之（枝）而吐（坐）褥。」〔註 89〕P.2915：「八水每以洗其心，七花恒以嚴其體。」〔註 90〕P.3084+P.3765：「惟願七花備體，八水洗心。」S.5637：「湛八水於心源，六塵〔清〕淨；芳七花於意樹，三草抽輝。」「八水」即「八解之水」省文。考《佛說維摩詰經》卷 2：「八解之浴池，正水滿其淵。」以浴池比喻八解，則自當言「八解之水」也。

（42）S.343《齋儀》：「逍遙十地之階，縱賚（賞）九仙之位。」（2 / 139）

校勘記：賚，當作「賞」，《敦煌願文集》據 P.2358 改。（2 / 145）

按：黃校是也，P.2526V、BD6412V2、BD8099 亦作「賞」字。

（43）S.343《齋儀》：「賓鉢羅樹下，長為禪悅之林；安褥達池中，滌塵勞之垢。」（2 / 139）

按：黃征據 P.2255 於「滌」上補「永」字〔註 91〕，是也。P.2358、P.2526V、BD6412V2、BD8099 並有「永」字。各卷「安」作「阿」，一聲之轉。

（44）S.343《齋儀》：「菩提種子，長積於心田；智惠明（萌）牙（芽），芬芳〔於〕意樹。」（2 / 139）

校勘記：於，《敦煌願文集》據文義補。（2 / 145）

按：原卷「心」作「身」。黃征補「於」字是也，然仍未安。P.2526V：「願菩提種子，長積身田；智惠萌芽，芬芳於意樹。」P.2341：「菩提種子，長積於身田；知惠萌芽，永芬芳於高樹。」P.3765：「菩提種子，結集積於身田；智惠萌芽，永芬芳於意樹。」〔註 92〕S.5957：「惟願菩提種子，結積集於身田；智惠萌芽，永芬芳而意樹。」BD8099：「菩提種

〔註 89〕P.2058「吐」作「坐」。

〔註 90〕P.2807 同，惟脫下「其」字。

〔註 91〕黃征、吳偉《敦煌願文集》，嶽麓書社 1995 年版，第 18 頁。

〔註 92〕Φ263+Φ326 同。

子，長積於身田；智惠萌芽，永芬芳於意樹。」Дx.0141V：「菩提種子，永積於身田；智惠萌牙，芬芳於〔意〕樹。」各卷皆有脫誤，綜合各卷，校作：「菩提種子，長積集於心田；智惠萌芽，永芬芳於意樹。」

（45）S.343《齋儀》：「願駕一乘之惜（楫），遊八正之門；廣六度之舟，截四流之海。」（2／139）

按：校「惜」作「楫」，乃黃征說〔註93〕。P.2526V：「願駕一乘之駿馬，遊八政（正）之口原；嚴六度之舟船，截四流之苦海。」據此，「惜」當是「馬」誤寫，既與「駕」字相應，又與「舟」字對舉。

（46）S.343《齋儀》：「願〔災〕殃解散，若高風之建（見）白雲；業障消除，等涅槃而湯輕雪。」（2／139）

校勘記：災，《敦煌願文集》據文義補。（2／145）

按：黃氏補「災」是也，P.2526V、P.2543V、上圖060正有「災」字。校「建」作「見」非是，當據各卷作「卷」。湯，黃征讀作蕩〔註94〕，實當讀作盪，各卷都作「鑠」。

（47）S.343《齋儀》：「不扶人啟，望上天心。」（2／139）

按：二句當校作：「不（下）扶（符）人望，上啓天心。」「不」是「下」形訛，與「上」對舉。扶，讀爲符。S.5957：「開遮玄合於法門，淨亂雅扶於實相。」黃征讀扶爲符〔註95〕。P.4062：「加以秂（天）應雄星，地扶靈傑。」P.4061：「道冠前英，德扶今哲。」P.2631作「苻」，「苻」即「符」。都是其例。「啓」當在「上」字下，而誤倒於上。S.2832：「上順帝心，下〔資〕人望。」〔註96〕P.2385V：「上順帝心，下資人望。」啓，讀爲契〔註97〕，合也，與「符」同義對舉。S.1438V：「庶得上契佛意，下協人心。」《隋書・突厥列傳》：「上契天心，下順民望。」

〔註93〕黃征、吳偉《敦煌願文集》，嶽麓書社1995年版，第17頁。

〔註94〕黃征、吳偉《敦煌願文集》，嶽麓書社1995年版，第17頁。

〔註95〕黃征、吳偉《敦煌願文集》，嶽麓書社1995年版，第765頁。

〔註96〕郝春文主編《英藏敦煌社會歷史文獻釋錄（第十四卷）》據P.2385V補「資」字，社會科學文獻出版社2016年版，第305頁。趙鑫曄謂「人」字衍文，以下句「諸賢」屬上，讀作「下望諸賢」，非是，當是「下」下脫「資」字。趙鑫曄《敦煌佛教願文研究》，南京師範大學2009年博士論文，第184頁。

〔註97〕例證參見蕭旭《〈敦煌社邑文書輯校〉校補》。

（48）S.343《齋儀》:「官榮日進，方延五鼎之尊；峻哈（恰）時遷，坐列萬鐘之祿。」(2／139)

校勘記：哈，當作「恰」，據文義改。(2／145)

按：黃征校「哈」作「洽」〔註98〕。P.2915、P.3084+P.3765、S.5957、S.6417、Φ263+Φ326、BD6412V2 同文都作「峻洽」，Φ263V+Φ326V 作「俊洽」。祿，各卷同，獨 S.6417 作借字「樂」。「峻洽」不辭，當作「峻位」，猶言高位。敦煌願文襲用套語，因而一錯俱錯。P.2358「榮班日益，官位時遷」，P.2631、P.2854 並有「榮班日漸，寵位時增」，P.3765、S.5957、Φ263+Φ326、Дx.12521V+Дx.2681 並有「祿位日新，榮班歲漸」〔註99〕，P.3825「榮班歲厚，祿位時遷」，S.4474「祿位日遷，榮資轉貴」，S.4544「榮班歲厚，寵位時增」，S.5957「恩榮日重，東海窮而不窮；寵位時增，西溟盡而不盡」，都是作「位」字之證。

（49）S.343《齋儀》:「男則如金如玉，榮國榮家；女則如芳如蘭，仁行依教。」(2／140)

按：S.4992 作「仁行於教」，黃征並校作「依行依教」〔註100〕。依黃氏校，其義仍不明。P.2526V：「生男則如珠如玉，國寶國師；但（誕）女乃如蘭如芳，人脩人敬。」P.2543V「脩」作「修」，餘同。當據校，「仁」是「人」音誤，「教」是「敬」形誤。梁・任昉《贈王僧孺》:「敬之重之，如蘭如芷。」寫卷亦謂女子如芳如蘭，而人敬重之。

（50）S.343《齋儀》:「官報（保）跉（齡）遐，壽共春（椿）鶴如（而）俱長；顯識重名，與臺鼎如（而）參烈（列）。」(2／140)

按：「壽」字屬上句。S.4992：「官報（保）跉（齡）遐壽，共春（椿）鶴而俱長；顯織重名，與立（台）鼎而參烈（列）。」S.2717：「保齡遐算，共春鶴而俱翔（長）；顯職重名，與台鼎而參列。」黃征校「顯織」作「顯職」，是也，而於此「顯識」却失校〔註101〕。Φ342V 有「馳名顯職」語。算，亦指壽命。參，並也，齊也。

〔註98〕黃征、吳偉《敦煌願文集》，嶽麓書社 1995 年版，第 18 頁。

〔註99〕「歲漸」二字見Дx.2681。

〔註100〕黃征、吳偉《敦煌願文集》，嶽麓書社 1995 年版，第 19、141 頁。

〔註101〕黃征、吳偉《敦煌願文集》，嶽麓書社 1995 年版，第 141、19 頁。

（51）S.343《齋儀》:「萬神扶衛，千聖名冥資。」（2 / 140）

按：黃征據 S.4992 刪「名」字〔註 102〕，是也。P.2385V 亦無「名」字。

（52）S.343《齋儀》:「福益日新，智隨年積。」（2 / 140）

按：「福」、「智」二字 P.2385V、S.4992 互倒。

（53）S.343《齋儀》:「餐法善而無煩，惠命不斷金之術。」（2 / 140）

校勘記：善，《敦煌願文集》釋作「喜」。下句疑有脫誤。（2 / 145）

按：作「法喜」是。S.4992：「餐法喜而無煩，惠命不斷今術。」「法善」不詞，「法喜」是佛經術語，「餐法喜」是願文常用詞。P.2854：「惟願謁愛河而偃塵嶽，餐法喜而憩禪林。」BD0017V：「饑餐法喜，渴飲禪漿。」《續高僧傳》卷 17：「雖餐法喜，弗袪蒙蔽之心；徒仰禪悅，終懷散動之慮。」

（54）S.343《齋儀》:「摧天魔於舍衛，伏外道於迦羅。」（2 / 141）

按：羅，原卷作「維」，黃征錄文不誤〔註 103〕。P.3084、S.5957、Φ263+Φ326 同文並作「迦維」，地名。

（55）S.343《齋儀》:「擊法鼓於大千，振鳴鍾（鐘）於百億。」（2 / 141）

按：「鳴」當據 P.3084、S.5957、Φ263+Φ326 同文作「鴻」。黃征亦失校〔註 104〕。

（56）S.343《齋儀》:「惟男積年軍旅，為國從征，遠涉邊戎，虎（虔）心用命。」（2 / 141）

校勘記：虎，當作「虔」，《敦煌願文集》據文義改。（2 / 145）

按：黃征所校是也，P.2237 正作「虔」。Φ263V+Φ326V 亦誤作「虎」。

（57）S.343《齋儀》:「金石微言。」（2 / 141）

按：石，原卷及 P.2539 都作「口」，黃征錄文亦誤〔註 105〕。P.2341：「轉金口之微言，賽酬往願。」又「竊以金口微言，運五乘而闡化；玉毫靈相，照三界以宣慈。」下句 P.2226 同。

〔註 102〕黃征、吳偉《敦煌願文集》，嶽麓書社 1995 年版，第 21 頁。
〔註 103〕黃征、吳偉《敦煌願文集》，嶽麓書社 1995 年版，第 23 頁。
〔註 104〕黃征、吳偉《敦煌願文集》，嶽麓書社 1995 年版，第 23 頁。
〔註 105〕黃征、吳偉《敦煌願文集》，嶽麓書社 1995 年版，第 24 頁。

（58）S.343V《雜寫》：「恐後或有人爭論偏並，或有無智滿說與（異）端。」（2 / 147）

按：並，原卷作「并」，同卷另一篇作「併」。偏并，不公正也，不均匀也。嵇康《聲無哀樂論》：「偏并之情，先積於內。」《開元占經》卷 107：「內屏，古今同。四星在黃帝座南郎位，舊取端正，均配行列，今有偏并不均，十五星在帝座東北。」字或作「偏並」，《外臺秘要方》卷 31：「以馬尾羅篩之，攪令勻調，重篩，務令相入，不令偏並。」字或作「偏併」，《通典》卷 35：「須守護者，取年十八以上中男及殘疾，據見在數，均爲番地，勿得偏併，每番一旬。」《唐會要》卷 69：「今員缺偏併，尚未均平。」音轉亦作「偏邊」，《釋摩訶衍論》卷 10：「有無雙照，無有偏邊。」又「理事雙達，無有偏邊。」滿，讀爲謾。謾說，亂說、胡說。與，同卷另一篇作「異」，此作「與」乃音轉借字。

（59）S.343V《述三藏聖教序抄》：「神清齠齔之年，體拔浮華之世。」（2 / 149）

按：齠，原卷作「[illegible]」，P.2323 作「[illegible]」。「齠」必是「齠」形訛，《大唐大慈恩寺三藏法師傳》卷 7、《廣弘明集》卷 22 都作「齠」。齠、齔都指小孩換牙，借指七、八歲幼童。「齠齔」是晉、唐人俗語詞。S.388《字樣》：「齠：相承用，音調。齔：叉刃反。」

（60）S.343V《齋儀抄》：「（上殘）之雅則；六行神秀，含苑約之貞風。宜（下殘）條之妙。」（2 / 156）

按：苑，原卷作「菀」，讀作婉。S.5957：「惟亡妣乃四德天資，稟柔和之雅則；六行神秀，含菀（婉）約之貞芳。宜家標三備之能，訓子善六條之妙。」P.3765 同，缺文可據校。

（61）S.343V《齋儀抄》：「於是金色間容，掩大千於日月；玉豪（毫）揚彩，輝百億之乾坤。」（2 / 157）

按：間，S.2832 同，黃征校作「開」〔註 106〕，是也，P.2631、P.3825、S.1441V、S.5548 正作「開」。

〔註 106〕黃征、吳偉《敦煌願文集》，嶽麓書社 1995 年版，第 27、76 頁。

（62）S.343V《齋儀抄》：「然而獨拔繁羅，猶現雙林之滅；孤超象累，尚辭丈室之痾。」（2 / 157）

按：黃征校「繁」作「煩」，「象」作「塵」〔註 107〕，並是也。P.2631「繁」同，「象」作「塵」；P.3825、S.1441V、S.5548 作「煩」、「塵」二字。

（63）S.343V《齋儀抄》：「夫大雄一覺，吼（擂）法鼓而驚天；四智齊明，雷（吼）法螺而括地。」（2 / 157）

校勘記：吼，疑當作「擂」，據文義改。雷，疑當作「吼」，據文義改。（P159～160）

按：校錄者殆以爲「吼」、「雷」互倒，又讀雷爲擂。黃征讀雷爲擂，但未乙轉二字〔註 108〕。此不當乙轉，P.3575：「鍾（鐘）稱法鼓，一吼遍於三千。」S.2474V《佛爲心王菩薩說頭陀經》卷上：「震吼法鼓降四魔，內外怨賊悉清淨。」正有「吼法鼓」之語，可證「吼」字不當移易。「雷」讀如字。二句互文，言法鼓、法螺之聲如師子吼、如雷震。《菩薩瓔珞經》卷 1：「其聲音響如師子吼，亦如雷震，無不聞聲，永立究竟，乃至滅度，發於無極瓔珞之雲，演法雷吼，法鼓電光，雨解脫味，宣七覺意。」

（64）S.343V《齋儀抄》：「將欲騰威四海，啟四弘以馳誠（騁）；嚴誡六兵，馮（憑）六通而稽首。」（2 / 158）

按：「誠」讀如字。「馳誠」是中古俗語詞，願文用例如：P.2044V：「文絕音書，馳誠每積。」P.4062：「於是馳誠勝境，歷想玄津。」Φ342V：「南蠻革俗，袴（踐）危路以馳誠；北狄歸心，委穹廬而抗策。」

（65）S.343V《齋儀抄》：「福分金藥，哀傷四馬之悲；妖（夭）折玉芳，哽噎三荊之痛。」（2 / 158）

按：原卷「馬」作「鳥」，黃征錄文不誤，又校「福」作「禍」〔註 109〕。趙鑫曄據 P.2642「禍分金蘂，哀傷四鳥之悲」，校「藥」作「蘂」〔註 110〕。二君說皆是也。校錄者失考「四鳥」、「三荊」之出典。

〔註 107〕黃征、吳偉《敦煌願文集》，嶽麓書社 1995 年版，第 26 頁。
〔註 108〕黃征、吳偉《敦煌願文集》，嶽麓書社 1995 年版，第 27 頁。
〔註 109〕黃征、吳偉《敦煌願文集》，嶽麓書社 1995 年版，第 28 頁。
〔註 110〕趙鑫曄《敦煌佛教願文研究》，南京師範大學 2009 年博士論文，第 174 頁。

（66）S.343V《齋儀抄》：「每恨盈盈同氣，一去九泉；穆穆孔德，忽焉萬古。」（2 / 158）

按：德，黃征錄作「壞」，校作「懷」〔註 111〕，是也。S.2832：「何期盈盈同氣，一旦九泉；穆穆孤（孔）懷，忽焉萬古。」是其切證。「孔懷」典出《詩・常棣》：「死喪之威，兄弟孔懷。」

（67）S.343V《齋儀抄》：「意擬千年永別，首目頊虧；稀萬難逢，肱股俄斷。」（2 / 158）

按：原卷「萬」作「万」，「肱股」作「股肱」。黃征錄文「頊」作「頓」，校「万」作「世」〔註 112〕。圖版作「頊」，是「頓」字。頓、俄同義對舉。趙家棟說「万」當作「方」，指藥方，是也。S.2832：「惶惶滿城，求藥無路；不逢編（扁）鵲，寄託金人。」即「稀方難逢」之謂也。

（68）S.343V《齋儀抄》：「趨庭絕訓，瞻机案而纏哀；生路無蹤，望空闌（欄）而灑淚。」（2 / 158）

校勘記：闌（欄），《敦煌願文集》釋作「床」。（2 / 160）

按：圖版作「床」，黃征錄作「床」不誤，其右側一豎是筆誤。机，讀爲几。S.5637：「積釁尤深，望昊天而灑淚；哀傷五內，瞻案机（几）以悲酸。」文意相近。

（69）S.343V《齋儀抄》：「纖容窈窕，若巫領（嶺）之行雲；叔（淑）態逶迤，比洛川之迴雪。」（2 / 159）

按：原卷即作「淑」字，黃征錄文不誤〔註 113〕。逶迤，原卷作「逶池」，轉語作「婑媠」、「婑嫷」，美好皃，舉止安詳貌。又轉作「婀娜」等語。或作「威馳」，P.2931：「進上（止）終諸過馬勝，威馳行步與（異）常倫。」迴，Дx.02832+Дx.02840+Дx.03066 同，P.4062 殘文作「流」。

（70）S.367《沙、伊等州地志》：「至後漢永平十六年，北征匈奴，取伊吾盧地，置田禾都尉，西域復通。」（2 / 176）

按：《後漢書・西域傳》：「永平十六年，明帝乃命將帥北征匈奴，取伊吾盧

〔註 111〕黃征、吳偉《敦煌願文集》，嶽麓書社 1995 年版，第 28 頁。
〔註 112〕黃征、吳偉《敦煌願文集》，嶽麓書社 1995 年版，第 28 頁。
〔註 113〕黃征、吳偉《敦煌願文集》，嶽麓書社 1995 年版，第 30 頁。

地，置宜禾都尉以屯田，遂通西域。」《元和郡縣志》卷 40 脫「置」字，「田禾」亦作「宜禾」。寫卷「田」字誤。

（71）S.367《沙、伊等州地志》:「時羅漫山。」（2 / 177）

按:《通典》卷 199:「處羅大敗，棄妻子，將左右數千騎，東走遁於高昌，東保時羅漫山。」「時」是「祁」相轉，《春秋・隱公十一年》:「公會鄭伯于時來。」《公羊傳》「時來」作「祁黎」。「羅漫」是「蘭」緩讀，蘭、連音轉，「時羅漫」是「祁連」緩讀，「祁連」又是「天」緩讀。《史記・匈奴傳》《索隱》:「祁連一名天山，亦曰白山也。」《漢書・武帝紀》顏師古注:「天山，即祁連山也，匈奴謂天爲祁連。祁音巨夷反，今鮮卑語尚然。」《漢書・霍去病傳》顏師古注:「祁連山，即天山也。匈奴呼天爲祁連。」《史記・衛將軍驃騎列傳》《索隱》從小顏說。匈奴語、鮮卑語把「天」緩讀爲「祁連」〔註 114〕。齊召南曰:「祁連固即天字。」〔註 115〕朱駿聲曰:「天者，祁連之合音也。」〔註 116〕全祖望曰:「祁連之爲天，猶不律之謂筆，師古之言亦未可非……唐之呼祁羅漫山，蓋即祁連山之轉。」〔註 117〕「祁」或作「祈」，因又形誤作「折」或「析」。《元和郡縣志》卷 40:「天山，一名白山，一名折羅漫山。」《通典》卷 174:「天山，一名祁連山，今名折羅漫山。」《舊唐書・地理志》:「天水（山），一名白山，胡人呼析羅漫山。」《新唐書・地理志》:「有折羅漫山，亦曰天山。」中華書局點校本《舊唐書》

〔註 114〕關於「祁連」之名義的討論，可以參考賀德揚《論「祁連」》，《文史哲》1990 年第 3 期，第 84～86 頁。林梅村《祁連與昆侖》，《敦煌研究》1994 年第 4 期，第 113～116 頁。王雪樵《古匈奴呼天爲「祁連」本出漢語考》，《晉陽學刊》1994 年第 4 期，第 106～108 頁。王珏《「祁連」一詞是漢語詞還是匈奴語詞》，《周口師範高等專科學校學報》2002 年第 1 期，第 95～96 頁。牛汝辰《天山（祁連）名稱考源》，《中國地名》2016 年第 9 期，第 16～19 頁。諸家說各有得失，其中林梅村《祁連與昆侖》一文第 115 頁說「『祁連』一詞似應譯自吐火羅語陽性形容詞體格單數 klomt 和 klyomo 的早期形式 kilyom（o），意爲『聖天』」，我完全不能同意。藤田豐八《焉支與祁連》不同意顏師古說，亦可以參考，收入《西域研究》，商務印書館 1935 年版，第 97～117 頁。

〔註 115〕《四庫全書漢書卷六考證》，景印文淵閣《四庫全書》249 冊，臺灣商務印書館 1986 年初版，第 124 頁。

〔註 116〕朱駿聲《說文通訓定聲》，武漢市古籍書店 1983 年版，第 607 頁。

〔註 117〕全祖望《「祁連山」攷》，收入《結埼亭集外編》卷 40，《續修四庫全書》第 1430 冊，上海古籍出版社 2002 年版，第 152～153 頁。

據《元和郡縣志》卷40、《太平寰宇記》卷153改「析」作「折」，點校本《新唐書》無校〔註118〕，皆未得其字。《史記·李將軍傳》《正義》引《括地志》:「天山，一名白山，今名初羅漫山，在伊吾縣北百二十里。」「初」是「祁」形訛，中華書局新版點校本《史記》失校〔註119〕。張森楷曰:「《舊唐志》『初』作『析』,《新唐志》作『折』，按『初』字誤。」〔註120〕張氏雖指出「初」字誤，但仍然未得正字。

（72）S.370《同會往生極樂讚》:「每日花光雲中現，〔恒沙〕聖眾理真如。」（2 / 186）

按：理，讀爲禮。

（73）S.382《大乘淨土讚》:「暫到池邊立，洗卻意中泥。」（2 / 225）

按：泥，P.3645、S.3096、S.5569、S.6109同，S.447作「寧」。古音泥、寧同〔註121〕,「寧」即「濘」省文。

（74）S.390《氾嗣宗和尚邈真讚》:「窮儒宗摠（？）八索九丘，究學海盡三墳五典。」（2 / 257）

按：摠，圖版作「」，當錄作「換」。讀作:「窮儒宗，換八索九丘；究學海，盡三墳五典。」「換」義不洽，疑讀爲完，全具也。

（75）S.390《氾嗣宗和尚邈真讚》:「風燈難駐，菲露不停。」（2 / 257）

按：菲，圖版作「」，當錄作「薤」。《歲華紀麗》卷3引《薤露歌》:「薤上露，何易晞。」薤葉極滑，露水不能黏著，故以「薤露」比喻生命短促。《佛遺教經論疏節要》卷1:「亦不過薤露風燈剎那之間。」

（76）S.425《太極真人問功德行業經》:「人間山岳，安置藏舉。」（2 / 308）

按：舉，讀爲弆，亦藏也。《玄應音義》卷13引《通俗文》:「密藏曰弆。」P.3906《碎金》:「藏弆：音舉。」《慧琳音義》卷11:「藏舉：有經本

〔註118〕《舊唐書》，中華書局1975年版，第1661頁。《新唐書》，中華書局1975年版，第1046頁。

〔註119〕《史記》（修訂本），中華書局2013年9月版，第3458頁。王叔岷《史記斠證》亦失校，中華書局2007年版，第2958頁。

〔註120〕張森楷《史記新校注》，中國學典館復館籌備處1967年版，第4766頁。

〔註121〕參見蕭旭《變音複合詞舉證》。

或作『弆』，墟圄反，亦音舉也。」《法苑珠林》卷 74：「又營事比丘數得僧物，慳惜藏弆。」《續高僧傳》卷 29：「齊滅周廢，爲僧藏弆。」二文宋刊本「弆」作「舉」。大藏經中「藏舉」、「舉藏」用例極多。字亦作「去」，朱駿聲曰：「𠙴，藏也，經傳皆以『去』爲之。字亦作弆，《左昭十九傳》疏：『去，《字書》作弆，謂掌物也。今關西仍呼爲弆，東人輕言爲去。』」〔註 122〕黃侃曰：「『去藏』字正作凵，後出字作弆。」又曰：「弆，藏也，古衹作去。《昭公十九年左傳》：『以度而去之。』《釋文》曰：『去，起呂反，藏也。』即弆字。正作𠙴。」〔註 123〕字亦作佉〔註 124〕。

（77）S.427《禪門十二時》：「非論我輩是凡夫，自此君王亦如此。」（2／312）

按：輩，原卷作「輩」，是「輩」改易聲符的俗字，古音非、比相通。又形誤作「輩」，Φ096《雙恩記》：「經中菩薩者，不同此輩。」

（78）S.427《禪門十二時》：「頭鬢蒼茫面復皺，眼闇匡（尪）量（羸）漸加愁。」（2／312）

校勘記：匡，當作「尪」。量，當作「羸」。《敦煌歌辭總編》據文義校改。（2／314）

按：原卷「茫」作「恾」。「量」不得校改作「羸」。匡量，讀作「偟躟」，字也作「劻勷」、「恇𢣷」、「恇懹」、「侹儴」，匆促貌、惶遽貌。《廣雅》：「偟躟，惶劇也。」P.2011 王仁昫《刊謬補缺切韻》：「劻，劻勷，迫皃。」《玄應音義》卷 7：「恇𢣷：《說文》：『恇𢣷，煩擾也。』謂煩恐惶遽也。正作『劻勷』。」《集韻》：「劻，劻勷，遽也，或作𤟯。」又「懹，恇懹，狂遽也。」又「侹，侹儴，惶遽也。」同源詞還有「䟫躟」、「鬤鬤」等。

〔註 122〕朱駿聲《說文通訓定聲》，武漢市古籍書店 1983 年版，第 431 頁。又同頁「去」字條說略同。

〔註 123〕黃侃《字通》、《說文外編箋識・〈廣韻〉俗字》，並收入《說文箋識》，中華書局 2006 年版，第 124、500 頁。另參見蔣禮鴻《義府續貂》，收入《蔣禮鴻集》卷 2，浙江教育出版社 2001 年版，第 27～29 頁。

〔註 124〕參見郭在貽《唐代白話詩釋詞》，收入《郭在貽文集》卷 3，中華書局 2002 年版，第 104 頁。

（79）S.427《禪門十二時》：「不覺無常日夜摧，既看強量那不久。」（2／312）

校勘記：下「不」，《敦煌歌辭總編》校改作「可」。（2／314）

按：摧，讀爲催。強量，同「彊梁」、「彊倞」，彊健也。那，讀爲奈。「不」字不當改作。

（80）S.427《禪門十二時》：「跋提河邊洗罪垢，菩提樹下證成真。」（2／312～313）

校勘記：跋，甲本作「鉢」。邊，甲本作「頭」。洗，甲本作「細」。垢，甲本作「勾」。（2／315）

按：甲本指BD7310。「勾」當作「句」，是「坸」省寫，同「垢」。證，甲本作「[illegible]」，俗字。

（81）S.427《禪門十二時》：「一切煩惱漸輕微，解脫逍遙出六塵。」（2／313）

校勘記：脫，甲本作「奪」。（2／316）

按：奪、脫，並讀爲挩〔註125〕。

（82）S.427《禪門十二時》：「冥路幽深暗如漆，牛頭獄卒抱鐵杈。」（2／313）

校勘記：冥，甲本作「明」。幽，甲本作「優」。杈，甲本作「叉」。（2／317）

按：甲本「幽」作「憂」，不是「優」。漆，甲本作「膝」。甲本並是借字。獄，甲本作「王」，是「玉」形訛，「玉」又是借音字。抱，原卷作「把」，甲本作「杷」。S.2614《大目乾連冥間救母變文》：「業風吹火向前燒，獄卒杷杈從後插。」

（83）S.427《禪門十二時》：「榮華恰似風中燭。」（2／313～314）

校勘記：華恰似，甲本作「鏵愡是」。燭，甲本作「旻」。（2／317）

按：甲本「旻」字旁改「足」。「足」是「燭」借音字。P.2915「何期業運難排，奄從風足」亦其例，「奄從風燭」是願文習語。上圖028V《歡喜國

〔註125〕參見蕭旭《〈說文〉「褫」字音義辨正》，收入《群書校補（續）》，花木蘭文化出版社2014年版，第1839～1841頁。

王緣》：「人間短燭。」上圖 016「燭」作「促」。

（84）S.427《禪門十二時》：「一朝合（命）落臥黃沙，百年富貴知何在。」（2／314）

校勘記：合，甲本作「令」。《敦煌歌辭總編》釋作「冷」，當作「命」，據文義改。知，甲本作「之」。（2／317）

按：「合」當據甲本作「令」。「令落」即「零落」，指死亡。沙，甲本作「天」。

（85）S.462《懺悔滅罪〈金光明經〉傳》：「問辯答疑。」（2／342）

按：疑，原卷作「欵」，P.2099、P.2203、S.6514、Φ260、Дx.4363、BD0611、BD1255、BD2413、BD3999、BD4255 同，乃俗「款」字，指實情。BD0961、BD3669、BD6269 形誤作「疑」。《金光明經》卷 4《金光明經懺悔滅罪傳》作「問辨（辯）答欵」。《朝野僉載》卷 1：「見劉司士答欵，引楊司馬處分。」《宋書・范曄傳》：「曄倉卒怖懼，不即首款。上重遣問曰：『卿與謝綜、徐湛之、孔熙先謀逆，並已答款，猶尚未死，徵據見存，何不依實？』」錢大昕曰：「《說文》：『款，意有所欲也。』《詩》毛傳：『灌灌，猶款款也。』疏云：『言日至誠款實而告之。』是款為誠實之義。凡讞獄者欲得其實情，故《隋書・刑法志》『凡繫獄者，不即答款，應加測罰』，《魏書・李崇傳》『各自款引』，《宋書・范蔚宗傳》『倉卒怖懼，不即首款』，《梁書・何遠傳》『就立三七日不款』，《北史・蘇瓊傳》『悉獲實驗，賊徒款用』，《辛公義傳》『罪人聞之，咸自款伏』。其答款之詞謂之款案，《宋史・刑法志》『孝宗臨軒，慮囚率先數日，令有司進款案披閱』是也。」〔註 126〕

（86）S.462《懺悔滅罪〈金光明經〉傳》：「著枷被鎖，遭杻履械。」（2／342）

校勘記：杻，甲本作「杻」。（2／345）

按：甲本指 P.2099。枷，P.2099、S.3257、Дx.4363、BD0611、BD0961、BD1477、BD2413、BD3669、BD6269 作「楑」。「杻」當作「杻」，S.6514 形誤作「扣」。遭杻履械，S.3257、S.6514、Дx.4363、BD0961、BD1477、BD2413、BD3669、BD3999、BD4255、BD6269 同，P.2203、S.2981、

〔註 126〕錢大昕《恒言錄》卷 4，收入《續修四庫全書》第 194 冊，上海古籍出版社 2002 年版，第 241 頁。

S.4984、Φ260、BD0611、BD1255 但作「杻械」二字。《金光明經》卷 4 作「連杻履械」,「連」是形譌。

（87）S.462《懺悔滅罪〈金光明經〉傳》:「王曰:『此人極大罪過，何為捉〔來〕遲〔晚〕。』」(2 / 342)

校勘記:來、晚，據甲本補。(2 / 345)

按:P.2099「晚」作「■」，乃「脕」字，Дx.4363、BD2413 同，《金光明經》卷 4 作「脫」。「脫」、「脕」是「晚」形誤，P.2203、S.2981、S.3257、S.4155、S.6514、S.9515、Φ260、BD0611、BD0961、BD1477、BD3669、BD3999、BD6269 正作「晚」字。BD4085 號 2《大目乾連冥間救母變文》:「欲救懸沙（紗）之危事，亦不應遲晚。」是其例也。《法華經玄贊要集》卷 35:「宜速出化導，不應遲脫。」亦是誤字。

（88）S.462《懺悔滅罪〈金光明經〉傳》:「我今與怨解散，不相逮債。」(2 / 343)

校勘記:我今與怨，甲本作「今與怨家」。債，甲本作「情」，誤。(2 / 346)

按:「怨」下當據 P.2099、S.2981、S.4155、S.4984、Дx.2325、BD6269 等卷補「家」字，BD3999、BD4255 亦脫。《金光明經》卷 4:「今與怨家散，不相逮債。」逮債，BD4255 同，S.6514、BD3999 作「逯債」，P.2099、P.2203、S.2981、S.3257、S.4155、S.4984、Φ260、BD0611、BD0961、BD1255、BD1477、BD2162、BD2413、BD3669、BD6466 作「逯情」。楊寶玉定作「逮債」，云:「逮，牽連、連及。」〔註 127〕作「逮債」是，但所解則非是。上文有「怨家債命」語，故當作「債」字。「逯」是「逮」俗譌字。逮，讀作貸。貸債，猶言借債。

（89）S.462《懺悔滅罪〈金光明經〉傳》:「若眾生日限未足，遭人煞者，立被訟注。」(2 / 343)

按:訟注，P.2099、P.2203、S.2981、S.3257、S.4155、S.6514、Φ260、BD0961、BD1477、BD2162、BD2413、BD3669、BD3999、BD4255、BD6269、BD6466 同，當據《金光明經》卷 4 讀作「訟訴」;S.4984、BD0611、BD1255 作「言訟」，言亦訟也，同義複詞。

〔註 127〕楊寶玉《敦煌本佛教靈驗記校注並研究》，甘肅人民出版社 2009 年版，第 329 頁。

（90）S.462《懺悔滅罪〈金光明經〉傳》：「世人卒死及羸病，連年累月，眠中唱痛，狂言或（惑）語，並是眾〔生〕報注，文案一定，方始命斷。」（2／344）

按：「及羸病」屬下句。報注，BD6269同，當據P.2099、P.2203、S.2981、S.3257、S.4155、S.4984、S.6514、Φ260、BD0611、BD0961、BD1255、BD1477、BD2162、BD2413、BD3669、BD3999、BD4255、BD6466及《金光明經》卷4作「執注」。注，讀作著。

（91）S.466《地契》：「今將父祖口分地兩畦子，共貳畝中半，只（質）典已（與）蓮（連）畔人押衙羅思朝。」（2／352）

按：S.3877V「連伴耕種。」蓮、連，讀爲壣，字亦作疄。《玉篇》：「壣，壠也。」《廣韻》：「疄，田壟。」又「壣，菜畦。」《集韻》：「壣，蔬畦曰壣，或作疄。」《上生經會古通今新抄》卷2：「疄隴凹凸爲湧。」

（92）S.467《五臺山曲子六首》：「駱駝焉（崖），風眇（裊）眇（裊）。」（2／355）

校勘記：焉，丁本作「埒」，甲、丙本作「嶋」，《敦煌歌辭總編》校改作「崖」，此從之。眇眇，當作「裊裊」，據甲、丙、丁本改。（2／357）

按：甲、丙、丁本分別指P.3360、S.2080、S.2985V（郝氏甲本卷號誤作P.3660）。P.3360作「嶋」，S.2080作「嶋」，S.2985V作「埒」，其右旁皆當認作「焉」字，其字不得校作「崖」。張涌泉曰：「原字當是『墕』的誤字，俗或換旁書『墕』作『嶋』，『嶋』俗又誤書作『嶋』。S.2985作『埒』，即『墕』字俗寫。S.467作『焉』，則又爲『墕』的省旁字。『墕』即『堰』字。天（引者按：當作「五」）臺山有東、南、西、北、中五臺，北臺下有龍池（詳S.529《諸山聖跡志》），駱駝堰蓋龍池障水之堤垻。P.3931『駱駝嶌』，『嶌』應是『焉』字俗書，亦即是『墕』字省借。P.4625『落馱堰』，『堰』爲『堰』的聲旁變換俗字。北圖咸字18號『駱駝延』，S.5473『駱駝焉』（引者按：卷號當是S.5573），『焉』爲『墕』之省，『延』則爲『墕』之借。至於S.5487作『達羅延』，S.4429作『那羅延』，則其誤之又誤者也。任書校『堰』、『焉』、『延』爲『巖』，亦誤。」〔註128〕除了張氏所舉，另外，P.4608V

〔註128〕張涌泉《漢語俗字研究》，嶽麓書社1995年版，第194～195頁。其說又見張

「駱駝烏（烏）」，P.3563「駱駝焉（焉）」。趙紅曰：「P.4608V『烏』當爲『烏』，爲『嶋』之省旁俗字，也可以看作是『嶋』之借音字，地名。S.5487『達羅延』，S.4429『那羅延』並非『墕』誤之又誤，而是佛教專有名詞『那羅延』，天上力士之名，或梵天王之名，與地名『駱駝嶋』根本不相干。」〔註 129〕趙紅指出張氏「那羅延」之誤，是也。張氏其餘說法近是，但以「堰」爲龍池之堤垻，亦未確。諸字從「焉」得聲，是「㠋」改易聲符的俗字。《集韻》：「㠋，山形。」㠋之言匽也，實「隱」字聲轉，指四周高中央低可以隱匿的山形。《說文》：「匽，匿也。」障水曰堰、隁、偃，亦取此義。駱駝焉（墕、嫣、堨），指如駱駝峰的山形。P.4608V 作「駱駝烏」者，「烏」、「焉」形聲俱近，《說文》謂「於」象古文「烏」省，古多通用，「焉」、「閼」古音相通〔註 130〕。字亦作塢，S.1904「攻城破塢」，BD12、BD163、BD2087、BD2206 同，即「塢」字。隖、鄔、塢、碼、嶋，指累石而成的聚居小城（《說文》：「隖，小障也，一曰庳城也。」），語源也是「匽」。

（93）S.468《頓悟無生般若訟（頌）》：「（前缺）不有即是真空。」（2 / 360）

按：《景德傳燈錄》卷 30《荷澤大師顯宗記》有同文，「不有」前可據補「用而」二字。

（94）S.468《頓悟無生般若訟（頌）》：「涅盤（槃）般若，我異體同。」（2 / 360）

按：「我」當據《景德傳燈錄》卷 30 作「名」。「名異體同」是佛經成語。

（95）S.468《頓悟無生般若訟（頌）》：「涅盤（槃）能見般若，具佛法僧；般若圓照涅盤（槃），故號如來知見。」（2 / 360）

按：《景德傳燈錄》卷 30：「涅槃能生般若，即名眞佛法身；般若能建涅槃，故號如來知見。」「具佛法僧」當據校補。

涌泉《試論審辨敦煌寫本俗字的方法》，收入《舊學新知》，浙江大學出版社 1999 年版，第 77 頁。

〔註 129〕趙紅《敦煌寫本漢字論考》，上海古籍出版社 2012 年版，第 189～194 頁。

〔註 130〕例證參見張儒、劉毓慶《漢字通用聲素研究》，山西古籍出版社 2002 年版，第 410～411、756 頁。

（96）S.468《頓悟無生般若訟（頌）》：「至於達摩，屆此為初，迎伐（代）相傳，於今不絕。」（2 / 360）

按：「迎代」不辭。迎，圖版作「[illegible]」，當錄作「遞」。《景德傳燈錄》卷30作「遞代相承，於今不絕」。

（97）S.468《頓悟無生般若訟（頌）》：「如王繫珠，終不妄與。」（2 / 360）

按：繫，當據《景德傳燈錄》卷30讀作「髻」。《添品妙法蓮華經》卷1：「先設化城之迹，後示繫珠之本。」宋本「繫」作「髻」。《正法華經》卷7：「元首効績勳殊特者，王解髻中明珠賜之。」《妙法蓮華經》卷5：「……唯髻中明珠，不以與之。所以者何？獨王頂上有此一珠，若以與之，王諸眷屬必大驚怪。」

（98）S.468《頓悟無生般若訟（頌）》：「衣為法信，法是衣宗。依法相傳，更無別付。」（2 / 360）

按：《景德傳燈錄》卷30作「衣法相傳，更無別法」，當據校「依」作「衣」，與上文相應。

（99）S.473《勸善文》：「三十三天佛最尊，萬物中貴不過人。」（2 / 363）

按：中貴，S.2985、P.3190同，S.5019、Дx.2430作「終歸」，BD7676作「終貴」（「終」字旁注「中」），當以「終歸」爲正字。S.6208V「孔丘雖然有聖德，終歸不免厄于陳」，S.2049V作「中歸」。

（100）S.473《勸善文》：「惣謂眾生難勸諫，百類千生自謟身。」（2 / 363）

按：類，讀作累〔註131〕。「謟」當作「陷」。P.2963V、S.5019、BD7676作「百劫千生自陷身」，P.2809缺「身」字，P.3190缺「自陷」二字，S.2985「陷」作「護」，餘同。

（101）S.473《勸善文》：「弟（第）一當官莫誑法，遲（恃）其形勢乃欺貧。」（2 / 364）

按：誑，P.3190、S.5019、BD7676同，P.2809作「枉」。遲其，P.2809作「恃持」，P.3190作「恃之」，S.5019、BD7676作「倚侍（恃）」。BD7676「官」作借字「觀」。

〔註131〕參見蕭旭《〈敦煌文研究與校注〉舉正》。

（102）S.473《勸善文》:「蠢動貪令（念）皆借命，負（附）骨離（利）牙不放君。」(2 / 364)

校勘記：令，當作「念」，據文義改。(2 / 364)

按：龔澤軍校「貪令」作「含靈」，「借」作「惜」〔註 132〕，是也。S.2985、P.3190 並作「蠢動眾生皆惜命，負骨埋身不放君」，P.2809「身」作「牙」，P.2963V「身」作「芽」，餘同；S.5019 作「蠢動眾生皆借命，負骨理芽不放君」，BD7676 作「蠢動眾生皆借命，負骨萌芽不放君」。「牙」是「身」形譌，又譌作「芽」；「埋」是「理」形譌，S.5019 不誤。理、離，並讀作麗，附著之義。麗身，猶言附身。BD7676 作「萌芽」，尤誤。

（103）S.515《齋文集》:「今者叩洪鍾（鐘），走魚梵，散爐煙。」(2 / 457)

按：走，讀爲奏。P.2044V：「於是張翠幕，列畫圖，扣洪鐘，奏清梵。」P.2326、P.2854：「三心重陳，焚海香而奏魚梵。」P.2497：「於是撞鯨鍾（鐘），奏魚梵。」又「爐香凝空，清梵初奏。」

（104）S.515《齋文集》:「（上殘）神姿，智雄英達，謀能剋獲，大國稱口。」(2 / 457)

按：P.3765：「惟亡考乃天假神姿，智雄英傑；謀能克獲，長策濟時。」S.5957、Ф263+Ф326 同。「神姿」上可據補「天假」二字。姿，讀爲資，亦假也，授與也。謂智雄英傑乃天假神資。P.2072：「其公乃天與奇才，神姿英傑。」P.2588 同。P.3149：「伏惟我令公神姿傑世，天縱英雄。」姿亦讀爲資，與也。P.2838：「皆含磊落之才，並有神姿之貌。」S.5637 同，Ф263V+Ф326V「姿」作「資。」Ф263V+Ф326V：「伏惟我司空雄特神資，英骨天與。」S.2832：「某乙德重（量）神資，法器天假。」P.2058：「伏惟我令公天假英雄，神資靈智。」P.2044V：「伏願太保相公天授忠貞，神資正氣。」P.2481：「太夫人坤儀天假，柔德神資。」S.530：「天資秀異，神假英靈。」皆正作本字「資」。

〔註 132〕龔澤軍《〈英藏敦煌社會歷史文獻釋錄〉（第二卷）補校》，《燕趙學術》2011 年秋之卷，第 49 頁。

（105）S.515《齋文集》:「（上殘）辭人代天界遷昇萬天失雨露（下殘）」（2 / 457）

按：原卷「辭」上有「奄」字，「萬天」作「万夫」。當讀作：「奄辭人代，天界遷昇。万夫失雨露（下殘）。」

（106）S.515《齋文集》:「得龍王之髫珠，所求如意。」（2 / 458）

按：髫，圖版作「[illegible]」，當錄作「髻」。

（107）S.515《齋文集》:「緬尋大教，皆崇孝理之風；歷考前修，並得報先之禮。」（2 / 458）

按：P.2226V：「常聞細尋大教，皆崇孝理之因；力考前修，並是寶光之禮。」此卷「緬」當作「細」，彼卷「力」讀作「歷」，「寶」讀作「報」，「光」是「先」形訛。

（108）S.515《齋文集》:「故得騰願海以宣囗，雍福山而讚翼。」（2 / 458）

按：P.2226V 缺字作「揚」，「翼」作「冀」。冀，讀爲翼。雍，讀爲擁[註133]。

（109）S.515《齋文集》:「亡妙之罷，其在茲乎！」（2 / 458）

按：「亡」當作「玄」。罷，圖版作「[illegible]」，草書「最」字。P.2226V 作「至妙之道，難可名言者與」。

（110）S.515《齋文集》:「謹潔治家，若麻姑之俊無失。」（2 / 459）

按：據圖版，所謂「俊」字，與下文「閨庭」之「庭」同形。

（111）S.515《齋文集》:「伏惟先考，名行眾推，信及儔德。」（2 / 459）

按：儔，圖版作「[illegible]」，是「儔」字。

（112）S.515《齋文集》:「惟願家無死横，永保休宜。」（2 / 459）

按：原卷「死」作「九」。

（113）S.515《齋文集》:「惟願福如春草，不囗自（下殘）」（2 / 460）

按：P.2526V：「惟願福如春草，不種自生；罪若秋林，隨風雕（凋）落。」S.5637：「惟願福同春草，不種自生；罪若秋林，霜隳彫（凋）落。」

[註133] 參見黃征、吳偉《敦煌願文集》，嶽麓書社 1995 年版，第 736 頁。

Дx.10256:「惟願福同春草,不種〔自〕生;罪若秋相(林),霜雕(凋)而落。」Дx.7179V 殘存「惟願福同春草,不種」八字。

(114)S.515《齋文集》:「(上殘)黨臥麻,智劍蹔揮,苦海迴而永竭。」(2/461)

按:原卷「迴」作「回」。「麻」必是「床(牀)」字形誤。

(115)S.515《齋文集》:「(上殘)□家又寂滅。」(2/461)

按:原卷「寂滅」二字作「抽減」,其上不甚可辨,疑是「未蒙」草書。

(116)S.516《歷代法寶記》:「時佛舍利,五色光明,珽環如蓋,遍覆大眾,光蔽日輪。」(2/469)

校勘記:珽,《大正藏》釋作「旋」,誤。(2/527)

按:珽,P.3717 同,P.2125 作「璇」。「珽環」不辭,「珽」是「璇」形譌,「璇」即「旋」,涉下字「環」而增偏旁。《廣弘明集》卷 1、《集古今佛道論衡》卷 1、《續集古今佛道論衡》卷 1、《集神州三寶感通錄》卷 1、《破邪論》卷 1、《法苑珠林》卷 40、《法苑珠林》卷 55、《古今譯經圖紀》卷 1 等唐代人著作皆作「旋環」。

(117)S.516《歷代法寶記》:「小師迷沒,只解依文誦習,未識義理,伏願和上接引盲迷。」(2/509)

按:P.2125、P.3717 同。《菩薩本緣經》卷中:「妻聞是語,其心迷沒,舉身自撲悶絕躃地。」「迷沒」即「迷盲」、「迷茫」音轉,故倒言也作「盲迷」。又音轉作「迷悶」,《大方廣佛華嚴經》卷 23:「從佛智慧出,若聞則迷沒。」宋本等作「迷悶」。甘圖 006《瑜伽師地論》卷 23:「耽嗜饕餮,迷悶堅執,湎著受用。」又音轉作「謀悶」,P.2299《太子成道經》:「謀悶之次,便乃睡著。」又「宮中謀悶,所以不樂。」S.2352 同。郭在貽、蔣禮鴻讀謀爲迷〔註 134〕,是也。陳第曰:「謀,音迷。凡《詩》之『謀』,皆讀迷。」〔註 135〕唐人尚承古音。

〔註 134〕郭在貽《敦煌變文校勘拾遺續補》,《杭州大學學報》1983 年第 3 期,第 44 頁;又收入《郭在貽文集》卷 3,中華書局 2002 年版,第 215 頁。蔣禮鴻《〈敦煌變文集補編〉校補》,《漢字文化》1991 年第 1 期,第 28 頁。

〔註 135〕陳第《毛詩古音考》卷 1,中華書局 2008 年版,第 35 頁。

（118）S.516《歷代法寶記》:「婦是沒耳枷，男女蘭單杻。」(2 / 513)

按：蘭單，P.2125、P.3717 同，字也作「闌單」、「攔單」，即「鋃鐺」音轉，指拘繫罪犯的長鎖〔註 136〕。

（119）S.516《歷代法寶記》:「幽谷生靈草，堪為入道媒，樵人採其葉，美味入流壞。」(P513)

校勘記：壞，乙本同，當作「杯」，據文義改。(2 / 557)

按：壞，原卷 S.516 及乙本 P.3717 作「坏」，P.2125 作「㳅」。「坏」是「坯」古字，指土坯。佛家謂人身體如浮泡、土坯不堅牢，是虛幻之身，故稱作「流坯」。「㳅」當作「坯」，涉「流」字改易偏旁，與「流」的異體字「㳅」不是一字〔註 137〕，係同形異字。「流坯」也稱作「坏浮」，P.2820:「四大坏浮，終有疲羸之撓。」

（120）S.516《歷代法寶記》:「悟幽師向和上說:『呷茶三五碗合眼坐，恰似壯士把一瘦人腰著，急腔腔地大好。』」(2 / 519)

按：原卷「碗」作「椀」，P.2125、P.3717 同。當「著急」連文，P.3717 同，P.2125 脫「著」字。腔腔，原卷作「䁜䁜」，P.2125 作「䁜」，P.3717 作「啌啌」，當是「空空」增旁字。讀作:「恰似壯士把一瘦人腰著急，空空地，大好。」

（121）S.516《歷代法寶記》:「遂嘿召良工，繪事真跡。」(2 / 522)

按：嘿，讀爲貿，招募。P.4640:「罄舍眞（珍）財，貿招工人。」又「遂貿良工，招鍛匠，第二層中，方營窟洞、彩畫等。」又「遂罄舍房資，貿工興役。」P.4638:「遂貿良工，招鍛匠，第二層中，方營窟洞。」P.3770:「口（遂）貿良工，約限裁基，揆日興建。」P.3608:「遂千金貿工，百堵興役。」莫高窟第 192 窟《發願功德讚文》:「是以同心啓願，減削資儲，貿召良工，堅（竖）玆少福。」北大 D.195:「是以輕毫粉壁，重貿良工，彩聖蓮池，圖眞水境。」

〔註 136〕參見蕭旭《「郎當」考》，收入《群書校補（續）》，花木蘭文化出版社 2014 年版，第 2373 頁。

〔註 137〕《可洪音義》卷 29:「金㳅：音流。」字亦作「汓」，見《九經字樣》、《玉篇》。

3. 《英藏敦煌社會歷史文獻釋錄（第三卷）》校讀記

郝春文主編《英藏敦煌社會歷史文獻釋錄（第三卷）》，社會科學文獻出版社 2003 年版。

（1）S.525《搜神記》：「公明問之：『兒何姓字？』少年答曰：『姓趙名顏子。』」（3 / 5）

按：「兒」也作「倪」、「伢」，是小兒之稱，即「少年」，猶言伢子。

（2）S.526《武威郡夫人陰氏上某和尚書》：「左右人聞名價不善，倍多羅塞。」（3 / 21）

按：支那曰：「『名』當爲『各』字形近之誤。『價』當讀爲假，借助的意思。『羅塞』應是羅織對方罪名以推卸自己責任的意思。」〔註 138〕其說皆非是。名價，猶言名聲、名譽、聲名。《世說新語・文學》：「庾仲初作《揚都賦》成，以呈庾亮。亮以親族之懷，大爲其名價云：『可三《二京》，四《三都》。』」梁・何遜《贈族人秣陵兄弟》：「名價齊兩許，閨門比三陳。」又《雅量》：「名價於是大重。」《宋書・張邵傳》：「於是名價日重。」羅，讀爲離。離塞，猶言疏離、斷絕。

（3）S.529《頒僧號賜釋名記抄》：「隨（隋）文啟（稽）首曇延，陳帝投誡（戒）思文。」（3 / 43）

按：校「誡」作「戒」，非是，嚴耀中從其誤而不知訂正〔註 139〕。「誡」當是「誠」形誤。投誠，猶言歸依也。《成唯識論疏抄》卷 1：「投者歸投，誠者至誠，即歸投至誠也。」

（4）S.529V《失名行記・五臺山賦》：「大唐之東，此山最隆。巨出四維之表，高樹六合之聳。翠嶠以崚嶒，臺分重閣；開素雲之謐滔，寺秀蓮宮。」（3 / 48）

按：「聳」字當屬下句作「聳翠嶠以崚嶒」，「聳」上疑脫「外」字，此承鄭

〔註 138〕支那《〈敦煌遺書總目索引新編〉錄文考訂》，南京師範大學 2004 年碩士論文，第 17 頁。又支那《〈敦煌遺書總目索引新編〉匡補》，《古文獻研究集刊》第 1 輯，鳳凰出版社 2007 年版，第 69 頁。

〔註 139〕嚴耀中《〈陳群臣請陳武帝懺文〉跋》，收入《魏晉南北朝史論文集》，巴蜀書社 2006 年版，第 116 頁。

炳林之誤，周紹良誤同〔註 140〕。「四維之表」與「六合之外」對文。謐滔，圖版作「[illegible]」，趙家棟謂當錄作「淡洦（泊）」。

（5）S.529V《失名行記・五臺山賦》：「覽萬樹之仙巢，迥無凡鳥；積千年之水，屈深有龍。」（3 / 48）

按：「水」上脫一字。屈，讀作曲。

（6）S.529V《失名行記》：「（邢州）豐（風）俗土宜，與鎮、定若，不相教。」（3 / 51）

校勘記：不相教，此句疑有脫文。（3 / 67）

按：沒有脫文。教，字亦作覺、校、較，猶言差別〔註 141〕。《世說新語・捷悟》：「我才不及卿，乃覺三十里。」《御覽》卷 93 引作「較」。言邢州風俗土宜與鎮、定二州相同，沒有差異。

（7）S.529V《失名行記》：「青松戛日，綠竹摩雲。」（3 / 56）

按：戛，讀作扴。《說文》：「扴，刮也。」扴亦摩也。《御覽》卷 46 引《歙縣圖經》：「況其山又有摩天戛日之高。」白居易《草堂記》：「夾澗有古松老杉，大僅十人圍，高不知幾百尺，修柯戛雲，低枝拂潭。」皆其例。

（8）S.530《沙州釋門索法律窟銘稿》：「遠祖前漢太中大夫撫，直諫飛龍，既犯逆鱗之勢，趙周下獄，撫恐被誅，以元鼎六年，自鉅鏕（鹿）南和，從（徙）居於流沙。」（3 / 79）

校勘記：撫，甲本作「武撫」。周，甲本作「同」。（P84）

按：甲本指 P.4640。作「趙周」是，西漢丞相，見《漢書》。

（9）S.530《沙州釋門索法律窟銘稿》：「多功既就，慶讚未容。」（3 / 81）

按：原卷「未」作「朱」。

（10）S.530《沙州釋門索法律窟銘稿》：「為前矛之爪牙，作後殿之耳目。」（3 / 81）

〔註 140〕鄭炳林《敦煌地理文書匯輯校注》，甘肅教育出版社 1989 年版，第 268 頁。周紹良主編《全唐文新編》第 4 部第 5 冊，吉林文史出版社 2000 年版，第 11759 頁。

〔註 141〕參見蔣禮鴻《敦煌變文字義通釋》，收入《蔣禮鴻集》卷 1，浙江教育出版社 2001 年版，第 229 頁。

按：矛，讀作旄。

（11）S.530《沙州釋門索法律窟銘稿》：「示疾數旬，醫明無術。」（3 / 81）

按：下文「醫明窮術，遷神坐亡」。醫明，也稱作「醫方明」，醫藥之學。

（12）S.530V《齋儀摘抄》：「朝風書（晝）觸於帲幃，愁雲暮結於庭際。」（3 / 88）

校勘記：書，當作「晝」，據文義改。（P91）

按：S.5640「書」作「晝」，「帲」作「帡」。「帡」同「屏」，讀作帲，幃幕也。S.1441V「華燭光輝深下帡幃」，亦其例。

（13）S.530V《齋儀摘抄》：「鴛鴦帳下，邑邑而憂色潛生；非（翡）翠簷間，漠漠而清煙亂起。」（3 / 88）

按：S.5640「鴦」作「鸞」，「非」作「翡」，「簾」作「簷」。簷，讀作簾。

（14）S.530V《齋儀摘抄》：「公謙〔謙〕君子，洛下英才。」（3 / 88）

校勘記：謙，據文義補。（P91）

按：S.5640作「公謙謙君子，洛洛英才」。原卷「下」是重文符號，當錄作「洛洛」，讀作「落落」〔註142〕。

（15）S.530V《齋儀摘抄》：「頃因離父，動（？）玉質（致）瘵，身羸如雪。六出之花，貌顇九秋之葉。」（3 / 88）

按：原卷「頃」作「頓」。標點全誤。S.5640作：「頓因離宮，大動玉質，瘵身羸如雪六出之花，貌顇九秋之葉。」黃征指出二卷衍「雪」字，「九秋」上脫「如」字〔註143〕。此卷脫「宮」字，「父」是「大」誤書。

（16）S.530V《齋儀摘抄》：「遂乃仰憑皇覺，齋青服以虔誠；信啟金父，仁蒙素毫而遠照。」（3 / 88）

按：據S.5640，「父」字衍文，「仁」字屬上句。仁，讀作人〔註144〕。

（17）S.530V《齋儀摘抄》：「慈雲布而熱惱涼，惠影臨而沉痾頓息。」（3 / 88）

〔註142〕參見黃征、吳偉《敦煌願文集》，嶽麓書社1995年版，第214頁。

〔註143〕黃征、吳偉《敦煌願文集》，嶽麓書社1995年版，第227頁。

〔註144〕參見黃征、吳偉《敦煌願文集》，嶽麓書社1995年版，第227頁。

按：據S.5640，「涼」上脫「清」字。

（18）S.530V《齋儀摘抄》：「既蒙諸佛衛護念，寧無慶賀之心？」（3／88）

校勘記：既蒙諸佛衛護念，此句有脫文。（P91）

按：據S.5640，「衛」字衍文〔註145〕。

（19）S.530V《齋儀摘抄》：「伏願碧山與壽，紅樹增春，心期鏤玉之獲，展星河之慶。」（3／88）

按：據S.5640，「心」當作「必」，「獲」上脫「誠」字。當讀作：「伏願碧山與壽，紅樹增春；必期鏤玉之〔誠〕，獲展星河之慶。」S.5640「與壽」作「覺壽」。覺，讀作交，給與也。黃征謂「覺」疑當作「與」〔註146〕，非是。

（20）S.530V《齋儀摘抄》：「伏願綠眉狀月，長分八字之鮮；玉貌如春，獨占春之色。」（3／88）

校勘記：獨占春之色，此句有脫文。（3／91）

按：S.5640同，黃征於「春」上補「三」字〔註147〕，是也。

（21）S.530V《齋儀摘抄》：「同禮移庭，長光膝下。」（3／89）

按：移，當據S.5640作「趍」，同「趨」。

（22）S.530V《齋儀摘抄》：「將為比當扇枕，慶及溫清。」（3／89）

按：比當，當據S.5640作「北堂」。爲，讀作謂。清，讀作凊〔註148〕。

（23）S.530V《齋儀摘抄》：「思立身之孝道，加地無追。」（3／89）

按：加，S.5640作「和」，並誤，當作「扣」。

（24）S.530V《齋儀摘抄》：「伏願瑠璃殿內，踏香砌以經行；寶樹林間，摘仙花而奉。」（3／89）

校勘記：摘仙花而奉，此句有脫文。（3／92）

按：據S.5640，「奉」下脫「佛」字。

〔註145〕參見黃征、吳偉《敦煌願文集》，嶽麓書社1995年版，第228頁。

〔註146〕黃征、吳偉《敦煌願文集》，嶽麓書社1995年版，第228頁。

〔註147〕黃征、吳偉《敦煌願文集》，嶽麓書社1995年版，第228頁。

〔註148〕參見黃征、吳偉《敦煌願文集》，嶽麓書社1995年版，第215頁。

（25）S.530V《齋儀摘抄》:「伏願甘露台側，生聞般若之音；解脫林中，慶現龍花之會。」(3／89)

按：原卷「慶」作「處」。S.5640 作「生生聞」、「處處見」，此卷「生」、「處」下脫重文符號。

（26）S.530V《齋儀摘抄》:「文歎德：量宏弘深，榮欽禮樂。」(3／90)

按：「德」字當重，「宏」、「弘」衍一字。S.5640 作：「文德歎：德量弘深，榮欽禮樂。」

（27）S.530V《齋儀摘抄》:「聲振人寰，名〔播〕芳邑。」(3／90)

校勘記：播，據文義補。(3／92)

按：所補非是，S.5640 作「名芳府邑」，則脫「府」字。

（28）S.530V《齋儀摘抄》:「高臺寶鏡，雲侵絕代之容；笑（曉）日瓊花，霧揜南園（國）之貌。」(3／90)

按：揜，當是「揜」形譌，S.5640 作「掩」。

（29）S.530V《齋儀摘抄》:「乃知功德之嚴淨，託佛力以潛消。施上件之名衣，表傾誠於投奈苑。啟（稽）首金人，會七辦之緇流，淹千身之化佛。」(3／90)

校勘記：「投」字衍，似可刪。(3／92)

按：所刪非是，亦未得其句讀。原卷「淹」作「演」。當據 S.5640 讀作：「施上件之名衣，表傾誠於〔佛日〕。投〔誠〕奈苑，啓（稽）首金人。會七辦（辯）之緇流，演千身之化佛。」

（30）S.530V《齋儀摘抄》:「深願既發於裏心，功德必資於貴體。」(3／90)

按：原卷「裏」作「衷」，S.5640 同。

（31）S.530V《齋儀摘抄》:「伏願諸天甘露，承懇疑而鄰臨。」(3／90)

按：原卷「鄰」作「隣」，當是「降」形譌。「疑」是「欵」形譌，同「款」。S.5640 作「承懇頴欵而降臨」，「頴」是「欵」形譌而衍。

（32）S.530V《頓悟大乘賢者王某轉經文抄》:「吾師留半偈之法，度脫眾生；凡愚間四句之言，皆登彼岸者。」(3／93)

按：「間」當是「聞」形譌。

（33）S.543V《戒懺文等》:「不容乞命暫分疏，獄卒持收如硤椣。」（3 / 149）

按：收，圖版作「収」，是「扠（杈）」形譌。「持收如硤椣」五字，P.3241 作「持叉如挾泄」，P.4597 作「持扠而使泄」，P.4967 作「持叉而狹泄」，S.1073 作「持杈而俠泄」，S.4301 作「持叉而夾口（末字右旁「世」尚可辨）」，S.4662 作「持杈如是而使泄」，S.5457 作「持杈如使泄」，S.5557、S.5894 作「持叉如俠泄」，S.5977 作「持杈如使椣」，S.6631V 作「持杈而使峽泄」，BD7805 作「持杈如挾契」，BD8059 作「持杈而梜椣」，BD8230 作「持杈而夾椣」，BD8374 作「持叉如挾泄」，BD8528 作「持杈如俠揳」，上圖 140 作「持叉如挾拽」。如，讀作而，一聲之轉。硤、梜、峽、俠，讀作夾、挾，夾持也，「使」是「俠」形譌。泄、椣，讀作拽，上圖 140 作本字。字亦作曳、拽，拖拉也，牽引也。挾拽，挾持著拖拉。「契」、「揳」又是「拽」音轉字。

（34）S.543V《戒懺文等》:「刀劍縱橫從後趁，調（掉）入泥水便勝波。」（3 / 149）

按：調，P.3241、P.4597、P.4967、S.1073、S.4301、S.4662、S.5457、S.5557、S.5894、S.5977、S.6631V、BD7805、BD8059、BD8374、BD8528、上圖 140 作「跳」，BD8230 作「逃」。S.1973V「鹿便調入水」，S.1441V 作「逃」。S.2049V「不咄調」，P.2544 同，P.2555、P.4993 作「跳」，P.2633 作「挑」。調，讀作越，俗作跳，「逃」亦借字。各本「勝」作「騰」，是也，S.1073 誤作「臁」。便，各本同，獨 S.5457 作「遍」，借字。

（35）S.543V《戒懺文等》:「見有貧窮來乞者，一針一草不能潘。」（3 / 149）

按：潘，P.4967、S.4301、S.5894、S.5977、BD6280、BD7805、BD8059、BD8528、上圖 140 同，P.3241、P.4597、S.1073、S.4662、S.5457、S.6631V、BD8230 作「判」，BD8374 作「拌」，S.5557 作「瀋」。「瀋」是「潘」形譌。潘、判、拌，並讀作甹〔註 149〕，猶今言捨得。

〔註 149〕參見徐復《方言溯源》，收入《語言文字學叢稿》，江蘇古籍出版社 1990 年版，第 215 頁。

（36）S.543V《戒懺文等》:「諸菩薩，莫多嗔，多嗔定□□蛇身；宛轉伏行無手足，為緣前世忿怒因。」(3 / 149)

按：二字缺文，P.3241、P.4597、S.1073、S.4662、S.5457、S.5894、S.6631V、BD8230、上圖 140 作「受奔」，P.4967 作「右浪」，S.4301 作「有蟒」，S.5557 作「受蟒」，BD7805 作「受[illegible]」，BD8059 作「授蟒」，BD6280、BD8374 作「受莽」。當作「受蟒」，「蟒」脫作「莽」，又誤作「奔」。「右浪」是「有蟒」音誤。宛，BD6280、BD7805、BD8059、上圖 140 同，P.3241、P.4597、S.4662、S.5457、S.5557、S.5894、S.6631V、BD8374 作「婉」，P.4967、S.4301 作「菀」，BD8230 作「躺」。「躺」是身體婉曲的專字，即「宛」的增旁字。伏行，P.4597、S.4662、S.5457、S.6631V、BD8230、BD8374、上圖 140 作「腹行」，P.4967、S.4301、S.5557、S.5894、BD6280 作「福行」，P.3241 作「福〔行〕」，BD7805、BD8059 作「復行」，S.1073 作「腸行」。「腹行」是本字，「復」、「伏」、「福」均借字，蟒蛇乃腹行之物，「腸」是形譌字。《妙法蓮華經》卷 2：「於此死已，更受蟒身。其形長大，五百由旬，聾騃無足，宛轉腹行。」宋本「宛轉」作「踠轉」；《慧琳音義》卷 27 作「蜿轉」，云：「案蛇無足能行，宛轉而進，故經自云『宛轉腹行』。」《佛說罪業應報教化地獄經》卷 1：「復有眾生，身體長大，聾騃無足，宛轉腹行。」忿，S.5457 作「坌」，借字。怒，P.3241、BD6280、BD8374 作「努」，借字。

（37）S.543V《戒懺文等》:「八萬箇小蟲來□□，▭ □流白骨□皮斤（筋）。」(3 / 149)

按：此二句 S.1073 作：「八萬箇小蟲來唼食，遺留白骨乃（及）皮筋。」查圖版，「流」上有三四個字位置，符號「▭」不當有。「皮」上之字，原卷尚殘存「艹」頭，當據 BD8230 作「舊」，其餘各卷均作「及」。唼，P.4967、S.4662、S.5457、S.5557、S.5894、S.6631V、P.4597、BD6280、BD7805、BD8059、BD8374、上圖 140 同（P.3241 殘存右旁「妾」），S.4301 作「嗽」，BD8230 作「[illegible]（㖶）」。「㖶」同「咂」、「咂」，亦同「唼」。遺留，S.5557、S.5894、S.6631V、P.3241、P.4597、BD8374 同，P.4967、S.4301、BD8059 作「爲留」，S.4662、S.5457 作「遺流」，BD7805、BD8230 作「惟留」，BD6280、上圖 140

作「為流」。流，讀作留。「為」是「惟」音誤。斤，P.4967、S.4301、BD8230 同，其餘各卷均作正字「筋」。

（38）S.543V《戒懺文等》:「痛哉苦哉口口論（淪），何時植（值）遇天堂道？」（3 / 149）

按：各卷缺字作「不可」。「論」讀如字，各卷同，獨 BD7805 作借字「輪」。植，P.3241、S.5894、BD8059、浙敦 196 同，S.4662、S.5457、BD6280、BD7805、BD8374、上圖 140 作「值」，S.1073 作「樌」，S.4301 作「傎」，S.6631V 作「揎」，BD8230 作「得」。「樌」、「傎」、「揎」明是形譌字。遇，S.5457、上圖 140 作借字「愚」。

（39）S.543V《戒懺文等》:「平生磟毐，迴作佛心。」（3 / 154）

按：磟，圖版作「[illegible]」，當錄作「碜」。碜毒，即「慘毒」。《玄應音義》卷 21：「碜毒：又作墋，同。碜，惡。毒，害也。」《慧琳音義》卷 8：「碜毒者，妒害也，忍人也。」又卷 48：「碜毒：又作慘，同。」又卷 18：「慘毒：《說文》慘亦毒也，從心參聲，經文從石作碜，是砂碜字，非此義也。」

（40）S.543V《大乘布薩維那文》:「持戒清淨如滿月，身口皎潔無暇穢。」（3 / 155）

按：暇，原卷作「瑕」。

（41）S.543V《聲聞布薩維那文》:「於是翹誠善逝，曆款能仁。」（3 / 158）

按：「曆」當作「歷」，P.3825、S.1441V 同句作「歷」，S.5561 作「力」（凡二見），並讀作瀝，傾竭也、表露也。Дx.4706 正作「瀝款」。P.4062：「於是馳誠勝境，歷想玄津。」P.2940：「投寶地以翹誠，叩金園而瀝想。」亦其例。

（42）S.543V《聲聞布薩維那文》:「故得法藥冥資，縈煩衿而露結；醫王潛佑，祛毒瘵而霜明。」（3 / 158）

按：S.5561 凡二見，「衿」並作「襟」；「縈」一同，一作「鎣」。結，黃征讀作潔〔註 150〕，是也。鎣，黃征讀作縈，非是。縈、鎣，當讀作瀅，清澈也，澄清也。

〔註 150〕黃征、吳偉《敦煌願文集》，嶽麓書社 1995 年版，第 690 頁。下同。

（43）S.543V《亡文》:「夫有生必滅，四諦之初門；陟器皆毀，三界之彝則。」（3 / 158）

按：P.2631：「夫有生則滅，四諦之初門；陟器偕（皆）[illegible]，三界之尋（彝）則。」黃征等曰：「[illegible]，未詳，俟攷，疑爲『毀』。陟器，不詳。」〔註 151〕據此卷，「[illegible]」確是「毀」字。「陟」當作「涉」。唐・陳子昂《冥寞君古墳誌銘》：「始知有形必敝，涉器則毀。」

（44）S.543V《亡文》:「惟靈齒積蘭帷，標清柰苑；供惟四德與四弘而例習，對六修將六行而齊媚（眉）。」（3 / 158）

按：P.2631：「齒跡蘭闑，標情柰苑；恭惟四得（德）與四弘而兼勵，習對六終將六行而齊美。」彼卷「六終」當作「六修」，「情」當作「清」。此卷「積」讀作蹟（跡－迹），「供」讀作恭，「例」讀作勵，其上補「兼」字，「習」屬下句，「媚」讀作媺、美。P.2385V：「彩雲朝媚，秀慕芳蘭。」P.2237V 同，P.2854V「媚」作「美」，此其相通之例。「兼勵」與「齊美」對文。齒迹，並列其形迹，猶言置身。《攝大乘論序》：「慧愷志慚負橐，勤愧聚螢，謬得齒迹學徒，稟承訓義。」

（45）S.543V《亡文》:「蔭七重寶樹，生千葉蓮花。」（3 / 159）

按：原卷「生」作「坐」，S.343 同。

（46）S.545《失名類書》:「丹鳥，熒火也。羞，饈膳。言秋至，熒火以蚊蚰為羞。」（3 / 164）

按：熒火，同「螢火」。蚰，圖版作「[illegible]」，當錄作「蚋」，錄文承王三慶之誤〔註 152〕。《大戴禮記・夏小正》：「丹鳥羞白鳥。」傳：「丹鳥者，謂丹良也。白鳥者，謂蚊蚋也。」崔豹《古今注》卷中：「螢火……一名丹良，一名燐，一名丹鳥……腐草化之，食蚊蚋。」〔註 153〕

（47）S.545《失名類書》:「金溝，馬埒也。晉武子以鐵布市地，市為馬埒，時人號曰金溝。」（3 / 165）

〔註 151〕黃征、趙鑫曄《〈敦煌願文集〉校錄訂補》，《敦煌學研究》2006 年第 1 期，第 136 頁。

〔註 152〕王三慶《敦煌類書》，麗文文化事業股份有限公司 1993 年版，第 505 頁。

〔註 153〕《文選・秋興賦》李善注、《初學記》卷 30、《御覽》卷 945 引「化」作「爲」，古音相轉。S.545《失名類書》下文云「化草丹良」，亦作「化」字。

按：「鐵」當作「錢」；「市」當作「帀」，同「匝」。《世說新語・汰侈》：「王武子被責，移第北邙下，於時人多地貴，濟好馬射，買地作埒，編錢匝地竟埒，時人號曰金溝。」《初學記》卷 18、《類聚》卷 66、《御覽》卷 472、836、《事類賦注》卷 10 引「匝」作「布」。此卷「布帀」連文，當衍「帀」字。

（48）S.545《失名類書》：**「龍沙在務帝，土人嘗以九月九日於此登高。」**（3 / 166）

按：「務帝」是「豫章」形譌，「豫」俗譌字從「矛」旁。《御覽》卷 74 引《豫章記》：「龍沙在郡北，帶江，沙甚潔白，高峻而峙，陂陁有龍形，舊俗九月九日登高處。」〔註 154〕《水經・贛水》：「贛水出豫章南野縣西北。」《水經注》云：「（贛水）又北逕龍沙西，沙甚潔白，高峻而阤有龍形，連亙五里中，舊俗九月九日升高處也。」

（49）S.545《失名類書》：**「十月，日月會於賓，賓為析木之津。」**（3 / 168）

按：原卷「賓」不作重文，下字當刪。「賓」爲「寅」形譌。《玉篇殘卷》：「次者，天十二辰，日月五星行之，所曆以爲次舍也。子曰玄枵（枵），丑曰星紀，寅曰析木之津（下略）。」《左傳・昭公八年》孔疏：「析木之津，於十二次爲位在寅也。」《書・堯典》《釋文》：「謂日月交會於十二次也，寅曰析木（下略）。」

（50）S.545《失名類書》：**「刻木桶為龍狀，故曰虯檐也。」**（3 / 168）

按：「桶」是「檐」誤書。

（51）S.545《失名類書》：**「游魚徙印，泝（溯）玄瀨以務鱗。（印魚，魚名。務，寒貌。）」**（3 / 168）

按：原卷「徙」作「徒」。「印」爲魚名者，《述異記》卷下：「城陽縣城南有堯母慶都墓，廟前一池，魚頭間有印文，謂之印頰魚。」《御覽》卷 940 引《臨海異物志》：「印魚，無鱗，形似鰌形（音錯），額上四方如印，有文章。」《酉陽雜俎》卷 17：「印魚長一尺三寸，額上四方如印。」字亦作鮣，《文選・吳都賦》：「鮣龜鱕鯌。」劉逵注：「鮣魚，

〔註 154〕《書鈔》卷 155 引脫「而峙陂陁」四字。《御覽》卷 32 引脫「峙陁」二字。

長三尺許，無鱗，身中正四方如印。」洂，讀作欶，俗作嗍、嗽，吸也，飲也。務，讀爲無。舊訓「務，寒貌」，未聞。

（52）S.545《失名類書》：「浮凍醪於翠斝（凍醪，酒名。翠斝，盞也。），御豐腇於玄丘。」（3 / 169）

按：原卷「斝」作「斝（斝）」，即「斝」俗譌字。下文「列翠斝以勞農」，亦作此字。《龍龕手鏡》：「斝：俗。斝、斝：二正。音賈，玉爵也。」字書無例證，據此可補。明清又省作「斝」形，《金瓶梅詞話》13 回「高擎玉斝」，又 65 回「捧玉斝」是也〔註 155〕。

（53）S.545《失名類書》：「吉夢在辰，潛駒步節。（潛駒者，蟻也。至此月，陽氣動，步於地下。）」（3 / 171）

按：潛駒，當作「玄駒」，音之誤也。本卷下文云「玄駒載馳」，注：「玄駒，蟻也。是月，微陽始發，蟻初動。」正其確證。《大戴禮記・夏小正》：「玄駒，賁。」傳：「玄駒也者，螘也。賁者何也，走於地中也。」《法言・先知》：「吾見玄駒之步，雉之晨雊也。」李軌注：「玄駒，蚍蜉子也。」也作「玄蚼」，《方言》卷 11：「蚍蜉，齊魯之間謂之蚼蟓，西南梁益之間謂之玄蚼，燕謂之蛾蛘。」

（54）S.545《失名類書》：「縞雪飄零，覆玄冰而益壯；穀霧縈結，籠丹日而不晞。」（3 / 171）

按：原卷「穀」作「縠」。《御覽》卷 728 引《金樓子自序》：「霧生猶縠，河垂似帶。」

（55）S.545《失名類書》：「秦時謠曰：『駕龍上昇入太清，將下玄洲戲赤城。帝若學之臘嘉平。』始皇聞謠，欣然有騰仙之志，因改臘日嘉平。」（3 / 173）

按：《三輔黃圖》卷 3「將」作「時」，「洲」作「州」，「帝若」前有「繼世而往在我盈」一句。「臘日」當作「臘曰」。

（56）S.554V《十六大國名目》：「一怨伽國。」（3 / 216）

按：怨，《長阿含經》卷 5 作「鴦」。《梵網經菩薩戒疏》卷 1、《梵網經記》卷 1 作「央伽國」。

〔註 155〕清代用例參見曾良、陳敏《明清小說俗字典》，廣陵書社 2018 年版，第 281 頁。

（57）S.554V《十六大國名目》：「十一頞緤波羅國。」（3／216）

按：《長阿含經》卷 5 作「頞潔波國」，宋本等「頞潔」作「阿濕」，「濕」是「潔」形譌〔註 156〕。《梵網經菩薩戒本述記》卷 1 作「阿溼」，亦誤。

（58）S.554V《十六大國名目》：「十三般蹉國。」（3／216）

按：《長阿含經》卷 5「般」作「婆」，古音同。

（59）S.554V《十六大國名目》：「十六劍浮（泮）少國。」（3／216）

校勘記：浮，疑當作「泮」。（3／216）

按：「浮」字不誤，「少」當作「沙」。《長阿含經》卷 5 作「劍泮沙國」，宋本等「泮」作「浮」，《梵網經菩薩戒本述記》卷 1 同。《梵網經菩薩戒疏》卷 1 誤作「鍛設沙國」。

（60）S.557《靈棋經》：「顏曰：內外純陽，中無人位，潤澤不□▭」（3／238）

按：道藏本《靈棋經》卷下「純」作「皆」，「人位」作「陰氣」；又「潤澤不通」下脫文可據補「通，耕耨絕理」五字。劉基等注本「絕理」作「俱廢」。

（61）S.557《靈棋經》：「使厝鬼寔繁。」（3／238）

按：道藏本《靈棋經》卷下「厝」作「厲」，「繁」作「煩」。「厝」當是「厲」形譌。

（62）S.557《靈棋經》：「入水伐木，登山捕魚，植功失力，手空口虛。」（3／238）

按：植，當據道藏本《靈棋經》卷下作「損」。下文注云「徒費功力」，「費」字義同。

（63）S.557《靈棋經》：「顏曰：已闕天地，又反立功造事，不見成遠。」（3／238）

按：遠，當據道藏本《靈棋經》卷下作「遂」。

（64）S.557《靈棋經》：「顏曰：欲□□，致失□□，若遭難入井……手足□□，筋力靡運。」（3／239）

〔註 156〕「濕」、「潔」互譌之例參見蕭旭《〈爾雅〉「蟄，靜也」疏證》。

按：道藏本《靈棋經》卷下作：「欲避陰害，致失其位，若遭難落井，手足空存，筋力靡運。」脫文可據補，「欲」下脫三字。

（65）S.557《靈棋經》：**「霜雪沂沂，沾我裳衣，北風吹我，不得還歸。」**（3／239）

按：道藏本《靈棋經》卷下「沂沂」作「霏霏」，「還」作「旅」。「旅」當是「旋」形譌，讀作還，劉基等注本正作「旋」。沂沂，讀作「皚皚」、「溰溰」。《說文》：「皚，霜雪之白也。」《玉篇》：「皚，霜雪白皚皚也。」《廣韻》：「溰，溰溰，霜皃。」字亦作「溰溰」、「𩃎𩃎」。《集韻》「沂」與「溰、皚、溰」同音魚衣切。傳世本作「霏霏」，猶言「紛紛」，詞義不同。

（66）S.557《靈棋經》：**「顏淵曰：陰氣彌盛，內外口霜，流泊切切，歸路眇然。」**（3／239）

按：道藏本《靈棋經》卷下作：「陰氣彌盛，內外無主，風雪飄泊，歸路杳然。」眇、杳一聲之轉。原卷「內外」下脫二字，「切」字不重，似當據今本校正作「內外無主，風霜飄泊」。

（67）S.557《靈棋經》：**「東行採藥，乃上太山，不得口口，但見芳蘭，蘭非急口，口口來還。」**（3／239～240）

按：據道藏本《靈棋經》卷下，脫字可分別補作「芝草」、「用」、「空手」。劉基等注本「蘭非急用」作「初非濟用」，當出後人臆改。

（68）S.557《靈棋經》：**「顏淵曰：內▭而不相應，重剛在上，山嶽▭難以立。▭虛美之象，事皆有名而無實，聞者▭」**（3／239）

按：道藏本《靈棋經》卷下作：「內外純陽，不相應也，重剛在上，山嶽之象，中位不協，難以立功。採藥得蘭，虛美之象。凡事有名無實，聞喜不喜，聞憂不憂。」脫文可據補，並訂「聞者」作「聞喜」。

（69）S.557《靈棋經》：**「▭口水滔天，人民巢居。▭」**（3／240）

按：道藏本《靈棋經》卷下作：「連降霪雨，洪水滔天，人民巢居，無有火烟。」劉基等注本「霪」作「淫」，「滔」作「滔」。「滔」是「滔」形訛。此卷脫文可據補歟。

（70）S.610《雜集時用要字・音樂部第三》:「剔撥。」(3 / 278)

按：剔亦撥也，彈奏樂器的動作。字亦作擿、捌，《集韻》:「擿，挑也，或作捌。」

（71）S.617《俗務要名林》:「枮：剉物□，知林反。」(3 / 369)

按：缺字原卷尚存「木」旁，「占」上部可辨識，當是「枮」字，張涌泉從陳璟慧錄作「枮」，並據《廣韻》指出「枮」同「椹」〔註 157〕，是也。此卷下文:「砧：打鐵砧。如（知）林反。」文例正同。「砧」同「枮」，字亦作碪、鍖，櫍也。

（72）S.617《俗務要名林》:「蘿枷：打麥杖，上音羅，下音歌。」(3 / 369)

按：張金泉等曰:「『蘿』同『籮』。」張涌泉從之〔註 158〕。其說非是，未悟音轉之理，且未言「籮枷」是何物，又何以得訓打麥杖也。《釋名》:「枷，加也。加杖於柄頭以檛穗，而出其穀也。或曰羅枷，三杖而用之也。」《御覽》卷 824 引作「羅架」。「蘿」、「羅」是「連」音轉〔註 159〕，「蘿（羅）枷」即「連枷」，字亦作「連架」。《說文》:「柫，擊禾連枷也。」《御覽》卷 824 引作「連架」。蔣斧印本《唐韻殘卷》:「柫，連枷，朾（打）穀者，出《方言》。」《廣韻》:「枷，連枷，打穀具。」《方言》卷 5:「僉……自關而西謂之棓，或謂之柫；齊楚江淮之間謂之柍，或謂之桲。」郭璞注:「僉，今連架，所以打穀者。」《慧琳音義》卷 84 引郭注作「連枷」。周密《癸辛雜識》後集:「今農家打稻之連架，古之所謂拂也。」戴震曰:「羅、連亦一聲之轉。」〔註 160〕王念孫曰:「羅、連一聲之轉，今江淮閒謂打穀器爲『連皆』。皆、枷亦一聲之轉。」〔註 161〕蘇輿曰:「連、羅一聲之轉。」〔註 162〕王綸

〔註 157〕張涌泉《敦煌經部文獻合集》第 7 冊，中華書局 2008 年版，第 3645 頁。

〔註 158〕張金泉、許建平《敦煌音義匯考》，杭州大學出版社 1996 年版，第 662 頁。張涌泉《敦煌經部文獻合集》第 7 冊，中華書局 2008 年版，第 3652 頁。

〔註 159〕清華簡（八）《虞夏殷周之治》夏后氏「祭器四羅」，整理者引《禮記・明堂位》「夏后氏之四連」，《釋文》:「連，本又作璉。」《清華大學藏戰國竹簡（八）》，中西書局 2018 年版，第 162 頁。

〔註 160〕戴震《方言疏證》卷 5，收入《戴震全集（5）》，清華大學出版社 1997 年版，第 2368 頁。

〔註 161〕王念孫《廣雅疏證》，收入徐復主編《廣雅詁林》，江蘇古籍出版社 1992 年版，第 657 頁。

〔註 162〕蘇輿說轉引自王先謙《釋名疏證補》，中華書局 2008 年版，第 222 頁。

曰：「今歙縣曰『掠枷』，掠、羅、連俱一音之轉。」〔註 163〕字亦作「連耞」，《集韻》：「棉，連耞也。」宋刊本《備急千金要方》卷 61：「連耞關燒灰水服之。」江戶醫學影北宋本作「連枷」。字亦作「槤枷」，見 S.3227V《雜集時要用字・農器部》。

（73）S.617《俗務要名林》：「凍箒：上音囗，之酉囗。」（3 / 369）

按：凍，圖版作「凍」，當錄作「湅」。「之酉」下缺字，陳璟慧補「反」字，是也，上文「掃帚」注音正作「之酉反」。陳璟慧曰：「《說文》：『湅，瀧也。』『湅』本當音柬，是『刷、撣』之義。『湅箒』即是刷把。」〔註 164〕姚永銘指出「凍」疑爲「湅」字之俗訛，現代吳方言中有「筅箒」一詞，指用細竹絲紮成的刷鍋用具，或與「湅箒」爲一物〔註 165〕。張小豔從姚說，又指出「洗」與「湅」義同，「湅箒」即「洗帚」，字亦作箲、筅〔註 166〕。其說皆是也，而尚隔於古音。「洗」古讀蘇典切，與「冼」同音，音轉則作「湅」、「瀧」。張涌泉曰：「湅箒，『湅』字甲三（引者按：即 S.617 卷）作『凍』形，茲從陳校錄正。《玉篇》：『湅，煮絲絹熟也。』『湅箒』費解，俟考。」〔註 167〕無所發明。

（74）S.617《俗務要名林》：「蚍蜉：上音頻，下音浮。」（3 / 375）

按：張金泉等曰：「上音頻，P.2609 作『頻移反』。唐西北方音『蚍』與『頻』有同音可能，『音頻』可能是方音。」〔註 168〕張涌泉從其說，又申之云：「『頻』字《廣韻》音符眞切，眞韻臻攝，『蚍』字音房脂切，脂韻止攝，唐五代西北方音臻攝、止攝可以通押互切，〔-n〕韻尾呈消變的現象，故『蚍』字可以音『頻』。」〔註 169〕「蚍」音「頻」是上古已然的音轉現象，到唐五代時，猶保存於西北方音中。《說文》：「玭，

〔註 163〕王綸《新方言雜記》，《制言》第 3 期，1935 年版，本文第 14～15 頁。

〔註 164〕陳璟慧《敦煌寫本〈俗務要名林〉研究》，杭州大學 1997 碩士學位論文，第 50 頁。

〔註 165〕姚永銘《〈俗務要名林〉補校》，《浙江大學漢語史研究中心簡報》2005 年第 3 期，第 48～49 頁。

〔註 166〕張小豔《敦煌寫本〈俗務要名林〉字詞箋釋（一）》，《語言研究集刊》第 5 輯，上海辭書出版社 2008 年版，第 302～303 頁。又發佈於復旦古文字網 2008 年 2 月 26 日。

〔註 167〕張涌泉《敦煌經部文獻合集》第 7 冊，中華書局 2008 年版，第 3646 頁。

〔註 168〕張金泉、許建平《敦煌音義匯考》，杭州大學出版社 1996 年版，第 683 頁。

〔註 169〕張涌泉《敦煌經部文獻合集》第 7 冊，中華書局 2008 年版，第 3690 頁。

珠也。蠙，《夏書》玭從蟲、賓。」《書・禹貢》《釋文》:「蠙，字又作蚍。」《戰國策・燕策》「長賓之秦。」馬王堆帛書《戰國縱橫家書》「賓」作「毖」。是比聲、賓聲相轉，賓、頻音同，故「蚍」音「頻」。

（75）S.663《社邑印沙佛文》:「更能焚香郊外，請僧徒於福事之前；散餐遍所於水陸之分。」（3 / 468）

按：末句有脫誤，S.1441V 作「散食香飡，普施〔於水〕六（陸）地之分」（「地」字衍文），S.4428 作「散食香喰，遍施於水六（陸）之分」，S.5573 作「散食香飡，變（遍）施於水六（陸）之〔分〕」，S.6923V 作「散食香飡，遍施於水陸之分」，Φ263V+Φ326V 作「散食香飡，遍施於水陸之利（分）」。此卷「散」下脫「食香」二字，「所」當據各卷讀作「施」。S.1163：「己所不欲，物（勿）所於人。」下「所」字，P.2564、P.3797 同，P.2825、P.3565 等本作「施」。

4.《英藏敦煌社會歷史文獻釋錄（第四卷）》校讀記

郝春文主編《英藏敦煌社會歷史文獻釋錄（第四卷）》，社會科學文獻出版社 2006 年版。

（1）S.779《八相成道榜題》:「花便開敫。」（4 / 81）

按：敫，图版作「𢿱」，當錄作「敷」。「開敷」同義連文，謂花開放。《慧琳音義》卷 24 引《說文》:「花未開敷曰芙蓉，已開敷曰菡萏。」（今本《說文》不同）元稹《早入永壽寺看牡丹》:「開敷多喻草，淩亂被幽徑。」也倒作「敷開」，《經律異相》卷 30：「琦草芳華，不逆風熏，近道敷開，德人遍香。」

（2）S.779《樂住山讚》:「任運啟可〔聖〕遺言。」（4 / 83）

校勘記：啓，諸本同，丁本作「契」，疑「啓」爲「豈」之借字。（4 / 84）

按：丁本指 S.6321，諸本指 P.2563、P.3915、S.3287、Дx.1629 四本。啓，讀作契〔註 170〕，契合也。郝春文讀啓爲豈，大違佛教經義。《維摩經略疏》卷 1：「釋自行者，隨心所行，任運契理，必成勝因。」本卷下

〔註 170〕參見蕭旭《〈敦煌社邑文書輯校〉校補》。

文「身心遠離喫其（眞）教」，S.3287「喫」作「契」，P.2563、P.3915 作「啓」，啓亦讀作契，「喫」是增旁誤字。郝春文謂「『喫（契）』當作『啓』」，亦誤。

（3）S.779《諸經要略文》引《罪福決定經》：「**伽葉論說：兩願一慶（處）者，死作兩頭蛇，遞相教爾。**」（4／92）

校勘記：慶，疑當作「處」，《大正藏》徑釋作「處」。（4／96）

按：慶，讀作啓。「啓願」是佛經成語，敦煌發願文亦習見，猶言發願。P.2044V：「百花座前，千般啓願。」兩願一啓，謂同時發二個願。P.2915：「唯願從福智（至）福，永超生滅之原；從明入明，常啓菩提之路。」「啓」字 P.2237、S.6417 同，P.2237 另一處作「慶」，黃征讀慶作啓〔註 171〕。此其音轉之證。

（4）S.779《諸經要略文》引《賢愚經》：「**比丘且問，知其委由。**」（4／93）

按：《諸經要集》卷 2、《法苑珠林》卷 17 引「且」作「具」，「由」作「曲」。寫卷當據今本訂正。

（5）S.785《李陵蘇武往還書》：「**先帝好文，僕文可獎；先帝好武，僕武可施。**」（4／146）

按：施，讀作賜，與「獎」對舉。

（6）S.785《李陵蘇武往還書》：「**領五千之步卒，南截金河；拓單于之一方，北清玉塞。**」（4／146）

校勘記：截，甲、乙、丁本同，丙本作「瀐」，誤。（4／152）

按：丙本指 P.3692。「瀐」是「截」增旁俗字，與水灑、水濺義的「瀐」是同形異字。

（7）S.785《李陵蘇武往還書》：「**積屍如臙支山。**」（4／146）

校勘記：臙支，乙本同，甲、丁本皆作「燕脂」，丙本作「⿰米固脂」。「⿰米固」字誤。（4／153）

按：丙本指 P.3692，圖版作「⿰米因」，其右旁是「因」字，當錄作「⿰米因」。P.2578《開蒙要訓》：「⿰米因⿰米旨黳黛。」P.2487、P.3054、P.3875A、P.2588、S.5513

〔註 171〕黃征、吳偉《敦煌願文集》，嶽麓書社 1995 年版，第 710 頁。

作「粨䓴」，S.705 作「粨枝」，P.3147 作「膩脂」，皆即「胭脂」也。

（8）S.785《李陵蘇武往還書》：「願足下無生歸意，塞外為王，不若於漢？」（4／147）

校勘記：若，乙、丙、丁本同，甲本作「殆」。（4／154）

按：句末問號改句號。若，讀作弱。甲本指 P.2498，殆，讀爲迨、逮，及也，句末則用問號，表示否定。

（9）S.785《窮囚蘇子卿謹貢書》：「欺敵亡軀。」（4／148）

校勘記：敵，甲、丙、丁本同，乙本作「敵者」。（4／156）

按：此唐宋人諺語。S.2717V：「欺敵者亡。」S.2073《廬山遠公話》：「心麤者失，欺敲（敵）者忘（亡）。」〔註 172〕《古尊宿語錄》卷 46：「心麤者失，欺敵者亡。」《祖堂集》卷 16、《汾陽無德禪師語錄》卷中亦有「欺敵者亡」語。欺敵，猶言輕敵。

（10）S.788V《沙周志》：「周圔州境。」（4／169）

校勘記：圔，諸字書未見，當爲「圍」之俗字。《龍龕手鑒》有「圔」，注云「音烏」，據此，亦當音「圍」。周圔（圍），P.2005 作「周迴」。（P172）

按：周圔，當據 P.2005 讀作「周迴」，指其四周。《龍龕手鑒》作「圔」，字從「烏」，即「圔」，俗音烏，《永樂大典》卷 2347 引同，《新修絫音引證群籍玉篇》亦同。郝春文無學，不辨烏、爲，至欲改字書，妄矣。「圔」即「日」字，是根據日中有三足烏傳說構形的會意俗字。《老子》第 55 章「終日號而嗌不嗄」，《盩厔樓觀道德經碑》「日」作「圔」，即「圔」。

（11）S.793《天尊說濟苦經》：「毒氣甦魅。」（4／231）

校勘記：甦，丁、己本作「魑」，均可通。（4／234）

按：「甦」是「魑」異體字。《龍龕手鑒》：「甦，俗。魑，正。魑魅謂老物精恠也。」郝春文漫以「均可通」說之，則是認爲二字不同耳。

（12）S.810《太上濟眾經》：「驤使馳足，不敢懈隨。」（4／348）

按：隨，讀爲惰。

〔註 172〕此篇各家校說皆未得，參見蕭旭《〈敦煌變文〉校補（一）》，收入《群書校補》，廣陵書社 2011 年版，第 1182 頁。

（13）S.813《李老君周易十二錢卜法》:「有欠債不賽（償）。」（4 / 355）

校勘記：賽，當作「償」，據文義改。（4 / 357）

按：郝春文妄改，殊不通小學。蔣斧印本《唐韻殘卷》:「賽，報也。」酬報義。「賽」是「塞」後出分別字。P.2341：「轉金口之微言，賽酬往願。」「賽酬」同義連文。

（14）S.840《字音》:「㪷（斷）。」（4 / 363）

校勘記：㪷（斷），《敦煌音義匯考》認爲應釋作「料」。（4 / 363）

按：此字圖版作「㪷」，《敦煌音義匯考》釋作「㪷」，引《說文》:「㪷，量物分半也」〔註 173〕。「㪷」是「㪷」俗字，《匯考》是也，「料」的俗字作「𣂔」，是其比也。郝春文既不識俗字，鈔書也馬虎而誤「㪷」作「料」字。

（15）S.861《太上洞玄靈寶業報因緣經卷第九》:「六十年，還化為人家〔大富〕，有大建功德。」（4 / 372）

按：當讀作「還化爲人，家〔大富〕有，大建功德」。此上殘缺之文，道藏本有「昔劉黃民者，家大富有」，正「家大富有」成句。郝春文不識句讀。

（16）S.861《太上洞玄靈寶業報因緣經卷第九》:「斷槃（穀）不食。」（4 / 372）

校勘記：槃，當作「穀」，據甲本及文義改。（4 / 373）

按：甲本即道藏本。郝春文不識俗字，「槃」是「穀」俗訛字〔註 174〕。《詩·四月》「曷云能穀」，《玉篇殘卷》「曷」字條引「穀」作「槃」。《玉篇殘卷》「隆」字條引《槃梁傳》，元魏《雜寶藏經》卷 9「財槃豐有」，唐·法藏《梵網經菩薩戒本疏》卷 2「槃麥菓子」，Дx.2171「錢財五槃」，甘博 038「一切五槃悉皆滅盡」，亦用俗字。

（17）S.930《洞淵神咒經誓殃第六》:「目中出水，聲咳不利。」（4 / 394）

按：聲，S.1376 作「嚽」。字當作「謦」，俗亦作「磬」。「咳」同「欬」。道藏本正作「謦欬」。《說文》:「謦，欬也。」敦煌寫卷 P.2011 王仁昫

〔註 173〕張金泉、許建平《敦煌音義匯考》，杭州大學出版社 1996 年版，第 1304 頁。
〔註 174〕參見黃征《敦煌俗字典》，上海教育出版社 2005 年版，第 134 頁。

《刊謬補缺切韻》:「謦，謦欬。」桂馥曰:「《士虞禮》:『聲三啓戶。』注云:『聲者，噫歆也。將啓戶，警覺神也。』馥案:噫即欬也，噫、欬聲相近。《曲禮》:『車上不廣欬。』疏云:『欬，聲欬也。』『聲』當爲『謦』。《列子・黃帝篇》:『宋康王謦欬。』《莊子・徐無鬼篇》:『況乎昆弟親戚之謦欬其側。』」〔註 175〕

（18）S.957《拔罪妙經》:「**無鞅數眾，一時同會。**」（4 / 431）

按:鞅，讀作央，盡也。《玄應音義》卷 3:「無央:梵言阿僧祇，此言無央數。央，盡也。經文作鞅，鞅非此義。」

（19）S.957《拔罪妙經》:「**身被拷掠，痛毒離忍。**」（4 / 432）

按:原卷「離」作「難」，《太上九眞妙戒金籙度命拔罪妙經》同。葛玄《太上慈悲道場消災九幽懺》卷 8 作「身被攷掠，痛苦難忍」，亦同。

（20）S.972《戒懺文》:「**以威神力加備弟子。**」（4 / 450）

按:備，讀作被，下文「加備弟子」同。Дx.6746:「幽冥顯覩燈光，加備威神。」亦用借字。《聖善住意天子所問經》卷 3:「以威神力加被文殊師利童子。」

（21）S.972《戒懺文》:「**各各驚榮身心，令不散亂專注。以至誠心，發露懺悔。**」（4 / 451）

按:榮，原卷作「筞」，乃「策」俗字。「專注」當屬下句。驚策，讀作「警策」，佛經常用詞。

（22）S.972《戒懺文》:「**不知命如垂露，口口轉蓬。**」（4 / 451）

按:《唐護法沙門法琳別傳》卷 3:「草命如懸露，輕生類轉蓬。」《法華經玄贊要集》卷 35 同。脫文可據補「生如」二字。

（23）S.972《戒懺文》:「**溉灌陸田，焚燒山澤，宰害蟣虯，拂撲蚊蝖，損害眾生。**」（4 / 451）

按:「蟣虯」不辭。圖版「虯」作「[illegible]」，當是「虱」脫誤，S.543V 作「[illegible]」，正是「虱」字。中村不折藏 093 號《禮懺文》卷 1:「或於莊園溉灌瀆田，損煞虫蟻，撲滅蚊寅，宰害蟣虱。」S.1824:「溉灌陸田，焚

〔註 175〕桂馥《札樸》卷 4，中華書局 1992 年版，第 156 頁。

燒山澤，殘害蠛虱，拂撲蚊虻，煞害眾生。」亦作「虱」字。其「宰」當據此卷 S.972 及 S.543V 定作「宰」。損害，S.543V 作「煞害」。

（24）S.972《戒懺文》：「……〔戒〕為賢良；大黑闇中，戒為明燈；大佈畏中，戒為口口……。」（4 / 453）

按：「佈畏」不辭，郝春文不思之甚也。圖版「佈」不甚清晰，然必當作「怖」字。《大智度論》卷 13：「大惡病中，戒爲良藥；大恐怖中，戒爲守護；死闇冥中，戒爲明燈；於惡道中，戒爲橋樑；死海水中，戒爲大船。」《受菩薩戒儀》卷 1、《大方廣佛華嚴經隨疏演義鈔》卷 59、《梵網經菩薩戒本述記》卷 1 引「恐怖」作「怖畏」。其下脫文亦可據補「守護」二字。

（25）S.986《道要靈祇神鬼品經》引《太上太真科經上》：「惡鬼經履刀山劍樹，火燿（鑊）之考，骨骸爛盡，方入冥零地獄，萬劫無生。」（4 / 462）

校勘記：燿，甲本同，當作「鑊」，據文義及丁本改。冥零，甲本同，丁本作「溟泠」。（P478）

按：甲本指 P.3356，丁本指道藏本。考，讀作烤。《玄應音義》卷 5、《慧琳音義》卷 24 引《說文》：「燿，灼也。」今本《說文》「燿」作「熣」。「燿」是「熣」俗字，「確」俗字作「礭」，「搉」俗字作「擢」，「暀」俗字作「曤」，「鶴」俗字作「鸖」，「膗」俗字作「臛」，皆其比也。火熣，猶言燒灼之火。也倒作「燿火」，梁元帝《玄覽賦》：「瞰落星之嵷巃，覩燿火之迢遰。」丁本指道藏本，不可據改。冥零，同「溟泠」，也作「冥泠」、「溟靈」。S.957《拔罪妙經》「北方有溟靈地獄」，《太上九眞妙戒金籙度命拔罪妙經》作「冥泠」，葛玄《太上慈悲道場消災九幽懺》卷 8 作「溟泠」。

（前四卷曾以《英藏敦煌文獻校讀記（上、下）》爲題，連載於中國人民大學《國學學刊》2018 年第 3 期，第 33～48 頁；《國學學刊》2019 年第 2 期。）

5. 《英藏敦煌社會歷史文獻釋錄（第五卷）》校讀記

郝春文主編《英藏敦煌社會歷史文獻釋錄（第五卷）》，社會科學文獻出版社 2006 年版。

（1）S.1073《和菩薩戒文》:「深心渴仰，專注法音。」(5 / 57)

校勘記：注，甲、丙本作「貯」，疑「貯」爲「注」之借字。(5 / 61)

按：甲、丙本分別指 S.6631V、P.4597，猶有失校。注，S.5894、BD7805、BD8230、BD8374、BD8528、上圖 140 同，S.5457 作「主」，S.6631V 作「⿰貝亨」，P.4597 作「⿰貝享」，S.4662 作「脝」，S.5977、S.6211 作「駐」。「⿰貝亨」、「⿰貝享」、「脝」皆「貯」俗訛字。

（2）S.1073《和菩薩戒文》:「鐵床⿰山乃⿰山乃來相向，銅柱赫赫競來假（侵）。」(5 / 58)

校勘記：假，當作「侵」，據甲、乙、丁本改。(5 / 62)

按：⿰山乃⿰山乃，原卷作「⿱山万⿱山万」，于淑健據 S.4301、S.4662、S.5457、北衣 74、北字 59 諸卷校作「岌岌」〔註 176〕，其說是也，但有誤校，茲重校如下：S.4662 殘缺「來」前四字，P.4597 同此卷作「⿱山万⿱山万」，S.5457、S.5557、S.5894、S.5977、S.6211、S.6631V、P.3241、BD7805、BD8230、BD8374、BD8528 作「岌岌」；S.4301、上圖 140 作「吸吸」，亦是「岌岌」借字。赫赫，各卷同，BD7805 作「黑黑」，借音字；P.4967「[illegible]」，乃「嚇嚇」俗寫。

（3）S.1073V《紹淨等請寺主牒稿》:「權摸（謀）越眾。」(5 / 69)

校勘記：摸，當作「謀」，據文義改，「摸」當爲「謀」之借字。(5 / 70)

按：摸，讀作謨。《說文》:「謨，議謀也。」

（4）S.1084V《嘲沙門詩》:「不如聞法取成（城）外，杅那肶（肚）皮爛寵寵。」(5 / 75)

校勘記：肶，當作「肚」，《敦煌詩集殘卷輯考》據文義校改。(5 / 76)

按：寵寵，讀作「訌訌」，潰敗貌。音轉亦作「痌痌」、「瘇瘇」，《集韻》:

〔註 176〕于淑健《〈大正藏〉第八十五卷（敦煌卷）研究》，南京師範大學 2006 年博士論文。此文「中國知網」未收錄，于君 2006 年答辯前曾讓我看過，據當年的電子文本引述。

「痌、瘇，創潰也，或從童。」

（5）S.1084V《嘲沙門詩》：「准義師主真心教，是你鈍濁百隴眾。」（5/75）

校勘記：隴眾，《敦煌詩歌導論》云或許就是「龍鍾」。（5/76）

按：項楚說「隴眾」即「龍鍾」，是也，而未解釋其義。「隴眾」即《荀子·議兵》之「隴種」，亦即《舊唐書·竇軌傳》「隴種車騎」、《北史·李穆傳》「籠凍軍士」之「隴種」、「籠凍」，與「郎當」一音之轉，疲弊不振貌〔註177〕。

（6）S.1086《兔園策府》：「胤后繩（承）亂紀之誅。」（5/81）

校勘記：繩，當作「承」，據文義及甲本改。（5/92）

按：甲本指S.614。繩、承，並讀爲乘。《詩·緜》：「其繩則直。」《釋文》：「繩，如字，本或作『乘』。」《詩·抑》：「子孫繩繩，萬民靡不承。」「繩」與「承」爲韻，元刊本《韓詩外傳》卷6引作「承承」〔註178〕，《詩攷》引同。《酉陽雜俎續集》卷4：「今六博齒，采妓乘。乘字去聲，呼無齒曰乘。據《博塞經》云：『無齒爲繩，三齒爲雜繩。』」《老子》第14章「繩繩」，P.2255、P.2370、P.2584、S.798、S.6825V《想爾注》本、BD14633、Дx.11964、遂州碑本作「蠅蠅」，P.2329、李榮本作「乘乘」。S.4685「紅頭乘兩個」，P.4525V「菲紅頭繩」，張小豔曰：「『乘』爲『繩』的同音借字。P.5523V《春秋後語》『君又南面而稱寡人，曰乘秦之貴公子』，P.5034V、《史記·商君列傳》正作『繩』，可參。又P.3350《下女夫詞》『牽繩入肆（此）房』，S.5949作『乘』，亦是其相通之例。」〔註179〕是「乘」、「承」與「繩」古音相通也。

（7）S.1137《啟請文》：「唯願去（起）金剛座，取鐵圍山，來起（降）道場。」（5/117）

〔註177〕參見蕭旭《「果贏」轉語補記》、《「郎當」考》，並收入《群書校補（續）》，花木蘭文化出版社2014年版，第2304～2308、2376～2380頁。

〔註178〕明嘉靖沈氏野竹齋本引仍作「繩繩」，又《外傳》卷9二引《詩·螽斯》亦作「繩繩」。

〔註179〕張小豔《敦煌社會經濟文獻詞語論考》，上海人民出版社2013年版，第514～515頁。

校勘記：去，當作「起」，時「去」通「起」。甲本此句作「唯願金剛起座」。起，當作「降」，據甲本及文義改。（5／120）

按：甲本指 S.2685V。去金剛座，S.5456、S.5957 同，S.3875、Дx.4413 作「起金剛座」，S.2685V「起」字旁補於「剛」字右側，當是補錯位置。取，S.2685V、S.3875、S.5456、Дx.4413 同，當據 S.5957 讀作「趣」。「來起」之「起」，原卷作「赴」，S.3875、S.5957、Дx.4413 同；S.2685V、S.5456 作「降」是近義詞。

（8）S.1137《啟請文》：**「小捺洛迦，牛頭玉卒。」**（5／119）

按：「玉」是「獄」音誤，P.2777、S.2144V、S.2685V、S.3875、S.5456、S.5957、Дx.10735 同文正作「獄」字，BD5298 作「嶽」，亦是音誤。BD7310「牛頭王卒把鐵叉」，「王」是「玉」省文，S.427 作「獄」。

（9）S.1137《天兵文》：**「夫三界（乘）演妙，功超色〔相〕之〔門〕；大覺明因，理出明（名）言之際。」**（5／123）

校勘記：大，甲本作「七」，《敦煌願文集》將「大」校改作「七」，似以「大」字爲佳。（5／125）

按：甲本指 P.2915。校錄者不熟悉佛典，也未說明「大」字爲佳的理由。黃征校是也，P.2058、P.2838、P.3765、S.5957、Φ263+Φ326 同文都作「七覺」。「七覺」又曰「七覺支」，佛家謂覺了之法分七種：擇法覺支、精進覺支、喜覺支、輕安覺支、念覺支、定覺支、行舍覺支。

（10）S.1137《天兵文》：**「伏願體花永曜，質貌恒春；娘子、朗君，瓊詞寶鍔；永受千秋之寵，長居萬代之榮。」**（5／124～125）

按：原卷「曜」作「嚁」，「詞」作「謌」，黃征錄文上字不誤，下字亦誤作「詞」〔註 180〕。瓊謌寶鍔，S.5640 作「瓊歌寶樂」。「謌」同「歌」。江淹《惜晚春應劉祕書》：「始獲瓊歌贈，一點重如金。」鍔，讀作咢，指沒有伴奏的歌吟。《詩・行葦》：「或歌或咢。」毛傳：「歌者，比於琴瑟也。徒擊鼓曰咢。」「瓊歌寶鍔」是「歌咢」對舉。韓愈、李正封《晚秋郾城夜會聯句》李正封句：「爾牛時寢訛，我僕或歌咢。」亦是其例。

〔註 180〕黃征、吳偉《敦煌願文集》，嶽麓書社 1995 年版，第 605 頁。

（11）S.1137《天兵文》:「四寇除（降）皆（階），永絕煙塵之戰。」（5 / 125）

校勘記：除皆，當作「降階」，《敦煌願文集》據文義校改。（5 / 128）

按：黃征校是也，P.2058、P.3765、S.5957、Φ263+Φ326 同文正作「降階」。

（12）S.1145V《書儀摘抄》:「近為勞邊心苦，小有違和，貴德易卒郊疾潛。」（5 / 131）

校勘記：貴德易卒郊疾潛，此句疑有脫文。（5 / 133）

按：卒，原卷作「[illegible]」，當錄作「乖」。S.2832 同文作「貴德易乖，豣疾潛起」，此卷「潛」下當據補「起」字。

（13）S.1145V《書儀摘抄》:「作念已竟，潛加清涼闇投，熱惱斯退。」（5 / 131）

按:「潛加」前當據 S.2832 補「聖力」二字，讀作:「作念已竟，〔聖力〕潛加。清涼闇投，熱惱斯退。」S.2832 另一處作:「作念已畢，聖心垂矜，清涼暗投，熱惱將息。」文例亦同。

（14）S.1145V《書儀摘抄》:「居傾絕塞，境接胡林，戎羯往來，侵抄莫准于當，童稚屬彼師。」（5 / 131）

校勘記：下二句疑有脫文。（5 / 133）

按：S.2832「屬」上有「俄」字，黃征謂此卷有脫文，讀作:「居傾絕塞，境接胡林；戎羯往來，侵抄莫准。于當童稚，俄屬彼師。」〔註 181〕

（15）S.1145V《書儀摘抄》:「南風起悲，瞻北雁而成行，關山可望，生死難明。」（5 / 131）

按：行，圖版作「[illegible]」，當據 S.2832 錄作「信」。黃征謂此卷有脫文，當據 S.2832 讀作:「〔聽〕南風〔以〕起悲，瞻北雁而成信。」〔註 182〕

（16）S.1145V《書儀摘抄》:「於是庭張舉幕，宅曳花旛。」（5 / 131）

按：原卷「舉」作「翠」，「旛」作「幡」，S.2832 同。

（17）S.1145V《書儀摘抄》:「香郁郁而伴愁雲，梵響零而添哭響。」（5 / 131）

〔註 181〕黃征、吳偉《敦煌願文集》，嶽麓書社 1995 年版，第 88 頁。

〔註 182〕黃征、吳偉《敦煌願文集》，嶽麓書社 1995 年版，第 114 頁。

按：S.2832「零」下有重文符號。S.343：「爐香郁郁以蒸空，梵響清零（泠）而肅物。」S.1924：「經聲朗朗，上至穹蒼；梵響鈴鈴，下臨幽府。」P.3332 同，P.2855「鈴鈴」作「令令」。此卷及 S.2832「香」上當脫「爐」字〔註 183〕，「哭響」當作「哭聲」，讀作：「〔爐〕香郁郁而伴愁雲，梵響零〔零〕而添哭聲。」黃征疑「香」下脫「氣」字〔註 184〕，非是。

（18）S.1145V《書儀摘抄》：「梵音宛轉，而入雲鍾，磬合離而滿寺。」（5／132）

按：校錄者所斷句，不知所云。原卷「離」作「雜」，S.2832 同。黃征讀作：「梵音宛轉而入雲，鍾（鐘）磬合雜而滿寺。」〔註 185〕BD5394：「歌與樂，競吹嗺，合雜喧嘩溢路排。」S.3074：「人倫合雜，道俗駢駷。」「合雜」即「匌帀」音轉，字或作「合匝」、「匼匝」、「鞈匝」。

（19）S.1145V《書儀摘抄》：「胡笳鳴而曉吹朔風，驚漢馬斯（嘶）而陣雲合。」（5／132）

校勘記：下句疑有脫文。（5／133）

按：S.2832 同，黃征以「驚」字屬上句，疑「曉吹」是衍文〔註 186〕。「驚」字屬上句是也，「漢馬嘶」與「胡笳鳴」是對文。

（20）S.1145V《書儀摘抄》：「時剌剌金風，積積玉霜；寒天色青日光白。」（5／132）

按：原卷「積積」作「稜稜」，S.2832 同。此卷「日」上當據 S.2832 補「愛」字，讀作：「寒天色青，〔愛〕日光白。」剌剌，S.2832 同，讀爲「烈烈」。「剌剌金風，稜稜玉霜」二句出六臣本《文選・蕪城賦》：「稜稜霜氣，蔌蔌風威。」李善注：「稜稜，霜氣嚴冬之貌。蔌蔌，風聲勁疾之貌。」五臣本「蔌蔌」作「莿莿」，注音魯葛反。《類聚》卷 63、82 引作「蔌蔌」，《初學記》卷 24 引作「簌簌」。五臣本作「莿莿」，與寫卷作「剌剌」相合。唐・劉駕《苦寒行》：「嚴威動八荒，莿莿無休時。」亦其例。李商隱《送千牛李將軍赴闕五十韻》：「去程風剌剌，

〔註 183〕參見郝春文主編《英藏敦煌社會歷史文獻釋錄（第十四卷）》，社會科學文獻出版社 2016 年版，第 294 頁注〔294〕。

〔註 184〕黃征、吳偉《敦煌願文集》，嶽麓書社 1995 年版，第 114 頁。

〔註 185〕黃征、吳偉《敦煌願文集》，嶽麓書社 1995 年版，第 88 頁。

〔註 186〕黃征、吳偉《敦煌願文集》，嶽麓書社 1995 年版，第 88、114 頁。

別夜漏丁丁。」「剌剌」必是「刺刺」形誤。朱鶴齡注：「刺，七跡切。」馮浩注同〔註 187〕。劉學鍇等曰：「刺刺，本爲多言貌，此狀風聲。刺，七跡切。」〔註 188〕皆非是。

（21）S.1145V《書儀摘抄》：「遠山雲收大野合為齋。」（5／132）

校勘記：此句疑有脫文。（5／133）

按：原卷「齋」作「齊」。S.2832 作「遠山雲收，大野合霽」，黃征誤錄「霽」作「霄」〔註 189〕。此卷「爲」字衍，「齊」是「霽」省文。

（22）S.1145V《書儀摘抄》：「炎風弄雲，深山增翠。」（5／132）

按：原卷「深」作「渁」，S.2832 同。黃征誤錄作「綠」〔註 190〕。

（23）S.1145V《書儀摘抄》：「素綴珠露，花文錦霞。」（5／132）

按：素，當據 S.2832 作「葉」。

（24）S.1145V《書儀摘抄》：「太陽光普，窖（晧）無（月）月（無）雲。」（5／132）

校勘記：窖，當作「晧」，據文義改。無月，當作「月無」，據文義改。（5／133）

按：「晧月」不得與「太陽」並言。原卷「月」作「片」。S.2832 下句黃征錄作「窖無片雲」，云：「窖，乙卷（引者按：指 S.1145V）下部寫作『吉』，疑當爲『浩』之換旁字。」〔註 191〕二卷下部都寫作「吉」，S.1145V 作「[illegible]」，S.2832 作「[illegible]」，是二卷都作「[illegible]無片雲」也。「[illegible]」字字書無載，疑即「窖」字誤寫，讀爲晧。《說文》：「晧，日出皃。」

（25）S.1145V《書儀摘抄》：「龍吟滄海，雨坐碧雲。」（5／132）

按：原卷「坐」作「生」，S.2832 同。

〔註 187〕朱鶴齡《李義山詩集注》卷 3，收入文淵閣《四庫全書》第 1082 冊，臺灣商務印書館 1986 年初版，第 198 頁。馮浩《玉溪生詩詳注》卷 1，收入《續修四庫全書》第 1312 冊，上海古籍出版社 2002 年版，第 347 頁。

〔註 188〕劉學鍇、余恕誠《李商隱詩歌集解》，中華書局 1988 年版，第 374 頁。

〔註 189〕黃征、吳偉《敦煌願文集》，嶽麓書社 1995 年版，第 88 頁。

〔註 190〕黃征、吳偉《敦煌願文集》，嶽麓書社 1995 年版，第 88 頁。

〔註 191〕黃征、吳偉《敦煌願文集》，嶽麓書社 1995 年版，第 115 頁。

（26）S.1147《結壇散食迴向發願文》:「先亡七祖，蓮花迎而登天；不歷三塗，祥雲乘而證果。」（5 / 137）

按：迎，S.3427、S.5589 同，疑爲「迊」形誤。「迊」同「匝」，迨迊、周匝義。

（27）S.1147《結壇散食迴向發願文》:「莊盈五穀，霜疸不損於田苗；圈滿群昌，六畜無災於牧廡。」（5 / 137）

校勘記：疸，甲本同，《敦煌願文集》釋作「疸」，《敦煌佛學・佛事篇》釋作「夜」，誤。（5 / 142）

按：甲本指 S.3427，二卷確實都作「疸」。S.5589 同文作「疸」。當讀爲燀，炎熱也，指夏天的熱風〔註 192〕。

（28）S.1156《光啟三年沙州進奏院上本使狀》:「宋閏盈……李伯盈等言：『頗耐煞人！我不得旌節，死亦不去。』」（5 / 152）

按：頗耐，也作「頗奈」、「叵耐」、「叵奈」，猶言無奈。頗，讀作叵。

（29）S.1160《結壇散食迴向發願文》:「先亡魂識，不直八難之中；過往尊親，無歷三塗之苦。」（5 / 181）

按：直，當據 S.3427 讀作值，遇也。

（30）S.1164《開經文》:「來逢元日，恒保上春。」（5 / 240）

校勘記：來，甲本同，《敦煌願文集》釋作「未」，校作「永」，誤。（5 / 246）

按：甲本指 S.4504V，校錄者誤作 S.4504。P.3085 亦作「來」。

（31）S.1164《開經文》:「惟願神遊奈苑，欽覺路以尋真；夕憩花台，染戒香而奉聖。」（5 / 242）

按：原卷「路」字殘損不可辨識，S.4504V 作「路」。P.2807：「惟願辰游鹿苑，被覺蘂以尋眞；夕歇花台，染戒香而奉聖。」「神遊柰苑」爲願文常用語，並非「辰」、「夕」對舉爲文。「夕憩」、「神遊」對舉，「夕」疑當作「心」，形之誤也。欽，S.4504V 同，「被」是形誤字。P.2058V、P.2341、P2854V、P.3172、P.3545、P.3765、S.1441V、S.5638、S.5957、S.6417、Φ263+Φ326「馳覺路以歸眞」，語意相近。

〔註 192〕參見蕭旭《英藏敦煌寫卷校詁》。

（32）S.1164《開經文》：「金輪展轉，常馳歡喜之薗；寶筏斯遊，迴汎八功德水。」（5 / 242）

按：遊，S.4504V 同。P.2807 脫「馳」字，「遊」作「桴」。桴，讀作浮。

（33）S.1164《開經文》：「所在親族，咸保良緣；遠近枝羅，俱沾勝益。」（5 / 242）

校勘記：保，甲本同，《敦煌願文集》校補作「沐」，誤。（5 / 248）

按：P.2807 作「咸報良緣」，報讀作保。P.2854：「亦願諸親眷屬，並報休宜；法界有情，同賴斯慶。」又「亦願官吏，克保休宜；法界有情，同賴斯〔慶〕。」報亦讀作保。P.2226V：「然後闔家大小，並保休宜；遠近親姻，咸蒙吉慶。」S.5561：「然後家眷大小，並保休宜；遠近親羅，咸蒙吉慶。」P.2481：「合門宗眷，永保休宜；凡厥親姻，俱蒙福利。」皆作「保」字。

（34）S.1170《某都講設難問疑致語》：「千均（鈞）之弩，不與（以）鼠發；機（積）一尺之水，未可龍魚得躍。」（5 / 252）

校勘記：機，當作「積」，據文義改，「機」爲「積」之借字。（5 / 253）

按：原卷「鼠」上有一字，左旁從鼠，右旁不清晰，疑是「鼷」字。「機」當屬上句，讀如字。讀作：「千均（鈞）之弩，不與（以）鼷鼠發機；一尺之水，未可龍魚得躍。」上句語出《三國志・杜襲傳》：「臣聞千鈞之弩，不爲鼷鼠發機；萬鈞之鐘，不以莛（筳）撞起音。」《宋書・桂陽王休範傳》：「但千鈞之弩，不爲鼷鼠發機。」《說文》：「機，主發謂之機。」「機」是弓弩上用於發射的弩牙。S.2073《廬山遠公話》：「豈緣一鼠之謙（慊），勞發千均（鈞）之努（弩）。」

（35）S.1172V《都講辯惠設難問疑致語》：「（上缺）詮定戒者，經；詮惠者，論。」（5 / 255）

按：據下文：「則知戒爲佛法平地，眾善因之而生。定爲功德叢林，萬德因之而長；惠乃昏衢明鏡，菩提之因（因之）而證。」是論說「戒、定、惠（慧）」三者。P.2542 有同文作：「詮戒者律，詮定者〔經〕，詮惠（慧）者論。」P.2631 同文作：「全（詮）戒者律，詮定者經，詮惠（慧）者論。」則知此卷「詮定戒者經」中的「戒」是衍文，其上脫「詮戒者律」四字。

（36）S.1172V《都講辯惠設難問疑致語》：「提婆再出，法教重鳴。」（5／255）

按：鳴，當據 P.2631 讀作明。

（37）S.1172V《都講辯惠設難問疑致語》：「今者某時，衣僧大會之辰，若不塵竪義宗，河（何）表（？）法門之深秘？若不變主徵答，何以顯析幽微？」（5／255）

按：P.2631：「今者厶時，衣僧大會之前，若不廣立義宗，何表法門之深秘？若不變生微答，何以顯折（析）幽微？」衣，讀作「於」。此卷「塵」、「主」、「徵」都是誤字，當分別據 P.2631 作「廣」、「生」、「微」。變，讀作徧。「廣竪」即「廣立」，與「徧生」對舉成文。

（38）S.1172V《都講辯惠設難問疑致語》：「自葵虛薄，戰汗交流。」（5／255）

按：葵，P.2631 同，讀作揆，揆度。汗，P.2631 形誤作「忓」。

（39）S.1172V《都講辯惠設難問疑致語》：「二障目此雲住，八纏由斯頓遣。」（5／257）

按：「目」是「自」形誤。

（40）S.1173V《三長邑義設齋文抄》：「學富九丘，武當七禮。」（5／262，又 5／265）

按：原卷所抄二遍，「禮」並作「札」。錄作「禮」，乃誤認「札」作「礼」，又轉易作「禮」，此承《敦煌社邑文書輯校》之誤〔註 193〕。

（41）S.1173V《三長邑義設齋文抄》：「然後一毫十力之善，將七代而俱榮；六取（趣）八維之餘，愚（遇）此同登波（彼）岸。」（5／265）

按：「維」是「難」形誤。原卷「餘」作「余」，當是「途」省寫，讀爲徒。P.2588、P.3494、P.3765、S.5957、Φ263+Φ326 有同文作「八難六趣之途（徒），賴此同超彼岸」，S.5561 作「八難六趣之中，過（遇）此同登彼岸」。BD6412V2 同文作「八難（原卷殘存「難」字上半）六取（趣）之潛，遇此同登彼岸」，「潛」當是誤字。一毫，S.5561、BD6412V2 同，當據其餘各卷作「一乘」。

〔註 193〕寧可、郝春文《敦煌社邑文書輯校》，江蘇古籍出版社 1997 年版，第 577 頁。

（42）S.1177《金光明最勝王經題記》：「願三郎君神遊碧落，聯接天仙；質（直）往淨方，聞經樹下。」（5 / 270）

按：「質」讀如字。質往淨方，猶言投生淨土。

（43）S.1181《曹議金施捨迴向疏》：「然後傾口口口，牧童賀舜日之口；闔境康寧，野老播堯年之慶。」（5 / 273）

按：原卷「傾」字不可辨識。S.663：「寬弘治眾，萬姓歎異瑞之風；設法安人，千家賀堯年之慶。」S.5640：「口（牧）民有舜日之歡，野老拜堯年之慶。」P.2058V「遂使千門快樂，野老舞舜日之風；萬戶無危，牧童唱堯年之慶。」P.3269：「敦煌永奏（泰），千門賀舜日之歡；蓮府恒昌，萬戶無（舞）堯年之喜。」P.3149：「敦煌永泰，千門唱舜日之歌；蓮府恒昌，萬戶舞堯年之喜。」Φ263V+Φ326V：「寧戎靜塞，千門賀舜日之清；歲稔時豐，萬戶拜堯年之慶。」諸文並相近，此卷「舜日之」下缺字可據補「歡」或「清」、「風」等字。

（44）S.1181《曹議金施捨迴向疏》：「田祥五稼，千門倍盈於東皋；歲富口口，口口廣收於南畝。」（5 / 273）

按：S.3427 有「歲富年昌」語。此卷缺文，疑補作「歲富〔年昌〕，〔萬戶〕廣收於南畝」。

（45）S.1181《曹議金施捨迴向疏》：「時消疾散，口勵（癘）莫侵。」（5 / 273）

按：原卷「散」字殘存左半。P.2642、P.2733、P.2940、S.4536、BD6412V2 並有「病消疾散」語，Дx.1228 有「疫癘不侵」語，P.2733、P.2857、P.2940 並有「疫勵（癘）不侵」語，S.4245 有「癘疫不侵」語。此卷「時」字不安，當是「病」字誤書；「勵（癘）」上缺字補「疫」。

（46）S.1181V《曹議金結壇轉經供僧唱佛燃燈文》：「口口口口口口口口即娑婆之界，誓心利物，故立方便之門。」（5 / 275）

按：缺文當是六字，據 P.2058V 同文補足文字，讀作：「〔夫八相是（示）生，降〕即娑婆之界；誓心利物，故立方便之門。」P.3566 同，唯「物」作省文「勿」。「即」是「跡」借音字，S.5589、S.5957：「夫聖德慈尊，降跡娑婆之界。」P.3497 無「夫」字，餘同。

（47）S.1181V《曹議金結壇轉經供僧唱佛燃燈文》:「▭惠建八極，安祥樂音，競走皷來，迎梵▭前引，意謂佃役，難卻妖分（氛），鬼魅逐千里▭於地戶。」（5 / 275）

按：P.3566 同文作：「今者萬像圍城之日，太子成道之晨（辰）；樂音竟走（競奏）故來仰（迎），梵響沸騰如（而）〔前〕引。意謂：佃役（殄疫）難，卻妖分（氛）；鬼魅逐千里之餘，參鐳藏衣（於）地戶。」原卷有句讀。P.2058V「故」誤作「散」，「梵響沸騰如引」作「梵響騰妙前引」，各有脫字。此卷「藏」字殘存下半。當據 P.3566、P.2058V 補足文字，讀作：「▭惠建，八極安祥。樂音競走（競奏）皷（故）來迎，梵〔響騰妙而〕前引，意謂：佃役難，卻妖分（氛），鬼魅逐千里〔之餘，參鐳〕藏於地戶。」參鐳，張小豔讀爲「攙搶」、「欃槍」〔註 194〕，是也。Дx.1028+Дx.2751：「掃疫癘於天門，淨瘮初於地戶。」「瘮初」是「參鐳」誤書。

（48）S.1181V《曹議金結壇轉經供僧唱佛燃燈文》:「先用奉囗〔梵〕釋四王、龍天八部。」（5 / 275）

校勘記：梵，據文義補。（5 / 276）

按：補「梵」字是也。「奉」下缺字，可據 P.3566、S.4474、Дx.1254+Дx.6746 同文補「資」字。「先用奉資」是願文套語。

（49）S.1181V《曹議金結壇轉經供僧唱佛燃燈文》:「興囗囗囗，救人護國。」（5 / 275）

按：P.2058V、P.3566 作「興運慈悲，九（救）人護國」，S.1441V、S.2580V、S.3156、S.4537、S.5957、S.6417「九」作「救」。S.2974：「不捨蒼生，興運慈悲。」缺文可據補「運慈悲」。

（50）S.1181V《曹議金結壇轉經供僧唱佛燃燈文》:「色力堅於丘山，惠命延於遐囗。」（5 / 275）

按：惠，讀作慧。P.2807、P.2915、P.3825：「色力堅於丘山，惠命逾於賢劫。」P.2679 脫「丘山」二字，餘同。此卷「遐」下可據補「劫」字，

〔註 194〕張小豔《敦煌社會經濟文獻詞語論考》，上海人民出版社 2013 年版，第 228 頁。趙家棟 2011 年與我在 QQ 上討論敦煌願文時，亦有相同看法，附識於此。

P.4062「植福曩辰，豎因遐劫」，BD8099「植福曩晨（辰），豎因遐劫」，正有「遐劫」一詞。S.6417：「色力堅於丘山，惠命俞（逾）於遐却。」「却」必是「劫」形誤。

（51）S.1181V**《曹議金結壇轉經供僧唱佛燃燈文》：「磐石增薰，維城作鎮。」**（5／275）

按：薰，讀作勳，P.2058V、P.3566 正作「勳」。

（52）S.1181V**《曹議金結壇轉經供僧唱佛燃燈文》：「伏願奇才出眾，無（武）藝召（超）輪（倫），歸懷戍物之能，共助明王之道。」**（5／276）

校勘記：戍，《敦煌碑銘讚輯釋》釋作「戎」。（5／277）

按：歸、戍，P.2058V、P.3566 均同，黃征分別校作「俱」、「恤」〔註 195〕，是也。S.3156：「伏願奇才出眾，武藝超倫；俱懷恤勿（物）之能，助我明王之化。」S.2580「奇」作「其」，「勿」作「物」，餘同；S.6417「明王」作「太保」，餘亦同（凡二見）。正可助校此卷。S.1441V：「遂使千燈普照，百焰歸明。」P.2058V、P.2588、P2854V、P.3172、P.3282V、P.3765、S.2580、S.5957、S.6417 各卷「歸」作「俱」。S.1781「鹿院（苑）初度五歸輪」，S.668V、S.6417、BD7805 同，P.3645、S.5572、Дx.828「歸」作「俱」。皆其相謁之例，唐代西北方音止攝與遇攝相混。「戍」當作「戌」，同音讀作「恤」。《釋名》：「戌，恤也，物當收斂，矜恤之也。」

（53）S.1181V**《曹議金結壇轉經供僧唱佛燃燈文》：「無聞征戰之名，有賴擁為之口。」**（5／276）

按：擁爲，P.2058V 二見，一作「雍夷」，一作「威雄」，均誤；當據 P.3566 作「雍雍」。P.2526V、P.2543V 作「邕邕」，亦同。「之」下缺字當據各卷補「化」字。

（54）S.1318V**《祭子文抄》：「日薺雲務（霧）。」**（5／360）

按：薺，讀爲霽，止也。

〔註 195〕黃征、吳偉《敦煌願文集》，嶽麓書社 1995 年版，第 319 頁。

（55）S.1329《大般涅槃經卷第廿題記》:「故以減刪衣資，寫此《大般涅槃經》一部。」（5 / 365）

按：減刪，黃征錄作「減削」，云：「削，乙卷作『刪』。」〔註 196〕乙卷指池田溫所錄日本書道博物館所藏《大般涅槃經題記》〔註 197〕。作「減削」是，削亦減也。莫高窟 192 窟《願文》：「是以同心啓願，減削資儲；貿召良工，豎茲少福。」是其例。黃征《〈中國古代寫本識語集錄〉匡補》卻失校〔註 198〕，不知何故。施萍婷錄作「減側」〔註 199〕，亦誤。

6. 《英藏敦煌社會歷史文獻釋錄（第六卷）》校讀記

郝春文主編《英藏敦煌社會歷史文獻釋錄（第六卷）》，社會科學文獻出版社 2009 年版。

（1）S.1393V《失名古籍》:「慕恬痛而詐語，白起悲而▭」（6 / 80）

按：「慕」字圖版不甚清晰，然必當是「蒙」字。

（2）S.1393V《失名古籍》:「昔陶潛以往，隱隱若三皇山人，才志雖存，黯黯若九▭」（6 / 80）

按：下句典出《金樓子・立言篇上》：「晉中朝庾道季云：「廉頗、藺相如雖千載死人，凜凜如有生氣；曹蜍、李志雖久（見）在世，黯黯如九泉下人。」《世說新語・品藻》「黯黯」作「厭厭」，古音相轉，俗作「懕懕」、「懨懨」，困倦貌，昏昏沉沉貌。此卷「九」下可補「泉下人」三字。

（3）S.1393V《失名古籍》:「口寂惟寞，玄之又玄。」（6 / 81）

按：缺文必是「惟」字。揚雄《解嘲》：「爰清爰靜，游神之庭。惟寂惟寞，守德之宅。」

〔註 196〕黃征、吳偉《敦煌願文集》，嶽麓書社 1995 年版，第 860～861 頁。

〔註 197〕池田溫《中國古代寫本識語集錄》，《東洋文化研究所叢刊》第 11 輯，大藏出版株式會社 1990 年版，第 160 頁。

〔註 198〕黃征《〈中國古代寫本識語集錄〉匡補》，收入《敦煌語言文獻研究》，浙江大學出版社 2015 年版，第 319 頁。

〔註 199〕施萍婷《敦煌遺書總目索引新編》，中華書局 2000 年版，第 40 頁。

（4）S.1393V《失名古籍》：「子既不能喔咿粟斯公王之座。」（6／81）

按：「粟」當作「栗」。《楚辭・卜居》：「將呢訾慄斯喔咿嚅唲以事婦人乎？」洪興祖《補注》本作「栗斯」。

（5）S.1393V《失名古籍》：「鳧足短而任性，鶴頸長而自然。」（6／81）

按：頸，當據《易・損》孔穎達疏所引校作「脛」，指足脛。《莊子・駢拇》：「是故鳧脛雖短，續之則憂；鶴脛雖長，斷之則悲。」

（6）S.1396《推命書》：「逢陣，著黃衣、騎騧馬、懸黃拂（紼）吉。」（6／85）

校勘記：拂，當作「紼」，據文義改。（6／87）

按：「拂」讀如字，指拂子，S.3227V《雜集時要用字》有「拂子」。亦稱作「拂塵」。S.1624「擎杖每懸剪刀尺拂」，「拂」亦此物，彼卷校勘記誤同〔註200〕。唐・段安節《樂府雜錄・龜茲部》：「每一獅子有十二人，戴紅抹額，衣畫衣，執紅拂子，謂之獅子郎。」《新唐書・禮樂志》作「執紅拂」。《舊五代史・趙匡凝傳》：「烏巾上微覺有塵，即令侍妓持紅拂以去之。」《隋書・南蠻傳》：「門外者持兵仗，門內者執白拂。」元・李存《寄弋陽宣差》：「荊人嘗遺白拂子，閩客復致青絲鞋。」「紅拂」即「紅拂子」，「白拂」即「白拂子」，然則「黃拂」亦即「黃拂子」，可比例而知矣。《普濟方》卷 1：「五臟有童子，身掛中宮之衣，手執黃拂，每夜三更，繞身一回。」

（7）S.1438《道德義淵》卷上：「亦如牛哀成虎，楚嫗為龜之例。」（6／134）

按：「龜」當作「黿」，大鼈也。《抱朴子內篇・論仙》：「則牛哀成虎，楚嫗爲黿。」王明指出「牛哀成虎」典出《淮南子・俶眞篇》：「昔公牛哀轉病也，七日化爲虎。」「楚嫗爲黿」典出《後漢書・五行志》：「靈帝時，江夏黃氏之母，浴而化爲黿，入於深淵。」〔註201〕

（8）S.1438《道德義淵》卷上：「轉神入定，智慧通微也。」（6／136）

按：「微」當作「徹」，字之誤也。「智慧通達」是佛經成語，徹、達一聲之轉。

〔註200〕郝春文主編《英藏敦煌社會歷史文獻釋錄（第七卷）》，社會科學文獻出版社 2010 年版，第 377 頁。

〔註201〕王明《抱朴子內篇校釋》，中華書局 1985 年版，第 28 頁。

（9）S.1438V《書儀》：「人李西征，音塵勿間（聞）。」（6 / 151）

按：「間」讀如字，隔絕也。上文「人李西流，音塵勿間」，亦同。

（10）S.1440《治道集》卷 4：「〔夫火烈，民望而發〕之，故鮮死焉；水懦弱，民狎而玩之，則多死焉。」（6 / 207）

校勘記：民望而發，據甲本及《左傳》補。（6 / 213）

按：甲本指 P.3722。作「發」義不可通，P.3722 及《左傳・昭公二十年》作「畏」。

（11）S.1440《治道集》卷 4：「鄭國多盜，聚人於萑蒲之澡。」（6 / 207）

校勘記：聚，甲本同，《左傳》作「取」。萑蒲，甲本同，《左傳》作「萑苻」。澡，甲本、《左傳》作「澤」。（6 / 214）

按：聚人，《御覽》卷 499 引《左傳》同今本作「取人」，《文選・齊安陸昭王碑文》李善注引作「聚人」，宋本《類聚》卷 52 引作「聚」，《御覽》卷 622 引作「聚大（人）」。取，讀爲聚。「澡」是「澤」形譌。「苻」、「蒲」同音通借。《說文》：「萑，小爵也。」與「蒲」不相屬。「萑」是「萑」形譌。萑蒲之澤，猶言蘆葦之澤〔註 202〕。

（12）S.1440《治道集》卷 4 引《中論》：「故大臣者，治萬邦之重器也，不可以眾譽置也。」（6 / 208）

按：置，P.3722 同，今本《中論・審大臣》作「著」。著，讀爲置。《世說新語・規箴》：「有人詣之，索美酒，得，便自起，瀉著梁柱間地。」《晉書》卷 77、《白帖》卷 71、《建康實錄》卷 7 並作「置」字。又《傷逝》「以犀柄麈尾著柩中」，《晉書・王濛傳》作「置」。又《尤悔》「文帝以毒置諸棗蒂中」，《類聚》卷 87 引作「著」。又《紕漏》「因倒著水中而飲之」，《太平廣記》卷 236 引作「置」。

（13）S.1440《治道集》卷 4 引《中論》：「其文王田於渭濱。」（6 / 208）

按：渭濱，P.3722 同，今本《中論》作「渭水邊」。濱、邊一聲之轉。

（14）S.1440《治道集》卷 4 引《中論》：「故〔其〕用人也，則亦〔或因〕或獨，不以一檢為也。」（6 / 208）

按：檢，原卷作「撿」，P.3722 同，當據今本《中論》讀作驗。

〔註 202〕參見蕭旭《英藏敦煌寫卷校詁》。

（15）S.1440《治道集》卷 4 引《中論》:「世非有唐，大道寑矣，邪說行矣。」(6 / 208)

按：P.3722 同，當據今本《中論》於「唐」下補「虞也」二字。

（16）S.1440《治道集》卷 4 引《中論》:「不辭謗，不求愛。」(6 / 208)

按：愛，P.3722 同，當據今本《中論》作「譽」。《淮南子・繆稱篇》:「聖人不求譽，不辟誹。」

（17）S.1440《治道集》卷 4 引《中論》:「其異者，謂心統於無方而不留智，周於萬物而不過變，故暴至而不或，真偽藂萃而不迷。」(6 / 208)

按：P.3722 同。「智」、「變」皆當屬下句，「智周」與「心統」是對文，「變故暴至」與「眞僞藂萃」亦是對文，校錄者失其讀，至陋。《易・繫辭上》:「知周乎萬物而道濟天下，故不過，旁行而不流。」此《中論》所本。馬王堆帛書《十大經・本伐》:「是以方行不留。」《鄧析子・無厚篇》、《淮南子・主術篇》、《韓詩外傳》卷 2「留」作「流」。留，讀作流。《南齊書・顧歡傳》《夷夏論》:「道濟天下，故無方而不入；智周萬物，故無物而不爲。」今本《中論》「無方」作「群理」，「留」作「繆」，「或」作「惑」，蓋臆改。

（18）S.1440《治道集》卷 4 引《中論》:「為之語曰:『素韠羔裘，投之無尤；羔裘〔素〕韠，投之無戾。』」(6 / 209)

按：今本《中論》作「素韠羔裘，求之無尤；黑裘素韠，求之無戾」，二「求」字誤，蓋「投」形誤作「授」，又音誤作「求」。《呂氏春秋・樂成》作「麛裘而韠，投之無戾；韠而麛裘，投之無郵」，《孔叢子・陳士義》作「麛裘而芾，投之無戾；芾之麛裘，投之無郵」。高誘注：「孔子衣麛裘。投，棄也。『郵』字與『尤』同。投棄孔子無罪尤也。」韠，讀爲韠。《說文》:「韠，韍也，所以蔽前。」《孔叢子》作「芾」，是「韍」借字。

（19）S.1440《治道集》卷 4 引《中論》:「而欲與之，興大和，致時雍，遏禍亂，弭妖災，亦必難矣。」(6 / 209)

按：「與之」下不當點斷。大和，P.3722 同，當據今本《中論》作「天和」。

（20）S.1440《治道集》卷 4 引《中論》：「寡不勝眾，將誰使辨之？」（6／209）

按：勝，P.3722 同，今本《中論》作「稱」。稱，猶勝也。

（21）S.1440《治道集》卷 4 引《中論》：「講邪率徒黨。」（6／209）

校勘記：邪，底本作「耶」，俗字。（6／216）

按：P.3722 作「講耶說，率徒黨」，今本《中論》作「講其邪術（一作『講其邪僻』），率其徒黨」。此卷「耶」下脫「說」字。

（22）S.1440《治道集》卷 4 引《淮南子》：「故〔人之一〕舉也，不可不慎。」（6／210）

校勘記：「人之一」據甲本補。（6／216）

按：當據 P.3722 補「人主之一」四字，今本《淮南子・主術篇》同。

（23）S.1440《治道集》卷 4 引《淮南子》：「故一舉而不當〔必身〕傷。」（6／210）

校勘記：「必身」據甲本補。（6／216）

按：當據 P.3722 補「終身」（不是「必身」），今本《淮南子》同。

（24）S.1440《治道集》卷 4 引《傅子》：「讒邪之人阿上所親，以非為是；誣其所疏，以是為否。」（6／211）

按：誣，原卷圖版作「[illegible]」，P.3722 圖版作「[illegible]」，當錄作「誣」。

（25）S.1440《治道集》卷 4 引《漢紀》：「子胥鴟夷於江。」（6／212）

按：鵄，P.3722 同，《治要》卷 17《漢書》注引亦同，今本《漢紀》卷 8 作「鴟」。「鵄」是俗字。

（26）S.1440《治道集》卷 4 引《漢紀》：「嵔然囚執，俛首撫衿，屈於獄吏，豈不可滑哉！」（6／212）

按：嵔，P.3722 作「喟」，今本《漢紀》作「塊」。「嵔」是「喟」形譌，「喟」又「塊」音誤。《文選・西征賦》、《陳情表》李善注二引及《治要》卷 17《漢書》注引並作「塊」。衿，P.3722 同，今本作「襟」，字同。

（27）S.1441《勵忠節鈔》引《呂氏春秋》：「泛江者託之於船，致遠者託之於驥。」（6／224）

按：泛，S.1810 作「汎」，字同；《呂氏春秋·知度》作「絕」，《意林》卷 2、《治要》卷 39、《御覽》卷 769 引同。《說苑·尊賢》：「是故游江海者託於船，致遠道者託於乘。」《治要》卷 43、《初學記》卷 17、《御覽》卷 402 引「游」作「絕」。作「游」與寫卷「泛」義近，疑皆後人所改。《呂氏春秋·知度》：「絕江者託於船，致遠者託於驥。」《荀子·勸學》：「假輿馬者，非利足也，而致千里；假舟楫者，非能水也，而絕江河。」《淮南子·主術篇》：「故假輿馬者，足不勞而致千里；乘舟檝，不能游而絕江海。」《說苑·談叢》：「乘輿馬不勞致千里，乘船楫不游絕江海。」亦作「絕」字。

（28）S.1441《勵忠節鈔》：「翟黃罔然失色，三日吪口而不敢言。」（6 / 240）

按：「吪口」不辭，諸家皆無說〔註 203〕。吪，原卷圖版作「吪」，是「吐」形譌，「土」字俗書加點作「圡」，故形譌作「七」。P.3494「銀鉤吪曜」，P.3819 作「吪」，S.1441V 同，「吪」亦是「吐」形譌，P.3084 正作「吐」，P.2838V、P.4999、S.2832、S.5957 作「吐」（字形取自 S.5957）；S.6923V 作「七」，即「土」，又「吐」省文。吐口，讀作「杜口」，猶言閉嘴。柳宗元《東門行》：「兇徒側耳潛愜心，悍臣破膽皆杜口。」《錦繡萬花谷》後集卷 14 引作「吐口」。

（29）S.1441《勵忠節鈔》：「詳竅厥能，則鮮及乎人。」（6 / 240）

按：竅，P.3657 同。張涌泉謂「『竅』通『覈』」〔註 204〕，王三慶失校〔註 205〕。《後漢書·王符傳》引《潛夫論·實貢篇》：「詳覈厥能，則鮮及中人。」正作「覈」字。S.705《開蒙要訓》：「訴辭辯牒，曹府窮竅。」S.5464 同。竅亦讀作覈。高天霞說「竅」是「覈」形近而譌〔註 206〕，尚隔一間。

〔註 203〕王三慶《敦煌類書》，麗文文化事業股份有限公司 1993 年版，第 597 頁。屈直敏《敦煌寫本類書〈勵忠節鈔〉研究》，民族出版社 2007 年版，第 271 頁。

〔註 204〕張涌泉《〈敦煌文獻語言辭典〉編纂芻議》，《21 世紀的中國語言學（二）》，商務印書館 2006 年版，第 362～363 頁。

〔註 205〕王三慶《敦煌類書》，麗文文化事業股份有限公司 1993 年版，第 176、597 頁。

〔註 206〕高天霞《敦煌寫本〈開蒙要訓〉字詞補釋》，《漢語史研究集刊》第 23 輯，四川大學出版社 2017 年版，第 271 頁。

（30）S.1441《勵忠節鈔》：「故足寒實則傷人，心勞則傷國。」（6 / 254）

校勘記：「實」字衍，當刪。（6 / 308）

按：其說「實字衍」，乃襲自王三慶〔註 207〕。「實」、「則」二字衍其一，不能必定「實」字衍。張涌泉指出「人」、「心」二字疑當互乙〔註 208〕，是也，但未說明理由。當讀作：「故足寒則傷心，人勞則傷國。」《黃石公素書·安禮章》：「足寒傷心，人怨傷國。」《申鑒·政體》：「故足寒傷心，民寒（憂）傷國。」〔註 209〕《劉子·愛民》：「夫足寒傷心，民勞傷國。」S.1380《應機抄》引《傅子》：「足寒傷心，民怨傷國。」《唐大詔令集》卷 3《改元弘道詔》：「足寒傷心，人勞傷國。」勞，憂怨也。

（31）S.1441《勵忠節鈔》：「時苗為壽春令，赴任，薄輦車駕以牸牛。」（6 / 256）

校勘記：駕以，丁本作「黃」。（6 / 311）

按：丁本指 P.4059。原卷「輦」作「軬」，P.4059 同，王三慶錄文不誤〔註 210〕，此後出轉粗者也。《三國志·常林傳》裴松之注引《魏略》：「（時苗）又其始之官，乘薄軬車，黃牸牛。」《書鈔》卷 38 引「薄軬」作「薄笨」。薄，讀爲蒲，指蒲草。笨、軬，並讀爲轒，字亦作輽，指車篷。蒲笨車，以蒲草遮蔽車篷之車也〔註 211〕。此卷「薄軬車」前當補「乘」字，並斷讀。

（32）S.1441《勵忠節鈔》：「臣聞王國富人，霸國富土，僅〔存之〕國富丈（大）夫。」（6 / 258）

按：原卷「土」作「士」，王三慶錄文不誤〔註 212〕。此語出《尉繚子·戰威》、《荀子·王制》《說苑·政理》，皆作「士」字。《管子·樞言》：「王主積于民，霸主積于將、戰士，衰主積于貴人，亡主積于婦女珠玉。」「士」

〔註 207〕王三慶《敦煌類書》，麗文文化事業股份有限公司 1993 年版，第 606 頁。下同。

〔註 208〕何華珍等整理張涌泉 1999 年講課筆記，《敦煌本〈勵忠節鈔〉王校補正》，《中古近代漢語研究》第 1 輯，上海教育出版社 2000 年版，第 287～288 頁。

〔註 209〕《治要》卷 46 引「民寒」作「民憂」。

〔註 210〕王三慶《敦煌類書》，麗文文化事業股份有限公司 1993 年版，第 185 頁。

〔註 211〕參見蕭旭《金樓子校補》，收入《群書校補（續）》，花木蘭文化出版社 2014 年版，第 1274～1275 頁。

〔註 212〕王三慶《敦煌類書》，麗文文化事業股份有限公司 1993 年版，第 186 頁。

指戰士。《淮南子・人間篇》作「霸主富武」，武亦士也，古楚語。《淮南子・覽冥篇》高誘注：「武，士也，江淮間謂士曰武。」

（33）S.1441《勵忠節鈔》：「夫上好智而無道，則天下大亂矣。夫弓矢弋激（繳）之智多，即（則）鳥亂於上矣；鉤餌網罟之智多，則魚亂於水矣；羅絡置罦之智多，則獸亂於郊矣。故攻之者逾密，而避之者逾巧，是則古人貴朴而不重其智。」（6／271）

按：原卷「絡」作「落」，其下端改作「絡」；「置」作「罝」。王三慶謂「出典待考」〔註 213〕。《莊子・胠篋》：「上誠好知而無道，則天下大亂矣。何以知其然邪？夫弓弩畢弋機變之知多，則鳥亂於上矣；鉤餌網罟罾笱之知多，則魚亂於水矣；削格羅落罝罘之知多，則獸亂於澤矣。」郭象注：「攻之愈密，避之愈巧，則雖禽獸猶不可圖之以知，而況人哉？」《釋文》：「罝，子斜反。罘，本又作罦。」屈直敏指出此文本於《莊子》正文及郭注〔註 214〕。《治要》卷 37 引「知」作「智」，「愈」作「逾」，與寫卷相合。

（34）S.1441《勵忠節鈔》：「其由（猶）〔玉〕屑盈車，終無益也。」（6／273）

校勘記：玉，據文義及丁本補。（6／328）

按：王三慶、屈直敏均謂「出典待考」〔註 215〕。《鹽鐵論・相刺》：「故玉屑滿篋，不爲有寶。」《論衡・書解》：「故曰：『蕞殘滿車，不成爲道；玉屑滿篋，不成爲寶。』」

（35）S.1441《勵忠節鈔》：「夫學不勤則不知道，耕不勞則不得穀。笞不廢於家，刑不損（捐）於國也。」（6／274）

按：王三慶謂「出典待考」〔註 216〕。屈直敏指出上句出《御覽》卷 837 引《世要論》：「學不勤則不知道，耕不力則不得穀。」考《太平御覽經史

〔註 213〕王三慶《敦煌類書》，麗文文化事業股份有限公司 1993 年版，第 620 頁。

〔註 214〕屈直敏《敦煌類書〈勵忠節鈔〉校注商補》，《敦煌學輯刊》2003 年第 2 期，第 56 頁。屈直敏《敦煌寫本類書〈勵忠節鈔〉研究》，民族出版社 2007 年版，第 359～360 頁。

〔註 215〕王三慶《敦煌類書》，麗文文化事業股份有限公司 1993 年版，第 621 頁。屈直敏《敦煌寫本類書〈勵忠節鈔〉研究》，民族出版社 2007 年版，第 363 頁。

〔註 216〕王三慶《敦煌類書》，麗文文化事業股份有限公司 1993 年版，第 622 頁。

圖書綱目》列桓範《世要論》，又列嵇康《世要論》，此卷所引不知是哪個？《隋書・經籍志》：「《世要論》十二卷，魏大司農桓範撰。」屈直敏指出下句出《史記・律書》：「故教笞不可廢於家，刑罰不可捐於國。」《漢書・刑法志》：「鞭扑不可弛於家，刑罰不可廢於國。」〔註 217〕考《史記》、《漢書》又出自《呂氏春秋・蕩兵》：「故怒笞不可偃於家，刑罰不可偃於國。」屈說未探其源。

（36）S.1441V《二月八日文》：「**真俗旋城，幡花隘（溢）路。**」（6 / 330）

校勘記：隘，當作「溢」，據文義改。（6 / 332）

按：隘，P.3825 同，P.4606 作「溢」。溢，填塞、充滿。

（37）S.1441V《二月八日文》：「**八音競湊（奏），聲謠（搖）兜率之音（宮）；五樂瓊簫，嚮（響）振精（金）輪之界。**」（6 / 330）

校勘記：音，當作「宮」，《敦煌願文集》據文義改。（6 / 332）

按：音，P.3825、P.4606 作「宮」。瓊簫，P.3825 同；P.4606 作「爭喧」，義長。

（38）S.1441V《安傘文》：「**大覺紅（弘）慈，多門〔汲〕引；能仁演化（下殘）。**」（6 / 333）

校勘記：汲，據 P.3770 補。（6 / 333）

按：S.4544：「夫大覺弘慈，多門吸（汲）引；能仁演教，感應隨機。」S.6417「慈」作「悲」，餘同。P.2854：「夫大覺弘悲，多門級（汲）引；能仁渲（演）教，感應隨機。」P.3825：「夫大覺弘悲，多門吸（汲）引；能仁演化，感應隨機。」此卷殘文可據補「感應隨機」四字。

（39）S.1441V《患難月文》：「**慮恐有傷毀之唆（咎），實懼值妖災之苦。**」（6 / 336）

校勘記：唆，當作「咎」，據文義改，《敦煌願文集》校作「酸」。（6 / 337）

按：此句本卷凡二見，第 377、387 頁校同。P.2226、P.3521V、P.3765、

〔註 217〕屈直敏《敦煌類書〈勵忠節鈔〉校注商補》，《敦煌學輯刊》2003 年第 2 期，第 57 頁。屈直敏《敦煌寫本類書〈勵忠節鈔〉研究》，民族出版社 2007 年版，第 366～367 頁。屈氏《研究》引「《御覽》卷 837」誤作「《御覽》卷 387」。

P.3825、S.5561、Φ263+Φ326、Дx.10437V 同文都作「啖」。「咎」字於義不安，黃征校作「酸」是也，酸亦苦也。S.381：「一切地獄得停酸，永拔眾生長夜苦。」S.2073：「三塗地獄，悉（息）苦停酸。」是其例。BD0611：「狼藉哀聲，苦痛悲酸不可聽。」酸即悲酸。S.5637「哀傷五內，瞻案机（几）以悲啖」，啖即酸字〔註218〕。

（40）S.1441V《燃燈文》：「竊以惠竟（鏡）陽（揚）暉，朗三明〔者〕智炬；勝場流濁，塠（摧）八難者法輪。」（6 / 351）

按：流濁，P2854V、P.3172、P.3765、S.5957、S.6417、Φ263+Φ326 同，P.2058V、P.2341V、P.3545 作「疏躅」，S.5638 作「踈躅」。此二字，趙鑫曄曰：「當作『疏濁』，清除濁惡之義。」〔註219〕

（41）S.1441V《燃燈文》：「赫矣難名，傾哉悝（罕）惻（測）者也。」（6 / 351）

校勘記：悝，當作「罕」，據 P.3765 改。（6 / 353）

按：黃征亦據 P.2341V 校作「罕」，並指出「原寫字（引者按：指『悝』字）俟考」〔註220〕。趙鑫曄據 P.3545 指出「悝」是「悍」形譌，悍、罕同音通借；又據 P.2341V 校「傾」作「悠」〔註221〕，皆是也。

（42）S.1441V《燃燈文》：「厥今合邑諸公等，乃於新年上津（律），肇歲加晨（嘉辰）；建淨輪於寶芳（坊），然惠燈於金地者，如斯之福也。」（6 / 351）

按：歲，P.3545、S.5638 同，P.2058V、P2854V、P.3172、P.3765、S.3875、S.4506、S.5957、S.6417、Φ263+Φ326、Дx.1008 作「啓」。新年，各卷同，S.6417 作「新春」。據《初學記》卷 3 引梁元帝《纂要》，「正月」亦曰「肇歲」。此卷作「肇歲」是也，與「新年（春）」同義對舉。之福，P.3545 同，S.5638 作「啓福」。之，讀作致。

（43）S.1441V《燃燈文》：「惟合邑諸公等乃六度為美，十信名懷。」（6 / 351）

〔註218〕參見黃征、吳偉《敦煌願文集》，嶽麓書社 1995 年版，第 237 頁。
〔註219〕趙鑫曄《敦煌佛教願文研究》，南京師範大學 2009 年博士論文，第 176 頁。
〔註220〕黃征、吳偉《敦煌願文集》，嶽麓書社 1995 年版，第 38 頁。
〔註221〕趙鑫曄《敦煌佛教願文研究》，南京師範大學 2009 年博士論文，第 177 頁。

按：S.1441V 又有「十信明懷」，黃征校「名」、「明」作「冥」〔註 222〕，是也。P.2226、P.3084、S.4537、S.5957、Φ263+Φ326 並有「十信冥懷」語。

（44）S.1441V《燃燈文》:「廣善福門，欲求勝願。」（6 / 351）

按：善，當據 S.1441V 另一處作「闡」。S.5957：「厥今廣邀四部，大闡福門；爐焚寶香，虔恭啓願。」Φ263+Φ326 同；P.3084+P.3765「焚」誤作「楚」，餘同。Φ263V+Φ326V：「大闡福門，延請緇徒。」

（45）S.1441V《燃燈文》:「建慈力之誓縱（蹤），啟四紅（弘）之滿願。」（6 / 351）

校勘記：誓，當作「示」，據文義改，「誓」爲「示」之借字。（6 / 353）

按：啓，S.5957 同，P2854V、P.3172、P.3545、P.3765、S.4506、S.5638、Φ263+Φ326 作「契」。黃征讀契爲啓〔註 223〕，是也。「誓」讀如字。各卷都作「誓蹤」，指四弘誓願之蹤。

（46）S.1441V《燃燈文》:「又乃架迴聳七層之剎，蘭炷炳而花鮮；陵虛構四照之台，桂爐焚而香散。」（6 / 351）

按：原卷「迴」作「逈」，P.2341V 同，即「迴」字。黃征錄作「迴」不誤〔註 224〕。

（47）S.1441V《三周》:「廣答洪恩，極禮追福。」（6 / 356）

按：廣，S.2832 同，當作「庶」。P.2341V「庶答鴻恩，敬崇嘉祉」，是其證也。S.5637「故於是日，賽酬鴻（弘）願，慶答恩榮」，「慶」亦「庶」形譌。

（48）「余聞鶴樹真儀，寫靈暉於碩室；龍宮實相，圖妙鏡（境）於銀臺。」（6 / 372）

按：碩，P.3199 同，當據 P.2588、P.3494 讀作石。鏡，各卷同。讀鏡爲境，乃襲自黃征說〔註 225〕。「鏡」當讀如字。《楞嚴經箋》卷 9：「疏言心融妙鏡，則妙觀察智，大圓鏡智也。」

〔註 222〕黃征、吳偉《敦煌願文集》，嶽麓書社 1995 年版，第 36、51 頁。
〔註 223〕黃征、吳偉《敦煌願文集》，嶽麓書社 1995 年版，第 414 頁。
〔註 224〕黃征、吳偉《敦煌願文集》，嶽麓書社 1995 年版，第 36、509 頁。
〔註 225〕黃征、吳偉《敦煌願文集》，嶽麓書社 1995 年版，第 41 頁。

（49）S.1441V《齋儀》:「雖則談天之辯，指惠（慧）日以迷方；甄海之靈，詠（泳）禪海（河）河而失步。」（6／372）

校勘記：海，當作「河」，《敦煌願文集》據文義及P.3199校改。（6／382）

按：禪海，P.2588、P.3494亦都作「禪河」。甄，P.2588、P.3199、P.3494同，黃征校作「堙」〔註226〕。「堙海之靈」疑用精衛填海典。

（50）S.1441V《齋儀》:「掎以正覺，難可勝言者哉！」（6／372）

按：掎以，原卷作「猗以」，P.2588作「意獥」，P.3199作「猗獥」，P.3494作「猗與」。黃征校「意獥」作「噫歟」〔註227〕。趙鑫曄曰：「《玉篇》：『獥，歎聲。』『猗獥』同『猗歟』、『猗與』，嘆詞，表示讚美。或作『欹歟』。『以』爲『與』之借，『意』爲『猗』之借。」〔註228〕趙君說是，但未得本字，當以黃征說「噫歟」爲本字，「猗」、「意」都是「噫」音轉，「噫」是嘆詞。

（51）S.1441V《齋儀》:「厥今有信士某公，曉知坯患，深悟光〔隙〕難留。」（6／372）

校勘記：隙，《敦煌願文集》據P.3199校補。（6／382）

按：P.2588、P.3494亦有「隙」字。患，P.3199同。我舊說云：「患當作幻，P432作『幻』。」〔註229〕P432指《敦煌願文集》第432頁所錄P.2588願文，P.3494亦作「幻」。趙家棟亦讀患作幻〔註230〕。黃征失校〔註231〕。S.5957：「曉知坯幻，飛電不緊（堅）。」P.2631：「自惟命多柸（坯）幻，攝衛乖宜。」P.2640V：「大丈夫胚（坯）幻之軀，信爲無用。」皆其證也。

（52）S.1441V《齋儀》:「兼資七祖父（亡）靈，齊登紅蓮菡萏。」（6／373）

按：萏，當據P.2588、P.3199、S.5573、S.5638作「萏」，黃征徑錄作「萏」〔註232〕。P.3494作省借字「臽」。

〔註226〕黃征、吳偉《敦煌願文集》，嶽麓書社1995年版，第41、432頁。

〔註227〕黃征、吳偉《敦煌願文集》，嶽麓書社1995年版，第432頁。

〔註228〕趙鑫曄《敦煌佛教願文研究》，南京師範大學2009年博士論文，第178頁。

〔註229〕蕭旭《〈敦煌願文集〉校補》，收入《群書校補》，廣陵書社2011年版，第900頁。

〔註230〕趙家棟《敦煌文獻疑難字詞研究》，南京師範大學2011年博士論文，第210頁。

〔註231〕黃征、吳偉《敦煌願文集》，嶽麓書社1995年版，第41頁。

〔註232〕黃征、吳偉《敦煌願文集》，嶽麓書社1995年版，第42頁。

（53）S.1441V《齋儀》:「竊以妙景揚暉，煦（照）塵方而開日月。」（6／373）

校勘記：煦，當作「照」，據 S.6923 改。（6／383）

按：P.3494、P.3819 亦誤作「煦」，P.2838V、P.3084、P.4999、S.5957、S.6923V 都作「照」。

（54）S.1441V《齋儀》:「霏（羅）貝葉於慈雲，浮四空而超火宅。」（6／373）

校勘記：霏，當作「羅」，據 S.5957 改。（6／383）

按：校語乃襲自黃征說〔註 233〕。霏，P.3494 同，P.2838V、P.3084、P.4999、S.6923V 作「罪」。「罪」顯然是「霏」形誤。霏，讀作披。

（55）S.1441V《齋儀》:「瑩明珠於濁水，則性海波瀾。」（6／374）

按：瀾，P.2838V、P.3084、P.3494 同，S.5957 作「澄」。

（56）S.1441V《齋儀》:「惟願三明備祐，永登無畏之身；八解澄心，早證無生之理。」（6／374）

按：P.2838V：「惟願三明備體，永登無畏之身；八解澄心，早登無生之路。」P.3084 脫「永」字，餘同。P.3494：「惟願三朋（明）備體，永登無畏之身；八解澄心，早證無生之理。」BD6412V2 脫「明」字，餘同。S.5957：「惟願三明備體，〔永〕證無畏之身；八解澄心，早登無生之路。」此卷「祐」是「體」誤寫。備，黃征讀爲被〔註 234〕。諸卷當以作「證……身」、「證……理」、「登……路」爲是，P.2313「靈軀雅溢，證得無畏之身；聖志高凝，現獲無生之智」，亦以「證」與「無畏之身」屬文。S.2832：「道證無生。」《佛爲海龍王說法印經》卷 1：「早證無生，速至圓寂。」《大方廣佛華嚴經中卷卷大意略敘》卷 1：「不證無生之理，由佛致七勸之橋。」《止觀輔行傳弘決》卷 1：「同證無生之理。」

（57）S.1441V《齋儀》:「乃絢眾彩而會（繪）聖，運妙色以儀真。」（6／374）

按：運，P.2058、P.2072 同，S.5638 作「薀」，借字。S.2717V：「善聲善嚮，常遊六趣之中；淨業淨因，恒居五薀之境。」P.2857 同，P.3172「薀」

〔註 233〕黃征、吳偉《敦煌願文集》，嶽麓書社 1995 年版，第 45 頁。

〔註 234〕黃征、吳偉《敦煌願文集》，嶽麓書社 1995 年版，第 44 頁。

作「運」，亦其例。

（58）S.1441V《齋儀》：「然後家眷大小，並同劫石為期；內外親因（姻），保宜江湘不竭。」（6／376）

按：期，BD6412V2 作「居」，借字。《易・繫辭下》：「則居可知矣。」《釋文》：「居，鄭、王肅音基。」P.3350：「琉璃爲四壁，磨玉作基階。」P.3893、P.3909 同，S.5515「基」作「居」。是其例。

（59）S.1441V《齋儀》：「巍巍負川（山）嶽之姿，浩浩蘊江河之量。」（6／378）

校勘記：川，當作「山」，《敦煌願文集》據文義校改。（6／387）

按：「川」字不煩改，P.2642、P.3819+P.3825、P.3503 都作「川」。蘊，P.3819+P.3825 同，P.2642 作「薀」，P.3503 作「蕩」。「蕩」是「薀」形譌。

（60）S.1441V《齋儀》：「故使十方衰結，懼景落而行迷；七眾悲號，痛梁崔（摧）而凶極。」（6／378）

按：原卷「衰」作「哀」，黃征錄文不誤〔註 235〕，P.3819+P.3825、P.3503 亦作「哀」。凶，P.3819+P.3825 同，當據 P.3503 作「罔」，黃征亦失校。

（61）S.1441V《齋儀》：「攀號一絕，痛列五情。」（6／378）

按：列，P.3819+P.3825 同，P.3503、P.3765、S.5957 作「結」。列，讀爲裂。P.4062「攀號一絕，貫列五情」，亦同。

（62）S.1441V《齋儀》：「故使法場霸（罷）訓，恨兔月而西沉；禪室寂然，怨逝水之東浪（流）。」（6／378）

校勘記：霸，當作「罷」，浪，當作「流」，《敦煌願文集》據文義校改。（6／388）

按：霸，P.3819+P.3825 同，P.3503 作「罷」。「浪」字不煩改，P.3819+P.3825、P.3503 同。S.1823A：「但以逝川東注，洪波之浪難迴。」〔註 236〕S.5637：「何啚（圖）業運已逼，東波之浪難迴。」「東浪」即「東波之浪」。

〔註 235〕黃征、吳偉《敦煌願文集》，嶽麓書社 1995 年版，第 58 頁。下同。

〔註 236〕S.5573「逝」作「誓」，「浪」作「朗」，皆借字。P.3259「逝」誤作「遊」，餘同。

（63）S.1441V《齋儀》:「是日也，吉祥之草，分滿凶庭；功德之林，影連魂彰（障）。」（6／378）

校勘記：彰，當作「障」，據 P.3819+P.3825 改。《敦煌願文集》逕釋作「障」，校改作「帳」。（6／388）

按：P.3503 亦作「障」。彰、障，並讀作帳，黃征校是也，P.4062（凡二見）、S.5637 正作「帳」。S.2139 作「悵」，亦借字。俗字亦作幛。

（64）S.1441V《齋儀》:「鴻鍾（鐘）野（夜）切，清梵朝衰。」（6／378）

按：原卷「衰」作「哀」，P.3503、P.3819+P.3825、P.4062（凡二見）、S.2139、S.5637 同，黃征錄文不誤〔註 237〕。

（65）S.1441V《齋儀》:「參耶輸之雅志，集愛道之貞風。」（6／378）

校勘記：輸，《敦煌願文集》釋作「輪」，誤。（6／388）

按：原卷確是「輸」字。二句 P.3819+P.3825、S.5637 同。P.2631：「習愛道之貞風，參耶輸之雅志。」Дx.2832+Дx.2840+Дx.3066 殘存「之貞風，參耶輸之雅志」九字。S.5561：「繼連（蓮）色以高蹤，習愛道之精軌。」S.2832：「踵愛道前蹤，繼蓮花後業。」集、習，並讀作襲，猶言繼踵。耶輸，指耶輸陀羅。

（66）S.1441V《齋儀》:「伏願心同朗月，春夏恒明；體侶（似）貞松，秋冬不變。」（6／379）

校勘記：侶，當作「似」，《敦煌願文集》據文義校改。（6／389）

按：侶，P.3819+P.3825、BD6412V2 同，當是「佀」形譌，「佀」是古「似」字。

（67）S.1441V《齋儀》:「然後七世父母，蓮華化生；人異（及）非人，咸蒙吉慶。」（6／379）

校勘記：異，當作「及」，據文義改，《敦煌願文集》校改作「與」。（6／389）

按：S.5637、BD6412V2 亦作「異」。黃征校作「與」，是也，P.2857 作「以」。以、與、異並一聲之轉〔註 238〕，校錄者未達古音。S.2947「憂女隨夫別異居」，S.5549、P.3821「異」作「與」，即其音轉之例。

〔註 237〕黃征、吳偉《敦煌願文集》，嶽麓書社 1995 年版，第 58 頁。

〔註 238〕異讀作與，付義琴、趙家棟《〈敦煌願文集〉校讀札記》已及，《圖書館理論與實踐》2013 年第 8 期，第 59 頁。

7.《英藏敦煌社會歷史文獻釋錄（第七卷）》校讀記

郝春文主編《英藏敦煌社會歷史文獻釋錄（第七卷）》，社會科學文獻出版社 2010 年版。陳麗麗 2016 年碩士論文曾對此卷錄文作過校訂〔註 239〕，大多可信，此補其所未及者。

（1）**S.1494《雜抄》：「若向色中無質（滯）礙，何時遠離得神通。」**（7／150）

校勘記：質，當作「滯」，據文義改，「質」爲「滯」之借字。（7／154）

按：質，讀作躓、疐，俗字作躔〔註 240〕。

（2）**S.1497《辭道場讚》：「願證如（早）琯（離）死（四）生身，堅持禁戒好坐禪。」**（7／155）

校勘記：「如」當作「早」，「琯」當作「離」，「死」當作「四」，均據甲本改。（7／156）

按：甲本指 S.779，脫此句，S.5652 作「願證早離四生身」，P.4028 作「速證出離死生身」。如，讀作預，先也。琯，圖版作「[illegible]」，字形不可辨識，決非「琯」字，其義當是逃避、逃離。「死」當讀如字，離死生身，謂逃離生死之身，而得清淨法身也。

（3）**S.1497《小少黃宮養讚》：「目傷清面皺，唇哋耳屄陋。」**（7／164）

按：哋，S.6923V 同。「哋」也作「吔」，嘴唇下垂的專字，語源是「拕」，俗作「扡」、「拖」，音轉亦作「哆」、「頦」、「侈」、「拸」〔註 241〕。任半塘訂「哋」作「哆」〔註 242〕，不知無須改字。

（4）**S.1513《御製一切道經序》：「蓋聞紫仙握契，括妙有而敷仁；青童贊曆，周泰無而運道。」**（7／179）

校勘記：無，《武則天爲已逝父母寫經發願文及相關敦煌寫卷綜合研究》釋作「元」。按上文「括妙有」對下文「周泰無」，「無」與「有」相對，似應以「無」爲是。（7／180）

〔註 239〕陳麗麗《〈英藏敦煌社會歷史文獻釋錄〉第七、八卷補正》，河北大學 2016 年碩士論文。

〔註 240〕參見蕭旭《英藏敦煌寫卷校詁》。

〔註 241〕參見蕭旭《俗字探源舉例》。

〔註 242〕任半塘《敦煌歌辭總編》，上海古籍出版社 1987 年版，第 797 頁。

按：校錄者不達其誼，妄以對文說之，非是。原卷作「元」，當錄作「元」。《史記・孝武本紀》：「天增授皇帝泰元神筴，周而復始。」《漢書・禮樂志》：「惟泰元尊，媼神蕃釐，經緯天地，作成四時。」顏師古注：「泰元，天也。」周泰元而運道，謂晷度周天而運行於軌道上，終而復始也。晉・張華《雜詩》「晷度隨天運，四時互相承」，即是其誼。

（5）S.1513《老子十方像名經》：「次滅憎親密疏、瞋內喜外之罪；次滅譖毀善人、牽入邪徑之罪。」（7／189）

校勘記：鬼神，甲本作「邪徑」。（7／196）

按：甲本指《中華道藏》本。《中華道藏》本《像名經》的底本是《正統道藏》。校錄者僅校「鬼神」之異文，得其粗而失其精耳。《道藏》本「密」作「愛」，當據改；「瞋」作「嗔」，字同；「譖」作「讒」，古字通，《太上靈寶洪福滅罪像名經》亦有「讒毀善人」語。《玉篇》：「譖，讒也。」譖、讒一音之轉〔註 243〕，《韓詩外傳》卷 2「君子亦譖人乎」，《荀子・哀公》、《新序・雜事五》「譖」作「讒」。

（6）S.1522A《齋儀》：「惟某栖神道樹，浴想禪池。知□□之纓身，悟智舟之□□。」（7／214）

按：陳麗麗指出「知」下原卷作「愛網」〔註 244〕。下缺文可據Дx.0169+Дx.0170+Дx.2632V 同文補「運己」二字。纓，俄藏寫卷作「嬰」，借字。

（7）S.1522A《齋儀》：「故得解素披緇，法服舒而六天喜，神▭髮，惠刀奪而四魔驚。」（7／214）

按：原卷「神」下殘脫二字，可據Дx.0169+Дx.0170+Дx.2632V 補「簪落」。原卷「神」是「抽」形譌，「奪」是「奮」形譌，皆當據俄藏寫卷訂正。P.2255V「□（霑）甘露以神芳」，S.2146「神」作「抽」，亦其例。「披緇」、「落髮」都指出家爲僧尼。

（8）S.1522A《齋儀》：「□□□□禎幹，為品物之津梁。」（7／214）

按：Дx.0169+Дx.0170+Дx.2632V：「爲品類之津梁，成法門〔之〕楝幹。」原卷「禎」是「楨」形譌，缺字據補「成法門之」四字。

〔註 243〕參見王念孫《墨子雜志》，收入《讀書雜志》卷 9，中國書店 1985 年版，本卷第 30 頁。又參見石光瑛《新序校釋》，中華書局 2001 年版，第 709 頁。

〔註 244〕陳麗麗《〈英藏敦煌社會歷史文獻釋錄〉第七、八卷補正》，第 21 頁。

（9）S.1522A《齋儀》:「斯乃行業舒芳，性筠敷秀。」（7 / 214）

按：業，當據 P.2058V、Дx.0169+Дx.0170+Дx.2632V 作「葉」。S.4652「行葉流芳，振休聲於彤管」，S.6417、Φ263+Φ326「行葉先敷，意花早合」，亦其證也。P.2226、P.3084、S.5957、Дx.10296「行業先敷，意花早合」，P.2341V「行業齊芳，玄（意）花爭秀」，「業」亦「葉」形謁。

（10）S.1522A《齋儀》:「柔襟雪映，凝定水於心池；淑質霜口，皎禪支（枝）於意樹。」（7 / 214）

按：缺字陳麗麗據 P.2058V 同文補「明」〔註 245〕，Дx.0169+Дx.0170+Дx.2632V 同文亦作「明」。「柔襟雪映，淑質霜明」是敦煌願文習語，不勝枚舉。

（11）S.1522A《齋儀》:「落雲髮於金闌，襲芳緣而出俗。」（7 / 214）

按：陳麗麗指出原卷「髮」作「髻」，「闌」作「闌」〔註 246〕。Дx.0169+Дx.0170+Дx.2632V「闌」作「園」。本卷上文「參勝侶於金園，廁高名於寶地」，亦作「金園」。

（12）S.1522A《齋儀》:「妝台豔粉，棄之如灰塵；花帳芳茵，厭之如口口。」（7 / 214）

按：陳麗麗指出原卷上「如」作「若」〔註 247〕。缺字當據 S.6155、Дx.0169+Дx.0170+Дx.2632V 補「瓦礫」二字。

（13）S.1522A《齋儀》:「如猶叨利之天，似起▭」（7 / 214）

按：陳麗麗指出原卷上「猶」作「從」，並舉 P.2991「如從忉利之天，似起菩提之座」爲證；「起」下有「菩提」的合文，並補作「菩提之座」〔註 248〕。P.2631：「隱隱振振，如從刀（忉）利之天；巍巍俄俄（峨峨），似起菩提之座。」P.2854：「隱隱振振，如從刀（忉）利之天；巍巍俄俄（峨峨），似繞加維之闕。」S.1522AV：「從忉利以來遊，狀菩提而起座。」亦其旁證。

〔註 245〕陳麗麗《〈英藏敦煌社會歷史文獻釋錄〉第七、八卷補正》，第 9 頁。
〔註 246〕陳麗麗《〈英藏敦煌社會歷史文獻釋錄〉第七、八卷補正》，第 21～22 頁。
〔註 247〕陳麗麗《〈英藏敦煌社會歷史文獻釋錄〉第七、八卷補正》，第 22 頁。
〔註 248〕陳麗麗《〈英藏敦煌社會歷史文獻釋錄〉第七、八卷補正》，第 23 頁。

（14）S.1522A《齋儀》：「熟（孰）謂盈盈同氣，一旦九泉穆穆，孔懷忽▭」（7／214）

按：校錄者未得其讀。S.2832：「何期盈盈同氣，一旦九泉；穆穆孤（孔）懷，忽焉萬古。」S.0343V：「每恨盈盈同氣，一去九泉；穆穆孔壞（懷），忽焉萬古。」陳麗麗據此二卷訂其讀，並於「忽」下補「焉萬古」三字〔註 249〕。Дx.2832+Дx.2840+Дx.3066：「口（孰）謂盈盈同氣，一旦九口（泉），口口口口（穆穆孔懷），口（忽）焉萬古。」亦足參證。「孔懷」典出《詩・常棣》：「死喪之威，兄弟孔懷。」

（15）S.1522A《齋儀》：「▭令烏之永隔，痛花萼之長凋。光陰遽遷，自遊魂不返，於茲某▭」（7／214）

按：S.2832：「撫之棠棣，恨花萼以長離；思彼鶺（原卷殘存右旁「鳥」字）鴒，痛連枝而永隔。人代忽起（去），陰光遽遷，自遊魂不皈，奄經某日。」Дx.2832+Дx.2840+Дx.3066：「撫其唐口（棣），口口口口口口（恨花萼而長離）；觀其口口（鶺鴒），痛連枝而永隔。口口口口（人代忽去），口（光）陰遽遷，自遊魂不返，於茲某日。」P.2915：「何期松門之念，恨花萼而何依；棠樹之悲，痛連支（枝）而莫及。」諸文可以參證。「棠棣」、「鶺鴒」典出《詩・常棣》：「脊令在原。兄弟急難。」原卷「烏」作「鳥」，「令鳥」指脊令鳥。「令鳥」前疑補「恨」字，「某」下補「日」字。「凋」當作「離」，是「離」形譌。

（16）S.1522A《齋儀》：「▭恭謹之小心，愍晨昏之匪懈。」（7／214）

按：Дx.2832+Дx.2840+Дx.3066：「念恭謹之清心，晨昏匪懈。」此卷「恭謹」上補「念」字。

（17）S.1522A《齋儀》：「不謂報落青衣，業構黑網。身無自在，名▭」（7／214）

按：構，原卷作「抅」，即「拘」俗字。P.3362V：「不謂報落青衣，業抅黑網；身無自在之役，名應驅馳之艱。」此卷「名」下據補「應驅馳」三字。

〔註 249〕陳麗麗《〈英藏敦煌社會歷史文獻釋錄〉第七、八卷補正》，第 10 頁。

（18）S.1522A《齋儀》:「**惟某禪池共清泉，共潔戒珠，將皎月同圓。**」（7／215）

按：此乃對句，校錄者未得其讀。當讀作：「惟某禪池共清泉共潔，戒珠將皎月同圓。」將亦共也，介詞。「禪池共清泉共潔，戒珠將皎月同圓」二句亦見 S.6417。S.5561「碧水將禪池共清，丹桂以（與）戒香蓮（連）馥」，文例亦同。

（19）S.1522AV《齋文抄》:「**大哉！牟尼尊口口口。**」（7／218）

按：S.6417 同文作：「大哉牟尼，難可精稱矣！」此卷可據補訂並改其讀。

（20）S.1522AV《齋文抄》:「**慈視眾生，號之為佛。**」（7／218）

按：視，當據 P.2483、S.5573 讀作氏。P.4458、S.1441V 作「示」，亦是借字。

（21）S.1522B《佛事文摘抄》:「**素聞清節，操志雲謀。**」（7／224）

按：雲，當據 P.3566V、Φ263V+Φ326V 作「靈」。

（22）S.1522B《佛事文摘抄》:「**加以違榮出俗，德（得）愛道之方，縱奉戒餐，禪繼蓮花之軌躅。**」（7／224）

校勘記：「躅」字疑爲衍文，據文義當刪。（7／225）

按：校錄者未得其讀而妄疑妄刪，殊爲失之。當讀作：「加以違榮出俗，德（得）愛道之方縱；奉戒餐禪，繼蓮花之軌躅。」方縱，讀作「芳蹤」。愛道、蓮花，皆比丘尼名。P.3566V：「加以違營出俗，得愛道之方縱（芳蹤）；奉戒飡禪，繼蓮華之軌躅。」Φ263V+Φ326V：「加以違營出俗，得愛道之方縱（芳蹤）；奉戒飡禪，繼蓮葉（華）之軌躅。」皆其同文。P.2915：「得愛道之先宗（蹤），習（襲）連（蓮）花之後果。」Дx.169+Дx.170+Дx.2632V：「得愛道之先宗（蹤），口（襲）蓮華之後果。」S.5561：「繼連（蓮）色（花）以高蹤，習（襲）愛道之精軌。」文例亦同。「違營」是「威儀」音轉，「違榮」又「違營」音轉。《廣弘明集》卷 25 引隋・釋彥琮《福田論》:「禁戒守眞、威儀出俗者，僧也。」P.2631、S.6417、Дx.1309+……+Дx.3159 綴合卷亦有此語〔註 250〕。

〔註 250〕參見蕭旭《〈敦煌願文集校錄訂補〉訂補》，收入《群書校補（續）》，花木蘭文化出版社 2014 年版，第 1667 頁。

（23）S.1605《太上洞玄靈寶真一勸戒法輪妙經》：「頸如布綖，腸（腹）如懸鼓。」（7／326）

校勘記：布綖，戊本作「垂線」。（7／343）

按：戊本指《中華道藏》本《太上洞玄靈寶眞一勸戒法輪妙經》。《海空經》卷7：「頸如布綖，腹如懸鼓。」《說文》：「綫，縷也。」又「縷，綫也。」《集韻》：「綫、線、綖：古從泉，或從延。」《慧琳音義》卷37：「綫，經文作線，或作綖，並俗字也，非正體也。」《大莊嚴論經》卷4：「縛葦作機關，多用於綖縷。」宋本等「綖」作「線」。「綖」、「線」都是「綫」改易聲符的異體字，猶縷也。故《洞玄靈寶諸天世界造化經》「腹如懸鼓，喉中容縷」作「縷」字。字亦借「絃（弦）」爲之，《太上慈悲道場消災九幽懺》卷6：「項似布絃，腹如懸鼓。」又卷8：「腹如懸鼓，項似布弦。」

（24）S.1605《太上洞玄靈寶真一勸戒法輪妙經》：「其前身所行，惡口赤舌，評論道德，攻伐師主，更相讒擊。」（7／327）

按：讒，讀爲劖，字亦作攙，刺也。讒擊，猶言刺擊。《可洪音義》卷10：「讒擊：上仕咸反，或作攙。」

（25）S.1605《太上洞玄靈寶真一勸戒法輪妙經》：「頭戴鐵鑵，足倚火山。」（7／328）

按：P.2426同，道藏本作「頭戴鐵鑊，足倚火山」，《海空經》卷7「頭戴鐵鑊，足履火山」。「鑵」是「鑊」俗字。倚，讀作依，謂足所依，即踐履義。《說文》：「履，足所依也。」

（26）S.1605《太上洞玄靈寶真一勸戒法輪妙經》：「炎爑噉食。」（7／328）

校勘記：爑，當作「炙」，據乙、戊本改，中古時吳地「炙」寫作「爑」。（7／344）

按：乙本指P.2426。「爑」是「炙」俗字，《顏氏家訓・書證》：「吳人……火傍作庶爲炙字。」字亦作炻，馬王堆帛書《五十二病方》：「我以明月炻若。」整理者引范常喜說：「《吳越春秋・夫差內傳》：『日月炙汝肉。』『炻』當讀作『炙』。」〔註251〕

〔註251〕《長沙馬王堆漢墓簡帛集成》第5冊，中華書局2014年版，第283頁。

（27）S.1906《太上洞玄靈寶真一勸戒法輪妙經》：「雲迅八景與，迴風桂綠軿。」（7／334）

校勘記：與，丙本同，戊本作「輿」。桂，丙本作「柱」，戊本作「捷」。綠，丙本同，戊本作「綠」。（7／350）

按：丙本指 P.2842。「與」當作「輿」。古無「桂」字，必是「柱」形譌，「柱」又「捷」誤書。「綠」是「綠」形譌。皆當據道藏本訂正。「八景輿」是仙家之車。陶弘景《眞誥・甄命授》：「仙道有八景之輿，以遊行上清。」綠軿，是仙家綠色的前有帷幕的車，道經習見此詞。《太玄八景籙》：「乘景望太素，靈風迴綠軿。」《洞玄靈寶齋說光燭戒罰燈祝願儀》：「四天帝王皆駕飛雲綠軿、八景玉輿。」

（28）S.1625V《佛圖澄和尚因緣》：「以麻油塗掌，千里〔外〕事徹由掌中，如對面焉。」（7／390）

校勘記：外，據文義及《高僧傳》卷 9 句補。（7／391）

按：「由」字亦當據《高僧傳》卷 9 校作「見」，S.3074《高僧傳略》、《法苑珠林》卷 61 同。校書竟粗心至如此者。

（29）S.1631《名數彙集名抄》：「念中無念，心中無心。但陽豈耳，誑汝眼根。彼人聞已，熱渴心醒，名亦如是。」（7／397）

按：題名「名數」，原卷作「各數」。P.2308《法句經》：「譬如陽炎，遠視似水，無智之人爲渴所逼，急走向之，轉近轉滅。炎邊住者，知此地中本來無水，見彼走人，知其妄相（想），便生蚩（嗤）咲，語走人言：『此中無水，但陽氣耳，誑汝眼根。』彼人聞已，熱渴心息，色亦如是。」其中「陽氣」、「心息」，P.3922、S.2021、S.4106、北大 D103 同，BD3123「心息」残缺，「陽氣」作「陽燄」。此卷「豈」是「氣」音轉，「醒」是「息」音轉，「名亦」當作「色亦」。《大智度論》卷 6：「有人初不見揵闥婆城，晨朝東向見之，意謂實樂；疾行趣之，轉近轉失，日高轉滅；飢渴悶極，見熱氣如野馬，謂之爲水，疾走趣之，轉近轉滅；疲極困厄，至窮山狹谷中，大喚啼哭，聞有響應，謂有居民，求之疲極而無所見；思惟自悟，渴願心息。」也正作「氣」、「息」二字。「陽氣」即「熱氣」。P.2325《法句經疏》：「明智者呵責，息其妄念也。」S.2832「神勞豈損」，豈亦讀作氣〔註 252〕。

〔註 252〕參見黃征、吳偉《敦煌願文集》，嶽麓書社 1995 年版，第 98 頁。

（30）S.1631《各數彙集名抄》：「凡夫無智，為乎有實，妄繼種種煩惱，是以我今教汝親近，令斷諸惑。」（7 / 397）

按：繼，讀作繫、係。

（31）S.1674《雜抄》：「玷智惠（慧）之明燈，照眾生之闇室。」（7 / 443）

按：玷，讀作點。

（32）S.1674《雜抄》：「鼻或臭餘香。」（7 / 443）

校勘記：臭，戊本作「著」。（7 / 448）

按：戊本指 S.2354。「臭」是「嗅」古字，本卷下文「願鼻不嗅一餘香」，則作俗字。餘，猶言別的、其他。

（33）S.1686《吐蕃時期某齋文稿》：「……資益已躬之所建也。」（7 / 453）

按：「已」當作「己」。

8. 《英藏敦煌社會歷史文獻釋錄（第八卷）》校讀記

郝春文主編《英藏敦煌社會歷史文獻釋錄（第八卷）》，社會科學文獻出版社 2012 年版。陳麗麗 2016 年碩士論文曾對此卷錄文作過校訂〔註 253〕，大多可信，此補其所未及者。

（1）S.1781《散華讚文》：「稽首歸依三學滿。」（8 / 27）

校勘記：首，辛本作「者」，「者」爲「首」之借字。（8 / 30）

按：辛本指 P.2563V。「者」是「首」形譌字，校錄者亂說通借。下文《校勘記》說「世爲聖之借字」，「裼爲偈之借字」，「被爲顧之借字」，「說爲設之借字」，等等，都是這種情況。本卷校錄者亂說「借字」、「誤字」的情況甚多，其非偏僻，凡常人所知者，不一一訂正。

（2）S.1807《西方阿彌陀佛禮文抄》：「鄣重緣牽歡喜人，身苦始知雙眼盲。」（8 / 39）

校勘記：雙，甲本作「雙」，均可通。（8 / 48）

按：甲本指 BD8168，S.2143 亦作「雙」。校錄者說「雙」、「雙」均可通，

〔註 253〕陳麗麗《〈英藏敦煌社會歷史文獻釋錄〉第七、八卷補正》，河北大學 2016 年碩士論文。

則是判作二字；而「霻」字是何義，又怎麼可通，則未交待。「霻」當是「雙」俗譌字，其上部非「雨」，當是「兩」形誤〔註254〕，與字書中「霡霻，大雨」之「霻」是同形異字。《慧琳音義》卷68：「滅雙：朔江反。顧野王云：『雙，猶兩也。』論從雨作霻，非也。」Φ096《雙恩記》：「佛隱霻林，我偏失所。」甘博037《究竟大悲經》：「世尊，復有一種人，見圓滿霻泯、是非善惡、彼此眞實行者。」亦皆作此形。S.388《正名要錄》：「雙、雙：右正行者揩（楷），註腳稍訛。」則又省去下部的「又」作「雙」。

（3）**S.1807《西方阿彌陀佛禮文抄》：「迴乾去濕將勢契，終日竟夜不辭疲。」**（8 / 40）

校勘記：去，甲本作「就」。契，甲本作「啓」。（8 / 48）

按：「去」當作「就」。契，讀作啓〔註255〕。

（4）**S.1810《勵忠節鈔》：「掘之即甘泉出焉。」**（8 / 56）

校勘記：掘，《敦煌寫本類書〈勵忠節鈔〉研究》校作「淈」，亦可通。（8 / 65）

按：《說文》「淈，濁也」，義不可通。《韓詩外傳》卷7、《說苑・臣術》作「掘」，《荀子・堯問》作「扫」，《家語・困誓》作「汩」。楊倞注：「扫，掘也。」王肅注：「汩，掘。」「汩」、「扫」都是「掘」借字。

（5）**S.1810《勵忠節鈔》：「懿（惠）帝敗於蕩陰，百官左右皆去，紹徹（傲）然端免（冕）以身衛。」**（8 / 57）

校勘記：徹，當作「傲」，據文義改，《敦煌類書》、《敦煌寫本類書〈勵忠節鈔〉研究》逕釋作「傲」。（8 / 65）

按：圖版作「徹」，確是「徹」字，當是「儼」字誤書。《世說新語・德行》劉孝標注引王隱《晉書》：「唯紹儼然端冕以身衛帝。」《初學記》卷17、《御覽》卷417引同，《晉書・嵇紹傳》亦同，皆本於《類聚》卷48引晉裴希聲《侍中嵇侯碑》「紹儼然端冕，正色以扞鋒刃儼」，字都作「儼」。

〔註254〕趙紅《敦煌寫本漢字論考》已指出「『霻』上部是『兩』字的簡省俗寫」，上海古籍出版社2012年版，第180頁。

〔註255〕參見蕭旭《〈敦煌社邑文書輯校〉》校補》。

（6）S.1810《勵忠節鈔》：「范睢曰：『臣恐臣身死之後，天下不見臣盡忠而身死矣。』」（8／58）

校勘記：不，《戰國策・秦策》、《史記・范睢蔡澤列傳》無此字。（8／68）

按：「不」是衍文。圖版「睢」字左側殘其下部，此字當從且作「雎」〔註256〕，校錄者引《史記》從目作「睢」，是確然不知其誤也。下文不再出校。

（7）S.1815《百行章》：「在官之法，謹卓小心，共尊風化，奉法治人。」（8／77）

按：謹卓，S.1920同。卓，讀作孎，亦謹也〔註257〕。

（8）S.1823A《亡齋文抄》：「文超七步，筆操月落龍飛；武越由基，劍（機）負亞夫之勇。」（8／93）

校勘記：劍，當作「機」，據文義改。（8／96）

按：「筆」下之字，原卷有殘損，不能確定是「操」字。P.3149：「聖武動而星流，龍筆捐而月落。」「筆」下也可能是「捐」字。校錄者改「劍」作「機」，不知是依據什麼文義？文句言其武藝，自當作「劍」字。S.1137「彎弓按劍，落日龍驚」，P.2915、P.3497同，亦用「劍」寫其武藝高強。

（9）S.1823A《亡齋文抄》：「廚供香積之饍筵，爐焚淨土之百味。」（8／94）

按：「味」必是「和」誤書。「和」古字或作「咊」，因而形誤作「味」。下文據S.5573所補「爐焚百味之香」，亦當校正作「和」。

（10）S.1824《受十戒文》：「撕倒（禱）至誠。」（8／109）

按：撕倒，當作「慚禱」。慚，謝過也。趙家棟讀作「懺禱」，亦備一說。陳麗麗曰：「撕，疑是『徹』字之誤。」〔註258〕無據。

（11）S.1857《老子化胡經》：「遊羅將軍。」（8／144）

按：羅亦遊也，俗作邏。《集韻》：「邏、羅：《說文》：『巡也。』或省。」所

〔註256〕清人錢大昕、張文虎、梁玉繩、黃丕烈等各有辨正，參見蕭旭《說說「范雎」的名字》。校錄者號稱治中國史，居然不知清代著名史學家成果。

〔註257〕參見蕭旭《英藏敦煌寫卷校詁》。

〔註258〕陳麗麗《〈英藏敦煌社會歷史文獻釋錄〉第七、八卷補正》，河北大學2016年碩士論文，第37頁。

引《說文》指《說文新附》。蔣斧印本《唐韻殘卷》、S.6176V《箋注本切韻》:「邏，遊兵也。」黃侃指出本字是「迾」〔註 259〕，羅翽雲謂本字是「略」〔註 260〕。黃說是，邏、迾一聲之轉，取遮迾爲義。

（12）S.1904《慈悲道場懺法摘抄》:「皰面平鼻。」（8 / 212）

按：皰，BD12、BD163、BD2087、BD2206 作借字「雹」。

（13）S.1904《慈悲道場懺法摘抄》:「大腹小腰，腳復撩戾。」（8 / 212）

校勘記：小腰，甲本同，乙本作「腰髖」，丙、丁本作「凸髖」。撩，甲、乙、丙、丁本作「繚」，「撩」通「繚」。（8 / 215）

按：甲、乙、丙、丁本分別指《中華大藏經》所收的四種傳世本《慈悲道場懺法》、《佛說罪業應報教化地獄經》、《法苑珠林》、《諸經要集》。《法苑珠林》、《諸經要集》皆是引用《地獄經》。《地獄經》:「大腹腰髖，脚復繚戾。」宋、元、明本「腰髖」作「凸髖」，宮本作「胅髖」。《法苑珠林》卷 67 引《地獄經》:「大腹凸髖，脚復繚戾。」《諸經要集》卷 18 引《地獄經》:「大腹亞髖，脚復繚戾。」宋、元、明本「亞」作「凸」。《太子須大拏經》有同句作：「大腹凸臗，脚復繚戾。」宋本「凸臗」作「胅寬」，「繚戾」作「了戾」；元、明本「凸臗」作「凸髖」。《玄應音義》卷 5《太子須大拏經》作「凸髖」，與麗藏本同；《可洪音義》卷 6《太子須大拏經》:「胅寬：高起也，正作『凸髖』。」可洪所見本與宋本同。小腰，BD12 作「達寛」，BD163 作「達寛」，BD2087 作「逮寛」，BD2206 作「逮寛」。「寛」是「寬」俗字，即「臗」或「髖」省文。「寬」上之字，寫本 BD12、BD163 當隸定作「達」，BD2087、BD2206 當隸定作「逮」。撩戾，BD12、BD163、BD2087、BD2206 作「了戾」。① 「凸」是「胅」後出會意俗字，因又形誤作「亞」。本當作「大腹胅髖」，或本「胅」誤作「腰」，以「大腹腰髖」不通，因復改作「大腹小腰」耳。北圖所藏四個寫卷，當以作「達」爲是，「逮」是「達」形譌。達、胅一聲之轉。《說文》:「达，達或從大。或曰迭。」又「迭，一曰达。」上博楚簡（七）《武王踐阼》簡 9:「亞（惡）迭？迭道于脂（嗜）谷（欲）。」又簡 10:「立（位）難得而惖（易）迭（失）。」整理者曰：「迭，《玉篇》:『進退皃。』

〔註 259〕黃侃《說文新附考原》，收入《說文箋識》，中華書局 2006 年版，第 240 頁。

〔註 260〕羅翽雲《客方言》卷 2，古亭書屋影本，本卷第 3 頁。

本篇第 11 簡『遳』字爲『迼』之繁構，釋爲『失』。」〔註 261〕釋「迼」、「遳」爲「失」，是也，但引《玉篇》則誤，且亦未說明構字理據。頗疑楚簡「迼」是省略聲符的「逹」字，「逹」即「達」字，「達」從辵羍聲，羍從大聲。②「撩房」、「繚房」即「了房」，字亦作「繚綟」、「撩捩」。

（14）S.1920《百行章》：「冬溫夏青（清），委其冷熱。」（8 / 225）

校勘記：青，甲本同，當作「凊」，據文義及乙、丙、戊本改。《敦煌寫本〈百行章〉校釋》據《禮記》校作「凊」，《敦煌寫本〈百行章〉校釋補正》認爲「清」、「凊」二字古義通用，尤以「清」字義勝，「清」即今「清涼」之謂也。（8 / 247～248）

按：甲、乙、丙、戊本分別指 S.3491、P.3306、S.5540、P.3176。校錄者採胡平生「清涼」之說，以今律古耳。當以「凊」爲正字，讀去聲，寒也。寫卷「冷熱」正可作「溫凊」釋語〔註 262〕。

（15）S.1920《百行章》：「一言之虧，輕於塵粉。」（8 / 228）

按：粉，讀作坋，字亦作坌。《說文》：「坋，塵也。」《玄應音義》卷 6：「塵坌：蒲頓反。《通俗文》：『埣土曰坌塵也。』《切韻》：『塵穢也。』」

（16）S.1920《百行章》：「爭財則有滅身之禍，貪食刻招毀〔軀〕之敗。」（8 / 228）

校勘記：軀，據文義補，《敦煌寫本〈百行章〉校釋補正》補作「名」。《敦煌寫本〈百行章〉校釋》疑此句作「貪食則有招毀之敗」。按下文「養身之道，便須慎食」注稱「病從口入，能損其軀」，可作爲此處補「軀」字的旁證。（8 / 252）

按：補「軀」字是也。刻，讀作尅，必也。

（17）S.1920《百行章》：「傷蛇遇藥，尚有存報之心；困雀逢箱，猶報眷養之重。」（8 / 237）

校勘記：眷，甲本同，《敦煌寫本〈百行章〉校釋》疑作「豢」。（8 / 266）

按：上句用隋侯珠典，不煩徵引。下句用楊寶救雀典，出梁·吳均《續齊

〔註 261〕《上海博物館藏戰國楚竹書（七）》，上海古籍出版社 2008 年版，第 160 頁。

〔註 262〕參見蕭旭《英藏敦煌寫卷校詁》。

諧記》:「弘農楊寶性慈愛,年九歲,至華陰山,見一黃雀爲鴟梟所搏,逐(墜)樹下,傷瘢甚多,宛轉,復爲螻蟻所困。寶懷之以歸,置諸梁上,夜聞啼聲甚切,親自照視,爲蚊所嚙,乃移置巾箱中。啖以黃花,逮十餘日,毛羽成,飛翔,朝去暮來,宿巾箱中,如此積年。忽與群雀俱來,哀鳴遶屋,數日乃去。是夕寶三更讀書,有黃衣童子曰:『我王母使者,昔使蓬萊,爲鴟梟所搏,蒙君之仁愛,見救,今當受賜(使)南海。』別以四玉環與之,曰:『令君子孫潔白,且從登三公事如此環矣。』」黃雀非楊寶素所豢養,改「眷」作「豢」,非是。

(18)S.1920《百行章》:「**人多敦者,皆輕非理而談賤,亦不聽容止無則。**」(8 / 237)

按:當讀作:「人多敦者,皆輕非理而談,賤亦不聽,容止無則。」

(19)S.1920《百行章》:「**諜行章弟(第)七十一。**」(8 / 241)

校勘記:諜,甲、辛、壬本同,《敦煌蒙書研究》釋作「謀」。(8 / 269)

按:甲、辛、壬本分別指 S.3491、BD8668、P.4937。所謂「諜」字,S.1920 作「[illegible]」,S.3491 作「[illegible]」,BD8668 作「[illegible]」,P.4937 作「[illegible]」。文中云:「若諜譏患孝,閭里心平。」各卷圖版同上。BD8668 明顯不是「諜」,而是「譢」字。《廣雅》:「譢,謫也。」《玉篇殘卷》:「譢,之藥切,讁也。」俗字亦作謶。汪泛舟曰:「諜譏,假借爲『牒儀』。牒,牒譜,指同宗族之義。儀,相近之義。譢,同『庶』,宗族的旁支,亦通。」〔註 263〕非是。

(20)S.1947《送師讚》:「**低頭禮師座,慘惜內心悲。**」(8 / 332)

按:下文「低頭政(整)師履,淚落數千行」,P.3120、P.4597「淚落數千行」與「慘惜內心悲」二句互易,且「慘惜」作「操醋」。「操」當作「懆」,乃「慘」俗譌。《降魔變文》:「六師聞請佛來住,心生忿怒,頰帳(脹)頣高,雙眉斗豎,切齒衝牙,非常慘醋。」又一本下文云「外道慘酢口燋黃」。蔣禮鴻曰:「慘醋、慘酢:氣惱,羞愧。……『醋』、『酢』同音,疑這兩個字都是『怍』的假借字。」〔註 264〕黃征等從其

〔註 263〕汪泛舟《敦煌古代兒童課本》,甘肅人民出版社 2000 年版,第 167 頁。

〔註 264〕蔣禮鴻《敦煌變文字義通釋》,中華書局 1960 年版,第 85～86 頁;又收入《蔣禮鴻集》卷 1,浙江教育出版社 2001 年版,第 315～317 頁。

說〔註 265〕。項楚曰：「慘醋，羞惱。」〔註 266〕項氏乃竊取蔣說而不注明。蔣說是也，「醋」、「酢」讀作「怍」，《說文》：「怍，慙也，從心作省聲。」故字亦作「㤖」。古音乍、昔相通，此卷「惜」是「怍」改易聲符的異體字。

9. 《英藏敦煌社會歷史文獻釋錄（第九卷）》校讀記

郝春文主編《英藏敦煌社會歷史文獻釋錄（第九卷）》，社會科學文獻出版社 2012 年版。

（1）S.2049V《古賢集》：「秦王無道狂誅人，選士投坑總被分（焚）。」（9／101）

校勘記：分，當作「焚」，據 P.3113、P.3174、P.4972、S.6208V 改。（9／124）

按：陳慶浩作《古賢集校注》〔註 267〕，校錄者未參考。各卷異文，校錄者都未認眞出校，下文擇其要者出之，不作詳細校勘。狂，P.2748V、P.3113 同，當據 P.3174、P.3929、P.4972、S.6208V 作「枉」。分，P.2748V 亦作「焚」，P.3929 作「墳」，「墳」亦「焚」借字，字亦作「燌」。陳慶浩曰：「『墳』者坑儒，此處指坑儒，故用『墳』。」〔註 268〕陳氏殆讀「墳」如字，非是。

（2）S.2049V《古賢集》：「范睢折肋人疑死，誰言重得相為秦。」（9／101）

按：「睢」當作「雎」。二句，P.2748V、P.3113、P.4972、S.6208V 同，P.3174「重」作「從」，餘同；P.3960 殘存「重得相爲秦」五字，P.3929 作「范睢節肋人疑死，隨緣信業相於秦」。節，讀作絕、截（截），斷也。誰言，猶言誰料、孰料。爲，猶於也，介詞。

（3）S.2049V《古賢集》：「匡衡鑿壁偷光學，專（摶）錐刺股有蘇秦。」（9／101）

〔註 265〕黃征、張涌泉《敦煌變文校注》，中華書局 1990 年版，第 576 頁。

〔註 266〕項楚《敦煌變文選注》，巴蜀書社 1990 年版，第 536 頁；又中華書局 2006 年版，第 704 頁。

〔註 267〕陳慶浩《古賢集校注》，《敦煌學》第 3 輯，1976 年版，第 63～102 頁。陳慶浩失校Дx.2776 殘文。《俄藏敦煌文獻》第 10 冊Дx.2776 定名誤作《押座文》，上海古籍出版社 1998 年版，第 38 頁。

〔註 268〕陳慶浩《古賢集校注》，《敦煌學》第 3 輯，1976 年版，第 69 頁。

校勘記：專，當作「摶」，據文義改。（9／124）

按：錐不可摶，「摶錐」不辭。專，P.2748V、P.3174、P.3929、P.4972 同，P.3113 作「傳」；S.6208V 墨迹甚淡，右旁是「見」，似「視」字，陳慶浩錄作「親」〔註 269〕。錐，各卷同，獨 P.3174 誤作「銖」。魏耕原曰：「『專錐』爲『事錐』之誤……『親錐』較他卷義長。」〔註 270〕專、傳，當讀作揣，持也。《漢書・賈誼傳》顏師古注引孟康曰：「揣，持也。」「揣錐刺股」即《戰國策・秦策一》「引錐自刺其股」之誼。P.3960 殘文「刺」作「祈」。祈，讀作刉，俗作刏。《廣雅》：「刉，刺也。」

（4）S.2049V《古賢集》：「文王當喚召同君（車）。」（9／101）

校勘記：君，當作「車」，據 P.3174、P.3929、P.3960、S.6208V 改，「君」爲「車」之借字。（9／126）

按：P.2748V 亦作「車」。校錄者說「君」爲「車」借字，毫無理據。「君」必是「居」形譌，古音「居」、「車」同，S.2053V《籯金》「牛刺光車」，注：「車，音居也。」

（5）S.2049V《古賢集》：「慈母懷愁振（鎮）報君（飢）。」（9／102）

校勘記：君，當作「飢」，據 P.3929 改。（9／127）

按：君，P.2748V、P.3960、S.6208V 作「飢」，P.3174 作「餓」。「君」當是「居」形譌，「居」是「飢」聲轉。

（6）S.2049V《酒賦》：「酒熏（醺）花色赤翩翩，面上紫光疑（凝）灄（欇）灄（欇）。」（9／105）

校勘記：疑，當作「凝」，據 P.2555、P.2633 改。灄灄，當作「欇欇」，據 P.2555、P.2633 改，「灄」爲「欇」之借字。（9／130）

按：失校 P.4993，校語稍有失誤，以「欇欇」爲本字，亦未知其何說。疑，P.2544 同，P.2633、P.4993 作「凝」，P.2555 作「凝」。灄灄，P.2544 同，P.2555、P.2633、P.4993 作「桑桑」。當以「攝攝」爲本字，搖動皃〔註 271〕。

〔註 269〕陳慶浩《古賢集校注》，《敦煌學》第 3 輯，1976 年版，第 71 頁。
〔註 270〕魏耕原《唐宋詩詞語詞考釋》，商務印書館 2006 年版，第 3 頁。
〔註 271〕參見蕭旭《英藏敦煌寫卷校詁》。

（7）S.2049V《酒賦》:「納面酒，不（勃）咄調（跳）。」（9 / 106）

校勘記：不，當作「勃」，據 P.2555、P.2633 改，「不」爲「勃」之借字。調，當作「跳」，據 P.2555 改，「調」爲「跳」之借字。（9 / 131）

按：P.2544 亦作「不咄調」，P.2555 作「勃咄跳」，P.2633 作「勃咄挑」，P.4993 作「勃吐跳」。任半塘校作「嗢勃桃」，認爲「勃桃」即「蒲桃」，解作「飲蒲桃酒」〔註 271〕。「不」、「勃」並是「踄」音轉，俗字作踍。《方言》卷 1：「踄，跳也。」《說文》、《廣雅》同。「吐」是「咄」形訛。咄，讀作趉，俗字作趨、踋。《說文》：「趉，走也。」《玉篇》：「趉，卒起走也。」謂跳走也。音轉亦作趣、蹶，《說文》：「趣，蹠也。」又「蹠，楚人謂跳躍曰蹠。」又「跳，蹶也，一曰躍也。」又「蹶，一曰跳也。」《慧琳音義》卷 97：「蹷然：《考聲》：『趣（蹷），謂跳起貌也。』說文從足厥聲，或從走作趣。」「踄趉」是「調（跳）」的狀詞，跳起貌。「踄趉跳」猶今俗言勃勃跳也。

（8）S.2049V《錦衣篇》:「明主計論邊庭苦，將軍何立（慮）不公侯。」（9 / 108）

校勘記：立，當作「慮」，據文義改，「立」爲「慮」之借字。（9 / 133）

按：立，讀作忍、伋，俗作急，迫切、急切、急促也。

（9）S.2049V《惜罇空》:「五駈馬，千金裘。」（9 / 112）

校勘記：駈，《敦煌詩集殘卷輯考》據 P.2552+P.2567 釋作「花」。（9 / 139）

按：駈，P.2544 同。「駈」是「駶」改易聲符的俗字，「駶」指馬毛色不正。「花」又作「華」，是「駶」音變，分別字亦作「驊」〔註 273〕。

（10）S.2053V《籯金》:「部竹：漢時刺史以竹為符使用也。」（9 / 243）

按：部竹，P.2537、P.2966 同。部，讀作剖。「剖竹」與下文「分竹」、「剖符」同義。

〔註 271〕任半塘《敦煌歌辭總編》，上海古籍出版社 1987 年版，第 1779 頁。

〔註 273〕參見蕭旭《「桃華馬」名義考》，《中國文字研究》第 22 輯，2015 年 12 月出版，第 190 頁。蕭旭《韓非子校補》，花木蘭文化出版社 2015 年版，第 214 頁。

（11）S.2056V《捉季布傳文》:「其時周氏文（聞）宣敇，由（猶）如大石陌心珍（鎮）。」（9 / 323）

按：陌，讀作敀，俗作迫，逼迫也〔註 274〕。

10. 《英藏敦煌社會歷史文獻釋錄（第十卷）》校讀記

郝春文主編《英藏敦煌社會歷史文獻釋錄（第十卷）》，社會科學文獻出版社 2013 年版。王慧敏 2017 年碩士論文曾對此卷錄文作過校訂〔註 275〕，大多可信，此補其所未及者。

（1）S.2071《切韻箋注》:「澌，澌汩，水流。」（10 / 57）

按：汩，圖版作「汩」。王慧敏指出當是「汩」字〔註 276〕，是也。P.3694V《箋注本切韻》:「澌，澌汩，水流。」《廣韻》:「澌，澌汩，水聲。」蔣斧印本《唐韻殘卷》:「澌，汩澌，水聲。」字皆當從曰（yue）作「汩」，不從日（ri）作「汩」。澌汩，象聲詞，水流聲。也可單言對舉，《文選·上林賦》:「潷弗宓汩，偪側泌澌。」是其例也。《文選·琴賦》:「澌汩澎湃，蛩蟺相糾。」張銑注：「澌汩澎湃，水聲也。」舊注音「于筆反」，則字當作「汩」。

（2）S.2072《琱玉集》:「（上殘）煙蔚律（下殘）」（10 / 205）

按：「蔚律」未見文獻，「蔚」當讀紆物切，「蔚律」即「鬱律」、「鬱嵂」、「鬱嵂」音轉，《文選·江賦》:「氣滃渤以霧杳，時鬱律其如煙。」李善注：「鬱律，煙上貌。」李周翰注：「鬱律，黑盛貌。」又音轉作「鬱壘」、「鬱壘」、「鬱崛」、「鬱術」、「鬱述」、「崫礨」、「堀礨」、「崫崫」、「掘壘」、「窟壘」，無慮數十形〔註 277〕。又倒言音轉作「炪爩」，《集韻》:「爩，炪爩，煙出也。」又「炪，炪爩，煙皃。」

（3）S.2072《琱玉集》引《王孝伯誄》:「天道冥昧，孰側（測）倚（下殘）」（10 / 205）

〔註 274〕參見蕭旭《英藏敦煌寫卷校詁》。

〔註 275〕王慧敏《〈英藏敦煌社會歷史文獻釋錄〉第十、十一卷補正》，河北大學 2017 年碩士論文。

〔註 276〕王慧敏《〈英藏敦煌社會歷史文獻釋錄〉第十、十一卷補正》，河北大學 2017 年碩士論文，第 37 頁。

〔註 277〕參見蕭旭《淮南子校補》，花木蘭文化出版社 2014 年版，第 550～557 頁。

按：《世說新語・文學》劉孝標注引《桓玄集》載《王孝伯誄》：「天道茫昧，孰測倚伏。」冥、茫一聲之轉。「倚」下據補「伏」字。

（4）S.2072《琱玉集》引《王孝伯誄》：「（上殘）林殘青竹。」（10／205）

按：《世說新語・文學》劉孝標注引《桓玄集》載《王孝伯誄》作「嶺摧高梧，林殘故竹」。

（5）S.2072《琱玉集》引《〔史〕記》：「一奏，則玄鶴二八集於廓（廊）口。」（10／205～206）

校勘記：廓，當作「廊」，據《史記・樂書》及文義改。（10／231）

按：《史記・樂書》作「集乎廊門」，《論衡・感虛》作「集於廊門之危」，皆作「廊」。《韓子・十過》作「集於郎門之垝」，「郎」是「廊」省文。缺字圖版殘存「7」，疑是「下」殘字。

（6）S.2072《琱玉集》引《博物志》：「故雍門人今善歌。」（10／206）

按：「今」上當據今本《博物志》卷 8 補「至」字，《金樓子・志怪》同。

（7）S.2072《琱玉集》：「各扷箭相射。」（10／207）

校勘記：扷，《敦煌類書》釋作「拔」。（10／232）

按：圖版作「扷」，是「拔」省筆俗訛字。下文「乃扷棘針以擲」，亦作此形，校錄者又徑錄作「拔」，羌無一定。《慧琳音義》卷 47：「扷箭：上辨八反。論作拔，誤也。」又卷 46「拯扷」，《玄應音義》卷 9 作「拯拔」。

（8）S.2072《琱玉集》引《前漢書》：「遙見伏石，謂言是虎，挽弓射之。」（10／207）

校勘記：言，《敦煌類書》校改作「其」。（10／233）

按：王三慶改「言」作「其」，非是。「謂言」是中古俗語詞，猶言以爲〔註 278〕。又作「爲言」，S.2614《大目乾連冥間救母變文》：「爲言萬古無千（迁）改，誰知早個化惟（爲）塵。」

（9）S.2072《琱玉集》引《類林》：「王與夫（美）人觀之，草人以手招王美人，王怒。」（10／208）

〔註 278〕參見徐仁甫《廣釋詞》，四川人民出版社 1981 年版，第 64 頁。王鍈《唐宋筆記語辭匯釋》，中華書局 2001 年版，第 176 頁。

校勘記：夫，當作「美」，據文義改。（10／233）

按：《御覽》卷574、《事類賦注》卷11引《周穆王傳》作「美」。

（10）S.2072《琱玉集》引《類林》：「**馬鈞……又作木人，使緣絙（緪）、擲絕、作舞，及〔開〕閉門戶、舂磨，與人無異。**」（10／208）

校勘記：絙，當作「緪」，據文義改。（10／233）

按：「緪」即「絙」，揣其意或是「埴」字。然寫本「緣絙」實不誤也。《三國志・杜夔傳》裴松之注：「時有扶風馬鈞，巧思絕世，傅玄序之曰：『……設爲女樂舞象，至令木人擊鼓、吹簫，作山嶽，使木人跳丸、擲劍、緣絙倒立，出入自在百官行署，舂磨、鬬雞，變巧百端，此三異也。』」〔註279〕《書鈔》卷112「擲掘舞輪」條引傅玄《正都賦》：「手戲絕到（倒），淩虛寄身，跳丸擲掘，飛劍舞輪。」又「材童妙妓」條引傅玄《正都賦》：「乃有才童妙妓，都盧迅足，緣修竿而上下，形既變而影屬，忽跟挂而倒絕，若將墜而復續。」〔註280〕「緣絙」即「緣絙倒立」，指緣繩倒立。寫卷「擲絕」及《書鈔》「擲掘」都不辭，當作「擲劍」。

（11）S.2072《琱玉集》引《後語》：「**棺之前其捷（和）乃見。**」（10／215）

校勘記：捷，當作「和」，據P.2589《春秋後語》及文義改。（10／238）

按：校語乃襲自王三慶說〔註281〕。《呂氏春秋・開春》作「見棺之前和」，高誘注：「棺頭曰和。」《呂氏》亦作「和」字，此王氏未及者。棺頭謂之和，俗字亦作杯、脉。然「和」何故誤作「捷」，待考。捷疑讀作插、臿，木楔也。

（12）S.2072《琱玉集》引《神仙傳》：「**董奉，後漢人也。時陜（交）州刺史士燮中毒藥而死，奉以一散和水，寫（瀉）燮口中，搖之史（使）下，須臾便活。**」（10／215）

按：《神仙傳》卷10：「董奉者，字君異，侯官縣人也……杜燮爲交州刺史，得毒病死，已三日，君異時在南方，乃往以三丸藥內死人口中，令人

〔註279〕《御覽》卷752引《傅子》：「設爲女樂舞象，使木人擊鼓、吹簫，木跳丸、擲，自出自入百官行署，變巧百端，此三異也。」有脫文。

〔註280〕《類聚》卷61引同。

〔註281〕王三慶《敦煌類書》，麗文文化事業股份有限公司1993年版，第692頁。

舉死人頭搖而消之，食頃，燮開目動手足，顏色漸還，半日中能起坐，遂活。」《三國志・士燮傳》裴松之注引《神仙傳》略同。宋・張杲《醫說》卷 2：「董奉，候官人也。時交州刺史杜燮中毒藥而死，奉以太一散和水沃燮口中，須臾乃蘇。」《類林雜說》卷 6：「董奉，宮人也。時交州刺史杜燮中毒藥而死，奉以太一散和水沃燮口中，須臾乃甦。」「士」形誤作「土」，傳本又易作「杜」字。寫本「一散」當據傳本作「太一散」。

（13）S.2072《琱玉集》引《博物志》：「年年八月，有浮查來至……乘查而去……奄至一處。」（10 / 217）

按：查，紛欣閣叢書本《博物志》卷 10 同，《書鈔》卷 150、《類聚》卷 65、《御覽》卷 8、25、60 引《博物志》亦同；士禮居叢書本、指海本、古今逸史本本、百子全書本、四部備要本《博物志》作「槎」，《類聚》卷 94、《初學記》卷 6 引同，《荊楚歲時記》亦同；宋刊《類聚》卷 8 引作「楂」（四庫本作「楂」），《玉燭寶典》卷 7、《白氏六帖事類集》卷 1、《事類賦注》卷 6 引作「査」。「査」是「查」俗訛字，「楂（楂）」又「查（査）」增旁字。「槎」是借字。水中浮木曰查，水中浮草曰苴，其義一也。

（14）S.2072《琱玉集》引《同賢記》：「（馮唐）夢見文王……以兩木夾唐足，一木夾唐頭，通一日……兩木夾足，是楚字。一木置頭得通，是相字。」（10 / 219）

按：一木不得言「夾」，第二個「夾」當據下文作「置」。「楚」字古作「楚」、「林」〔註 282〕，故云「兩木夾足，是楚字」。「通」下疑脫「目」字，故云「一木置頭得通目，是相字」。

（15）S.2072《琱玉集》引《同賢記》：「寡人光（先）於世（勢），干木光（先）於德。」（10 / 223）

校勘記：光，當作「先」；世，當作「勢」，《敦煌類書》據《高士傳》校改。（10 / 244）

〔註 282〕參見容庚《金文編》，中華書局 1985 年版，第 408 頁。

按：王三慶據《高士傳》及《史記正義》引《高士傳》改「光」作「先」，「世」作「勢」〔註 283〕，王說得失各半，校錄者不能辨也。光，讀作桄，字亦作橫、廣，猶言充滿、充盈。「勢」字是，「勢」音誤作「世」，「世」形誤作「也」，「也」字不通，因又改作「地」字〔註 284〕。

（16）S.2072《琱玉集》引《同賢記》：「干木曰：『既授吾寶，又責吾禮，屈接於人，不亦難乎？』」（10／223）

按：「寶」是「賞」形訛。《呂氏春秋・下賢》：「既受吾實，又責吾禮，無乃難乎？」高誘注：「實，猶爵祿也。」《史記・魏世家》《正義》引「實」作「賞」，《御覽》卷 474 引作「爵」，《說苑・尊賢》作「賞」。「實」亦「賞」形訛，《呂氏春秋・孟春紀》高誘注：「賞，爵祿之賞也。」

（17）S.2072《琱玉集》引《同賢記》：「司馬康諫曰。」（10／223）

按：王三慶沒有校正〔註 285〕，校錄者但承襲其說，未能後出轉精。司馬康，當作「司馬庾」〔註 286〕。

（18）S.2072《琱玉集》引《後漢書》：「帝五徵之，鳳竟不赴，乃赴與嫂爭田，自毀得免。」（10／223～224）

按：下「赴」當作「詐」，涉上文而誤。《後漢書・逸民列傳》：「（高鳳）又詐與寡嫂訟田，遂不仕。」

（19）S.2072《琱玉集》引《後漢〔書〕》：「鷰頷虎視，飛行食肉。」（10／227）

按：王三慶曰：「燕頷虎視，《後漢書》作『燕頷虎頸』，於意爲洽。」〔註 287〕此卷校記，校錄者絕大多都承襲王三慶《敦煌類書》，而此條卻又不取其說，蓋莫能辨其正、誤也。《後漢書・班超傳》：「鷰頷虎頸，飛而食肉。」《後漢紀》卷 10、《御覽》卷 729 引《東觀漢記》亦同。寫卷「視」當作「頸」。《御覽》卷 368 引《後漢書》「頸」作「頭」，今本《東觀漢記》卷 16 同，《御覽》卷 369 引《東觀漢記》亦同，「頭」亦誤字。

〔註 283〕王三慶《敦煌類書》，麗文文化事業股份有限公司 1993 年版，第 697 頁。
〔註 284〕參見蕭旭《英藏敦煌寫卷校詁》。
〔註 285〕王三慶《敦煌類書》，麗文文化事業股份有限公司 1993 年版，第 697 頁。
〔註 286〕參見蕭旭《英藏敦煌寫卷校詁》。
〔註 287〕王三慶《敦煌類書》，麗文文化事業股份有限公司 1993 年版，第 699 頁。

（20）S.2072《琱玉集》引《晉書》：「讒康謝謗朝政。」（10／228）

按：「謝」疑是「射」增旁字。射，中傷。

（21）S.2072《琱玉集》引《後語》：「王子法章乃變姓名，投太史激家庸力。」（10／229）

按：S.1439《春秋後語釋文》：「激，《史記》音古弔反，今古狄反。」《戰國策・齊策六》作「敫」，姚宏注：「敫，劉作徼。」《史記・田敬仲完世家》、《通鑑》卷 4 作「敫」，《集解》引徐廣曰：「敫，音躍，一音皎。」《史記・田單列傳》作「嬓」，《正義》：「嬓，音皎。」《集韻》：「嬓、敫：吉弔切，闕人名，《史記》齊有太史嬓，或省。」《資治通鑑釋文》卷 1：「敫，吉了切，徐廣音躍。」「古弔反」與「吉弔切」的反切讀音相同。

（22）S.2072《琱玉集》引《宋書》：「顧初，名孝則，宋時吳都（郡）人也。」（10／229）

按：S.1441+S.5763《勵忠節鈔》：「宋時顧初，□（吳）郡人。」今本《宋書》無此人，寫卷出處「《宋書》」蓋誤記。疑「初」當作「劭」，「名」當作「字」。《三國志・吳書・顧邵傳》記載「顧雍，字元歎，吳郡吳人也」，又載其長子顧邵「字孝則」，「孝則」二字，《書鈔》卷 34、《御覽》卷 442 引同，《御覽》卷 261 引誤作「孝時」。「劭」、「邵」古通，《三國志・吳主五子傳》、《世說新語・品藻》、《世說新語・雅量》、《御覽》卷 753 引《語林》此人作「顧劭」。

（23）S.2072《琱玉集》引《後漢書》：「茂曾出行，人就車中，妄認其馬。茂然不言，即解與之。」（10／229～230）

按：「然」是「默」形訛，或「然」上脫「默」字。《後漢書・卓茂傳》作「嘿解與之」，「嘿」同「默」。「默（嘿）然不言」或「默（嘿）不言」都是古籍習語。

（24）S.2073《廬山遠公話》：「母喫熱飯，不異鑊湯煮身；母喫冷物，恰如寒冰地獄。母若食飽，由（猶）如夾〔石〕之中；母若饑時，生受倒懸之苦。」（10／264）

校勘記：石，蔣紹愚據文義校補。（10／295）

按：校作「夾石」是也，「夾石」與「鑊湯」、「寒冰」、「倒懸」都是地獄名。「夾」疑是「刺」省訛，特指銳利之石。「刺石地獄」是佛經中的「尖石地獄」〔註 288〕。

（25）S.2073《廬山遠公話》：「伏願今皇帝道應龍騟（圖），德光金薗。」（10 / 272）

按：薗，圖版作「**薗**」，當錄作「簡」。「簡」是「簡」形訛。「金簡」與「龍圖」對舉。李儼《法苑珠林序》：「鳳篆龍圖，金簡玉字。」S.5640：「伏願德光金簡，爲聖上之股肱；聲振玉階，顯名彰於日下。」S.530V 同。都是其證。《廣弘明集》卷 8《辯惑篇》：「香城金簡，龍宮玉牒。」「龍宮玉牒」當即指龍圖。P.2044V「道應龍圖，德含光簡」，「含」字衍文，「簡」上脫「金」字，黃征校「含」爲「合」〔註 289〕，未確。

（26）S.2073《廬山遠公話》：「歎他乃作蟭蟟，棲宿常居小草，不見道心。麤者失欺，敲（澆）者忘意。」（10 / 275）

按：當「心麤者失，欺敲（敵）者忘（亡）」爲句，「心」屬下句，「敲」是「敵」形訛，「忘」是「亡」借字。「意」同「噫」，嘆詞，一字爲句，屬下句。另參見卷 4 之 S.785《窮囚蘇子卿謹貢書》「欺敵亡軀」校補。

11.《英藏敦煌社會歷史文獻釋錄（第十一卷）》校讀記

郝春文主編《英藏敦煌社會歷史文獻釋錄（第十一卷）》，社會科學文獻出版社 2014 年版。王慧敏 2017 年碩士論文曾對此卷錄文作過校訂〔註 290〕，大多可信，此補其所未及者。

（1）S.2104V《上道清法師詩》：「自到敦煌有多時，每無管領接括（話）希。」（11 / 23）

校勘記：括，當作「話」，《敦煌詩歌導論》據文義校改。（11 / 24）

按：徐俊、黑維強、伏俊璉亦改作「接話」〔註 291〕。曾良曰：「『接括』即

〔註 288〕參見蕭旭《英藏敦煌寫卷校詁》。

〔註 289〕黃征、吳偉《敦煌願文集》，嶽麓書社 1995 年版，第 154 頁。

〔註 290〕王慧敏《〈英藏敦煌社會歷史文獻釋錄〉第十、十一卷補正》，河北大學 2017 年碩士論文。

〔註 291〕徐俊《敦煌詩集殘卷輯考》，中華書局 2000 年出版，第 866 頁。黑維強《敦

接會，乃交接、交往之義。」曾氏後來又作補證〔註292〕。我舊說云：「接括，同『聒聒』、『咭咶』。」字亦作「接聒」，聲音擾人、打擾也。宋·鄭獬《吳君墓誌銘》：「楚爲東南衝，舟車日叩境接聒，不得休息。」希，讀作稀。

（2）S.2104V《上道清法師詩》：「寂莫（寞）如今不請（消）說，苦樂如斯各自知。」（11／23）

校勘記：請，當作「消」，據文義改。（11／24）

按：校「請」作「消」，乃襲自譚蟬雪說〔註293〕，此說無據。「請」字不誤。不請，猶言不必、不要，也作「不情」、「不清」〔註294〕。陳明娥說「不請」是「不必請示」的簡縮〔註295〕，亦非是。

（3）S.2105《妙法蓮花經卷第十題記》：「竊聞〔經云大〕覺〔玄遖〕，〔信〕敬大乘，果報無囗。」（11／30）

校勘記：缺文，《中國古代寫本識語集錄》據殘筆及文義校補。（11／30）

按：「玄遖」不辭。日本書道博物館藏《妙法蓮華經卷四辛興升題記》：「竊聞經云大覺玄監，信敬大乘，果報無極。」〔註 296〕缺文可據補。池田溫失校。「無」下缺文亦可補「窮」、「盡」、「量」等字。

（4）S.2113V《瑞像記》：「時有貧士，既見寶珠，乃生盜心，詐見清君，盡量長短，夜乃構梯，逮乎欲登，其梯猶短。」（11／37）

按：清，圖版作「清」，當錄作「請」。「盡」當作「畫」。

煌吐魯番社會經濟文獻辭彙研究》，民族出版社2010年版，第203頁。伏俊璉《敦煌文學總論》，甘肅教育出版社2013年版，第180頁。

〔註292〕曾良《敦煌文獻詞語散札》，《杭州大學學報》1997年第27卷增刊，第98頁。曾良《敦煌文獻字義通釋》，廈門大學出版社2001年版，第73頁。曾良《敦煌文獻叢札》，浙江古籍出版社2010年版，第93頁。

〔註293〕譚蟬雪《敦煌民俗——絲路明珠傳風情》，甘肅教育出版社2006年版，第99頁。

〔註294〕參見項楚《敦煌字義零拾》、《〈維摩詰經講經文〉補校》，收入《敦煌文學叢考》，上海古籍出版社1991年版，第133～134、327頁。項楚《敦煌詩歌導論》，巴蜀書社2001年版，第270頁。董志翹、蔡鏡浩《中古虛詞語法例釋》，吉林教育出版社1994年版，第45頁。

〔註295〕陳明娥《敦煌變文詞匯計量研究》，百花洲文藝出版社2006年版，第198頁。

〔註296〕池田溫《中國古代寫本識語集錄》，《東洋文化研究所叢刊》第11輯，大藏出版株式會社1990年版，第126頁。

（5）S.2113V《功德記》：「大乘緣義，表苦行之微猷；護法二神，揮寶杵而摧魔網。」（11 / 44）

校勘記：微，《敦煌社會經濟文獻眞跡釋錄》、《敦煌碑銘贊輯釋》均釋作「徽」。（11 / 46）

按：「微猷」不辭。圖版作「[illegible]」，當錄作「徵」，而校作「徽」。S.2832：「徽猷與天地而齊長，令問等山河之不朽。」

（6）S.2113V《功德記》：「然願邊軍諝太，畜表時康。」（11 / 44）

按：諝，馬德錄文同〔註 297〕，鄭炳林錄作「揟」〔註 298〕。圖版作「[illegible]」，其右旁「胥」是「胥」俗字，當錄作「諝」。然「諝太」不辭。「[illegible]」當是「道」誤寫。太，讀作泰。「道泰」與「時康」對文。P.4976：「伏丞承大王重福，河西道泰時康。」是其確證。S.5957：「故得風調雨順，歲熟時康；道奏清平，歌謠滿路。」「道泰」即「道奏清平」也。

（7）S.2114V《醜女金剛緣》：「大王纔見之時，非常驚詐（訝）。」（11 / 54）

校勘記：詐，甲本作「雅」，當作「訝」，據乙、丙、丁本改。（11 / 66）

按：甲、乙、丙、丁本分別指 S.4511、P.3048、P.3592V、P.2945。張涌泉曰：「詐，乃『差』之音近借字。《集韻》：『差，異也。』『驚差』即『驚訝』。《夷堅乙志》卷 16『驚嗟』，蔣禮鴻讀爲『驚差』，可參。」〔註 299〕張說是也，字亦作謎、詫、吒（咤）、叉、衩、訍、䆛（䳓）〔註 300〕，與「訝」同義。下文「今世形容轉乍」，又「容貌乍」，各卷「乍」同，P.3048 都作「差」；即其音轉之證。《文選・西京賦》：「柞木翦棘。」五臣本「柞」作「槎」。李善注：「『柞』與『槎』同。」《集韻》：「槎，或作柞、剒。」亦其證也。「驚詐」即「驚詫」也。

（8）S.2122《太上妙法本相經廣說普眾舍品第廿一》：「東有服炁之室，西有養鋒之方，南有練朱之宇，北有起明之堂。」（11 / 84）

〔註 297〕馬德《敦煌莫高窟史研究》，甘肅教育出版社 1996 年版，第 106 頁。

〔註 298〕鄭炳林《敦煌碑銘贊輯釋》，甘肅教育出版社 1992 年版，第 313 頁。

〔註 299〕黃征、張涌泉《敦煌變文校注》，中華書局 1997 年版，第 1111 頁。

〔註 300〕參見黃征、張涌泉《敦煌變文校注》，中華書局 1997 年版，第 446 頁。蕭旭《敦煌變文校補（二）》，收入《群書校補（續）》，花木蘭文化出版社 2014 年版，第 1337 頁。

按：「炁」是古「氣」字，出道書。方，讀作房。「鋒」讀如字，下文云「所以西有養鋒之方，割卻生死之網」，可證。練朱，讀作「煉朱」，指煉朱（硃）砂。起明，讀作「啓明」。

（9）S.2122《太上妙法本相經廣說普眾舍品第廿一》：「恒有神龍猛馬，八威毒狩（獸），吸嚇叵近。」（11／85）

按：吸嚇，讀作「翕赫」、「翕赩」、「熙赫」，猛盛貌。《文選・甘泉賦》：「翕赫曶霍，霧集而蒙合兮。」李善注：「翕赫，盛貌。」

（10）S.2122《太上妙法本相經廣說普眾舍品第廿一》：「大混文字，瑩拭字形。」（11／86）

按：瑩拭，猶言揩摩。《慧琳音義》卷 8：「匠瑩拭：《廣雅》：『瑩，磨也。』謂摩拭珠玉使發光明也。《韻英》：『摩拭也。』郭璞注《爾雅》：『拭，拭所以為清潔也。』鄭注《禮記》：『拭，淨也。』」

（11）S.2122《太上妙法本相經廣說普眾舍品第廿一》：「若有暫得盼其篇目者，皆慶及九玄，上生天上安樂之處。」（11／87）

校勘記：盼，《中華道藏》釋作「盼」，誤。（11／98）

按：「盼」是「眄」形訛，校錄者得其字形，但未得其正字。

（12）S.2122《太上妙法本相經廣說普眾舍品第廿一》：「同登地仙之道也。」（11／91）

按：上文「同時得地仙之道」，下文「於坐中即得地仙之道」，又「得地仙之道」。登、得一聲之轉，猶言獲也，受也。

（13）S.2122《太上妙法本相經廣說普眾舍品第廿一》：「巷有勞音，陌有真言。」（11／95）

按：P.2389 同。「勞音」疑是「梵音」誤書。趙家棟則說「勞音就是嫽音，嬉笑之音，二句對文」。

（14）S.2122《太上妙法本相經廣說普眾舍品第廿一》：「蜂蛆不螫。」（11／96）

按：P.2389 同。「蜂蛆」不辭。當乙作「蜂不蛆螫」，「蛆」當作「蛆」，蛆亦螫也〔註 301〕。

〔註 301〕參見蕭旭《英藏敦煌寫卷校詁》。

（15）S.2122《太上妙法本相經廣說普眾舍品第廿一》：「狂風不發，土霧不宜。」（11／96）

按：宜，原卷及 P.2389 作俗字「亘」。「土霧不宜」不辭，「亘」疑「冒」形訛。趙家棟則說「宜」是「宣」形訛，散也。「土霧」指塵埃。

（16）S.2122《太上妙法本相經廣說普眾舍品第廿一》：「雷不振搖，雨不雹申。」（11／96）

按：P.2389 同。「雹申」不辭，疑讀作「暴迅」。

（17）S.2139《故和尚大祥文》：「是日也，吉祥之草分滿胸庭；功德之林影蓮（連）魂帳。」（11／121）

按：胸，當據 S.1441V、S.5637、P.3122、P.3503、P.4062 讀作「凶」。

（18）S.2139《故和尚大祥文》：「紅（洪）鐘夜切（徹），清梵朝哀。」（11／121）

校勘記：切，當作「徹」，據文義改。（11／122）

按：「切」字不當改，S.1441V、S.5637、P.3122、P.3503、P.4062（凡二見）都作「切」字。切，凄切，與「哀」同義對舉。

（19）S.2143《佛事文摘抄》：「福與善逝同年，壽等金剛等故（固）。」（11／148）

按：二「等」字犯複。上「等」字當作「比」或「類」、「擬」等字。P.2854：「心同諸佛之心，壽比金剛等固。」P.2631 同。P.3806：「惠命逾長，更凝（擬）金剛之固。」P.2255 殘文「與金剛比古（固）」。

（20）S.2143《佛事文摘抄》：「如此之人非是，一定三塗六趣坑。」（11／152）

校勘記：如此之人非是，此句疑有脫文。（11／159）

按：「一」當屬上句，上句無脫文。當讀作：「如此之人非是一，定〔墮〕三塗六趣坑。」于淑健於「定」下補動詞「墮」，可備一說；亦可補「落」、「墜」、「失」、「蹈」、「入」等字。

（21）S.2144《韓擒虎話本》：「是即（積）大（代）名將是韓熊男。」（11／168）

校勘記：即大，當作「積代」，袁賓據文義校改。《敦煌變文選注》校改作

「絕代」，第二個「是」，《敦煌變文選注》據文義認爲係衍文，當刪。（11／188）

按：郭在貽、黃征亦從袁賓說〔註 302〕，項楚改作「絕代」，陳治文說「即」爲「郎」之訛〔註 303〕，均誤。即大，讀作「即代」，猶言當代、當世。Дx.0169+Дx.0170+Дx.2632V《書儀》：「形同女質，志參丈夫，即代之稀有也。」S.343「即代」作「節世」，言當代少有也。胡適藏本《降魔變文》：「善幾策於胸衿，洞時機於即代。」此例項楚曰：「即代，當代。」〔註 304〕其說則得之。

（22）S.2144《韓擒虎話本》：「蠻奴聞語，回馬遂排一左掩右夷（移）陣，色（索）隨（隋）駕（家）兵士交戰。」（11／172）

校勘記：夷，當作「移」，《敦煌變文校注》據文義校改，「夷」爲「移」之借字。（11／193）

按：黃征於此校「夷」作「移」；下文「此是左掩右移陣」，黃征又校「移」作「夷」〔註 305〕，迄無一定。夷、移，並讀作翼，一聲之轉。《爾雅·釋鳥》：「鳥之雌雄不可別者，以翼右掩左，雄；左掩右，雌。」蠻奴所排之陣，蓋是一左翼掩右翼的雌鳥陣形。古兵書有「雁行陣」，宋代《武經總要》前集卷 7 猶載之，指橫列展開的「一」字形或「人」字形戰陣。銀雀山漢簡《孫臏兵法·十陣》：「雁行之陣者，所以接射也。」又《威王問》：「雁行者，所以觸側應口〔也〕。」

（23）S.2144V《結壇散食迴向發願文》：「永離賊施之難。」（11／217）

校勘記：施，《敦煌願文集》校改作「所」。（11／220）

按：原卷確實作「施」，BD5298 同。「施」當作「拖」，字亦作扡、拕。道藏本《淮南子·人間篇》：「秦牛缺徑於山中而遇盜，奪之車馬，解其橐笥，施其衣被。」許慎注：「施，奪。」景宋本同，明刻本、漢魏叢書本、四庫本「施」作「拖」。

〔註 302〕郭在貽、張涌泉、黃征《敦煌變文集校議》，收入《郭在貽文集》卷 2，中華書局 2002 年版，第 166 頁。黃征、張涌泉《敦煌變文校注》，中華書局 1997 年版，第 309 頁。

〔註 303〕陳治文《〈敦煌變文集〉校讀小札》，收入《近現代漢語研究文存》，社會科學文獻出版社 2013 年版，第 103 頁。

〔註 304〕項楚《敦煌變文選注》，中華書局 2006 年版，第 655 頁。

〔註 305〕黃征、張涌泉《敦煌變文校注》，中華書局 1997 年版，第 301 頁。

（24）S.2146《齋文集》:「諸佛現興，善權化物，群生瞻奉，鄙惑消亡。」（11／224）

按：P.2255V：「諸佛現興，善控化物，群生瞻奉，鄙或消亡。」黃征校「鄙或」作「障惑」，又說「控」爲「權」字誤書〔註306〕。P.2255V原卷即是「權」，不是「控」字。此卷「鄙」亦當校作「鄣（障）」。趙家棟則說「鄙或（惑）」讀爲「蔽惑」。

（25）S.2146《齋文集》:「雖法闡三乘，戒▭鈍開合有差。」（11／224）

按：P.2255V：「雖談口三乘，戒宣五部，然隨根利鈍，開合有差。」黃征「三」誤錄作「二」，黃氏曰：「談口，疑此當作『口談』，則殘字似可補作『經』。」〔註307〕黃說非是，二卷可互校。此卷「戒」下據補「宣五部然隨根利」七字，並於「鈍」下讀斷。彼卷「談口」當據此卷作「法闡」。「隨根」是「諸根」誤書，「諸根利鈍」是佛經習語。

（26）S.2146《齋文集》:「將使真風廣扇，佛日重明▭謝之端，士庶展聽聞之福。」（11／224）

按：P.2255V：「將使眞風廣扇，佛日重明；緇徒由（申）懺口（謝）之端，士廣（庶）展聽聞之福。」原卷「緇」作俗字「䊷」，括弧內字皆黃征校補〔註308〕，甚確。此卷缺文據補「緇徒申懺」四字。

（27）S.2146《齋文集》:「於時開寶地，豎金幢，香煙與瑞▭清梵共笙歌而合，嚮籌稱解脫，頂戴受持戒，號防非深▭菩提藏種，霑甘露以抽芳；覺樹祥花，結香園之味果。」（11／224）

按：校錄者未得其讀。P.2255V：「於時開寶地，豎金幢，香煙與瑞色而浮空，清梵共笙歌而合響。籌稱解脫，頂戴受持；戒號防非，深心修覺。菩提等桎，口甘露以神芳；覺樹祥花，結香園之未（朱）果。」二卷可互校。此卷二處缺文分別補「色而浮空」、「心修覺」，「味」當作「朱」，並訂正其句讀。彼卷「等桎」不辭，據此卷作「藏種」；「甘露」上脫「霑」字，「神」當作「抽」。P.4995「社眾道芽引蔓，菩提枝杌抽芳」，亦作「抽芳」之證。

〔註306〕黃征、吳偉《敦煌願文集》，嶽麓書社1995年版，第344～345頁。

〔註307〕黃征、吳偉《敦煌願文集》，嶽麓書社1995年版，第345頁。

〔註308〕黃征、吳偉《敦煌願文集》，嶽麓書社1995年版，第344～345頁。

（28）S.2146《齋文集》：「伏願身光增益，聖力冥口口念含生，匡茲教法。」（11／224）

按：缺字據 P.2255V 補作「加興」，並於「加」後讀斷。

（29）S.2146《齋文集》：「使陰陽應序，風雨聲和；稼穡豐登，人民樂業。」（11／224）

按：聲，當據 P.2255V 作「齊」。齊，讀作霽，字亦作濟，止也。

（30）S.2146《齋文集》：「即願法永扇，釋教弘敷，一切含靈，俱登覺道。」（11／225）

校勘記：底本「法」字後疑有脫文。（11／232）

按：「法」字後脫「風」字，與「永扇」相應。S.1164V「即使長承國寵，永扇慈風」，P.2226、P.3084、S.6417、Φ263+Φ326、Дx.10296「甘露恒清，祥風永扇」，P.2915「理應久留世表，永扇家（嘉）風」，Дx.0169+Дx.0170+Дx.2632V「慈風永扇，法日長明」，都是其證。

（31）S.2146《齋文集》：「故能使二部律儀，策勤而不倦；三〔乘〕軌躅，相繼而無窮。」（11／225）

校勘記：乘，據文義補。（11／232）

按：缺字我早補作「乘」字〔註 309〕。

（32）S.2146《齋文集》：「伏惟聖神贊普，道邁羲軒，功超堯舜，握圖御曆，秉錄匡時。」（11／226）

校勘記：御，《敦煌願文集》釋作「埘」，校改作「邦」。（11／233）

按：此字我早校作「御」〔註 310〕。

（33）S.2146《齋文集》：「由是照（詔）自舟（丹）闕，遠令敦煌。」（11／226）

校勘記：照，當作「詔」，據文義改，「照」爲「詔」之借字。（11／233）

按：「照」字我早讀作「詔」〔註 311〕。

〔註 309〕蕭旭《〈敦煌願文集〉校補》，收入《群書校補》，廣陵書社 2011 年版，第 1019 頁。

〔註 310〕蕭旭《〈敦煌願文集〉校補》，收入《群書校補》，廣陵書社 2011 年版，第 1030 頁。

（34）S.2146《齋文集》:「慶雲有（布）也（野），喜色凝空。」

校勘記：有也，當作「布野」，《敦煌願文集》據文義改。（11／234）

按：P.2631、P.2854 正作「布野」。

（35）S.2146《齋文集》:「伏願威光恒赫，神力無涯。」（11／226～227）

按：下文亦見此句。「恒」是「烜」字形譌，黃征亦失校〔註 312〕。「烜赫」猶言光明盛熾，唐宋人習用此詞。

（36）S.2146《齋文集》:「御四魔而登正覺，居三界而獨稱尊。」（11／227）

按：御，P.2631、P.2854、P.6006 作「抑」，P.2542 作「摧」。

（37）S.2146《齋文集》:「鳥嚮含春，風搖翠柳。」（11／227）

按：嚮，P.2631、P.2854、Дx.1228 同，P.6006 作正字「響」。春，P.2631、P.2854 同，P.6006、Дx.1228 作「新」。

（38）S.2146《齋文集》:「笙歌竟（競）奏而啾嚁，法曲爭陳而槽楑。」（11／227）

校勘記：楑，當作「摧」，據 S.6172 改，《敦煌願文集》釋作「琛」，校改作「榛」，誤。（11／235）

按：校錄者校作「槽摧」，不知其義云何？楑，P.2974 同，黃征又校作「璨」〔註 313〕。這個字當是「槸」形誤，黃征校作「榛」，並無大誤。我舊說云：「疑是『嘈啐』，《文選·長笛賦》李善注引《埤蒼》:『嘈啐，聲貌。』」〔註 314〕「槽」讀作「嘈」，「槸」、「摧」並讀作「啐」。P.2578《開蒙要訓》「縗」字注音「碎」，《集韻》「崔」異體字作「崒」，「璀璨」、「璀粲」、「漼粲」音轉作「翠粲」、「萃蔡」、「綷縩」，皆摧讀作啐之證。古音悴、蔡並與殺相通，故「嘈啐」又轉作「槽槸」。《集韻》:「啐，嘈啐，眾聲。」

（39）S.2146《齋文集》:「夫諸佛興悲，無緣普備；有情見異，感迹緣老。」（11／228）

〔註 311〕蕭旭《〈敦煌願文集〉校補》，收入《群書校補》，廣陵書社 2011 年版，第 1030 頁。

〔註 312〕黃征、吳偉《敦煌願文集》，嶽麓書社 1995 年版，第 553 頁。

〔註 313〕黃征、吳偉《敦煌願文集》，嶽麓書社 1995 年版，第 679 頁。

〔註 314〕蕭旭《〈敦煌願文集〉校補》，收入《群書校補》，廣陵書社 2011 年版，第 1019 頁。

校勘記：老，《敦煌願文集》校改作「善」。（11 / 236）

按：原卷確實作「老」字。P.2854「備」作「被」，「老」作「差（差）」。備，讀作被，覆也。BD8099：「卓彼眞慈，無緣普被。」「老」當是「差」形訛，差亦異也，同義對舉，猶言差異、不同。《妙法蓮華經玄義釋籤》卷 26：「復次或本感麤迹感妙，或本感妙迹感麤，俱妙俱麤，應亦如是。又本感廣迹感狹，或迹感廣本感狹，俱狹俱廣，應亦如是。但取今昔判，本迹不約麤妙廣狹也。」蓋佛家謂感應其本迹，有麤、妙、廣、狹四端，故云「感迹緣差」，謂感迹之緣有差異耳。

（40）S.2146《齋文集》：「使人色不安，峰（烽）飆數舉。」（11 / 228）

按：「色」當是「邑」形訛。《鹿母經》卷 1：「有鹿數百爲群，隨逐美草，侵近人邑。」

（41）S.2146《齋文集》：「今者敦煌之府，內豎白法之勝幢，〔外〕設佛頂於四門，使黑業之殄掃。」（11 / 230）

校勘記：外，《敦煌願文集》據文義校補。（11 / 238）

按：不當補「外」字，「內」屬上句，P.2613 有同文，亦然。

（42）S.2146《齋文集》：「五穀無霜雹之災，萬品登人（仁）壽之城。」（11 / 230）

按：Φ342V：「於是無邊刹土，共遵常樂之緣；有截環瀛，咸依仁壽之城。」「城」當作「域」，黃征亦失校〔註 315〕。《漢書．禮樂志》：「驅一世之民，躋之仁壽之域。」又《王吉傳》「驅」作「毆」，餘同。

（43）S.2165《箴偈銘抄·亡名和尚絕學箴》：「捨棄浮榮，耽溺婬勵（麗）。」（11 / 247）

按：「亡名」是後周和尚的法號，《絕學箴》又稱作《息心贊》。浮榮，S.5692同，不合文義，《續高僧傳》卷 7、《法苑珠林》卷 48 載亡名《絕學箴》作「淳樸」，《景德傳燈錄》卷 30、《禪門諸祖師偈頌》卷 2、《聯燈會要》卷 30 作「淳朴」。宋、元、明、宮本《續高僧傳》「淳」誤作「浮」，寫卷又誤作「浮榮」。傳世各本「勵」作「麗」。

〔註 315〕黃征、吳偉《敦煌願文集》，嶽麓書社 1995 年版，第 452 頁。

（44）S.2165《箴偈銘抄・先青峰和上辭親偈》：「恰似群豬戀青廁，亦如眾鳥遇稀膠。」（11／248）

按：青，張涌泉讀作圊，字亦作清〔註316〕，是也。「稀」是「黐」改易聲符的異體字。《廣雅》：「黐，黏也。」「黐膠」即「黏膠」，「黏膠」音轉則作「黐膠」，又音轉作「稀膠」〔註317〕。

（45）S.2213《法海與都統和尚論議文稿》：「不抰小才，輒以談論。」（11／327）

校勘記：「抰小」兩字間旁書一「英」字。（11／329）

按：原卷旁寫之字不清晰，不能確定是「英」字，當是「典」，「抰」的注音字。抰，讀作腆，字亦作倎，厚也，多也，善也。「不腆」是謙詞。

（46）S.2263V《葬錄卷上並序》：「其君欲與貪狼為政，其臣欲與巧（望）冒（冑）求尊。」（11／398）

校勘記：狼，《敦煌寫本宅經葬書校注》校改作「婪」。巧，當作「望」，據文義改。冒，當作「冑」，據文義改。（11／400）

按：「望冑」不辭，不知校錄者所謂的文義云何？且改「巧冒」作「望冑」，毫無理據。①二「與」字，並讀爲「以」。②「貪狼」是漢代成語。《廣雅》：「狼、戾，很也。」又「狼、很，盭也。」「貪狼」即「貪狠」，「狠」爲「很」俗字，「很」謂不聽從也。「狼」是「狠」形訛，以其所誤甚早，後人沿襲不覺其誤。②「巧」字不誤。「冒」是「媢」雙聲音轉。「巧媢」謂機巧而諂媚，唐人俗語詞（不煩舉證）。二句言其君以貪很爲政，其臣以巧媚求尊。趙家棟說「巧冒」讀爲「巧媢」，媢是妒忌義，亦通。

（47）S.2295《老子變化經》：「挨帝八極，載地懸天，遊駒日月，迴走星辰，呵投六甲，〔總〕此乾坤，紀易四時，推移寒溫。」（11／424）

校勘記：總，《中華道藏》據文義校補。（11／431）

按：原卷「挨帝」作「挨帝」。傳世道經有相近的文句，六朝佚名《太上洞玄靈寶天關經》：「衿帶八極，載地懸天，遊馳日月，運走星辰，呼

〔註316〕張涌泉《陳祚龍校錄敦煌子失誤例釋》，《學術集林》卷6，上海遠東出版社1995年版，第307～308頁。

〔註317〕參見蕭旭《英藏敦煌寫卷校詁》。

吸六甲，御制乾坤，改易四時，推移寒溫。」唐・杜光庭《道德眞經廣聖義》卷 2「御制」作「吒御」，餘同。宋・賈善翔《猶龍傳》卷 2：「衿帶八極，載地懸天，遊馳日月，運斡星辰，呼吸六甲，制御乾坤，推移寒暑。」「挨帝」不辭，當訂正作「衿帶」，形近而訛，亦即「襟帶」。「呵投」當作「呵役」。《上清道寶經》卷 1：「驅馳六甲（運走星辰），呵役三皇（走使鬼神，壽骨日生）。」「口此」當作「制御」或「吒御」。「紀」當作「改」。劉屹曰：「索安 1969（1992），62 頁，據杜光庭《道德眞經廣聖義》與此相近一句爲『襟帶八極』，不排除本經書手誤寫，將『襟帶』誤作『挨帝』。索安 1969（1992），63 頁，據《道德眞經廣聖義》作『呼吸六甲』。則『呵投』或爲『呼吸』之誤寫。」〔註 318〕杜光庭《道德眞經廣聖義》原文實作「衿」字，劉氏失檢，其說「挨帝」或爲「襟帶」之誤，近之；但「呼吸」無緣誤作「呵投」，其說非是。蘇晉仁作《疏證》〔註 319〕，於其錯字皆未能校正。

（48）S.2295《老子變化經》：「**手把仙錫，玉簡今（金）字，稱以銀人，善初鳳頭絁，聖父制物，屋命直父，為之生焉。**」（11／424）

校勘記：直，《敦煌本〈老子變化經〉研究之一》疑當校改作「宜」。（11／431）

按：《文選・新刻漏銘》李善注引魏・崔玄山《獺（瀨）鄉記》：「《老子母碑》：『老子把持仙籙，玉簡金字，編以白銀，紀善掇惡。』」《書鈔》卷 104 引「金」上有「黃」字，餘同；《御覽》卷 606 引「籙」作「錄」，「掇」誤作「綴」。六朝佚名《太上洞玄靈寶天關經》說老子「秉持仙籙」。寫卷「錫」當作「錄（籙）」，「稱」當作「編」，「銀」上脫「白」字，「人」字屬下句，「屋」當作「握」，「制物握命」當連文。《吳越春秋・越王無余外傳》：「（禹）乃案《黃帝中經歷》……其書金簡，青玉爲字，編以白銀，皆瑑其文。」事亦相類。蘇晉仁作《疏證》〔註 320〕，於其錯字皆未能校正。「人」字以下文義不能盡明，俟考。

〔註 318〕劉屹《敬天與崇道——中古經教道教形成的思想史背景》注①、②，中華書局 2005 年版，第 377 頁。

〔註 319〕蘇晉仁《敦煌逸書〈老子變化經〉疏證》，《道家文化研究》第 13 輯，三聯書店 1998 年版，第 130～131 頁。

〔註 320〕蘇晉仁《敦煌逸書〈老子變化經〉疏證》，《道家文化研究》第 13 輯，三聯書店 1998 年版，第 130～131 頁。

（49）S.2295《老子變化經》：「厭之〔無〕苲，傷之無槃。」（11／424）

校勘記：無，《中華道藏》據文義校補。苲，《敦煌本〈老子變化經〉研究之一》釋作「笮」。（11／431）

按：劉屹曰：「大淵 1964，49 頁，疑『笮』爲『不苦』二字；蘇晉仁 1998，139 頁認爲『厭之』後有一脫字。」〔註 321〕「厭」是「壓」古字，「苲」是「笮」俗字。《說文》：「厭，笮也。」「苲」上脫字補「不」更洽。槃，讀作瘢，俗字亦作瘢，傷痕。《玄應音義》卷 8：「無瘢：下薄寒反。《蒼頡篇》：『痕也。』《說文》：『瘢，痍也。』瘢痕也。經文作槃，應從疒。」

（50）S.2295《老子變化經》：「偶而不雙，隻而不倚。」（11／424）

按：倚，讀爲踦，字亦作奇，亦隻也。《說文》：「踦，一足也。」《御覽》卷 697 引《風俗通論數》：「踦者，奇也，履舄之一也。」引聲爲單、隻之義。《公羊傳・僖公三十三年》：「匹馬隻輪無反者。」何休注：「隻，踦也。」《董子・王道》、《說苑・敬慎》、《論衡・儒增》同，《穀梁傳》作「倚輪」，范甯注：「倚輪，一隻之輪。」

（51）S.2295《老子變化經》：「老子曰：吾敖以清，吾事以明，吾政以成。」（11／426）

校勘記：敖，《敦煌本〈老子變化經〉研究之一》釋作「處」。（11／432）

按：劉屹曰：「蘇晉仁 1998，150 頁，將『處』讀爲『敖』，但意義難通。」〔註 322〕蘇晉仁是釋作「敖」，不是讀「處」爲「敖」。查圖版作「𪌭」，此字從「麦」，敦煌寫卷「麦」、「走」作偏旁常互混，當錄作「𧺆」，疑是「樸」異體字，古音攴、業同。

（52）S.2295《老子變化經》：「經歷渡〔口〕，踐履三皇。」（11／427）

校勘記：口，《敦煌本〈老子變化經〉研究之一》據文義校補。（11／432）

按：缺字是蘇晉仁所補〔註 323〕，劉屹《研究》承其說耳。疑補「世」字。

〔註 321〕劉屹《敬天與崇道——中古經教道教形成的思想史背景》注②，中華書局 2005 年版，第 380 頁。

〔註 322〕劉屹《敬天與崇道——中古經教道教形成的思想史背景》注③，中華書局 2005 年版，第 377 頁。

〔註 323〕蘇晉仁《敦煌逸書〈老子變化經〉疏證》，《道家文化研究》第 13 輯，三聯書店 1998 年版，第 150 頁。

渡，讀作度。

（53）S.2295《老子變化經》:「儽至為身，僮兒為群。」（11／427）

按：儽至，讀作「縲縶」，猶言拘繫。《宋書・文九王傳》:「時見夏伯以童子縲縶，王愴然改貌，用不加刑。」也作「纍縶」，蘇轍《進郊祀慶成詩狀》:「肆眚之令一寬於冥頑，已責之恩大弛於纍縶。」

（54）S.2295《老子變化經》:「自屋俱濕，自有精神。」（11／427）

校勘記：屋，《敦煌本〈老子變化經〉研究之一》校改作「握」。（11／432）

按：讀屋爲握，是也。濕，讀作彊、堅。《老子》第 55 章：「骨弱筋柔而握固，未知牝牡之合而朘作，精之至也。」此即「自握俱彊，自有精神」之誼。

（55）S.2295《老子變化經》:「子當念父，父當念子，怡忽相忘，去之萬里。」（11／427）

按：怡，讀爲怠。怠忽，輕忽也。《漢書・杜周傳》:「省聽者常怠忽。」顏師古曰：「怠，忽忘也。」亦作「殆忽」，《新唐書・地理志》:「而殆忽驕滿，常因盛大，可不戒哉！」

（56）S.2295《老子變化經》:「所治解臺，神不為使，疾來遂我，吾絕剛（綱）紀。」（11／427）

校勘記：解臺，《敦煌本〈老子變化經〉研究之一》校改作「懈怠」。（11／432）

按：原卷「臺」作「台」。劉氏校作「懈怠」，是也。「遂」當是「逐」形訛，下文正有「疾來逐我」語。

（57）S.2295《老子變化經》:「怗（恬）泊靜寂。」（11／427）

校勘記：怗，當作「恬」，據文義改。《敦煌本〈老子變化經〉研究之一》釋作「帖」，疑當校改作「恬」，《中華道藏》逕釋作「恬」。寂，《敦煌本〈老子變化經〉研究之一》校改作「寧」，《中華道藏》釋作「穿」，校改作「寂」，按底本實爲「寂」。（11／433）

按：校語不晰，劉屹釋作「穿」，校改作「寧」。①怗，當讀作「憺」。「泊」是「怕」俗字，「怕」是安靜無爲之意的本字。《生經》卷 5：「其心憺泊，如水之清。」字亦作「澹泊」、「惔泊」、「淡泊」。②所謂「寂」字，圖版作「𡨦」，寫卷「宀」、「穴」作偏旁相混，此字當是「㝊」形訛，即「寂」俗字。

（58）S.2295《老子變化經》：「**無為無欲不憂患，谷道來附身可度矣。**」（11／427）

校勘記：谷，《敦煌本〈老子變化經〉研究之一》校改作「苦」。（11／433）

按：「谷」字不當改。「谷」即《老子》第6章「谷神不死」的「谷」。

（59）S.2295《老子變化經》：「**精思放我，神為走使，吾衡剛茅更勝負。**」（11／427）

按：剛茅，讀作「剛卯」。漢代人於正月卯日以金、玉或桃木爲材料製成的用以辟邪的佩飾。《漢書·王莽傳》：「正月剛卯，金刀之利，皆不得行。」顏師古注引服虔曰：「剛卯，以正月卯日作佩之，長三寸，廣一寸，四方。或用玉，或用金，或用桃，著革帶佩之。今有玉在者，銘其一面曰：『正月剛卯。』」

（60）S.2295《老子變化經》：「**精之思之，可以成己。**」（11／427）

按：原卷「己」作「已」。

（61）S.2295《老子變化經》：「**一黽道成，教告諸子。**」（11／427）

按：黽，讀作冥。一冥，謂專一冥心。《太上飛步南斗太微玉經》：「金形飛空，神道一冥。」

（62）S.2295《老子變化經》：「**吾轉運衝托漢事。**」（11／427）

校勘記：托，《敦煌本〈老子變化經〉研究之一》疑當校改作「撞」。（11／433）

按：改「托」作「撞」，乃劉屹引索安說。劉屹曰：「索安 1969（1992），73頁，疑作『撞』。」〔註324〕改「托」作「撞」無據，字不當改。「衝」當作「衡」，形近而訛。「衡托漢事」即上文「衡剛卯」之事，用以辟邪也。

（63）S.2295《老子變化經》：「**吾民聞之自有志，乞鄙自涑無姓字。**」（11／427）

〔註324〕劉屹《敬天與崇道——中古經教道教形成的思想史背景》注①，中華書局 2005 年版，第381頁。

校勘記：乞，《敦煌本〈老子變化經〉研究之一》疑當校改作「棄」。（11／433）

按：劉屹讀作：「吾民聞之，自有志乞（棄？）鄙，自涑無姓字。」〔註 325〕①乞，讀作氣，《說文》：「氣，癡皃。」俗字亦作疙、疙、忥、疙，《廣雅》：「疙，癡也。」《玄應音義》卷 16 引《通俗文》：「小癡曰疙也。」《廣韻》：「疙，癡也，或作疙。」《集韻》：「疙，癡皃，或作忥。」②涑，讀作倲、倲、戇，《廣韻》：「倲，儱倲，儜劣皃，出《字諟》。倲，上同。」《玉篇》：「倲，儱倲，儜劣皃。」《集韻》：「戇，㦬戇，愚皃，或作倲。」又「倲，儱倲，劣也，或作倲。」字亦作悚，《玉篇》：「悚，愚也。」《集韻》：「悚，愚皃。」「㦬戇」即「儱倲」，又轉作「籠東」、「瀧涷」、「壠東」、「隴東」等形，形容潦倒笨累之狀，愚劣皃〔註 326〕。乞鄙自涑，即「癡鄙自倲」，謂愚癡之人。

（64）S.2295《老子變化經》：「今知聖者習吾意，邪心艮厈。」（11／427）

按：艮，讀爲很，違逆。《說文》：「艮，很也。」《易·艮卦》《釋文》引鄭玄注：「艮之言很也。」厈，讀爲悍，亦作忓，兇戾也。也作「狠悍」，白居易《李公家廟碑銘》：「驕強狠悍。」

12.《英藏敦煌社會歷史文獻釋錄（第十二卷）》校讀記

郝春文主編《英藏敦煌社會歷史文獻釋錄（第十二卷）》，社會科學文獻出版社 2015 年版。

（1）S.2354《禮懺文摘抄》：「衣食繼身命，精麤隨眾等。」（12／2）

按：繼，S.490、S.2354、P.2148 都作俗字「継」。P.2692、俄 A8.2、俄 A32.1 作「計」，《集諸經禮懺儀》卷 1、《華嚴經海印道場懺儀》卷 1、《圓覺經道場修證儀》卷 2 同，宋、元、明本《集諸經禮懺儀》作「繼」。P.2100 作「繫」，《摩訶僧祇律》卷 2、《四分律疏》卷 2、《四分律含注戒本疏行宗記》卷 2 同，《法苑珠林》卷 46 引《僧祇律》同。P.3038、

〔註 325〕劉屹《敬天與崇道——中古經教道教形成的思想史背景》，中華書局 2005 年版，第 381 頁。

〔註 326〕參見蕭旭《「郎當」考》，收入《群書校補（續）》，花木蘭文化出版社 2014 年版，第 2378 頁。

P.3842、S.5562、BD623、中村不哲 173 號作「支」，《集諸經禮懺儀》卷 2、德川時代刊《往生禮讚偈》卷 1、龍谷大學圖書館藏《無量壽觀經纘述題記》亦作「支」。S.236 作「諸」。P.3826 作「袛」。北京大學圖書館藏 D180 作「支」，旁注「計」字。繫、計、諸、支、袛，並讀爲繼。《大般涅槃經集解》卷 16：「爲繼身命，行於法故。」

（2）S.2419**《禮懺文摘抄》：「以茲勝善，奉福尊靈，願超越三途，登七淨；六道含識，皆沾願海。」**（12／33）

校勘記：七淨，《敦煌學要籥》校補作「七佛淨土」。（12／34）

按：所校非是。當據 P.2205、P.2117 同文於「登」下補「臨」字。「登臨七淨」與「超越三途」是對文。校錄者在《說明》中已指出 P.2205、P.2117 二個寫卷有同文，又曾參考過黃征《願文集》第 877 頁錄文。黃征早指出「丙卷（引者按：即指 S.2419）脫『臨』字」，校錄者竟然不據校補，仍然取陳祚龍之誤說，其識從可知也。

（3）S.2420**《讚僧功德經》：「寧以利刀割其舌，或以捻杵碎其身。」**（12／36）

校勘記：捻，乙、丙、戊、己、辛、庚本同，甲本作「鉆」。（12／34）

按：甲、乙、丙、戊、己、辛、庚本分別指 BD970、S.2643、BD6278B、BD8322、BD3940、S.6115、S.5954。張錫厚據諸卷改「鉆」作「捻」〔註 327〕，實是未解其義而從眾耳。曾良指出「鉆」是「砧」俗字，亦作枮、碪、椹，「枮」俗寫作「拈」，因又改作「捻」〔註 328〕。曾說是也，他未舉出作「拈」的用例，補充於下：S.2607《曲子詞・浣溪沙》：「萬家拈杵擣衣聲。」《爾雅》：「椹謂之榩。」《文選・擣衣》：「櫚高砧響發，楹長杵聲哀。」李善注引郭璞曰：「砧，木質也。」又引《文字集略》：「砧，杵之質也。」又引《爾雅》：「砧謂之虔。」砧杵謂擣衣之石砧（或木枮）與擣衣之木杵。《御覽》卷 762 引《東宮舊事》：「太子納妃，有石砧一枚。」又「擣衣杵十杵（枚）。」《類聚》卷 31 宋・鮑令暉《題書寄行人》：「砧杵夜不發，高門晝恒關。」又卷 67 梁・費昶《華光省中夜聽城外擣衣》：「金波正容與，玉步依砧杵。」《王氏農

〔註 327〕張錫厚主編《全敦煌詩》第 13 冊，作家出版社 2006 年版，第 6215 頁。

〔註 328〕曾良《敦煌佛經字詞與校勘研究》，廈門大學出版社 2010 年版，第 255 頁。

書》卷 21 有「砧杵」圖。溫庭筠《池塘七夕》：「萬家碪杵三篙水，一夕橫塘似舊遊。」

（4）S.2440《三身押坐文》：「見人造惡處強攢頭，聞道說經則佯不採（睬）。」（12／84）

校勘記：採，當作「睬」，據文義改。（12／85）

按：改作「睬」，乃襲《敦煌變文集》說〔註 329〕，潘重規亦承其說〔註 330〕，俱以今律古，不知「睬」是宋代以後俗字，唐人自作「採」字。郭在貽等指出本作「采」，俗作「採」〔註 331〕，校錄者不知取用正確之說。翟灝曰：「不採，《北齊書》『後主皇后穆氏母名輕霄，本穆子倫婢也，后既立，以陸大姬爲母，更不採輕霄。』按：近俗別作『睬』字，《字彙補》云：『偢睬，俗言也，詞家用之。』」〔註 332〕《字彙補》之「偢睬」，即俗字「瞅睬」。

（5）S.2440V《釋迦因緣演出腳本》：「舉手或攀枝余（與）葉，釋迦聖主袖中生。」（12／105）

校勘記：余，當作「與」，《敦煌變文集補編》據文義校改，《敦煌變文集校注》據《太子成道經》校改作「諸餘」。（12／108）

按：校語說「校改作『諸餘』」不明晰，黃征據《太子成道經》校改「枝余」作「諸餘」，並指出：「『枝余』或校作『枝與』，然《太子成道經》、《八相變》、《悉達太子修道因緣》各卷第二字無一作『與』，是以不從。」〔註 333〕張涌泉、郭在貽等亦讀「余（餘）」作「與」〔註 334〕。黃征說非也，「枝」當讀如字。「諸」是「枝」音轉，例詳上文。「余」是「與」音轉。《八相變》：「睹無憂樹，舉手攀枝，釋迦眞身從右協

〔註 329〕王重民等《敦煌變文集》，人民文學出版社 1957 年版，第 827 頁。

〔註 330〕潘重規《敦煌變文集新書》，文津出版社有限公司 1994 年初版，第 9 頁。

〔註 331〕郭在貽、張涌泉、黃征《敦煌變文集校議》，嶽麓書社 1990 年版，第 426 頁。黃征、張涌泉《敦煌變文校注》，中華書局 1997 年版，第 1144 頁。

〔註 332〕翟灝《通俗編》卷 13，收入《續修四庫全書》第 194 冊，上海古籍出版社 2002 年版，第 399 頁。

〔註 333〕黃征、張涌泉《敦煌變文校注》，中華書局 1997 年版，第 482 頁。

〔註 334〕張涌泉《敦煌變文校札》，收入《敦煌語言文學論文集》，浙江古籍出版社 1988 年版，第 199 頁。郭在貽、張涌泉、黃征《敦煌變文集校議》，嶽麓書社 1990 年版，第 423 頁。

誕出。」《太子成道經》:「夫人手攀樹枝，彩女將金盤承接太子。」《悉達太子修道因緣》:「舉手纔攀榆枝葉，釋迦聖主袖中生。」皆「枝」讀如字之證。考《修行本起經》卷1:「自夫人懷妊……十月已滿，太子身成，到四月八日，夫人出遊，過流民樹下，眾花開化，明星出時，夫人攀樹枝，便從右脇生墮地。」《釋迦譜》卷1引《大華嚴經》:「爾時夫人既入園已……十月滿足，於四月八日日初出時，夫人見彼園中有一大樹，名曰無憂，華色香鮮，枝葉分布，極爲茂盛，即舉右手欲牽摘之，菩薩漸漸從右脇出。」尤其確證。《長阿含經》卷1:「毗婆尸菩薩當其生時，從右脇出，專念不亂。時菩薩母手攀樹枝，不坐不臥。」事亦相似。

（6）S.2466《四弘誓文》:「**是以初發心菩薩，將欲逝惡脩善，廣化眾生，遠求佛果。**」（12 / 148）

校勘記：逝，《古往世上流行之中華佛教男女信士立誓發願文章的抽樣》校改作「逐」。（12 / 149）

按：所謂「逝」字，原卷作「斷」的俗字「断」。「斷惡修善」是佛經習語。

（7）S.2472V《佛誕日請某法師大開講筵疏》:「**法王裏現，上傳講論之徒；我佛但（誕）生，乃設談經之柄。**」（12 / 161）

按：裏，圖版作「[illegible]」，當是「重」誤寫。

（8）S.2472V《佛誕日請某法師大開講筵疏》:「**莫不英賢敬誦，龍象連標，法海經頗，義山峻峻。**」（12 / 161）

按：誦，讀作頌。經頗，不詳。下文云「韜韜（滔滔）法海，獨蔭難滅其元；召召（岧岧）義山，蔆者豈登奇（其）上」，此處「經頗」疑「滔滔」誤寫。

（9）S.2472V《佛誕日請某法師大開講筵疏》:「**知所自古千帝，不聽龍興；前代百王，由（猶）能秦（勤）設。**」（12 / 161）

校勘記：秦，當作「勤」，據文義改，「秦」爲「勤」之借字。（12 / 162）

按：「秦」是「奉」誤寫。

（10）S.2472V《佛誕日請某法師大開講筵疏》:「**故得張師幡傘、燒爇香花，請二部諸僧尼，開釋門之法。**」（12 / 161）

按：師，圖版作「[illegible]」，趙家棟說是「施」音誤。

（11）S.2472V《佛誕日請某法師大開講筵疏》：「夫人事理門門，勸織放以殷勤。」（12／161）

按：馬德斷句同校錄者，讀放爲紡，以「織紡」爲詞〔註 335〕。當讀作：「夫人事理（理事），門門勸織放（紡）以殷勤。」下文「司徒安邊，戶戶歐歌吟而不歇」，文例相同。

（12）S.2472V《佛誕日請某法師大開講筵疏》：「公途以竟面而爭平，姓幸以弓弦而競直。」（12／161）

按：二「以」，讀作似，如也。竟，讀作鏡。姓幸，不詳。

（13）S.2472V《佛誕日請某法師大開講筵疏》：「昔來法師高喝，猶如大杵，種（中）心戰汗，吾入場中。今朝天寬地窄，左攀右鼓，滿眼虎狼，前看後看，皆似劍擊。」（12／161）

按：當讀作：「昔來法師高喝，猶如大杵種心，戰汗。吾入場中，今朝天寬地窄，左攀右鼓，滿眼虎狼；前看後看，皆似劍擊。」S.2144《韓擒虎話本》：「皇帝攬表，似大杵中心。」又「使君蒙詔，一似大杵中心。」文例相同。可知「種心」二字必屬上句。「戰汗」前或後脫二字。種，讀作中，讀去聲。攀，讀作盼。鼓，讀作覩（睹）。

（14）S.2472V《佛誕日請某法師大開講筵疏》：「韜韜（滔滔）法海，獨蔭難滅，其元召召，義山蔞者，豈登奇上。」（12／162）

校勘記：韜韜，當作「滔滔」，據文義改，「韜」爲「滔」之借字。（12／163）

按：馬德讀作：「韜韜法海，獨蔭難滅其元；召召義山，蔞者豈登奇（其）上？」〔註 336〕召召，讀作「岧岧」、「岹岹」，山高遠貌。蔞，讀作跛。元，讀作源。獨蔭難滅其元，不詳。

（15）S.2472V《佛誕日請某法師大開講筵疏》：「不得暮鹵，應承帶累。」（12／162）

〔註 335〕馬德《S.2472V〈佛出家日開經發願文〉小議》，收入《絲綢之路民族文獻與文化研究》，甘肅教育出版社 2015 年版，第 268 頁。

〔註 336〕馬德《S.2472V〈佛出家日開經發願文〉小議》，第 268 頁。

按：暮，讀作莽，一聲之轉。「鈷鏻」音轉作「鈷鏌」，「蟇」與「蟒」同〔註 337〕，是其比也。

（16）S.2498《觀世音菩薩符印》：「以水潠之。」（12／217）

按：上文「含水噀四角」，下文「然後與（以）水噀」，又「口含水噀刀七度」。「潠」是「噀」異體字，亦作潠（潩）、噀，噴水也。《玄應音義》卷 20：「潠之：《埤蒼》：『潠，噴也。』《通俗文》：『含水湓曰潠。』經文作噀，俗字。」

（17）S.2498《大悲壇法別行本》：「揀擇株杌。」（12／227）

按：杌，圖版作「杌」，沙武田錄作「杌」〔註 338〕，是也。株杌，猶言樹根。敦博 056：「峻崖嶮轂，株杌槎栾。」「杌」亦是「杌」。P.2965：「守者驚趣，謂有異人，但見株杌。」正作「杌」字。《慧琳音義》卷 36：「株杌：上音誅，樹殘根也。下五骨反，木無頭曰杌。」又卷 79：「殺樹之餘根曰株杌。」也作「株兀」，唐《海空經》卷 10：「此人愚癡，猶如株兀。」

（18）S.2503《讚禪門詩》：「欲昇彼岸無學道，一切都緣草（早）計心。」（12／236）

校勘記：草，當作「早」，《敦煌詩集殘卷輯考》據文義校改。計，《敦煌學要籥》釋作「繫」，誤。（12／237）

按：「草」讀如字。計，讀作繫。佛經謂以草繫縛而不敢解縛，喻指嚴守禁戒。S.2832：「宿（夙）負鵝珠之譽，能全草繫之心。」S.2575V：「是以鵝珠謹護，救蟲命而無傷；草繫堅持，恐飛塵而有染。」BD17V：「三聚證明，震鴻名於草繫；七枝芬馥，揚盛德於鴻（鵝）珠。」又「蛾（鵝）珠在體，口口無虧；繫草纏身，寸陰莫舍。」S.5561：「守淨戒而（如）鵝珠草繼（繫）。」項楚等謂「草計心，喻指欲憑低級方式而達到高等目標」，引《出曜經》卷 3：「越海境界有三大魚，隨上流處在淺水，自相謂言：『我等三魚處在厄地漫水未減，宜可逆上還歸大海。』有礙水舟不得越過，第一魚者盡其力勢跳舟越過，第二魚者復得憑草

〔註 337〕參見王念孫《廣雅疏證》，收入徐復主編《廣雅詁林》，江蘇古籍出版社 1992 年版，第 945 頁。

〔註 338〕沙武田《敦煌畫稿研究》，中央編譯出版社 2007 年版，第 341 頁。

越度，第三魚者氣力消竭爲獵者所得。」〔註339〕全失其旨。

（19）S.2512V《第七祖大照和尚寂滅日齋文抄》:「稟訓者迎於寰中，歸依者周於宇內。」（12 / 270）

按：迎，原卷作「迊」。「迊」同「帀」，字亦作匝，周匝也，與「周」同義對舉。

（20）S.2512V《第七祖大照和尚寂滅日齋文抄》:「黰黮慈雲，已垂塞表；岨赫佛日，更照流沙。」（12 / 271）

校勘記：黰，底本作「黮」，蓋涉下文「黮」的類化俗字。（12 / 272）

按：「岨赫」不辭。「岨」當是「烜」誤寫。S.2146：「伏願威光恒赫，神力無涯。」「恒」亦「烜」字形譌。「烜赫」猶言光明盛熾，唐宋人習用此詞。

（21）S.2552V《類書抄》:「魏文侯坐步車上羊場，板教群臣，步車而推，虎會負戈而歌。」（12 / 297）

按：校錄者失考典實，所作斷句殊不可通。《新序・雜事一》:「趙簡子上羊腸之坂，群臣皆偏袒推車，而虎會獨擔戟行歌，不推車。」此卷誤「趙簡子」作「魏文侯」，又誤「腸」作「場」，誤「坂」作「板」。當校作：「魏文侯坐步車上羊腸坂，教群臣推步車，而虎會負戈而歌。」

（22）BD8228+S.2553《沙門善導願往生禮讚偈》（12 / 302～311）

按：校錄者以 S.2579 參校。S.2579 殘存文字不多，綴合卷缺文可參校 P.2066《淨土五會念佛誦經觀行儀》卷中，還可參校《大正藏》本《往生禮讚偈》、《集諸經禮懺儀》卷下。

（23）S.2566《陀羅尼抄》大悲啟請：「一千二百真言契，能滿眾生所願心。」（12 / 329）

按：P.2197、S.4378V 同。契，讀作啓。

（24）S.2575《判稿》:「（前殘）判者，行香不可澆留。」（12 / 363）

按：澆，讀作邀，字亦作徼，遮止也。

〔註339〕項楚、張子開、譚偉、何劍平《唐代白話詩派研究》，巴蜀書社 2005 年版，第 375 頁。

（25）S.2575《狀稿》：「**檢校雖居繩側，令虧匠訓之風；勾當虛忝披壇，乖乏戒因之本。**」（12 / 373）

按：S.2575V 有同文：「檢校雖居繩佐，全虧匠訓之風；勾當虛忝披壇，每乏戒因之化。」校錄者竟然不知參校同一卷號背面文字。此卷「令」當作「全」，「乖」當作「每」。卷背「佐」當作「左」。

（26）S.2575V《判稿》：「**伏惟我令公五才神時，鏡（靜）一道一關河；七德兼明，匡八宏之獷俗。**」（12 / 392）

校勘記：鏡，當作「靜」，《唐後期五代宋初敦煌僧尼的社會生活》據文義校改，「鏡」爲「靜」之借字。（12 / 394）

按：原卷「神時」作「神將」。S.5589：「伏惟我太保五才神將，鎮一道之關河；七德兼明，匡六州之橫俗。」二文可互校。此卷「鏡」當作「鎮」，下「一」當作「之」。宏讀作紘，S.2583V「恩瞻（贍）八宏」，亦借字。彼卷「橫」當作「獷」。

（27）S.2575V《判稿》：「**恩惠以春露俱柔，威肅等秋霜比麗。**」（12 / 393）

按：以，讀作與。麗，讀作厲。

（28）S.2575V《讚檢校法律文》：「**鈐鍩則霞隙不通。**」（12 / 396）

按：霞，讀作瑕，亦隙也〔註 340〕。

（29）S.2575V《狀稿》：「**止罷兩途，不（未）蒙判釋。**」（12 / 398）

按：釋，讀作式。S.2575《狀稿》有同文「止罷兩途，未施判式」，正作「式」字。

（30）S.2580《豎幢傘文》：「**夫（敷）揚正述，振邁玄門。**」（12 / 421）

按：述，當據 P.2807 同文讀爲術。振，S.3156 同，當據 S.4544、S.6417、P.2679、P.2807、P.3825 同文讀爲鎮。邁，當據各卷校作「遏」。

（31）S.2580《豎幢傘文》：「**伏願其才出眾，武藝（？）超倫，俱懷恤物之能，助我明王之化。**」（12 / 421）

按：其才，當據 S.1181V、S.3156、S.6417、P.2058V、P.3566 讀爲「奇才」。「藝」字不須疑，各卷都同。

〔註 340〕參見蕭旭《英藏敦煌寫卷校詁》。

（32）S.2583V《彌陀讚》:「和珠閣之霜鐘，振玉樓之法鼓。」（12／429）

按：和，圖版作「和」，當錄作「扣」，字亦作叩、敂，擊也。S.515：「今者叩洪鍾（鐘），走（奏）魚梵。」P.2044V：「扣洪鐘，奏清梵。」

（33）S.2583V《文樣》:「光雨露而百璧咸歡，布仁澤而千官慶賀。」（12／432）

按：璧，讀作辟。

（34）S.2583V《齋抄文》:「經開龍藏，梵奏魚止。」（12／434）

按：「止」當作「山」。S.2832：「經開貝葉，梵奏魚山。」Дx.1285+Дx.2172V同。

（35）S.2583V《齋抄文》:「淑慎而蘭菊含芳，叶和而芙蓉迴析（殊）。」（12／435）

校勘記：析，當作「殊」，據文義改。（12／436）

按：原卷「慎」作「順」。析，S.5639 作「坼」，當是「坼」字，「析」是形譌。黃征誤錄作「殊」〔註 341〕，此或即校錄者所據，既不標出處，又失檢圖版。

（36）S.2583V《齋抄文》:「本冀斷繼訓子，繼母裙裾。」（12／435）

按：原卷「斷」作「㪷」，俗「料」字。此二句文義大概是說教育子女，繼承母志，但文字有錯亂，待考。

（37）S.2583V《齋抄文》:「疾主無望之元，魄掩逝川之朗。」（12／435）

按：趙家棟校上句作「疾生無妄之源」，是也，S.2139「疾生無忘（妄）」，P.2044V「染無妄疾」，是其誼矣。朗，讀作浪。

（38）S.2583V《齋抄文》:「孝等啟首天災，難劬勞之德；斷脹泣血，惟思乳抱之恩。」（12／435）

按：「難」下脫一字，疑補「報」。启，讀作稽。脹，讀作腸。

（39）S.2583V《齋抄文》:「伏願身生淨土，願託天宮，當來與菩薩為眷屬，莫越今生愛別離。若哀子善牙增長，福惠姿董，罪隨朝露，自令壽比南而山，更遠願紅顏益態，玉貌恒芳，禪（嬋）蜎（娟）而鳳髻

〔註 341〕黃征、吳偉《敦煌願文集》，嶽麓書社 1995 年版，第 205 頁。

長榮，窈窕而鸞臺永固。」（12／435）

校勘記：而，據文義係衍文，當刪。遠，據文義係衍文，當刪。（12／436）

按：①「與」下脫「至孝」二字，「菩薩」當作「菩提」，「爲」當乙在「菩提」上，「若」當作「苦」而屬上句。當讀作：「當來與〔至孝〕爲菩提眷屬，莫越今生，愛別離苦。」S.5957：「當當來代，還以（與）至孝作菩提眷屬，莫若今生，愛別離若。」P.3084+P.3765 同，Φ263+Φ326「今」作借字「金」，餘同；S.6417「代」誤作「道」，「以」作「共」，餘同。S.5573：「當當來代，還與至孝作菩提善因業善，莫若今生，愛別離苦。」「業善」蓋衍文，S.5637 無此二字，餘同。P.2483：「當當來代，還與至孝作菩提善因，莫爲今〔生〕，愛別離苦。」S.5573：「當當來代，還以（與）至孝作涅盤善因，莫若今生，愛別離苦。」P.2341V：「未來之際，還作善緣，莫若今生，愛別離苦。」S.4992：「當當來代，還以（與）父母作□□□□，花開花合善因，莫若今生，愛別離苦。」②惠，讀作慧。P.2058V、P.2915、P.4062、S.343 並有「福智善牙，運運增長」，「福慧」即「福智」，指福根慧根。「姿董」疑是「資糧」誤書，P.3183：「願福惠（慧）資糧，悉得圓滿，速證菩提。」「而」字當乙在「南山」後，「更遠」屬上句。S.5640：「夫人伏惟花顏溢熊（態），玉貌恒芳，嬋娟而鳳鬢長榮，窈窕而鸞臺永同（固）。」可證「更遠」必屬上句。讀作：「哀子善牙增長，福惠（慧）姿董（資糧），罪隨朝露，自令壽比南山而更遠。」③「鳳髻」或「鳳鬢」與「鸞臺」都非對文，當校作「鳳闕」。P.2631：「惟願振芳聲於鳳闕，垂令問於當今；流雅譽於鸞臺，傳高名於後代。」是其例也。或校作「鳳閣」亦可。

（40）S.2583V《齋抄文》：「亥（駭）聞摎羅其翠，上干碧落之雲；琴瑟相扶，韻激青流之水。」（12／435）

校勘記：亥，當作「駭」，據文義改。（12／437）

按：校作「駭聞」，不符合願文體例。所謂「亥」，圖版作「亥」，是「亡夫」二字，此段是寫亡夫的願文，二字是小標題，下文即云「爲亡夫構期（斯）香會」。S.5640：「亡夫：聞樛羅共翠，上于（干）碧落之雲；琴瑟扶空，韻激清流之水。」〔註 342〕此卷「摎」當作「樛」，「其」

〔註 342〕黃征、譚蟬雪「于」字失校。黃征、吳偉《敦煌願文集》，嶽麓書社 1995 年

當作「共」，「青」當作「清」。羅，讀作蘿。皮日休《悼賈》：「森槮蘿以蓊鬱兮，時迸狖以相號。」校錄者下文已知據 S.5640 校「心」作「必」、「威」作「滅」，而於此卻惘然不顧，殊可異也。

（41）S.2583V《齋抄文》：「一期恩愛已終亡，百歲歡悮（娛）而定威（滅）。」（12／435）

校勘記：亡，據文義係衍文，當刪。威，當作「滅」，據 S.5640 改。（12／437）

按：「亡」非衍文，「終亡」與「定滅」是對文，終亦必定義。S.5640：「一旦之恩愛終亡，百歲之難（歡）娛定滅。」此卷「期」是「朝」形譌。「一朝」即「一旦」。

（42）S.2583V《齋抄文》：「於日焚香動泣，一條煙色朦朧；禮聖含悲，方寸而於脹慘愴者，為亡夫構期（斯）香會。」（12／435）

按：原卷「而於」作「而于」。「而于脹」當是「肝腸」誤寫。「香會」下當有「也」字。

（43）S.2583V《齋抄文》：「惟靈文添珠玉，江掩夢竹重收；武動乾坤，玄女曉持書付（符）。」（12／435）

按：夢竹，當據 S.5640 作「夢筆」。

（44）S.2583V《齋抄文》：「本冀外富策粗，內益家豐。」（12／435）

按：原卷「策」作俗字「筞」。S.5640：「本冀外光台粗，內益家風。」黃征曰：「台粗，不詞，疑『粗』當爲『祖』字的形近誤書。『台祖』即我祖也。」〔註 343〕我舊說云：「疑當作『台相』，P258『位隆台相』。」〔註 344〕二說皆非。此卷「豐」當作「風」。二卷圖版確實都作「粗」字，然「策粗」、「台粗」都不詞。趙家棟說此卷當作「外當榮祖」，彼卷當作「外光始祖」，備一說焉。

版，第 210 頁。譚蟬雪《敦煌民俗——絲路明珠傳風情》，甘肅教育出版社 2006 年版，第 228 頁。

〔註 343〕黃征、吳偉《敦煌願文集》，嶽麓書社 1995 年版，第 225 頁。

〔註 344〕蕭旭《〈敦煌願文集〉校補》，收入《群書校補》，廣陵書社 2011 年版，第 958 頁。P258 指 P.2313V。

（45）S.2583V《齋抄文》：「伏願六天銀閣，隨所愛之壽生；九品搖瑎，恣歡情而快樂。」（12／435）

按：搖，讀作瑤。

（46）S.2607《曲子詞·浪濤沙》：「滿眼風波多陝汋，〔看山〕恰似走來迎。」（12／483）

校勘記：陝汋，《敦煌曲子詞集》校改作「閃灼」，《敦煌歌辭總編》校改作「戰灼」。看山，據 P.3128V、P.3155V《曲子詞》補。（12／491）

按：風波，P.3128V 作「風沙」。陝汋，P.3128V 同。任半塘《敦煌歌辭總編》、《敦煌曲校錄》校作「戰灼」〔註 345〕，無據。王重民《敦煌曲子詞集》校作「閃灼」，是也。古音「陝」、「閃」同。閃灼，光亮搖動不定貌，亦作「熌灼」。音轉亦作「㶿𤊯」、「閃爍」、「閃鑠」、「熌爍」，宋元以後，俗音亦轉作「閃爚」、「閃耀」、「閃燿」。《集韻》：「𤊯，㶿𤊯，不定皃。」

13.《英藏敦煌社會歷史文獻釋錄（第十三卷）》校讀記

郝春文主編《英藏敦煌社會歷史文獻釋錄（第十三卷）》，社會科學文獻出版社 2015 年版。

（1）S.2614《大目乾連冥間救母變文》：「聞道如來在鹿琬（苑），一切人天皆無（憮）恤。」（13／2）

校勘記：無，當作「憮」，據甲、乙、丙本改，《敦煌變文集》校改作「撫」，「無」爲「憮」之借字。（13／34）

按：甲、乙、丙本分別指 P.2319、P.3485、P.3107。校錄者務立異說，非也，「憮恤」不辭。校錄者不通訓詁，每多妄說，第 42 頁《校勘記》謂「『無』爲『如』之借字」，聞所未聞。《變文集》讀「無」作「撫」，是也，他卷作「憮」亦是借字，或涉下「恤」而易作心旁。

（2）S.2614《大目乾連冥間救母變文》：「此獄東西數百里，罪人亂走肩相掇。」（13／15）

校勘記：掇，《敦煌變文校注》釋作「棳」，認爲當讀作「綴」，「掇」亦可

〔註 345〕任中敏《敦煌曲校錄》，收入《敦煌曲研究》，鳳凰出版社 2013 年版，第 35 頁。

讀作「綴」。（13／55）

按：黃征早已改釋作「掇」〔註 346〕。讀掇作綴，罪人肩相連綴，文義不安。掇，讀爲剟，撞擊也。《廣韻》：「剟，擊也。」《御覽》卷 776 引桓譚《新論》：「楚之郢都，車掛轂，民摩肩。」摩亦擊也。

（3）S.2615V《大部禁方》：**「奏請六個大將軍，貌稜稜，出勃祿，鼻笆查，眼鶻祿，口似血盆牙曲錄，爪似金鉤剝鬼皮。」**（13／106）

按：P.3835 同。①趙家棟說「勃祿」讀作「勃律」。西蕃諸國有小勃律、大勃律。《佛說十力經》卷 1：「東接吐蕃，北通勃律。」「貌稜稜，出勃祿」言將軍形貌怪異，像外國人。②「查」原卷作「査」，字同「柤」，是「樝」省文，字本從且得聲，俗譌從旦作「查」。笆查，讀作「皅皻」，俗謂之酒糟鼻，「糟」即是「皻」俗音之譌。《廣韻》：「皻，皅皻，鼻病。」也單稱作「皻」，字亦作「皻」、「皶」。③鶻祿，也作「骨碌」、「骨盧」、「骨鹿」，滾動貌。④曲錄，也作「曲綠」、「曲碌」、「曲六」、「曲親」，彎曲貌。就語源來說，「鶻祿」與「曲錄」是一詞異寫，寫本分別狀眼與牙，故隨文釋義不同。

（4）S.2615V《大部禁方》：**「嘴犍攲，頣𪐴𪐹。」**（13／106）

按：①犍攲，讀爲「蹇踦（掎）」，本狀足跛行，寫卷用以狀嘴歪斜。②𪐴，圖版作「[illegible]」，當錄作「䫲」。「䫲𪐹」是唐人俗語詞，疊韻連語，醜陋貌〔註 347〕。

（5）S.2615V《大部禁方》：**「來入道場，步步亞金槍而刺。」**（13／107）

按：P.3835 同。亞，字亦作掗，猶言揮動。《聯燈會要》卷 23：「闍黎按劍上來，老僧亞鎗相待。」《正法眼藏》卷 2、《林泉老人評唱投子青和尚頌古空谷集》卷 1 同，《五燈會元》卷 6、《禪宗頌古聯珠通集》卷 27 作「掗鎗」。《拈八方珠玉集》卷 2：「僧便作虎聲，髭以拄杖，作亞鎗勢。」

（6）S.2615V《大部禁方》：**「鐵叫棒三千，木叫棒八百。」**（13／107）

按：P.3835 同。叫，讀作擊，亦作擻，音轉亦作毃、敲。《說文》：「擊，旁

〔註 346〕黃征《敦煌俗字典》，上海教育出版社 2005 年版，第 97 頁。

〔註 347〕參見蕭旭《英藏敦煌寫卷校詁》。

擊也。」S.6176V《箋注本切韻》：「擊，擊也。」《莊子・至樂》：「撽以馬捶。」成玄英疏：「撽，打擊也。」「叫棒」即是敲擊之棒。S.4525V有「叫壁」，張小豔謂讀作「繳壁」〔註348〕，亦叫、敫相通之例。

（7）S.2615V《大部禁方》：「左隻（肢）下七口要刀，右隻（肢）下七口要刀。」（13／107）

校勘記：隻，甲本同，當作「肢」，據文義改，「隻」為「肢」之借字。（13／114）

按：P.3835同。隻，讀作胑，胳也。《集韻》「隻」、「胑」同音之石切。

（8）S.2615V《大部禁方》：「你是廚中則火杖，差你作門軍將。」（13／108）

按：則，P.3835同，當是「剔」形譌。剔，挑撥，俗字亦作㨂。剔（㨂）火杖，猶言撥火棍、撥火杖〔註349〕。

（9）S.2615V《大部禁方》：「東來骨曆，西來羊孋。」（13／109）

按：骨曆，P.3835作「骨歷」，即「羖羱」，夏羊名。

（10）S.2615V《大部禁方》：「蟲是江南蟲，身是赤男子。合向草中藏，因何來膠人？」（13／109）

按：原卷「膠」作「胶」，P.3835同。胶，讀作齩，俗字作𪘲、咬。《說文》：「齩，齧骨也。」

（11）S.2615V《大部禁方》：「每日喫杏子七人（個）、棗三個。」（13／111）

校勘記：人，甲本同，當作「個」，據文義改。（13／115）

按：「人」同「仁」，指果核。

（12）S.2659V《大唐西域記》：「損廢俗務。」（13／231）

校勘記：損，甲本作「捐」。（13／251）

按：甲本指中華書局本《大唐西域記校注》。《大正藏》本作「捐」，宋、元、明本作「損」。當作「捐廢」為是，捐亦廢棄義。《後漢書・列女傳》蔡琰《悲憤詩》：「離成鄙賤，常恐復捐廢。」《三國志・孫策傳》裴松

〔註348〕張小豔《敦煌變文疑難詞語考辨三則》，《中國語文》2011年第5期，第461頁。又發佈於復旦古文字網2014年5月27日。

〔註349〕參見蕭旭《佛典疑難俗字補考》。

之注引《吳錄》載孫策《上表》：「雖輒捐廢，猶用悚悸。」

（13）S.2659V《大唐西域記》：「洪濤浩汗，驚波汩淴。」（13／233）

按：汩淴，《大正藏》本同，宋、元、明本作「汩急」。下文云「浩汗渾濁，汩淴漂急」。「急」是「淴」形譌。「汩」、「淴」音轉，「汩淴」猶言「汩汩」，亦作「滑滑」、「淴淴」、「淈淈」、「泏泏」，水聲也。

（14）S.2659V《十二光禮懺文》：「百億大千皆恍朗，十重三類即真常。」（13／281）

按：恍，讀作晄，俗作晃、爌、爣。《說文》：「晄，明也。」「朗」俗作「朖」。《廣韻》：「爌朖，寬明也。」《文選・秋興賦》：「天晃朗以彌高兮。」《初學記》卷3、《御覽》卷25引作「晃朗」。又《魏都賦》：「或嵬罍而複陸，或爣朖而拓落。」李善注：「爣朖，光明之貌。」

（15）S.2669V《失名氣象占書》：「猛將之氣如粉沸。」（13／315）

按：下文「軍上氣如埃塵粉沸，其色黃白」，敦博076VB同。《晉書・天文志》：「猛將之氣，如龍，如猛獸；或如火煙之狀；或白如粉沸。」又「將士驍勇，或如埃塵粉沸，其色黃白。」粉沸，讀作「坌坲」，煙塵雜起貌。「坌」或作「坋」，「坲」或作「埻」。韓愈《山南鄭相公樊員外酬答爲詩》：「帝咨汝予往，牙纛前坌坲。」《玄應音義》卷3、6引《通俗文》：「埻土曰坌。」音轉亦作「蓬勃」、「蓬焞」、「𩏊埻」、「塳埻」、「熢焞」、「滏渤」、「彭孛」等形。

（16）S.6103+S.2679《五更轉》：「三更侵，如來知惠本幽深。」（13／333）

校勘記：侵，己、庚、壬本同，甲、丁、戊、辛本作「深」，丙本作「寢」，「寢」爲「侵」之借字。幽深，己、庚、壬本同，甲、丁、戊、辛本作「由心」。（13／336）

按：己、庚、壬本分別指P.2045、P.2270、BD6318，甲、丁、戊、辛、丙本分別指S.4634V、S.6923V1、S.6923V2、BD3406V、S.6083。「侵」、「寢」是「深」音轉，《呂氏春秋・本味》：「浸淵之草。」高誘注：「浸淵，深淵也。」《史記・西南夷傳》：「其旁東北有勞浸。」《漢書・西南夷傳》、《通鑑》卷21「浸」作「深」。「幽深」是「由心」音譌。

（17）S.2695《真言要決卷第三》:「倚官狹（挾）勢求財者，必覓首領，令其句牽；販佛賣僧求施者，必覓邑主，令其勸化。」（13 / 426）

按：句牽，P.2044 同，讀作「拘牽」，亦作「鉤牽」。《左傳·哀公二十五年》:「請適城鉏以鉤越。」杜預注:「宋南近越，轉相鉤牽。」《釋文》:「鉤，古侯反，一本或作拘，同。注同。」

（18）S.2695《真言要決卷第三》:「得治要則人無夸企，得道真則心無取捨。」（13 / 431）

按：夸，讀作跨。「夸企」語出《老子》第 24 章「企者不立，跨者不行」（王弼本），河上公本「企」作「跂」，字同。《摩訶止觀》卷 10:「但息跨企之欲，觀自然之妙。」夸（跨）企，猶言矜伐。

14.《英藏敦煌社會歷史文獻釋錄（第十四卷）》校讀記

郝春文主編《英藏敦煌社會歷史文獻釋錄（第十四卷）》，社會科學文獻出版社 2016 年版。

（1）S.2717V《齋儀抄》:「不謂金娥光沈。」（14 / 22）

校勘記：底本「金娥」與「光沈」間留有大約四字空白，據 P.2237V，此句應作「不謂金娥魄散，璧月光沈」。（14 / 25）

按：P.4062「豈謂金娥魄散，璧月光沉」，P.2385V「豈謂金俄（娥）魄散，碧月光沉」，S.4992「豈謂金俄（娥）魂散，璧月光沉」，P.2854V「豈謂金俄（娥）魄散，碧月光流」，Дx.2832+Дx.2840+Дx.3066「不謂恒（姮）娥魄散，璧月光沉」，皆可助校。

（2）S.2717V《齋儀抄》:「斜昂嶷崱，寫龍甲之參差；環栱聊綿，狀虹霓之出沒。重簷軒剪，化鸞鳳之翔空；井廁垂連（蓮），類天花之競落。」（14 / 23）

校勘記：嶷，《敦煌願文集》未能釋讀。栱，《敦煌願文集》釋作「供」，誤。沒，《敦煌願文集》釋作「水」，誤。井，《敦煌願文集》釋作「弁」，誤。連，當作「蓮」，據文義改。（14 / 28）

按:「連」當讀如字。化，圖版作「[illegible]」，當錄作「比」。「比」與「寫」、「狀」、「類」同義對舉，皆比喻詞。校錄者指出黃征之誤釋，劉亞麗早已經訂正；S.2717V 卷黃征有許多誤釋，劉亞麗都已訂正，校錄者居然不作引用，大違學術規範〔註 350〕。劉亞麗未能訂正黃征誤釋的「化」字，校錄者亦仍然沿襲其誤。

（3）S.2717V《齋儀抄》：「門來善序（瑞），宅納吉祥。」（14 / 23）

校勘記：序，當作「瑞」，據 S.6417 改，《敦煌願文集》校改作「述」。（14 / 29）

按：我早已指出「善序，當據 P308、518 作『善瑞』」〔註 351〕，P308、518 分別指《願文集》第 308、518 頁所錄 S.6417、P.2058V 二卷。S.3875 亦作「瑞」字，「瑞」、「祥」同義對舉。S.5639：「伏願慈風扇瑞，請福慶於門蘭（闌）；惠（慧）日呈祥，銷千殃於家室。」又「遂感門蘭（來）善瑞，身納貞祥。」皆其證也。

（4）S.2717V《齋儀抄》：「是以虔誠勝福，銳相芳園，不悋珠珍，式崇壇會。」（14 / 23）

校勘記：銳，《敦煌願文集》校改作「悅」。（14 / 30）

按：銳，原卷作「說」。「說相」是佛教名詞。《道行般若經》卷 1：「須菩提言：『般若波羅蜜中說相如是，從法中無所出。』」

（5）S.2717V《論義文抄》：「又當青陽暄景，含靈出孔而和鳴；百草開（？）芽，沒咄淨發（原小字注『黃』）而努嘴。」（14 / 52）

校勘記：「發」與「黃」可同義互換，義爲「沒咄淨發而努嘴」，亦可作「沒咄淨黃而努嘴」。（14 / 53）

按：P.2553《王昭君變文》：「陰坡愛長席箕掇，〔陽〕谷多生沒咄渾。」「席箕」與「沒咄」都是草名。此卷「沒咄」亦草名。考此草之名義，「沒咄」是「渾沌」音轉。

〔註 350〕劉亞麗《敦煌願文校考》，河北大學 2012 年碩士論文，第 34 頁。又如第 240 頁據《大般涅盤經》校訂 S.2832《患號頭》黃征《敦煌願文集》的失誤，趙鑫曄也早已訂正，參看趙鑫曄《敦煌佛教願文研究》，南京師範大學 2009 年博士論文，第 168 頁。第 294 頁注〔247〕引過《敦煌佛教願文研究》，第 312 頁參考文獻中亦列之，可知校錄者看過趙文，則第 240 頁必是襲取趙君說也。

〔註 351〕蕭旭《〈敦煌願文集〉校補》，收入《群書校補》，廣陵書社 2011 年版，第 1029 頁。

（6）S.2717V《論義文抄》：「六情蘊智惠之水，灌道樹而芳滋；五府峰般若之刀，箭無明之根本。」（14／63）

按：峰，讀作鋒，摩利也。箭，讀作翦，俗作剪。

（7）Дx.1366V+S.2729V《太史雜占曆》：「報導七八月，呂（旅）麥競頭生。」（14／159）

校勘記：呂，甲、乙本同，當作「旅」，據文義改，「呂」爲「旅」之借字。（14／183）

按：甲、乙本分別指 P.3288、P.2610。呂，讀作稆，字亦作旅、穭，指不種而野生者，乃「秜」音轉字〔註352〕。

（8）Дx.1366V+S.2729V《太史雜占曆》：「天下鐵掃擱鬼，行十種病時氣。」（14／159）

按：擱，P.2610、P.3288 同，當是「帚」借字，俗作箒。《集韻》「晭」或作「晞」，是其比。Дx.2822《雜集時用要字》有「笤箒、掃箒」。

（9）S.2832《齋儀書儀摘抄》：「閨闈闃寂，羅晃（幌）無光。」（14／241）

校勘記：晃，當作「幌」，據文義改，「晃」爲「幌」之借字。（14／280）

按：我早已指出晃讀爲幌〔註353〕。

（10）S.2832《齋儀書儀摘抄》：「熟（孰）謂風水相交，便起波濤之疾；地火違越，已成伏枕之痾。」（14／242）

按：「水」、「火」二字當互乙。P.2237：「火風難順，地水相衣（違）。」P.3566V：「所以火風不遂，地水乖違。」P.4062：「火風不適，地水乖宜（違）。」S.4474、S.5561：「火風不適，地水乖違。」S.5639：「伏以火風不順，地水乖違。」敦煌龍興寺沙門明照撰《發願功德讚文》：「中口（以）風火不適，地水相逮（違）。」《黃龍慧南禪師語錄》卷 1：「地水相違，火風相擊。」皆是其證。S.2832 下文：「況蠢蠢四生，集火風而爲命；忙忙六趣，積地水以成軀。」P.2631 同，S.343V「火」誤作「大」，餘同。P.3566：「是以四緣競散，隨風火而同消；六識潛澄，隨地水而沉滅。」亦以「風火」與「地水」對文。「地、水、火、風」謂之四大。

〔註352〕參見蕭旭《英藏敦煌寫卷校詁》。

〔註353〕蕭旭《〈敦煌願文集〉校補》，收入《群書校補》，廣陵書社 2011 年版，第 906 頁。

（11）S.2832《齋儀書儀摘抄》：「豈謂寶山魔碎，玉樹俄摧。」（14／243）

按：「魔」與「俄」對舉，當是副詞。S.5640：「然則寶山掩（奄）碎，玉樹俄摧。」BD8099：「然則報（寶）山忽碎，玉樹俄摧。」P.3172：「然則保（寶）山俄碎，玉樹初調（凋）。」P.3351V：「然則寶山俄碎，玉樹初雕（凋）。」文例並同。付義琴等說「魔」讀作驀，猶忽也〔註 354〕。

（12）S.2832《齋儀書儀摘抄》：「送妙質於憤（墳），殯於壙野。」（14／243）

校勘記：《敦煌願文集》認爲「憤（墳）」下當脫一字，似可校補「墓」或「塋」。殯，《敦煌願文集》認爲此字下當脫兩字。（14／282）

按：S.5640：「落桂質於長墳，埋花容於壙（曠）野。」S.343V：「埋玉皃於黃泉，殯紅顏於灰壤。」」文義並近，此卷「墳」上補「長」字，「殯」下補「花容」或「紅顏」二字。

（13）S.2832《齋儀書儀摘抄》：「臨歸（棺）取別，氣絕長辭。」（14／243）

校勘記：歸，當作「棺」，《敦煌願文集》據文義校改。（14／282）

按：P.3172：「故能臨棺取別，百咽斷場（腸）。」BD8099 殘存「故能臨棺取別」六字。S.5640：「臨棺取別，哽咽斷腸。」歸讀爲塠（堆），同從𠂤得聲，例得通借，塠指墳墓。

（14）S.2832《齋儀書儀摘抄》：「家傳鐘鼎之〔位〕，代襲冠冕之榮。」（14／244）

校勘記：位，《敦煌願文集》據文義補。（14／283）

按：「鐘鼎」非位，疑補「業」字。《類聚》卷 50 北齊邢子才《冀州刺史封隆之碑》：「公世載儒雅之風，家傳鐘鼎之業。」齊《劉洪徽墓誌蓋及妻高阿難墓誌》：「家承鐘鼎之口，門有將相之功。」缺字與「功」對舉，亦當是「業」字。

（15）S.2832《齋儀書儀摘抄》：「景光燦爛而諍（爭）輝；草樹罪（翠）微而變色。」（14／245）

校勘記：罪，當作「翠」，據文義改，《敦煌願文集》校改作「霏」。（14／284）

〔註 354〕付義琴、趙家棟《〈敦煌願文集〉校讀札記》，《圖書館理論與實踐》2013 年第 8 期，第 59 頁。

按：我舊說云「罪，疑當作『翠』」〔註355〕，早於校錄者，其說非是。黃征改作「霏」是也，寫卷形近而譌。S.1441V：「霏貝葉於慈雲」，P.3494同，P.2838V、P.3084、P.4999、S.6923V「霏」作「罪」，是其例。「霏微」是中古詞語。

（16）S.2832《齋儀書儀摘抄》：「人生在世，猶泡幻之不堅；苦樂萬途，乃自擊之可驗。」（14／246）

按：擊，讀爲繫。自繫，自我束縛。佛家言性本空無，體不生不滅，既無生滅，則亦無苦樂，所有苦樂皆人自繫而得之。

（17）S.2832《齋儀書儀摘抄》：「但貧苦者，由慳貪而不得；富樂者，因布施而來。」（14／246）

校勘記：來，《敦煌願文集》疑此字下當有脫文。（14／284）

按：「來」下無脫文，上文「不」是衍文。

（18）S.2832《齋儀書儀摘抄》：「奸雅（邪）屏跡，秦鏡之當軒；正直無欺，麗矣刀之出匣。」（14／248）

校勘記：麗，《敦煌願文集》疑爲「酈」之借音字，《〈敦煌俗字典〉讀後記》疑當讀爲「儷」，並認爲此字後當脫「吳」字；矣，《敦煌願文集》認爲係誤書而未及塗去者。（14／286）

按：校記所引未晰。黃征刪「矣」字，且云：「酈，指酈道遠，因其素有『威猛峻刻』之稱。」〔註356〕而梁春勝《〈敦煌俗字典〉讀後記》錄「矣」作「吳」，不是認爲脫「吳」字；梁君且云：「麗疑讀爲儷，訓爲比，原卷『秦鏡』前當脫一字。」〔註357〕趙鑫曄從梁說，又云：「『吳刀』見《呂氏春秋・行論》：『堯以天下讓舜，鯀爲諸侯怒於堯……舜於是殛之於羽山，副之以吳刀。』謂殺奸邪之刀。」〔註358〕梁、趙說是也，但趙君未得「吳刀」之出典。《山海經・海內經》郭璞注引

〔註355〕蕭旭《〈敦煌願文集〉校補》，收入《群書校補》，廣陵書社2011年版，第907頁。

〔註356〕黃征、吳偉《敦煌願文集》，嶽麓書社1995年版，第109頁。

〔註357〕梁春勝《〈敦煌俗字典〉讀後記》，復旦古文字網2008年8月15日，http://www.guwenzi.com/SrcShow.asp?Src_ID=484。後刊於《國學研究》第25卷，北京大學出版社2010年出版。

〔註358〕趙鑫曄《敦煌佛教願文研究》，南京師範大學2009年博士論文，第181～182頁。

《歸藏》：「鯀死，三歲不腐，剖之以吳刀，化爲黃龍。」《初學記》卷 22 引作「大副之吳刀，是用出禹」，副、剖一聲之轉。此《呂氏春秋》所本。

（19）S.2832《齋儀書儀摘抄》：「伏惟夫人體含芳桂，映月浦而凝姿；德茂蘭閨，烈（列）母儀於紫握（幄）。」（14 / 248）

校勘記：烈，當作「列」，《敦煌願文集》據文義校改。（14 / 286）

按：「烈」讀如字，猶言光烈、光耀。P.2807：「播東（柔）眼（服）於邦家，光母儀於王室。」P.2915：「播煗（柔）眼（服）於拜（邦）家，光母議（儀）於王室。」「光」字是其誼。P.3765：「播柔服於邦家，匡母儀於王室。」匡讀作光。

（20）S.2832《齋儀書儀摘抄》：「惟願戒珠日益，恒為三友之隄防；定水澄明，永作四生之道〔首〕。」（14 / 249）

校勘記：友，當作「有」，據 BD0017V 改。首，據 BD0017V 補，《敦煌願文集》疑校補作「師」。（14 / 287）

按：我早已指出當據《敦煌願文集》第 263 頁（卷號即 BD0017V）所錄《願文》讀「友」爲有，補「首」字〔註 359〕。Дx.0169+Дx.0170+Дx.2632V「作法界之津梁，爲四生之道首」，亦其旁證。

（21）S.2832《齋儀書儀摘抄》：「霜霰重以若鋪，圓（園）林森其一變。」（14 / 252）

按：森，讀爲慘。

（22）S.2832《齋儀書儀摘抄》：「寒懼退以彌嚴；冰夏（下）泮而俞（逾）昨。」（14 / 253）

校勘記：夏，當作「下」，《敦煌願文集》校改作「憂」。（14 / 289）

按：「下泮」不辭，黃征校「夏」作「憂」是也，與「懼」同義對舉。昨，讀爲作。

（23）S.2832《齋儀書儀摘抄》：「疑白飯之城，似訪朱駿之跡。」（14 / 253）

校勘記：疑，《敦煌願文集》認爲此字下當脫一字，似可校補作「登」，《唐宋敦煌歲時佛俗》校補作「擬」。駿，《敦煌願文集》釋作「驄」，校改作

〔註 359〕蕭旭《〈敦煌願文集〉校補》，收入《群書校補》，廣陵書社 2011 年版，第 908 頁。

「騌」。（14／290）

按：校記所引未晰，《唐宋敦煌歲時佛俗》必是校「疑」作「擬」，而不是「疑」下補「擬」字。P.2631同文作「蹤行白飯之成（城），似訪朱髦之〔跡〕」。此卷「疑」、「似」同義對舉，「疑」下據補「行」字。彼卷「蹤」是「疑」形譌。S.2146：「隱隱振振，如旋白飯之城；巍巍俄俄（峨峨），似繞迦維之闕。」文例亦同。「行」指周行，「旋」亦同。

（24）S.2832《齋儀書儀摘抄》：「人天號哭，自古興悲。虛空，千今上（尚）痛。」（14／253）

校勘記：虛，《敦煌願文集》認爲此字前當脫二字；千，《敦煌願文集》校改作「於」。（14／290）

按：黃征校是也，「千」是「于」形譌。P.2631：「人天號哭，自故（古）興嗟。世界虛空，于今〔尚〕痛。」據此，「虛空」前脫「世界」二字。P.2044V：「人天號泣，永絕說法之音；世界空虛，莫睹白毫之相。」亦以「世界空虛」與「人天號泣」對文。

（25）S.2832《齋儀書儀摘抄》：「臘日：嘉平應節，惜（蜡）臘居辰。」（14／255）

校勘記：惜，當作「蜡」，《唐宋敦煌歲時佛俗》據文義校改。（14／291）

按：譚蟬雪改「惜」作「蜡」〔註360〕，是也，但未作說明。就字形而言，「惜」當作「禬」。《廣雅》：「臘，索也，夏曰清祀，殷曰嘉平，周曰大禬，秦曰臘。」字亦作蜡，《獨斷》卷上：「四代臘之別名：夏曰嘉平，殷曰清祀，周曰大蜡，漢曰臘。」《風俗通義・祀典》引《禮傳》：「夏曰嘉平，殷曰清祀，周曰大蜡，漢改爲臘。」「嘉平」、「禬（蜡）」皆臘日之別稱。

（26）S.2832《齋儀書儀摘抄》：「道證寰宇，恩霑率土。」（14／255）

校勘記：證，《敦煌願文集》校改作「恰」。（14／291）

按：黃征校作「洽」〔註361〕，非「恰」。黃說無據，形聲都不近。黃氏蓋據此卷下文「化洽寰宇，恩霑率土」而改。下文同文又作「道極寰中，恩霑率土」。「證」當作「極」。

〔註360〕譚蟬雪《唐宋敦煌歲時佛俗》，《敦煌研究》2001年第2期，第75頁。

〔註361〕黃征、吳偉《敦煌願文集》，嶽麓書社1995年版，第85頁。

（27）S.2832《齋儀書儀摘抄》:「鮮花纔發，已遂狂風；嫩葉將抽，掩（奄）從霜雪。」(14 / 256)

校勘記：遂，《敦煌願文集》釋作「逐」，誤。(14 / 292)

按：遂，Дx.1285+Дx.2172V 同，此字必是「逐」形譌，與「從」同義對舉。

（28）S.2832《齋儀書儀摘抄》:「某乙德重量神資，法器天假。」(14 / 257)

校勘記：重，《敦煌願文集》校改作「量」，不必。(14 / 292)

按：Дx.1285+Дx.2172V 亦作「重」。

（29）S.2832《齋儀書儀摘抄》:「士（事）君竭九股之誠，直躬秉難奪之志。」(14 / 257)

按:「九股」不辭，疑是「肱股」脫誤。黃征亦失校〔註362〕。

（30）S.2832《齋儀書儀摘抄》:「但以逝水東注，堯境西沉。」(14 / 257)

按:「境」當作「鏡」。《御覽》卷 717 引《玄中記》:「尹壽作鏡。」《新序・雜事五》:「堯學乎尹壽。」是作鏡之人尹壽爲堯時人，因稱鏡曰堯鏡，寫卷以喻光影。

（31）S.2832《齋儀書儀摘抄》:「伏惟公神降秀氣，英骨天然；冰霜足用，〔江〕漢情多，有丘陵河海之心，天地風雲之氣。」(14 / 258)

校勘記：江，《敦煌佛教願文研究》據文義校補。(14 / 292)

按：校錄者據趙鑫曄說補「江」字，是也。趙君云:「P.3535V:『體度宏遠，風神寥廓；冰霜足用，江漢情多，則盧山遠法師之器也。』可知『漢』上脫一『江』字，而『有』字當屬下句。『冰霜』喻操守堅貞潔白，若冰與霜也。『江漢』典出《書・禹貢》:『江漢朝宗於海。』孔安國傳:『二水經此州而入海，有似於朝百川，以海爲宗。』故可用來喻爲人所歸附尊崇。」〔註 363〕趙君補字是也，但未得其典，理解有誤。此卷「冰霜」、「江漢」皆用於描寫某公。「冰霜」典出《書鈔》卷 73 引《長沙耆舊傳讚》:「虞之（芝）轉部從事，太守芮氏不遵法度，之（芝）乃諷諫，威厲冰霜。」「冰霜足用」喻其人爲政威

〔註362〕黃征、吳偉《敦煌願文集》，嶽麓書社 1995 年版，第 86 頁。

〔註363〕趙鑫曄《敦煌佛教願文研究》，南京師範大學 2009 年博士論文，第 183 頁。

嚴，不是喻其品格貞潔。「江漢」典出《孟子・滕文公上》：「江、漢以濯之，秋陽以暴之，皓皓乎，不可尚已！」「江漢情多」喻其人仁惠百姓。二句寫其恩威並施耳。

（32）S.2832《齋儀書儀摘抄》：「**桃李之（梔）梅乍含春，色秀已（溢）香傳滿手（宇），花散盈襟。**」（14／259）

校勘記：之，當作「梔」，據文義改。梅，《敦煌願文集》校改作「樹」。已，當作「溢」，據文義改，《敦煌願文集》校改作「矣」。手，當作「宇」，據文義改。（14／294）

按：「香傳滿手」與「花散盈襟」是對文。「秀已」疑當作「秀色」，是「春色」的異文，當作小字注文。下文「更增慘已」，「已」亦是「色」形譌。又下文「揮素手已（以）傳香」，可證此文「手」字不誤。當讀作：「桃李之梅，乍含春色（秀色）。香傳滿手，花散盈襟。」梅，讀作枚，一聲之轉。《廣雅》：「枚，條也。」《玉篇》：「枚，枝也。」指木之枝條。

（33）S.2832《齋儀書儀摘抄》：「**玉霧團卓（綽），百穀將來；金風動林，一葉初落。**」（14／262）

校勘記：卓，當作「綽」，據文義改，《敦煌願文集》校改作「草」。（14／296）

按：「團綽」不辭，不知所據是什麼文義。「卓」當是「罩」省文，猶言覆蓋也。

（34）S.2832《齋儀書儀摘抄》：「**夫人傷摧膝下之花，兄弟痛發青春之妹。**」（14／263）

按：發，讀作廢，猶言失去。

（35）S.2832《齋儀書儀摘抄》：「**意淨也，若秦臺照瞻。**」（14／266）

按：「瞻」當作「膽」，形近而譌。P.2044V「懸明鏡以照膽，揮利劍以割犀」，正作「膽」字。「秦臺照膽」典出《西京雜記》卷3：「有方鏡，廣四尺，高五尺九寸……秦始皇常以照宮人，膽張心動者則殺之。」

（36）S.2832《齋儀書儀摘抄》：「**道場烈（列）滿目花生，噴金爐令（靈）空務（霧）合。**」（14／266）

校勘記：令，當作「靈」，據文義改。（14 / 300）

按：二句亦見下文。「靈空」不辭，校錄者所改，不知何義。趙鑫曄曰：「『噴』疑當置於『金爐』後。『令』當爲『合』。『合空』即滿空。」〔註 364〕考察願文用語，「噴」字常位於名詞前，如本卷上文「噴愁雲而作蓋」，又上文「梵堂啓而噴出爐煙」，又下文「噴堯雲於六合」，又如 S.343「噴驪珠而永漲」。此卷「烈（列）」當乙在「道場」前。「令」當讀如字，猶言致使。令空霧合，言使天空如霧聚合。

（37）S.2832《齋儀書儀摘抄》：「伏願北堂長樂，常供甘翠（脆）之歡；東閣長開，不罷琴蹲（樽）之興。」（14 / 267）

校勘記：蹲，當作「樽」，據文義補，《敦煌願文集》校改作「尊」。（14 / 300）

按：我早指出：「蹲，讀爲樽（罇）。琴樽，指琴與酒。」〔註 365〕

（38）S.2832《齋儀書儀摘抄》：「惟夫人德過曹氏，〔夙〕著班家。」（14 / 267）

校勘記：夙，據文義補，《敦煌願文集》校補作「義」。（14 / 300）

按：曹氏即班家。二句對文，補「夙」顯然不合。補「義」亦不合，班家不以義著稱，以德著稱。當補「風」字，本卷上文：「班氏之風光於九族，孟母之德福於六姻。」Дx.1285+Дx.2172V 同，惟脫「孟母」二字。P.3173：「成家有曹氏之風，訓子有孟鄰之美。」S.4642：「母儀秀發，閨訓流芳；總班氏之門風，得謝家之令則。」

（39）S.2832《齋儀書儀摘抄》：「足步金繩，魂遊寶地。」（14 / 269）

按：「繩」當作「蓮」。S.1164：「伏願足步金蓮，神遊寶界。」P.2807：「故都督索公願〔足〕步金蓮，神遊寶界。」

（40）S.2832《齋儀書儀摘抄》：「張曳幕以接華宇，敷珍席而周廣筵。」（14 / 269）

校勘記：曳，《敦煌願文集》校改作「翠」。（14 / 303）

〔註 364〕趙鑫曄《敦煌佛教願文研究》，南京師範大學 2009 年博士論文，第 184 頁。

〔註 365〕蕭旭《〈敦煌願文集〉校補》，收入《群書校補》，廣陵書社 2011 年版，第 913 頁。

按：「張翠幕」雖爲願文習語，但本卷下文云「乃張曳幕，施翠屏」，則「曳」字不誤。趙家棟讀曳爲帟，舉左思《蜀都賦》「將饗獠者，張帟幕，會平原，酌清酤，割芳鮮」爲證，其說是也，《釋名》：「小幕曰帟，張在人（「人」字衍）上帟帟然也。」字亦作奕，「奕」是其語源，「帟帟然」即「奕奕然」，「帟」是「奕」的分別專指字。《廣雅》：「幕、奕，帳也。」王念孫改「奕」作「帟」〔註 366〕，殊無必要。《書鈔》卷 148 引《蜀都賦》作「奕」，宋刻本《類聚》卷 61 引作「弈」，「弈」又「奕」譌變。《逸周書・王會解》：「墠上張赤弈陰羽。」弈亦幕也。抱經堂叢書本、知服齋叢書本均改「弈」作「帟」，亦無必要。

（41）S.2832《齋儀書儀摘抄》：「單誠散奉祿之財，捨巨喬（橋）之粟。」（14／270）

按：單，讀作殫，竭也。S.4642「自得竭精誠之志，割貪惜之財」，即此「單誠」之義。付義琴等讀單爲丹〔註 367〕，玆所不取。奉，讀作俸。

（42）S.2832《齋儀書儀摘抄》：「廣演五部之眾經，六趣聞而〔入〕道。」（14／270）

校勘記：入，據文義補。（14／304）

按：當補「悟」字。

（43）S.2832《齋儀書儀摘抄》：「孤峰聳刃，上接紅霓；綠水潺湲，潛通澤前。」（14／271）

校勘記：《敦煌願文集》將「前」字斷入下文，並認爲此句當有脫文，似可於「澤」上校補一「幽」字。（14／305）

按：黃征說是也，「前」字必屬下句，「前望天城蘭若，如觀掌上之文；迴顧諸峰，似對奄摩勒果」云云，「前望」與「迴顧」是對文。刃，讀作岃。《集韻》：「岃，山高形。」此乃後出本字。亦作名詞用，唐憲宗《李岸及妻徐氏合祔墓誌》：「日居月諸墳隴盡，千峯萬岃空嵳峩。」唐高宗《李聆墓誌》：「其地則連山帶峙，積岃千嶧。」字亦作仞，唐

〔註 366〕王念孫《廣雅疏證》，收入徐復主編《廣雅詁林》，江蘇古籍出版社 1992 年版，第 590 頁。

〔註 367〕付義琴、趙家棟《〈敦煌願文集〉校讀札記》，《圖書館理論與實踐》2013 年第 8 期，第 60 頁。

《唐盟碑》殘文「徘徊聳仞」。唐《開業寺碑》：「鷄峯仞積，鶴池波偃。」元・李道謙《德興府秋陽觀碑》：「南望晉山，下瞰沃壤，極目砥平，仰見居庯，亂峰仞聳，蒸嵐鬱黛。」羅翽雲曰：「高嶺曰岃岡。《集韻》有『岃』字，『而振切，音刃，山高形。』按此後出俗字也。字當爲阭，《說文》：『阭，高也。』刃聲允聲古同音通假。《後漢書・儒林孟喜傳》『喜因不肯仞』，仞即允。《列子・周穆王》『夢仞人鹿』，仞亦允也。阭岡，猶高岡也。」〔註 368〕

（44）S.2832《齋儀書儀摘抄》：「為是登陟峙睬，力盡身浣耶？」（14／272）

校勘記：睬，《敦煌願文集》釋作「倸」。（14／306）

按：「睬」是宋代以後俗字，非古字。圖版作「𥈤」，此字疑從來，錄作「崍」。崍，讀爲臺。峙臺，猶言峙立之臺，指高臺。浣，黃征讀作完；趙鑫曄讀作抏，消耗義〔註 369〕。讀「完」肯定不確，「完」古無盡義。余讀浣爲瘓，癱瘓。力盡身浣，猶言力盡身疲。

（45）S.2832《齋儀書儀摘抄》：「法鼓隱隱而出途息苦，魚梵寥亮而雄徹九天。」（14／274）

按：出途，當作「三途」或「三塗」。P.2443：「三塗息苦，六趣咸寧。」S.2583V：「七者聲振十方，八者三途息苦。」S.2973V：「三塗息苦，地獄停酸。」也可作「幽塗」，大谷大學藏本《淨土五會念佛略法事儀讚》：「幽塗息苦，鞞（比）丘心寧。」「出」更可能是「幽」形譌。

（46）S.2832《齋儀書儀摘抄》：「脫屣囂約，澄澄鑒神。」（14／275）

按：趙鑫曄曰：「約謂約束，『囂約』即塵世的約束。」〔註 370〕「囂約」不辭。S.5637「棄囂奢而（如）癰疾，澄心於不二之門」，文誼相近。「約」疑「紛」誤書。

（47）S.2832《齋儀書儀摘抄》：「故得僥訛隔心，清風滿寒。」（14／276）

〔註 368〕羅翽雲《客方言》卷 9《釋地》，古亭書屋影本，本卷第 1 頁。其引《後漢書》、《列子》二例讀仞爲允，乃朱駿聲說，參見《說文通訓定聲》，武漢市古籍書店 1983 年版，第 798 頁。

〔註 369〕黃征、吳偉《敦煌願文集》，嶽麓書社 1995 年版，第 98 頁。趙鑫曄《敦煌佛教願文研究》，南京師範大學 2009 年博士論文，第 185 頁。

〔註 370〕趙鑫曄《敦煌佛教願文研究》，南京師範大學 2009 年博士論文，第 186 頁。

按：趙鑫曄曰：「《集韻》：『僥，僞也。』訛亦虛假義。又疑『僥』通『澆』，『澆訛』謂浮薄詐僞。『隔』通『革』，『革心』即改過自新。『寒』當爲『塞』之誤，『塞』謂滿也。」〔註 371〕趙君說「寒」當作「塞」，是也，但當指邊塞。澆訓澆薄，與「虛僞」義相因，趙君未會通。

（48）S.2832《齋儀書儀摘抄》：「河草初暖而抽黃，庭萁訝（芽）塞（寒）而未綠。」（14／276）

校勘記：訝，當作「芽」，據文義改。（14／310）

按：「訝」讀如字，字亦作迓。《說文》：「訝，相迎也。迓，訝或從辵。」訝（迓）、迎一聲之轉。

（49）S.2832《齋儀書儀摘抄》：「香煙吐翠而庭際雲，蓮影花開而空中座見。」（14／276）

校勘記：疑「雲」後脫一「合」字。（14／310）

按：S.5640：「朝風晝觸於屏幃，愁雲暮結於庭際。」S.530V 同。疑「雲」下脫「結」字。

（50）S.2832《齋儀書儀摘抄》：「頬〔如〕桃李之花開，眉彎彎〔似〕海（晦）月初曲。」（14／277）

校勘記：如、似，據 P.2044 補。海，當作「晦」，據文義改。（14／311）

按：P.2044V：「顏如桃李乍開，眉彎似悔月衲吐。」黃征校「悔」作「晦」，「衲」作「初」〔註 372〕。校錄者校「海」作「晦」，即是暗襲黃說。二卷可互校，此卷補「如」、「似」二字是也，「頬」當作「顏」，刪一「彎」字，「晦月」下補一「之」字。彼卷「衲吐」當作「初曲」。本卷上文「惟願夫人桃李之顏，長春萬代」，S.5639「雖叶桃李之顏，終歸蒿里之貌」，S.5957「桃李芳顏不變」，S.5640「伏願玉顏轉翠，桃李恒芳」，P.3765「伏願鮮顏轉茂，桃李馳方（芳）」，皆以「桃李」描寫容顏，故知「頬」是「顏」形譌也。

（51）S.2854《亡考初七追福文》：「輪環流轉，如泡如口。」（14／323）

按：缺字可補「幻」。《正法念處經》卷 26：「如是諸嚴飾，天人輪迴轉。如幻亦如泡，如乾闥婆城。」亦可補「沫」、「影」、「露」等字。

〔註 371〕趙鑫曄《敦煌佛教願文研究》，南京師範大學 2009 年博士論文，第 186 頁。

〔註 372〕黃征、吳偉《敦煌願文集》，嶽麓書社 1995 年版，第 161 頁。

（52）S.2854《亡考初七追福文》：「惟願從福至福，永超生死之源；從明至明，常契菩提之路。」（14 / 323）

按：契，當據 P.2237、P.2915、S.6417 讀作啓〔註 373〕。P.2526V 作「報」，則讀作赴，與「啓」義近。

（53）S.2894V《千字文抄》：「閏餘成歲，律呂條陽。」（14 / 343）

按：條，讀作調。P.2059V、P.2457V、P.2667V、P.2759+2771V、P.3062、P.3108、P.3108V、P.3391V、P.3614、P.3626、P.3658、S.3835、S.4504V、S.5454、S.5711、S.5814、S.5829 各卷都作「調」（S.5829 右側「周」字殘去右半），今本《千字文》同。

（54）S.2899V《麥粟入破抄》：「又還獨厥錒鑑價粟肆碩伍斗。」（14 / 367）

按：錒鑑，在敦煌寫卷中也作「阿藍」、「鈳鑑」、「錒鑑」，鍋類用具。〔註 374〕

（55）S.2915《太上洞玄靈寶空洞靈章》：「天滅簡逮，地絕對魂。」（14 / 374）

按：簡，P.2399 作「蕳」。簡逮，審閱逮捕。對，勘查。對魂，指考對鬼魂。《無上內祕眞藏經》卷 3：「鬼神謫役一十四曹，曹一考官，百二十考吏，一千二百考兵，一萬二千考主，三河九江，四瀆溟波，死魂作役，如是考對，痛毒難勝。」《太上洞玄靈寶三途五苦拔度生死妙經》：「所言三塗者，一者地獄，考對前非；二者畜生，償酬往業；三者餓鬼，苦對最深，渴飲火精，飢則食炭。」

（56）S.2947《百歲篇》：「〔百歲歸原〕起（去）不來，暮風搔屑石松哀。」（14 / 450）

校勘記：屑，乙本同，甲本作「雪」，「雪」爲「屑」之借字。（14 / 457）

按：甲本指 S.5549，乙本指 P.3821。「搔屑」是雙聲連語，「屑」也不是本字。《宋書・謝靈運傳》《山居賦》：「寒風兮搔屑，面陽兮常熱。」字亦作「騷屑」，《楚辭・九歎》：「風騷屑以搖木兮。」王逸注：「騷屑，風聲貌。」又作「搔翕」，楊雄《蜀都賦》：「洪溶忿葦，紛揚搔翕。」

〔註 373〕參見蕭旭《〈敦煌社邑文書輯校〉校補》。

〔註 374〕參見蕭旭《英藏敦煌寫卷校詁》。

音轉亦作「飂飋」、「蕭索」、「蕭瑟」、「蕭颯」、「騷殺」、「衰殺」、「蕭屑」等形。

（57）S.2961《齋文抄》：「**伏惟當今聖神贊普，德敷千界，澤□□洽無垠，恩霑有截。授如來付囑，弘護法城；運等覺之慈□□**」（14／466）

按：P.2481：「伏惟我國家德敷千界，澤被百蠻；化洽無垠，恩霑有截。受如來〔之〕付囑，弘護法城；運等覺之慈福，資萬庶品類。」缺文可據校補。P.2940：「伏惟皇帝陛下澤掩四空，德敷千界。」

（58）S.2961《維摩詰經論義文》：「**如是言三轉者，一示相轉，二勸修轉，□□轉。**」（14／469）

按：《華嚴經探玄記》卷 3：「初名示相轉。……次名勸知轉……後名引證轉。」《淨名經集解關中疏》卷 1：「三轉者，示相轉、勸修轉、引證轉也。」據此缺文補「三引證」三字。「引證轉」也稱作「作證轉」或「證相轉」，《說無垢稱經疏》卷 2：「一示相轉……二勸修轉……三作證轉。」《法門名義集》卷 1：「三轉，一者示相轉，二者勸相轉，三者證相轉。」

（59）S.2985《道安法師念佛讚文》：「**輪迴六道受諸類（苦），改頭換面不相知。**」（14／497）

校勘記：類，甲本同，當作「苦」，據 S.5019 改。（14／499）

按：甲本指 P.3190。P.2809、P.2963V、BD7676 亦作「苦」。但「類」、「苦」形聲不近，無緣致譌。類，當讀作累〔註 375〕。

（60）S.2999《太上道本通微妙經卷第十》：「**精光煒燁，非可目詺。**」（14／512）

校勘記：詺，甲、戊、己本同，丙本作「照」。（14／522）

按：甲、丙、戊、己本分別指日本天理大學藏本、P.2665、S.1932、BD9771。「詺」字不誤，P.2666 亦同，當讀作名。東晉《思微定志經十戒》：「鈞天大樂，非可目名。」《太上經戒》、《雲笈七籤》卷 38 引同。南北期《元陽經》：「崖石之間，有清流水，多諸香華，周徧界域，鷩禽駭獸，

〔註 375〕參見蕭旭《〈敦煌文研究與校注〉舉正》。

不可目名。」北魏《老君音誦誡經》:「飾以金銀珠玉，雜色奇異，不可目名。」唐《玉清經》卷 1:「其光萬變，非可目名。」佛經中亦有用例，《佛本行經》卷 5:「如身離壽命，不復可目名。」〔註 376〕目亦名也，「目名」猶言稱呼其名。倒言則作「名目」，隋唐《業報經》:「種種供養，不可名目。」唐《元始洞眞慈善孝子報恩成道經》:「邕邕和雅，非可名目。」〔註 377〕《寶藏論》:「故眞智道通，不可名目。」「目照」不辭，P.2665 作「照」者，當是誤「詔」作「詔」，又改作「照」。

（61）S.2999《太上道本通微妙經卷第十》:「行裝具度，一皆整測（飾）。」（14 / 515）

校勘記：測，甲、壬、甲二本同，當作「飾」，據乙二本改。（14 / 522）

按：壬、甲二、乙二本分別指 P.2666、上圖 166、BD7384。「測」字不誤，當讀作叟。整叟，猶言整齊、齊備。BD7384 易作「整飾」，乃不得其誼而改。《玄應音義》卷 16:「整叟：楚力反。叟謂正方也。」《慧琳音義》卷 79 引《古今正字》:「叟方，齊整之皃也。」《洞眞太上八道命籍經》卷上：「精敬整叟，始終彌篤，無有參差，不怠不替，無苟無矜，恬惔至道，故號曰齋。」《續高僧傳》卷 18:「而住房連匝，與眾比居，整叟貞嚴，希言寡涉。」《御覽》卷 791 引李膺《益州記》:「風靜水清，猶見城郭樓櫓叟然。」注：「叟，音測。」乃「琭」音轉，字亦作「娖」。《廣雅》:「琭，齊也。」

（62）S.2999《太上道本通微妙經卷第十》:「不以譽毀經心，不以勸但為念。」（14 / 518）

按：原卷「但」作「但」，上圖 166 作「但」，則是形譌。但，讀作沮，止也。「勸沮」對文成詞，《韓子・八經》:「明誹譽以勸沮。」也倒作「沮勸」，《左傳・襄公二十七年》:「賞罰無章，何以沮勸？」又可以「勸」、「沮」對文爲句，《墨子・尙同》:「賞譽不足以勸善，而刑罰不可以沮暴。」《呂氏春秋・至忠》:「人知之不爲勸，人不知不爲沮。」高誘注：「勸，進。沮，止也。」「沮」亦作「阻」，《呂氏春秋・知士》:「能自知人，故〔人〕非之弗爲阻。」高誘注：「阻，止。」《戰國策・齊策一》作「沮」，注同。

〔註 376〕宋本等「目」誤作「自」。

〔註 377〕《洞玄靈寶八仙王教誡經》易「非可名目」作「晃曜耳目」，蓋未得其誼而妄改。

15.《英藏敦煌社會歷史文獻釋錄(第十五卷)》校讀記

郝春文主編《英藏敦煌社會歷史文獻釋錄(第十五卷)》,社會科學文獻出版社 2017 年版。

此卷 S.3227V+S.6208《雜集時要用字》余另作專文箋證。

(1)S.3008《太上業報因緣經卷第一》:「見有男女,身體破裂,舉身濃(膿)血,脣口斷壞,鼻目崩折,人所憎嫌。」(15/5)

按:鼻目,道藏本《業報經》卷 1 同,當據《太上慈悲道場消災九幽懺》卷 1 作「鼻梁」。

(2)S.3008《太上業報因緣經卷第一》:「見有炎石逼身,七孔流血者。」(15/5)

校勘記:炎,底本作「碊」,係涉下文「石」而成之類化俗字,甲本作「硤」。(15/7)

按:甲本指道藏本《業報經》卷 1。「碊」是「剡」的分別字,特指銳利之石,俗作會意字「尖」。「碊石」即「剡石」,亦即「尖石」。佛經中有「尖石地獄」〔註 378〕。

(3)S.3061《太上洞玄靈寶中元玉京玄都大獻經》:「天尊垂眄,賜告罪根。」(15/178)

校勘記:眄,甲本作「盻」,均可通。(15/182)

按:甲本指道藏本。校錄者漫曰「均可通」,非也。《說文》:「眄,一曰衺視也,秦語。」又「盻,恨視也。」今本「盻」是「眄」形譌。

(4)S.3061《太上洞玄靈寶中元玉京玄都大獻經》:「眾惡備履,望反綿綿。」(15/178)

按:《太上靈寶朝天謝罪大懺》卷 9 有「眾惡備歷」語。履、歷一聲之轉,猶言經歷。複言則曰「履歷」,江總《入攝山棲霞寺》:「行行備履歷,步步憐威紆。」

(5)羽 673《金籙晨夜十方懺》:「〔示明真〕之〔典式〕,〔黃籙定簡〕,〔十四之罪〕條通,九幽之懺啟請。」(15/186)

〔註 378〕參見蕭旭《英藏敦煌寫卷校詁》。

校勘記：缺字據甲本補。（15／189）

按：甲本指 P.2989。校錄者粗心之至，漏錄 P.2989 二句文字。P.2989 作：「伏聞紫府開國，示明眞之典式；黃籙定簡，演靈寶之科。彰十四之罪條，通九幽之懺啓請。」考《洞玄靈寶自然九天生神玉章經解》卷中：「天尊於是命召十方飛天神人，披長夜之府九幽玉匱，出《明眞》科條以度人。上智童子明眞之科，自此始也，載十四罪條。」又引《三錄懺》：「彰十四之罪條，通九幽之懺請。」則寫卷「科」字下脫「條」字，「啓」是衍文。《靈寶領教濟度金書》卷 146：「遵玄元之品格，按靈寶之科條。」又據《南斗延壽燈儀》「是以按河圖之品格，披靈寶之科儀」，「科」字下亦可補「儀」字。

（6）羽 673《金錄晨夜十方懺》：「〔鏡花含〕象，流輝東北之方；褰樹浮光，散影〔西〕南之土。」（15／186）

校勘記：缺字據甲本補。（15／189）

按：褰，P.2989 同。「褰樹」當作「騫樹」，道經習見此詞。《無上秘要》卷 4 引《洞玄靈書》：「西極西那玉國有七寶騫樹。」也稱作「騫林」。

（7）S.3071《金錄晨夜十方懺》：「處青蒱之上，有切於乘奔；居黃屋之下，無忘於齋醮。」（15／187）

按：P.2989 同。隋・薛道衡《老氏碑》：「在青蒲之上，常若乘奔；處黃屋之下，無忘夕惕。」爲此文所本。青蒲，指天子內庭。乘奔，喻恐懼也。

（8）S.3071《金錄晨夜十方懺》：「靜符萬福，動合千祥。三晨會銅雀之鳴，五緯叶珠囊之度。」（15／187）

校勘記：晨，甲本同，當作「農」，據文義改，《敦煌願文集》校改作「辰」，誤。（15／190）

按：甲本指 P.2989。我早指出：「晨，當作『農』，形近而訛。《文苑英華》卷 848 引隋・薛道衡《老氏碑》：『三農應銅爵之鳴，五緯叶珠囊之度。』」〔註 379〕

〔註 379〕蕭旭《〈敦煌願文集〉校補》，收入《群書校補》，廣陵書社 2011 年版，第 926 頁。

（9）S.3071《金籙晨夜十方懺》：「邊烽息焰，炎徼歸淳。」（15 / 187）

校勘記：徼，甲本同，《敦煌願文集》校改作「澆」，誤。（15 / 190）

按：校錄者斥黃征說爲誤，然不知其「炎徼」何說。黃征讀徼爲澆，至確。「澆」與「淳」是對文。李榮《道德眞經註》卷下：「息澆以歸淳。」孟郊《獻漢南樊尚書》：「異俗既從化，澆風亦歸淳。」

（10）S.3096《大乘淨土讚》：「坐臥空消（霄）裹，照出裹（離）人天。」（15 / 234）

校勘記：照，甲、乙、丙、丁、己本作「超」，戊本作「趙」，「趙」爲「照」之借字。（15 / 238）

按：甲、乙、丙、丁、戊、己本分別指 P.2963、P.2690V、P.2483、S.4654、BD3925V、Дx.1047。S.382 作「超出裹（離）人天」，本書第 2 卷《校勘記》指出 S.447、S.5569、S.6109、P.3645 都作「超」字〔註 380〕。仍然失校 P.2250，P.2250 作「超出離人天」。P.2250 上文「但使聞聲皆解脫，定超生死離人天」，又「念時無念見諸佛，永超生死離人天」，亦皆作「超」。照、趙，並讀作超，實爲跳，與「離」字相應。

（11）S.3139《太玄真一本際經證實品卷第五》：「弟子等元緣不幸，頑愚闇昧，業行庸淺，受任下仙，處在山水之間，無以昇進。」（15 / 302）

校勘記：元，底本和甲本介於「元」、「无」之間，據文義逕釋作「元」，乙、丙本作「先」。（15 / 303）

按：甲、乙、丙本分別指 P.2366、P.2438、臺北中央圖書館藏 9158 號。此字當作「先」。「先」是副詞。先緣不幸，猶言早先由於不幸。《太上九眞妙戒金籙度命技罪妙經》：「弟子先緣不幸，身任冥司，自處酆都，已經億載。」《太上元始天尊說北帝伏魔神咒妙經》卷 6 同。

（12）S.3156《豎幢傘文》：「四海共納於一家，十道咸歡無二城。」（15 / 308）

按：城，當據 S.2580V、S.5957、S.6417 作「域」。

〔註 380〕郝春文主編《英藏敦煌社會歷史文獻釋錄（第二卷）》，社會科學文獻出版社 2003 年版，第 228 頁。

（13）S.3156《竪幢傘文》：「伏願扶（敷）陽（揚）智述，振遏玄門。」（15／308）

校勘記：扶，當作「敷」，據 S.6417 改。（15／310）

按：S.2580「夫（敷）揚正述，振邁（遏）玄門」，S.6417「敷揚政（正）述，鎮遏玄門」，S.4544「激（敷）揚智述，鎮遏玄門」，P.2679「敷揚至（智）述，鎮遏玄門」，P.2807「敷揚政（正）術，鎮遏玄門」，P.3825「敷揚智述，鎮遏玄門」。述，當據 P.2807 讀爲術。振，當據各卷讀爲鎮。S.4544「激」是「敷」形譌。

（14）S.3156《竪幢傘文》：「伏願駕三車而治（利）勿（物），嚴六度以莊懷。」（15／309）

校勘記：治，當作「利」，據 S.6417 改。（15／310）

按：「治」字不煩改。「而治勿」三字，S.2580、S.6417 作「而利物」，P.2915 作「而誘物」，Дx.1028+Дx.2751 作「如有物」。「有」是「誘」音誤，S.1924「天仙垂誘」，P.2855「垂誘」作借音字「須有」，亦是其例。

（15）S.3287V《汋淚研磨墨詩》：「汋淚研磨墨，媚（眉）毛作筆使。」（15／442）

按：《集韻》：「汋，挹也。」字亦作酌，《玉篇》：「酌，挹也。」本字爲勺，《說文》：「勺，挹取也。」也可以說「汋」是涉「淚」的增旁字。